中国语言资源保护工程

浙江方言资源典藏　编委会

主任

朱鸿飞

主编

王洪钟　黄晓东　叶　晗　孙宜志

编委
（按姓氏拼音排序）

包灵灵　蔡　嵘　陈筱婀　程　朝　程永艳　丁　薇

黄晓东　黄沚青　蒋婷婷　雷艳萍　李建校　刘力坚

阮咏梅　施　俊　宋六旬　孙宜志　王洪钟　王文胜

吴　众　肖　萍　徐　波　徐丽丽　徐　越　许巧枝

叶　晗　张　薇　赵翠阳

教育部语言文字信息管理司
浙 江 省 教 育 厅 　指导

中国语言资源保护研究中心　统筹

本书由浙江省财政资助出版

中国语言资源保护工程

临安

浙江方言资源典藏

徐 越

戚灵隆　著

陈伟康

ZHEJIANG UNIVERSITY PRESS

浙江大学出版社

·杭州·

图书在版编目（CIP）数据

浙江方言资源典藏. 临安 / 徐越，戚灵隆，陈伟康
著. -- 杭州：浙江大学出版社，2025. 7. -- ISBN
978-7-308-25765-7

Ⅰ. H173

中国国家版本馆 CIP 数据核字第 2024R14G67 号

浙江方言资源典藏·临安

徐　越　戚灵隆　陈伟康 著

策　　划	陈　洁　包灵灵
丛书主持	包灵灵
责任编辑	史明露
责任校对	张闻嘉
封面设计	周　灵
出版发行	浙江大学出版社
	（杭州市天目山路 148 号　邮政编码 310007）
	（网址：http://www.zjupress.com）
排　　版	杭州朝曦图文设计有限公司
印　　刷	浙江省邮电印刷股份有限公司
开　　本	710mm×1000mm　1/16
印　　张	16.25
插　　页	4
字　　数	189 千
版 印 次	2025 年 7 月第 1 版　2025 年 7 月第 1 次印刷
书　　号	ISBN 978-7-308-25765-7
定　　价	68.00 元

临安钱王陵,2017 年,周汪融摄

临安钱王阁,2017 年,周汪融摄

临安浙江农林大学正门,2017 年,周汪融摄

临安浙江农林大学校园标志性景观——木化石,2017 年,周汪融摄

原临安市图书馆,2017 年,周汪融摄

临安宝塔山,2017 年,周汪融摄

临安方言老男发音人王炳南,2017 年,周汪融摄

临安方言老女发音人马丽娟,2017 年,周汪融摄

临安方言青男发音人章杭,2017 年,周汪融摄

临安方言青女发音人章立,2017 年,周汪融摄

临安方言口头文化发音人黄金森,2017年,周汪融摄

临安方言口头文化发音人马丽娟宝卷演唱现场,2017年,周汪融摄

三人会话成员（前排）和课题组成员（后排）合影，2017年，周汪融摄

课题组成员与临安教育局领导、部分发音人合影，2017年，周汪融摄

临安方言口头文化发音人黄金森（中）与课题组成员合影，2017 年，周汪融摄

临安方言调查课题组成员徐越（右）、周汪融（左），2017 年，周汪融摄

序

　　浙江省的方言资源具有丰富性、濒危性和未开发性的特点,急需开展大规模的全面深入的调查研究。几十年来,浙江省方言研究人才辈出,然而很多专家都在省外工作。浙江方言的调查研究一直缺乏总体规划和集体行动,故而除了一些个人自发的研究以外,很少有成系列的调查报告和研究成果,与一些兄弟省(区、市)相比,反而远远落在了后面,这不能不说是一件十分遗憾的事。

　　近年来,随着语保工程的深入开展,浙江方言调查迎来了一个高潮。在浙江省教育厅、浙江省语言文字工作委员会办公室统一有力的领导下,在全省方言专业工作者的共同努力下,浙江省的语保工作开展得有声有色,成绩斐然,很多方面都走在了全国的前列。如省财政的配套支持、《浙江语保》杂志的出版、"浙江乡音"平台的建设、人才队伍的(汇聚)整合等方面,在全国来看都是具有创新性或领先性的。仅拿人才队伍来说,经过这几年的持续培养锻炼大批年轻的方言工作者迅速成长。2018年年底,浙江省语言学会方言研究会成立时,会员人数已达到60多人,可以说目前是浙江省历史上方言研究力量最为强盛的时期。

　　这次"浙江方言资源典藏"丛书的编写出版,就是浙江省语保工程成果的一次大展示。全省88个方言调查点,一点一本,每本包含概况、语音、词汇、语法、话语、口头文化,体系已相当完备,同时还配有许多生动的图片和高质量的音像语料,显示出该丛书与时俱进的一面。尽管篇幅还稍显单薄,话语材料也没有全部转写成音标,但各个方言调查点(其中包括许多从未报道过的方言调查点)的基本面貌已经呈现出来了,这对于今后更加详细深入的研究来说,无疑奠定了一个很好的基础。特别值得一提的是,"浙江方言资源典藏"丛书是全国首个以省为单位编写出版的语言资源成果。

我最近提出了浙江方言工作的四大任务:队伍建设、调查研究、保护传承、开发应用。这四个方面有的处于起步阶段,有的尚处于基本空白的状态,可谓任重道远。方言及其文化的濒危和快速消亡无疑是令人痛心的,而这也是时代给我们方言工作者提出的一项不可推卸的课题。从调查研究的角度,可以说我们赶上了一个大有作为的历史机遇。只要抓住机遇,脚踏实地去干,我们一定能够共同书写出一部浙江方言文化的鸿篇巨制,为后人留下一笔丰厚的非物质文化遗产。在此,我也预祝浙江省的方言工作者能够继续推出更多更好的研究成果。

是为序。

曹志耘

2018 年 12 月

前　言

　　"浙江方言资源典藏"丛书是"中国语言资源保护工程·浙江汉语方言调查"项目的成果汇编,是集体工作的结晶。

一、项目目标

　　"中国语言资源保护工程"是教育部、国家语言文字工作委员会2015 年启动的以语言资源调查、保存、展示和开发利用等为核心的国家工程。首席专家为时任中国语言资源保护研究中心主任曹志耘教授。"中国语言资源保护工程·浙江汉语方言调查"项目负责人先后由浙江省教育厅语言文字应用管理处的李斌副处长和朱鸿飞处长担任。

　　"中国语言资源保护工程·浙江汉语方言调查"项目在浙江设77 个方言调查点,浙江省在此基础上另增了 11 个方言调查点。该项目有如下目标:(1)记录以县(市、区)为代表点的方言;(2)以音像手段保存各地的方言。该项目设置的调查点覆盖了浙江的主要方言:吴方言、闽方言、徽方言和畬话。历史上对浙江汉语方言进行的比较全面的调查主要有两次:一次是 1964—1966 年的调查,调查的成果后来结集成《浙江省语言志(上、下)》(浙江人民出版社 2015 年11 月第 1 版);另一次是 2002—2005 年的调查,后来出版了《汉语方言地图集》(商务印书馆 2008 年 11 月第 1 版),但是语料并未出版。这是第三次,与前两次相比,这次调查不仅利用了音像等现代化手段,而且覆盖面更广,每个县(市、区)用统一的调查材料至少调查一个地点;调查材料更加详尽细致,包括语音、词汇、语法、话语、口头文化等方面。

二、编纂缘起

在中国语言资源保护研究中心和浙江省语言文字工作委员会的领导和推动下,"中国语言资源保护工程·浙江汉语方言调查"项目进展顺利。浙江语言资源保护工程团队一致认为,调查成果对一般读者来说有一定的可读性,对语言学界来说具有重要的学术价值。在征得中国语言资源保护研究中心的同意后,项目负责人李斌副处长开始积极推动和筹划出版"浙江方言资源典藏"丛书,并得到了浙江语言资源保护工程团队各位专家的热烈响应。叶晗研究员积极联系出版社,丛书第一辑(16 册)最终于 2019 年年初由浙江大学出版社正式出版。在李斌副处长因工作需要换岗后,朱鸿飞处长继续大力推进《中国语言资源集·浙江》的编纂出版,始终关心"浙江方言资源典藏"丛书后续各册的编辑出版工作,积极筹措出版资金,为"浙江方言资源典藏"丛书(88 册)的全面出版奠定了扎实基础。

三、语料来源

"浙江方言资源典藏"丛书所有语料均来自浙江语言资源保护工程团队的实地调查,调查手册为《中国语言资源调查手册·汉语方言》(商务印书馆 2015 年 7 月第 1 版),调查内容包括方言的概况、语音、词汇、语法、话语、口头文化,以及地方普通话。丛书的语音部分收录了老年男性(正文中简称为"老男")以及青年男性(正文中简称为"青男")的音系和 1000 个单字音;词汇部分收录了以老年男性为发音人的 1200 个词语;语法部分收录了以老年男性为发音人的 50 个语法例句;话语部分收录了老年男性、老年女性(正文中简称为"老女")、青年男性、青年女性(正文中简称为"青女")篇幅不等的话题讲述,以及他们之间的 20 分钟的对话片段;口头文化部分收录了规定故事、其他故事、歌谣和自选条目,并补充了一些调查手册之外的浙江乡音材料;丛书未收录地方普通话材料。

四、丛书体例

1.概况。包括地理位置、历史沿革、方言概况、发音人简介和常用方言词五个部分,其中方言概况部分附带地方曲艺介绍。

2.音系。按照方言学界惯例排列,声母按发音部位分行,按发音方法分列。韵母按四呼分列,按韵尾分行,同类型的韵母按主要元音开口度的大小分行。声调标调值。例字的白读音使用单下画线,文读音使用双下画线。零声母符号[Ø]除用于音系外,实际标音一律省略;调值及送气符号"ʰ"上标。

3.单字。按"果、假、遇、蟹、止、效、流、咸、深、山、臻、宕、江、曾、梗、通"十六摄排序。同摄先分开合口,再分一二三四等,摄、呼、等、韵相同再按"帮(非)、滂(敷)、並(奉)、明(微);端、透、定;泥(娘)、来;精、清、从、心、邪;知、彻、澄;庄、初、崇、生;章、昌、船、书、禅、日;见、溪、群、疑、晓、匣;影、云、以"三十六字母排序,摄、呼、等、韵、声相同再按中古"平、上、去、入"四声排序。

单字音后的小字注采用简称形式,具体含义如下:

白:白读音	今:现在的读法
文:文读音	声殊:声母特殊
又:又读音	韵殊:韵母特殊
小:小称音	调殊:声调特殊

老:老派的读法　　　　　音殊:声韵调不止一项特殊

新:新派的读法　　　　　读字:只用于书面语,不用于口语

旧:过去的读法　　　　　单用:可单独使用,不必组合成词

无方言说法的单字,注明"(无)"。

4.词汇。词条按意义范畴分类,按实际发音标音。用字一般使用现行规范字,有本字可用者一律使用本字,本字不明者用方言同音字,同时在该字右上角用上标"⁼"标明。但表近指或远指的"格""葛""即""介""乙"、复数义的"拉"等,属于习用的表音字,不加同音字符号"⁼"。既无本字又无同音字的用方框"□"表示。一律不使用训读字,尽量不使用俗字。合音字尽量使用已有现成字形的字,例如"觑、甮、劼"等;如方言无现成字形的合音字,用原形加"[ ]"表示。"並、瞓、煠、隑、盪"等异体字或繁体字是音韵学、方言学中具有特殊含义的专用字,本丛书予以保留。

一个词条有多个读音时,用单斜线"/"间隔;一个词条有多种说法时,按使用频率由高到低排序;各种说法的性质不同时,音标后加注小字,体例同上文单字音后的小字注;鼻尾型或鼻化型的小称,采用方言词加小号字"ⱼ"的方式表示,如:义乌"弟弟"义的"弟ⱼ din²⁴",温岭"父亲"义的"伯ⱼ pã⁵¹";变调型及变韵＋变调型的小称,采用音标后加小号字"ₛ"的方式表示,如:江山"爷爷"义的"公 koŋ²⁴¹ₛ",宁波"鸭子"义的"鸭 ɛ³⁵ₛ"。

无方言说法的词条,注明"(无)"。

5.语法、话语、口头文化一律只记实际读音;方言转写使用宋体字,普通话译文使用楷体字。话语及故事属于即时讲述的自然口语,难免出现口误、重复、颠倒、跳脱等现象,其方言转写与国际音标力求忠实于录音,普通话译文采取意译方式,不强求与之一一对应。

6.单字、词汇、语法例句及其释例基本依据《中国语言资源调查

手册·汉语方言》。

　　本丛书从第二辑开始,对所有方言材料均标注国际音标。各种音标符号形体繁复,浙江大学出版社的编辑团队克服困难,精心编校,尽心尽力,是特别需要表示感谢的。

目　录

第一章　概　况

一、地理人口

临安为杭州市下辖区,地处浙江省西北部、杭州市西部。东邻余杭区,南连富阳区和桐庐县、淳安县,西接安徽省歙县,北接湖州市安吉县及安徽省绩溪县、宁国市。总面积为3118.72平方公里,下辖5街道13镇:锦城街道、玲珑街道、青山湖街道、锦南街道、锦北街道、板桥镇、高虹镇、太湖源镇、於潜镇、天目山镇、太阳镇、潜川镇、昌化镇、龙岗镇、河桥镇、湍口镇、清凉峰镇、岛石镇,区政府驻地锦城街道。① 截至2023年年底,人口为54.5万。② 民族主要为汉族,也有部分少数民族,主要为畲族,其他如土家族、苗族、布依族、壮族等少数民族集中分布在昌化镇、岛石镇、龙岗镇、太阳镇、高虹镇、板桥镇、青山湖街道、锦城街道,多系工作、婚姻迁入。

① 参见杭州市临安区人民政府网,http://www.linan.gov.cn/col/col1366287/index.html。

② 参见《2024年浙江统计年鉴》,http://tjj.zj.gov.cn/art/2024/12/2/art_15252563_58962725.html。

二、历史沿革

临安城历史悠久，又称"锦城"，为五代吴越国王钱镠故里。

东汉永建十六年(211)，分余杭置临水县，因临猊溪水而得名，此为临安建置之始。晋武帝太康元年(280)更名临安县，属吴兴郡。(后梁)开平元年(907)三月，升为安国衣锦城。开平二年(908)正月，临安县改为安国县。(北宋)太平兴国三年(978)，安国县复改为临安县。南宋绍兴八年(1138)，临安等七县升为京畿县。元时属杭州路，明清时属杭州府。1912年直属浙江省，后改属吴兴行政督察区、第九行政督察区等。[①]

1949年临安解放，属临安专区，又先后改属嘉兴专区、建德专区等。1958年，於潜县并入昌化县。1960年，昌化县并入临安县，成为杭州市辖县。1996年，临安撤县建市。2017年8月，设立杭州市临安区[②]，成为杭州市"第十区"。

三、方言概况

临安境内的方言主要为临安话，属吴语太湖片临绍小片。境内除吴语外，有少量官话和畲话分布。官话主要为安徽移民带来的江淮官话，分布在高虹乡泥马，青山乡民主，西天目乡平溪、后院、东关、关上，临天乡袁家、平山、横潭等村，当地人称之为安庆话。畲话

① 徐规，陈桥驿，潘一平，等.浙江分县简志.杭州:浙江人民出版社,1984:229—231.

② 参见《国务院关于同意浙江省调整杭州市部分行政区划的批复》(国函〔2017〕102号)。

主要分布在堰口、杨岭、於潜、太阳、方元、青云等乡镇，人口总数在
5000 左右。

民间流传着一种由唐代寺院中的俗讲演变而来的传统说唱文
学形式——宝卷。宝卷属曲艺类表演形式，以七言和十言韵文为
主，语言生动形象，通俗明快，具有较强的艺术感染力。当地传唱较
广的主要是劝人为善的"花名宝卷"。

四、发音人简介

姓名	性别	出生年月	文化程度	职业	出生地
王炳南	男	1958 年 9 月	高中	职工	锦城街道
马丽娟	女	1956 年 1 月	小学	农民	锦城街道
章　杭	男	1988 年 10 月	大专	职工	锦城街道
章　立	女	1988 年 8 月	本科	职工	锦城街道
黄金森	男	1948 年 1 月	小学	职工	锦城街道

五、常用方言词

偓	ηa^{33}	代词，第一人称复数。
是偓	$ze?^2 \eta a^{33}$	代词，第一人称复数。"是"音同"石"：～吃弗起？
侬	non^{33}	代词，第二人称单数。
是侬	$ze?^2 non^{33}$	代词，第二人称单数。"是"音同"石"：～老王？
俫	na^{33}	代词，第二人称复数。

是俪	zeʔ² na³³	代词，第二人称复数。"是"音同"石"：～俙去。
伊	i³³	代词，第三人称单数。
是伊	zeʔ² i¹³	代词，第三人称单数。"是"音同"石"：～姓张。
俪	ia³³	代词，第三人称复数。
是俪	zeʔ² ia³³	代词，第三人称复数。"是"音同"石"：～弗去。
来东⁼	lɛ³³ toŋ³⁵	介词，①在（家）：弗～屋里。②正在（吃）：～吃老酒。
葛个	kɐʔ⁴ kɐʔ⁵	代词，这个：～是侬个。
葛里	kəʔ⁵ li³³	代词，这里：～是临安。
葛卯	kəʔ⁵ mɔ³³	代词，现在：老王～60 岁。
亨⁼个	hã⁵⁵ kɐʔ⁵	代词，那个：～是我个。
鞋⁼里个	a³³ li³³ kɐʔ⁵	代词，哪个。"鞋"疑"何"变音：侬要～？
介⁼	ka⁵⁵	①代词，这样、那样：要～做，弗要～做。②副词，这么：东西卖～贵。
纳⁼个⁼	neʔ² gɐʔ⁵	代词，怎么。也说"纳⁼介⁼"：个字～写？
木⁼老⁼老	muɔʔ² lɔ⁵⁵ lɔ⁵⁵	副词，①非常：临安～漂亮个。②很多：临安好嬉个地方有～唻。也说"木⁼老⁼""木⁼木⁼老"。
无没	m³³ mɐʔ²	没有，①副词：～来。②动词：～东西吃。
弗	feʔ⁵	副词，不：对～起。也说"勿 veʔ²"。

［弗要］	fiɔ⁵⁵	副词，"弗要"的合音。①别：～去。②不要：～吃。
〔无有〕	n̠iə³³	没有，"无有"的合音。①副词：～吃。②动词：～钞票。
晏	tɕiɔ⁵⁵	副词，"只要"的合音：～70岁以上就有养老金好领。
葛￣么	kəʔ⁵mə²	代词，那么：～9岁开始上学。也说"葛￣"。
唻	lɛ³³	语气词：临安变化越来越大～。
特￣	dəʔ²	语气词：吃～木￣老￣老￣苦、吃～饱。
个	kəʔ⁵/gəʔ²	①语气词：老王来～。②助词：老王～书。
驮	do³³	动词，拿：东西～出来。
拨	puəʔ⁵/pɐʔ²/pəʔ⁵	介词，①把：～衣裳收进来。②给：～人家敲一顿。
摆	pa⁵⁵	动词，放：铜钿～辣抽斗里。
嬉	ɕi⁵⁵	动词，休息、玩耍：来伢临安～。
毛￣	mɔ³³	程度副词，很、非常：～多。

第二章 语 音

一、音 系

(一)老男音系

1. 声母(28 个,包括零声母在内)

p 八兵	pʰ 派片	b 爬病	m 麦明 问味	f 飞风 副蜂	v 肥饭 问味
t 多东	tʰ 讨天	d 甜毒	n 闹南		l 老蓝 连路
ts 早张竹 纸主	tsʰ 刺草 寸抽抄	dz 茶		s 丝三 酸山手	z 字贼 坐事十
tɕ 酒九	tɕʰ 清轻	dʑ 城权	ȵ 年泥 软热	ɕ 想响	ʑ 谢
k 高	kʰ 开	g 共	ŋ 熬	h 好灰	
∅ 县安 温王药					

说明：

（1）鼻、边音分两套，一套读紧喉，一套带浊流。前者出现在阴调字，后者出现在阳调字。分布互补，合并为一套音位。

（2）[f][v]拼合口呼韵母时，有音位变体[ɸ][β]。

（3）[tɕ]组声母舌位稍偏前。

（4）[s][ɕ]有时略带舌叶色彩。如单字中的"双、戏"。

（5）[l]有时发成[dl]，如单字中的"连"。

（6）[dʐ]有时发成[ʐ]，如词语中的"前年、前头两年、前天"中的"前"，有的读[dʐ]，有的读[ʐ]。

（7）零声母阳调类音节的起始处带有明显的磨擦成分。

2.韵母（40个，包括自成音节的[m][ŋ]在内）

ɿ 猪师丝试	i 戏飞米二	u 火货租	y 靴雨
ʮ 竖柱			
a 排鞋	ia 写	ua 快	
ε 山			
œ 坛			yœ 油权
ɔ 宝饱	iɔ 笑桥		
ɛ 开赔对	ie 盐年	uɛ 鬼	
ə 走豆南半短		uə 官	
o 歌坐过茶牙瓦苦			
ã 糖讲硬	iã 响	uã 床王横	
eŋ 深寸春灯升争根	iŋ 心新病星	ueŋ 滚	
oŋ 东	ioŋ 兄用云		

ɐʔ 鸭十辣托直色白出	iɐʔ 一药热锡学	uɐʔ 刮活	yɐʔ 橘月
ɔʔ 北壳		uɔʔ 国谷六绿	yɔʔ 局
əʔ 个	iəʔ 七贴接急节	uəʔ 骨郭	
ɚ 儿			
m̩ 母尾			
ŋ̍ 五儿			

说明：

(1)[ɿ]有时实际音值是[ɿə]。例如单字中的"猪、丝、试"。

(2)[y]韵唇形略展，实际音值略带[ɥə]色彩。

(3)[u]舌位略前，唇形略展。

(4)[ɔ]韵舌位略高。

(5)[o]韵有时是[ᵘo]。

(6)[ɑ̃][uɑ̃]中的[ɑ̃]舌位略前，有时读作[ɑŋ][uɑŋ]或[ɑ̃ŋ][uɑ̃ŋ]。

(7)[eŋ]韵中的[e]开口度略大，接近[ɛ]。

(8)[eŋ][ieŋ][ueŋ]有时还带有鼻化，音值接近[ẽŋ][iẽŋ][uẽŋ]。

(9)[ɔʔ][uɔʔ][yɔʔ]韵中的[ɔ]唇形略展。

(10)[əʔ]舌位略低略后，实际音值近[ɜʔ]。

(11)[iəʔ][iɐʔ]两韵有时可互读。

(12)自成音节的[m̩][ŋ̍]两韵是白读韵，[ɚ]韵是文读韵。

(13)在话语和口头文化中偶尔出现普通话韵母[an][ian][uan]等。

3. 声调(4 个)

阴舒	55	东该灯风通开天春懂古鬼九统苦讨草 冻怪半四痛快寸去
阳舒	33	动罪近后买老五有洞地饭树卖路硬乱 铜皮糖红门龙牛油
阴入	54	谷百搭节急哭拍塔切刻
阳入	12	六麦叶月毒白盒罚

说明:

(1)声调已合并为 4 个。分别为阴舒[55]、阳舒[33]、阴入[54]、阳入[12]。例如:东＝懂＝冻、通＝统＝痛、铜＝动＝洞。但偶然会出现接近[35][53][13]的调值,例如单字中的"紫"收尾带降势。有的存在两读现象,例如"方、屁"纸笔调查时收尾带降势,摄录时读[55]。"剃"纸笔调查时读[55],摄录时收尾带升势。"大"有时也带升势,但这种读音差异与古调类之间的对应规律已不明显。

(2)阴舒[55]调值有时略低,也可记为[44]。

(3)阴入、阳入喉塞均比较弱。

4. 两字组连读变调规律

临安方言两字组的连调变调规律见下表。表中首列为前字本调,首行为后字本调。每一格的第一行是两字组的本调组合;第二行是连读变调,若连读调与单字调相同,则此行空白;第三行为例词。同一两字组若有两种以上的变调,则以横线分隔。具体如下。

临安方言两字组连读变调表

后字 前字		阴舒 55			阳舒 33			阴入 54	阳入 12
		清平	清上	清去	浊平	浊上	浊去	清入	浊入
阴舒 55	清平	55 55 花生　开水　水坝			55 33 窗门　冰雹　街路			55 5 背　脊	55 2 省　力 省力
		55 55 53 35 天公　冬至			55 33 53 13 今年　家具			55 5 53 钢　笔	
		55 55 53 丝瓜　烧酒			55 55 53 杉树　边里　松树				
	清上	55 55 枣子　进去			55 33 太阳　姐妹　菜豆			55 5 美　国	55 2 小　麦
	清去	55 55 53 小坑　水果　凳子			55 33 31 水田　灶头				
阳舒 33	浊平	33 55 梅花　苹果　油菜			33 33 梨头　棉袄			33 5 毛　笔	33 2 前　日
		33 55 35 雷公　鱼鳔			33 33 13 池塘　肥皂				
		33 55 31 洋葱　茄子　芹菜			33 33 31 雄牛　莲藕　蚕豆				
		33 55 31 35 田鸡　房子			33 33 31 13 前年　棉被				

续表

后字／前字		阴舒 55			阳舒 33			阴入 54	阳入 12
		清平	清上	清去	浊平	浊上	浊去	清入	浊入
	浊上	33		55	33		33	33　5	33　2
		老姜　大水　瓦片			烂泥　缝堺　野路			稻　谷	后　日
	浊去	33		55 / 53	33		33 / 31		33　2 / 13
		牡丹　稻草　露水			里头　弄堂　旱地				满　月
阴入 54	清入	5		55	5		33	5　5	5　2
		竹窠　霍闪　出去			鲫鱼　粟米　柏树			一　百	吃　力
		5		55 / 35	5		33 / 13		
		壁　虎			屋　里				
阳入 12	浊入	2		55	2		33	2　5	2　2
		蜜蜂　麦草			石头　日里　月亮			六　谷	昨　日
		2		55 / 35	2		33 / 13		
		历书　镴子			钥匙　落雨				

说明：

(1)临安方言 4 个单字调,两字组有 16 种组合,归并后有 36 种变调模式。不管是前字还是后字,舒声以变调为主,入声以不变调为主。

(2)每一种组合的变调模式都无法回避地存在一些例外。后字阴阳调有混同的趋势,故有时后字阴阳调值相同。

(3)每一种调类组合都有不止一种连读变调模式。前字调类分化明显,后字调类与单字调基本相同。

(4)此两字组连读变调规律主要适用于广用式两字组,是词调,不适用于句子中。

临安方言两字组连读变调有以下几个特点：

(1)就变调类型论，不管是前字还是后字，入声都以不变调为主。舒声前后字都不变、前后字都变、前字变后字不变、前字不变后字变4种变调形式都有。

(2)前字调类复原明显，单字调中清平、清上、清去合为阴舒，浊平、浊上、浊去合为阳舒，但在两字组中，前字清平、清上、清去有区别，浊平、浊上、浊去也有区别。

(3)后字调类合流彻底，单字调中清平、清上、清去合并，浊平、浊上、浊去合并，在两字组中也合并。

(4)部分变调模式是前字单字调调型的扩展，如前字阴舒[55]，两字组[55　55]。

(5)就调值说，有两种情况：一是不超出 4 个单字调；二是出现了 4 个单字调之外的新调值。这种新调值主要有：[53]和[35]由阴舒声变来，[31]和[13]由阳舒声变来。前字存在一定程度的调类复原现象，例如：[53　35/13]、[53　55/33]的变调模式只出现在前字清平的两字组中，[53　53/31]的变调模式只出现在前字清上和清去的两字组中。

5.小称音变规律

暂未发现临安区锦城街道方言中有小称，过去在调查临安区玲珑街道化龙村方言时曾发现其小称调只出现在次浊平，念高升调[355]。例如：

门 mən³⁵⁵ | 娘 n̪iã³⁵⁵ | 爷 ia³⁵⁵ | 人 n̪in³⁵⁵ | 犁 li³⁵⁵ | 篮 lɛ³⁵⁵ | 零/铃 lin³⁵⁵ | 龙 loŋ³⁵⁵ | 羊 ia³⁵⁵ | 熊 ioŋ³⁵⁵ | 猫 mɔ³⁵⁵ | 牛 n̪iɤ³⁵⁵ | 圆 yœ³⁵⁵ | 驴 lu³⁵⁵ | 狼 la³⁵⁵ | 轮 lən³⁵⁵ | 耧 lɤ³⁵⁵ | 蚊 miŋ³⁵⁵ | 芒 ma³⁵⁵ 麦~ | 茸

ȵioŋ³⁵⁵鹿~｜ 蛾 ŋu³⁵⁵｜ 兰 lɛ³⁵⁵~花。

这种小称调在语音形式上已无相应的非小称调,在意义上已无原来指小表爱的功能。小称调在完全丧失小称功能后,突破小称范畴,从而使原来仅用于次浊平的小称调泛化为独立的次阳平。根据《汉语方言调查字表》的收字,发音人用方言能念的次浊平字共 361 个,其中 214 个念[355]调,占总数的一半以上。

(二)青男音系

1. 声母(29 个,包括零声母在内)

p 八兵	pʰ 派片	b 病爬肥	m 麦明味问	f 飞风副蜂	v 饭肥味问
t 多东	tʰ 讨天	d 甜毒	n 脑南		l 老蓝连路
ts 资早租张竹争装主纸	tsʰ 刺草寸抽拆抄初	dz 祠茶床船城		s 丝三酸山双手书	z 字贼坐柱事船十
tɕ 酒九	tɕʰ 清轻	dʑ 全权	ȵ 年泥热软	ɕ 想响	ʑ 谢
k 高	kʰ 开	g 共	ŋ 熬	x 好灰	
∅ 活县安温王云用药月					

说明:

(1)鼻、边音分两套,一套读紧喉,一套带浊流。前者出现在阴调字,后者出现在阳调字。

(2)[f][v]拼合口呼韵母时,有音位变体[ɸ][β]。

（3）［tɕ］组声母舌位稍偏前。

（4）全浊音声母有时清化明显。例如"茄、琴"等字。

（5）"让、如"等字读新文读音声母［l］。

2.韵母（39个，包括自成音节的［m］［ŋ］在内）

ɿ 师丝试猪	i 米戏	u 火货	y 余
ʮ 雨			
a 排鞋	ia 写飞	ua 快	
ɜ 山			
œ 半短	iœ 油	uœ 官	yœ 权个ㄡ
ɔ 宝饱	iɔ 笑桥		
ᴇ 赔对开		uᴇ 鬼	
	ie 盐年		
		uo 歌坐茶牙瓦	
əɣ 豆走南			
əu 过苦			
aŋ 糖双讲床硬	iaŋ 响	uaŋ 王横	
eŋ 深寸春灯升	ieŋ 心根新星病	ueŋ 滚	yeŋ 云
oŋ 东	ioŋ 兄用		
əʔ 盒塔鸭法十八辣托直出壳		uəʔ 活刮	yəʔ 月橘局
əʔ 个	ieʔ 一七热贴接节急药学		
		uoʔ 骨郭国六谷绿	
ə˞ 儿			
m̩ 母尾			

ŋ 五儿

说明：

(1)[ɿ]有时实际音值是[ɿə]。例如单字中的"猪、丝、试"。

(2)[i]有时带有舌叶音色彩。

(3)[u]舌位略前,唇形略展。

(4)[ɔ]韵舌位略高。

(5)[aŋ][ia][uaŋ]有时读作[ã][iã][uã]或[ãŋ][uãŋ]。

(6)[eŋ]韵中的[e]开口度略大,接近[ɛ]。

(7)[eŋ][ieŋ][ueŋ]有时还带有鼻化,音值接近[ẽŋ][iẽŋ][uẽŋ]。

(8)[əʔ]舌位略低略后,实际音值近[ɜʔ]。

(9)部分字喉塞弱化明显。

(10)在话语和口头文化中偶尔出现普通话[an][ian][uan]等韵母。

3.声调(7个)

阴平	533	东该灯风通开天春
阳平	33	门龙糖
阴上	55	懂古鬼九统讨罪
阴去	35	冻怪半四痛快
阳去	213	卖路硬乱洞地饭树买老五有动近后
阴入	5	谷百搭节急哭拍塔切刻
阳入	2	六麦叶月毒白盒罚

说明：

(1)阴平、阴上、阴去常混读。

(2)阳平、阳去常混读。

（3）部分入声字舒化，阴入近阴平、阳入近阳平。

4.新老异读

临安方言的新老异读集中体现在韵母方面。下文中"/"前为老派，后为新派。新老差异主要通过青男和老男之间的读音差异，体现在声母、韵母、声调和文白读等方面。

（1）老派声调已经合并为阴舒、阳舒、阴入、阳入 4 个调。新派尚能分出 7 个调，分别为阴平、阳平、阴上、阴去、阳去（浊上归去）、阴入、阳入。从调值看，老派阴平、阴去归阴上，阳上（浊上）归阳平。

（2）老派的[yœ]韵，新派分[iœ][yœ]两韵，如"油、权"。

（3）老派的[ə]韵，新派分[œ][ɚ]两韵，如"半短、豆走南、战善扇"。

（4）老派的[uə]韵，新派读[uœ]韵，如"官"。

（5）老派的[o]韵，新派读[uo]韵，如"瓦花瓜"；读[uɵ]韵，如"果过祸"；读[u]韵，如"步图奴"。

（6）老派的[ioŋ]韵，新派读[yeŋ]韵，例如：

例　字	老　派	新　派
匀	$ioŋ^{33}$	$yeŋ^{213}$
军	$tɕioŋ^{55}$	$tɕyeŋ^{533}$
裙	$dʑioŋ^{33}$	$dʑyeŋ^{213}$
熏	$ɕioŋ^{55}$	$ɕyeŋ^{533}$
云~彩	$ioŋ^{33}$	$yeŋ^{213}$
运	$ioŋ^{33}$	$yeŋ^{213}$

（7）老派的[ɑ̃][iɑ̃][uɑ̃]韵，新派读[aŋ][iaŋ][uaŋ]韵。

（8）老派入声分[iɐʔ][iəʔ]韵，新派合并为[ieʔ]韵，如"一、药、跌、七"，老派"一、药"读[ɔei]韵，"跌、七"读[iɐʔ]韵，新派都读[ieʔ]韵。

（9）老派入声分[uoʔ][uɐʔ]韵，新派合并为[uoʔ]韵，如"国、谷、六、绿、郭、骨"，老派"国、谷、六、绿"读[ɔu]韵、"郭、骨"读[uɐʔ]韵，新派都读[uoʔ]韵。

（10）文白异读也存在一些新老差异，有的字老派分文白异读，新派不分文白异读，只有相当于老派文读音的一读。例如：

"围"字，老派分[uɐ³³文、y³³白]两读，新派只有[uɐ²¹³]一读。

"鸟"字，老派分[ɕio⁵⁵文、ȵio³³白]两读，新派只有[tɕio⁵⁵]一读。

有的字，新派分文白异读，老派不分文白异读，只有相当于新派白读音的一读。例如"晚"字，新派分[mɐ²¹³文、vɐ²¹³白]两读，老派只有相当于新派文读音一读[uɐ³³]。

有的字老派读白读音，新派读文读音；有的字老派读文读音，新派读白读音；有的字如"尾、外"，拥有两个不同层次的白读音，老派读这个白读音，新派读那个白读音；有的字如"如"，拥有两个不同层次的文读音，老派读这个文读音，新派读那个文读音。例如：

例 字	老 派	新 派	例 字	老 派	新 派
母丈~	m³³白	mu²¹³文	死	sʮ⁵⁵文	ɕi⁵⁵白
行走	ã³³白	ieŋ²¹³文	怪	kʰua⁵⁵文	kʰuɐ⁵³³白
减	kɛ⁵⁵白	tɕie⁵⁵文	监	tɕie⁵⁵文	kɛ⁵³³白
块	kʰua⁵⁵白	kʰuɐ⁵³³文	怀	uɐ³³文	ua³³白
原	ȵyœ³³白	yœ²¹³文	尾	m³³白	mi²¹³白
如	zʮ³³文	lu²¹³文	外	ŋa³³白	a³³白

(11)老派和新派间还存在以下一些零星的读音差异。

例字	老派	新派	例字	老派	新派
雨	y^{55}	$ʮ^{55}$	住	dzy^{33}	dzu^{33}
芋	y^{33}	$ŋ^{213}$	埋	ma^{33}	$məɤ^{213}$
书	$ɕy^{55}$	$ɕʮ^{533}$	数	$ɕy^{55}$	su^{55}
蓝	$lɛ^{33}$	$ləɤ^{213}$	树竖	$zʮ^{33}$	zu^{213}
鹅	o^{33}	$ŋo^{33}$	骑	$dʑi^{33}$	$dʑia^{35}$
祸	o^{33}	$əu^{213}$	锄	$zʅ^{33}$	$dzʅ^{213}$
靴	$ɕy^{55}$	$ɕyaʔ^{5}$	纯	$dzeŋ^{33}$	$dzueŋ^{213}$
个	$kəʔ^{54}$	$kyœ^{44}$	匹	$pʰiɐʔ^{54}$	$pʰi^{35}$
徐	$zɿ^{33}$	$dʑi^{213}$	闰	$dzeŋ^{33}$	$zueŋ^{213}$
俊均	$tɕiŋ^{55}$	$tɕyeŋ^{533}$	翁	$oŋ^{55}$	$ueŋ^{533}$

(三)文白异读

临安方言的文白异读大致可归纳为声母异读、韵母异读两种类型。下文中"/"前为白读,后为文读。

1.声母异读

(1)微母"网、尾、味、问、晚"等字,一般白读[m]声母、文读[v]声母。例如:尾 m^{33} / vi^{33}｜味 mi^{33} / vi^{33}｜晚 $mɛ^{33}$ / $uɛ^{33}$｜网 $mã^{33}$ / $uã^{33}$｜问 $meŋ^{33}$ / $veŋ^{33}$。

(2)日母"人、日"等字,一般白读[ȵ]声母、文读[z]声母。例如:人 $ȵieŋ^{33}$ / $zeŋ^{33}$｜日 $ȵiɐʔ^{2}$ / $zəʔ^{2}$。

(3)其他,如奉母字:肥 bi^{33} / vi^{33};端母字:鸟 $tiɔ^{33}$ / $ȵiɔ^{33}$。

2.韵母异读

(1)日母"耳、儿"等字,一般白读[ŋ]、文读[ɚ]。例如:耳 $ŋ^{33}$ /

ɚ³³｜儿 ŋ³³ / ɚ¹¹³。

（2）止合三"水、围"等字，一般白读韵母[ʅ][y]，文读韵母[ɛ][uɛ]。例如：水 sʅ³³ / sɛ³³｜围 y³³ / uɛ³³。

二、单　字

编　号	单　字	音韵地位	老男音	青男音
0001	多	果开一平歌端	to⁵⁵	tuo⁵³³
0002	拖	果开一平歌透	tʰo⁵⁵	tʰuo⁵³³
0003	大~小	果开一去箇定	do³³	duo²¹³
0004	锣	果开一平歌来	lo³³	luo³³
0005	左	果开一上哿精	tso⁵⁵	tsuo⁵⁵
0006	歌	果开一平歌见	ko⁵⁵	kuo⁵³³
0007	个	果开一去箇见	kəʔ⁵⁴	kəʔ⁵
0008	可	果开一上哿溪	kʰo⁵⁵	kʰuo⁵⁵
0009	鹅	果开一平歌疑	o³³	ŋuo³³
0010	饿	果开一去箇疑	ŋo³³	ŋuo²¹³
0011	河	果开一平歌匣	o³³	uo³³
0012	茄	果开三平戈群	ga³³	ga³³
0013	破	果合一去过滂	pʰa⁵⁵	pʰa⁵⁵
0014	婆	果合一平戈并	bo³³	buo³³
0015	磨动词	果合一平戈明	mo³³	muo³³
0016	磨名词	果合一去过明	mo³³	muo³³
0017	躲	果合一上果端	to⁵⁵	tuo⁵⁵
0018	螺	果合一平戈来	lo⁵⁵	luo³³

续表

编 号	单 字	音韵地位	老男音	青男音
0019	坐	果合一上果从	zo⁵⁵	zuo²¹³
0020	锁	果合一上果心	so⁵⁵	suo⁵⁵
0021	果	果合一上果见	ko⁵⁵	kəu³⁵
0022	过~来	果合一去过见	ko⁵⁵	kəu³⁵
0023	课	果合一去过溪	kʰo⁵⁵	kuo⁵³³
0024	火	果合一上果晓	fu⁵⁵声殊 ɸu⁵⁵又	fu³⁵声殊
0025	货	果合一去过晓	fu⁵⁵声殊	fu³⁵声殊
0026	祸	果合一上果匣	o³³	əu²¹³
0027	靴	果合三平戈晓	ɕy⁵⁵音殊	ɕyɐʔ⁵音殊
0028	把量词	假开二上马帮	po⁵⁵	puo⁵⁵
0029	爬	假开二平麻並	bo⁵⁵	buo³³
0030	马	假开二上马明	mo³³	muo²¹³
0031	骂	假开二去祃明	mo³³	muo²¹³
0032	茶	假开二平麻澄	dzo³³	dzuo²¹³
0033	沙	假开二平麻生	so³³	suo⁵³³
0034	假真~	假开二上马见	ka⁵⁵	ka⁵⁵
0035	嫁	假开二去祃见	ko⁵⁵	kuo⁵⁵
0036	牙	假开二平麻疑	ŋo⁵⁵	ŋuo³³
0037	虾	假开二平麻晓	ho⁵⁵	huo⁵³³
0038	下方位词	假开二上马匣	o³³	uo²¹³
0039	夏春~	假开二去祃匣	o³³	uo²¹³
0040	哑	假开二上马影	o⁵⁵	uo⁵⁵
0041	姐	假开三上马精	（无）	tɕi⁵⁵

续表

编　号	单　字	音韵地位	老男音	青男音
0042	借	假开三去祃精	tɕia⁵⁵	tɕia⁵⁵
0043	写	假开三上马心	ɕia⁵⁵	ɕia⁵⁵
0044	斜	假开三平麻邪	ʑia³³	ʑia³³
0045	谢	假开三去祃邪	ʑia³³	ʑia²¹³
0046	车～辆	假开三平麻昌	tsho⁵⁵	tsuo⁵³³
0047	蛇	假开三平麻船	zo³³	zuo³³
0048	射	假开三去祃船	zo³³	zuo²¹³
0049	爷	假开三平麻以	ia³³	ia³³
0050	野	假开三上马以	ia³³	ia²¹³
0051	夜	假开三去祃以	ia³³	ia²¹³
0052	瓜	假合二平麻见	ko⁵⁵	kuo⁵³³
0053	瓦名词	假合二上马疑	ŋo³³	ŋuo²¹³
0054	花	假合二平麻晓	ho⁵⁵	huo⁵³³
0055	化	假合二去祃晓	ho⁵⁵	huo⁵⁵
0056	华中～	假合二平麻匣	ua³³	ua³³
0057	谱家～	遇合一上姥帮	pho⁵⁵	phu³⁵
0058	布	遇合一去暮帮	po⁵⁵	pu⁵⁵
0059	铺动词	遇合一平模滂	pho⁵⁵	phu⁵⁵
0060	簿	遇合一上姥并	bo³³	buəʔ²
0061	步	遇合一去暮并	bo³³	bu²¹³
0062	赌	遇合一上姥端	to⁵⁵	tu⁵⁵
0063	土	遇合一上姥透	tho⁵⁵	thu⁵⁵
0064	图	遇合一平模定	do³³	du²¹³
0065	杜	遇合一上姥定	do³³	du²¹³

续表

编 号	单 字	音韵地位	老男音	青男音
0066	奴	遇合一平模泥	no³³	nu²¹³
0067	路	遇合一去暮来	lo³³	lu²¹³
0068	租	遇合一平模精	tso⁵⁵	tsu⁵³³
0069	做	遇合一去暮精	tso⁵⁵	tsuo³⁵
0070	错对~	遇合一去暮清	tsʰo⁵⁵	tsuo⁵
0071	箍~桶	遇合一平模见	kʰo⁵⁵	kʰu⁵³³
0072	古	遇合一上姥见	ko⁵⁵	ku⁵³³
0073	苦	遇合一上姥溪	kʰo⁵⁵	ku³⁵
0074	裤	遇合一去暮溪	kʰo⁵⁵	kʰu⁵⁵
0075	吴	遇合一平模疑	u³³	u²¹³
0076	五	遇合一上姥疑	ŋ³³	ŋ²¹³
0077	虎	遇合一上姥晓	fu⁵⁵声殊	fu⁵⁵声殊
0078	壶	遇合一平模匣	u³³	u²¹³
0079	户	遇合一上姥匣	u³³	u²¹³
0080	乌	遇合一平模影	u⁵⁵	u⁵³³
0081	女	遇合三上语泥	ȵy³³	ȵy²¹³
0082	吕	遇合三上语来	ly³³	ly²¹³
0083	徐	遇合三平鱼邪	ʑi³³	dʑi²¹³
0084	猪	遇合三平鱼知	tsʅ⁵⁵	tsʅ⁵³³
0085	除	遇合三平鱼澄	dʑy³³	dʑy²¹³
0086	初	遇合三平鱼初	tsʰu⁵⁵	tsʰu⁵³³
0087	锄	遇合三平鱼崇	zʅ³³	dzʅ²¹³
0088	所	遇合三上语生	so⁵⁵	suo⁵⁵
0089	书	遇合三平鱼书	ɕy⁵⁵	ɕɥ⁵³³

编 号	单 字	音韵地位	老男音	青男音
0090	鼠	遇合三上语书	tsʰ ʅ⁵⁵	tsʰ ʅ⁵⁵
0091	如	遇合三平鱼日	zɥ³³	lu²¹³
0092	举	遇合三上语见	tɕy⁵⁵	tɕy⁵⁵
0093	锯名词	遇合三去御见	kɛ⁵⁵	kɛ⁵⁵
0094	去	遇合三去御溪	tɕʰi⁵⁵	tɕʰi⁵⁵
0095	渠~道	遇合三平鱼群	dʑy³³	dʑy²¹³
0096	鱼	遇合三平鱼疑	ŋ³³	ŋ²¹³
0097	许	遇合三上语晓	ɕy⁵⁵	ɕy⁵⁵
0098	余剩~,多~	遇合三平鱼以	y³³	y²¹³
0099	府	遇合三上麌非	fu⁵⁵	fu⁵⁵
0100	付	遇合三去遇非	fu⁵⁵	fu⁵⁵
0101	父	遇合三上麌奉	vu³³	fu⁵³³
0102	武	遇合三上麌微	vu³³	vu²¹³
0103	雾	遇合三去遇微	vu³³	vu²¹³
0104	取	遇合三上麌清	tɕʰy⁵⁵	tɕʰy⁵⁵
0105	柱	遇合三上麌澄	zʅ³³	zʅ²¹³
0106	住	遇合三去遇澄	dʑy³³	dzu²¹³
0107	数动词	遇合三上麌生	ɕy⁵⁵	su⁵⁵
0108	数名词	遇合三去遇生	ɕy⁵⁵	su⁵⁵
0109	主	遇合三上麌章	tsu⁵⁵	tsu⁵⁵
0110	输	遇合三平虞书	ɕy⁵⁵	ɕy⁵⁵
0111	竖	遇合三上麌禅	zɥ³³	zu²¹³
0112	树	遇合三去遇禅	zɥ³³	zu²¹³
0113	句	遇合三去遇见	tɕy⁵⁵	tɕy⁵⁵

续表

编　号	单　字	音韵地位	老男音	青男音
0114	区地~	遇合三平虞溪	$tɕ^hy^{55}$	$tɕ^hy^{55}$
0115	遇	遇合三去遇疑	y^{33}	y^{213}
0116	雨	遇合三上虞云	y^{33}	y^{213}
0117	芋	遇合三去遇云	y^{33}	$ŋ^{213}$
0118	裕	遇合三去遇以	y^{33}	y^{55}
0119	胎	蟹开一平咍透	t^hE^{55}	t^hE^{533}
0120	台戏~	蟹开一平咍定	dE^{33}	dE^{213}
0121	袋	蟹开一去代定	dE^{33}	dE^{213}
0122	来	蟹开一平咍来	lE^{33}	lE^{213}
0123	菜	蟹开一去代清	ts^hE^{33}	ts^hE^{55}
0124	财	蟹开一平咍从	dzE^{33}	dzE^{213}
0125	该	蟹开一平咍见	kE^{55}	kE^{533}
0126	改	蟹开一上海见	kE^{55}	kE^{55}
0127	开	蟹开一平咍溪	k^hE^{55}	k^hE^{533}
0128	海	蟹开一上海晓	hE^{55}	hE^{55}
0129	爱	蟹开一去代影	E^{55}	E^{55}
0130	贝	蟹开一去泰帮	pE^{55}	pE^{55}
0131	带动词	蟹开一去泰端	ta^{55}	ta^{55}
0132	盖动词	蟹开一去泰见	kE^{55}	kE^{55}
0133	害	蟹开一去泰匣	E^{33}	E^{55}
0134	拜	蟹开二去怪帮	pa^{55}	pa^{55}
0135	排	蟹开二平皆並	ba^{33}	ba^{213}
0136	埋	蟹开二平皆明	ma^{55}	$məɤ^{213}$
0137	戒	蟹开二去怪见	ka^{55}	ka^{55}

续表

编 号	单 字	音韵地位	老男音	青男音
0138	摆	蟹开二上蟹帮	pa⁵⁵	pa⁵⁵
0139	派	蟹开二去卦滂	pha⁵⁵	pha⁵⁵
0140	牌	蟹开二平佳並	ba³³	ba³³
0141	买	蟹开二上蟹明	ma³³	ma²¹³
0142	卖	蟹开二去卦明	ma³³	ma²¹³
0143	柴	蟹开二平佳崇	za³³	za³³
0144	晒	蟹开二去卦生	sa⁵⁵	sa⁵⁵
0145	街	蟹开二平佳见	ka⁵⁵	ka⁵³³
0146	解～开	蟹开二上蟹见	ka⁵⁵	ka⁵⁵
0147	鞋	蟹开二平佳匣	a³³	a³³
0148	蟹	蟹开二上蟹匣	ha⁵⁵	ha⁵⁵
0149	矮	蟹开二上蟹影	a⁵⁵	a⁵⁵
0150	败	蟹开二去夬並	ba³³	ba²¹³
0151	币	蟹开三去祭並	bi³³	bi²¹³
0152	制～造	蟹开三去祭章	tsʅ⁵⁵	tsʅ³⁵
0153	世	蟹开三去祭书	sʅ⁵⁵	sʅ⁵⁵
0154	艺	蟹开三去祭疑	ȵi³³	ȵi²¹³
0155	米	蟹开四上荠明	mi³³	mi²¹³
0156	低	蟹开四平齐端	ti⁵⁵	ti⁵³³
0157	梯	蟹开四平齐透	thi⁵⁵	thi⁵³³
0158	剃	蟹开四去霁透	thi⁵⁵	thi³⁵
0159	弟	蟹开四上荠定	di³³	di²¹³
0160	递	蟹开四去霁定	di³³	di²¹³
0161	泥	蟹开四平齐泥	ȵi³³	ȵi²¹³

续表

编　号	单　字	音韵地位	老男音	青男音
0162	犁	蟹开四平齐来	li^{33}	li^{213}
0163	西	蟹开四平齐心	εi^{55}	εi^{533}
0164	洗	蟹开四上荠心	εi^{55}	εi^{55}
0165	鸡	蟹开四平齐见	$t\varepsilon i^{55}$	$t\varepsilon i^{533}$
0166	溪	蟹开四平齐溪	$t\varepsilon^h i^{55}$	$t\varepsilon^h i^{533}$
0167	契	蟹开四去霁溪	$t\varepsilon^h i^{55}$	$t\varepsilon^h i^{55}$
0168	系联~	蟹开四去霁匣	εi^{55}	εi^{533}
0169	杯	蟹合一平灰帮	pE^{55}	pE^{533}
0170	配	蟹合一去队滂	p^hE^{55}	p^hE^{35}
0171	赔	蟹合一平灰并	bE^{33}	bE^{213}
0172	背~诵	蟹合一去队并	bE^{33}	pE^{55}
0173	煤	蟹合一平灰明	mE^{33}	mE^{213}
0174	妹	蟹合一去队明	mE^{55}	mE^{213}
0175	对	蟹合一去队端	tE^{55}	tE^{55}
0176	雷	蟹合一平灰来	lE^{33}	lE^{213}
0177	罪	蟹合一上贿从	tsE^{55}	tsE^{55}
0178	碎	蟹合一去队心	sE^{55}	sE^{55}
0179	灰	蟹合一平灰晓	huE^{55}	huE^{533}
0180	回	蟹合一平灰匣	uE^{33}	uE^{533}
0181	外	蟹合一去泰疑	ηa^{33}	a^{33}
0182	会开~	蟹合一去泰匣	uE^{33}	uE^{213}
0183	怪	蟹合二去怪见	kua^{55}	kua^{55}
0184	块	蟹合一去怪溪	k^huE^{55}	k^huE^{533}
0185	怀	蟹合二平皆匣	uE^{33}	ua^{33}

编　号	单　字	音韵地位	老男音	青男音
0186	坏	蟹合二去怪匣	ua^{55}	ua^{213}
0187	拐	蟹合二上蟹见	kua^{55}	kua^{55}
0188	挂	蟹合二去卦见	ko^{55}	kuo^{35}
0189	歪	蟹合二平佳晓	ua^{55}	ua^{533}
0190	画	蟹合二去卦匣	ua^{33}	ua^{213}
0191	快	蟹合二去夬溪	$k^{h}ua^{55}$	$k^{h}ua^{55}$
0192	话	蟹合二去夬匣	o^{33}	uo^{33}
0193	岁	蟹合三去祭心	sE^{55}	sE^{55}
0194	卫	蟹合三去祭云	uE^{33}	uE^{213}
0195	肺	蟹合三去废敷	fi^{55}	fi^{55}
0196	桂	蟹合四去霁见	kuE^{55}	kuE^{55}
0197	碑	止开三平支帮	pE^{55}	pE^{533}
0198	皮	止开三平支并	bi^{33}	bi^{213}
0199	被~子	止开三上纸并	bi^{33}	bi^{213}
0200	紫	止开三上纸精	$tsɿ^{55}$	$tsɿ^{55}$
0201	刺	止开三去寘清	$ts^{h}ɿ^{55}$	$ts^{h}ɿ^{533}$
0202	知	止开三平支知	$tsɿ^{55、}$	$tsɿ^{55}$
0203	池	止开三平支澄	$dzɿ^{33}$	$dzɿ^{213}$
0204	纸	止开三上纸章	$tsɿ^{55}$	$tsɿ^{55}$
0205	儿	止开三平支日	$ŋ^{33}$	$ŋ^{33}$
0206	寄	止开三去寘见	$tɕi^{55}$	$tɕi^{55}$
0207	骑	止开三平支群	$dʑi^{33}$	$dʑia^{35}$
0208	蚁	止开三上纸疑	$ȵi^{33}$	$ȵi^{213}$
0209	义	止开三去寘疑	$ȵi^{33}$	$ȵi^{213}$

续表

编　号	单　字	音韵地位	老男音	青男音
0210	戏	止开三去寘晓	ςi^{55}	ςi^{55}
0211	移	止开三平支以	i^{33}	i^{213}
0212	比	止开三上旨帮	pi^{55}	pi^{55}
0213	屁	止开三去至滂	$p^h i^{55}$	$p^h i^{55}$
0214	鼻	止开三去至並	$bə\mathsf{?}^{12}$	$bə\mathsf{?}^{2}$
0215	眉	止开三平脂明	mi^{33}	mi^{213}
0216	地	止开三去至定	di^{33}	di^{213}
0217	梨	止开三平脂来	li^{33}	li^{213}
0218	资	止开三平脂精	$ts\textrm{ʅ}^{55}$	$ts\textrm{ʅ}^{55}$
0219	死	止开三上旨心	$s\textrm{ʅ}^{55}$	ςi^{55}
0220	四	止开三去至心	$s\textrm{ʅ}^{55}$	$s\textrm{ʅ}^{55}$
0221	迟	止开三平脂澄	$dz\textrm{ʅ}^{33}$	$dz\textrm{ʅ}^{213}$
0222	师	止开三平脂生	$s\textrm{ʅ}^{55}$	$s\textrm{ʅ}^{55}$
0223	指	止开三上旨章	$ts\textrm{ʅ}^{55}$	$ts\textrm{ʅ}^{55}$
0224	二	止开三去至日	$n\textrm{ʑ}i^{33}$	$n\textrm{ʑ}ia\eta^{213}$
0225	饥~饿	止开三平脂见	$t\varsigma i^{55}$	$t\varsigma i^{55}$
0226	器	止开三去至溪	$t\varsigma^h i^{55}$	$t\varsigma^h i^{55}$
0227	姨	止开三平脂以	i^{33}	i^{55}
0228	李	止开三上止来	li^{33}	li^{213}
0229	子	止开三上止精	$ts\textrm{ʅ}^{55}$	$ts\textrm{ʅ}^{55}$
0230	字	止开三去志从	$z\textrm{ʅ}^{33}$	$z\textrm{ʅ}^{213}$
0231	丝	止开三平之心	$s\textrm{ʅ}^{55}$	$s\textrm{ʅ}^{533}$
0232	祠	止开三平之邪	$z\textrm{ʅ}^{33}$	$z\textrm{ʅ}^{213}$
0233	寺	止开三去志邪	$z\textrm{ʅ}^{33}$	$z\textrm{ʅ}^{213}$

编　号	单　字	音韵地位	老男音	青男音
0234	治	止开三去志澄	dzʅ³³	zʅ²¹³
0235	柿	止开三上止崇	zʅ³³	zʅ²¹³
0236	事	止开三去志崇	zʅ³³	sʅ⁵⁵
0237	使	止开三上止生	sʅ⁵⁵	sʅ⁵⁵
0238	试	止开三去志书	sʅ⁵⁵	zʅ²¹³
0239	时	止开三平之禅	zʅ³³	zʅ²¹³
0240	市	止开三上止禅	zʅ³³	zʅ²¹³
0241	耳	止开三上止日	ŋ³³白　ɚ³³文	n̠i²¹³白　ɚ²¹³文
0242	记	止开三去志见	tɕi⁵⁵	tɕi⁵⁵
0243	棋	止开三平之群	dʑi³³	dʑi²¹³
0244	喜	止开三上止晓	ɕi⁵⁵	ɕi⁵⁵
0245	意	止开三去志影	i³³	i⁵⁵
0246	几~个	止开三上尾见	tɕi⁵⁵	tɕi⁵⁵
0247	气	止开三去未溪	tɕʰi⁵⁵	tɕʰi⁵⁵
0248	希	止开三平微晓	ɕi⁵⁵	ɕi⁵³³
0249	衣	止开三平微影	i⁵⁵	i⁵³³
0250	嘴	止合三上纸精	tsʅ⁵⁵	tsʅ⁵⁵
0251	随	止合三平支邪	zE³³	zE²¹³
0252	吹	止合三平支昌	tsʰE⁵⁵	tsʰE⁵³³ *
0253	垂	止合三平支禅	zE³³	tsE²¹³
0254	规	止合三平支见	kuE⁵⁵	kuE⁵⁵
0255	亏	止合三平支溪	kʰuE⁵⁵	kʰuE⁵³³
0256	跪	止合三上纸群	guE³³	guE²¹³

续表

编　号	单　字	音韵地位	老男音	青男音
0257	危	止合三平支疑	u$_E$^{55}	u$_E$^{533}
0258	类	止合三去至来	l$_E$^{33}	l$_E$^{213}
0259	醉	止合三去至精	ts$_E$^{55}	ts$_E$^{55}
0260	追	止合三平脂知	ts$_E$^{55}	ts$_E$^{533}
0261	锤	止合三平脂澄	dz$_E$^{33}	dz$_E$^{33}
0262	水	止合三上旨书	sʅ^{55}	sʅ^{55}白 su$_E$^{55}文
0263	龟	止合三平脂见	ku$_E$^{55}	ku$_E$^{533}
0264	季	止合三去至见	tɕi^{55}	tɕi^{55}
0265	柜	止合三去至群	gu$_E$^{33}	gu$_E$^{213}
0266	位	止合三去至云	u$_E$^{33}	u$_E$^{213}
0267	飞	止合三平微非	fi^{55}	fi^{533}
0268	费	止合三去未敷	fi^{55}	fi^{55}
0269	肥	止合三平微奉	bi^{33}白 vi^{33}文	bi^{33}白 vi^{33}文
0270	尾	止合三上尾微	m^{33}白 vi^{33}文	mi^{213}白 vi^{213}文
0271	味	止合三去未微	mi^{33}白 vi^{33}文	mi^{213}白 vi^{213}文
0272	鬼	止合三上尾见	ku$_E$^{55}	ku$_E$^{55}
0273	贵	止合三去未见	ku$_E$^{55}	ku$_E$^{55}
0274	围	止合三平微云	y^{33}白 u$_E$^{33}文	u$_E$^{213}
0275	胃	止合三去未云	u$_E$^{33}	u$_E$^{213}
0276	宝	效开一上晧帮	pɔ^{55}	pɔ^{55}

编 号	单 字	音韵地位	老男音	青男音
0277	抱	效开一上晧並	$bɔ^{33}$	$bɔ^{213}$
0278	毛	效开一平豪明	$mɔ^{33}$	$mɔ^{213}$
0279	帽	效开一去号明	$mɔ^{33}$	$mɔ^{213}$
0280	刀	效开一平豪端	$tɔ^{55}$	$tɔ^{533}$
0281	讨	效开一上晧透	$t^hɔ^{55}$	$t^hɔ^{55}$
0282	桃	效开一平豪定	$dɔ^{33}$	$dɔ^{213}$
0283	道	效开一上晧定	$dɔ^{33}$	$dɔ^{213}$
0284	脑	效开一上晧泥	$nɔ^{33}$	$nɔ^{213}$
0285	老	效开一上晧来	$lɔ^{33}$	$lɔ^{213}$
0286	早	效开一上晧精	$tsɔ^{55}$	$tsɔ^{55}$
0287	灶	效开一去号精	$tsɔ^{55}$	$tsɔ^{55}$
0288	草	效开一上晧清	$ts^hɔ^{55}$	$ts^hɔ^{55}$
0289	糙	效开一去号清	$ts^hɔ^{55}$	$ts^hɔ^{55}$
0290	造	效开一上晧从	$dzɔ^{33}$	$zɔ^{213}$
0291	嫂	效开一上晧心	$sɔ^{55}$	$sɔ^{55}$
0292	高	效开一平豪见	$kɔ^{55}$	$kɔ^{533}$
0293	靠	效开一去号溪	$k^hɔ^{55}$	$k^hɔ^{55}$
0294	熬	效开一平豪疑	$ŋɔ^{33}$	$ŋɔ^{213}$
0295	好~坏	效开一上晧晓	$hɔ^{55}$	$hɔ^{55}$
0296	号名词	效开一去号匣	$ɔ^{33}$	$ɔ^{213}$
0297	包	效开二平肴帮	$pɔ^{55}$	$pɔ^{533}$
0298	饱	效开二上巧帮	$pɔ^{55}$	$pɔ^{35}$
0299	炮	效开二去效滂	$p^hɔ^{55}$	$p^hɔ^{35}$
0300	猫	效开二平肴明	$mɔ^{55}$	$mɔ^{533}$

续表

编　号	单　字	音韵地位	老男音	青男音
0301	闹	效开二去效泥	nɔ³³	nɔ²¹³
0302	罩	效开二去效知	tsɔ⁵⁵	tsɔ³⁵
0303	抓用手~牌	效开二平肴庄	tsua⁵⁵	tsuo⁵³³
0304	找~零钱	效开二上巧庄	tsɔ⁵⁵	tsɔ⁵⁵
0305	抄	效开二平肴初	tsʰɔ⁵⁵	tsʰɔ⁵³³
0306	交	效开二平肴见	tɕiɔ⁵⁵	tɕiɔ⁵⁵
0307	敲	效开二平肴溪	kʰɔ⁵⁵	kʰɔ⁵³³
0308	孝	效开二去效晓	ɕiɔ⁵⁵	ɕiɔ⁵⁵
0309	校学~	效开二去效匣	iɔ³³	iɔ²¹³
0310	表手~	效开三上小帮	piɔ⁵⁵	piɔ⁵⁵
0311	票	效开三去笑滂	pʰiɔ⁵⁵	pʰiɔ³⁵
0312	庙	效开三去笑明	miɔ³³	miɔ²¹³
0313	焦	效开三平宵精	tɕiɔ⁵⁵	tɕiɔ⁵³³
0314	小	效开三上小心	ɕiɔ⁵⁵	ɕiɔ⁵⁵
0315	笑	效开三去笑心	ɕiɔ⁵⁵	ɕiɔ⁵⁵
0316	朝~代	效开三平宵澄	dzɔ³³	dzɔ²¹³
0317	照	效开三去笑章	tsɔ⁵⁵	tsɔ⁵⁵
0318	烧	效开三平宵书	sɔ⁵⁵	sɔ⁵³³
0319	绕~线	效开三去笑日	ȵiɔ³³	ȵiɔ²¹³
0320	桥	效开三平宵群	dʑiɔ³³	dʑiɔ²¹³
0321	轿	效开三去笑群	dʑiɔ³³	dʑiɔ²¹³
0322	腰	效开三平宵影	iɔ⁵⁵	iɔ⁵³³
0323	要重~	效开三去笑影	iɔ⁵⁵	iɔ⁵⁵
0324	摇	效开三平宵以	iɔ³³	iɔ³³

续表

编 号	单 字	音韵地位	老男音	青男音
0325	鸟	效开四上筱端	tiɔ⁵⁵白 n̠iɔ³³文	tiɔ⁵⁵
0326	钓	效开四去啸端	tiɔ⁵⁵	tiɔ⁵⁵
0327	条	效开四平萧定	diɔ³³	diɔ²¹³
0328	料	效开四去啸来	liɔ³³	liɔ²¹³
0329	箫	效开四平萧心	ɕiɔ⁵⁵	ɕiɔ⁵³³
0330	叫	效开四去啸见	tɕiɔ⁵⁵	tɕiɔ³⁵
0331	母丈~,舅~	流开一上厚明	m³³	mu²¹³
0332	抖	流开一上厚端	tə⁵⁵	təɣ⁵⁵
0333	偷	流开一平侯透	tʰə⁵⁵	tʰəɣ⁵³³
0334	头	流开一平侯定	də³³	dəɣ³³
0335	豆	流开一去候定	də³³	dəɣ²¹³
0336	楼	流开一平侯来	lə³³	ləɣ³³
0337	走	流开一上厚精	tsə⁵⁵	tsəɣ⁵⁵
0338	凑	流开一去候清	tsʰə⁵⁵	tsʰəɣ⁵⁵
0339	钩	流开一平侯见	kə⁵⁵	kəɣ⁵³³
0340	狗	流开一上厚见	kə⁵⁵	kəɣ⁵⁵
0341	够	流开一去候见	kə⁵⁵	kəɣ⁵⁵
0342	口	流开一上厚溪	kʰə⁵⁵	kʰəɣ⁵⁵
0343	藕	流开一上厚疑	ŋə³³	ŋəɣ²¹³
0344	后前~	流开一上厚匣	ə³³	əɣ²¹³
0345	厚	流开一上厚匣	ɣə³³	əɣ²¹³
0346	富	流开三去宥非	fu⁵⁵	fu⁵⁵
0347	副	流开三去宥敷	fu⁵⁵	fu⁵⁵

续表

编　号	单　字	音韵地位	老男音	青男音
0348	浮	流开三平尤奉	vu³³	vu²¹³
0349	妇	流开三上有奉	vu³³	vu²¹³
0350	流	流开三平尤来	lyœ³³	liœ²¹³
0351	酒	流开三上有精	tɕyœ⁵⁵	tɕiœ⁵⁵
0352	修	流开三平尤心	ɕyœ⁵⁵	ɕiœ⁵³³
0353	袖	流开三去宥邪	zyœ³³	ziœ²¹³
0354	抽	流开三平尤彻	tsʰə⁵⁵	tsʰəɤ⁵³³
0355	绸	流开三平尤澄	dzə³³	dzəɤ³³
0356	愁	流开三平尤崇	dzə³³	dzəɤ³³
0357	瘦	流开三去宥生	sə⁵⁵	səɤ⁵⁵
0358	州	流开三平尤章	tsə⁵⁵	tsəɤ⁵³³
0359	臭香~	流开三去宥昌	tsʰə⁵⁵	tsʰəɤ⁵⁵
0360	手	流开三上有书	sə⁵⁵	səɤ⁵⁵
0361	寿	流开三去宥禅	zə³³	zəɤ²¹³
0362	九	流开三上有见	tɕyœ⁵⁵	tɕiœ⁵⁵
0363	球	流开三平尤群	dʑyœ³³	dʑiœ²¹³
0364	舅	流开三上有群	dʑyœ³³	dʑiœ²¹³
0365	旧	流开三去宥群	dʑyœ³³	dʑiœ²¹³
0366	牛	流开三平尤疑	ȵyœ³³	ȵiœ²¹³
0367	休	流开三平尤晓	ɕyœ⁵⁵	ɕiœ⁵³³
0368	优	流开三平尤影	yœ⁵⁵	iœ⁵³³
0369	有	流开三上有云	yœ³³	iœ²¹³
0370	右	流开三去宥云	yœ³³	iœ²¹³
0371	油	流开三平尤以	yœ³³	iœ²¹³

续表

编 号	单 字	音韵地位	老男音	青男音
0372	丢	流开三平幽端	$ty\alpha^{55}$	$ti\alpha^{533}$
0373	幼	流开三去幼影	$y\alpha^{55}$	$i\alpha^{55}$
0374	贪	咸开一平覃透	$t^h\partial^{55}$	$t^h\varepsilon^{533}$
0375	潭	咸开一平覃定	$d\partial^{33}$	$d\alpha^{33}$
0376	南	咸开一平覃泥	$n\partial^{33}$	$n\alpha^{213}$
0377	蚕	咸开一平覃从	$z\partial^{33}$	$dz\alpha^{33}$
0378	感	咸开一上感见	$k\partial^{55}$	$k\partial\gamma^{55}$
0379	含～一口水	咸开一平覃匣	∂^{33}	$\partial\gamma^{33}$
0380	暗	咸开一去勘影	∂^{55}	$\partial\gamma^{55}$
0381	搭	咸开一入合端	$t\text{ʁ}ʔ^{54}$	$t\text{ʁ}ʔ^{5}$
0382	踏	咸开一入合透	$d\text{ʁ}ʔ^{12}$	$d\text{ʁ}ʔ^{2}$
0383	拉	咸开一入合来	la^{33}	la^{55}
0384	杂	咸开一入合从	$dz\text{ʁ}ʔ^{12}$	$dz\text{ʁ}ʔ^{2}$
0385	鸽	咸开一入合见	$k\text{ʁ}ʔ^{54}$	$k\text{ʁ}ʔ^{5}$
0386	盒	咸开一入合匣	$\text{ʁ}ʔ^{12}$	$\text{ʁ}ʔ^{2}$ 喉塞较弱
0387	胆	咸开一上敢端	$t\varepsilon^{55}$	$t\varepsilon^{55}$
0388	毯	咸开一上敢透	$t^h\varepsilon^{55}$	$t^h\varepsilon^{55}$
0389	淡	咸开一上敢定	$d\varepsilon^{33}$	$d\varepsilon^{213}$
0390	蓝	咸开一平谈来	$l\varepsilon^{33}$	$l\partial\gamma^{213}$
0391	三	咸开一平谈心	$s\varepsilon^{55}$	$s\varepsilon^{533}$
0392	甘	咸开一平谈见	$k\partial^{55}$	$k\partial\gamma^{533}$
0393	敢	咸开一上敢见	$k\partial^{55}$	$k\partial\gamma^{55}$
0394	喊	咸开一上敢晓	$h\varepsilon^{55}$	$h\varepsilon^{35}$
0395	塔	咸开一入盍透	$t^h\text{ʁ}ʔ^{54}$	$t^h\text{ʁ}ʔ^{5}$

续表

编　号	单　字	音韵地位	老男音	青男音
0396	蜡	咸开一入盍来	lɐʔ^{54}	lɐʔ^{2}
0397	赚	咸开二去陷澄	dzɛ^{33}	dzɛ^{213}
0398	杉~木	咸开二平咸生	sɛ^{55}	sɛ^{533}
0399	减	咸开二上赚见	kɛ^{55}	tɕie^{55}
0400	咸~淡	咸开二平咸匣	ɛ^{33}	ɛ^{33}
0401	插	咸开二入洽初	tsʰɐʔ^{54}	tsʰɐʔ^{5}
0402	闸	咸开二入洽崇	zɐʔ^{12}	dzɐʔ^{2}
0403	夹~子	咸开二入洽见	kɐʔ^{54}	kɐʔ^{5}
0404	衫	咸开二平衔生	sɛ^{55}	sɛ^{55}
0405	监	咸开二平衔见	tɕie^{55}	kɛ^{533}
0406	岩	咸开二平衔疑	ŋɛ^{33}	ŋɛ^{33}
0407	甲	咸开二入狎见	tɕiɐʔ^{54}	kuoʔ^{5}
0408	鸭	咸开二入狎影	ɐʔ^{54}	ɐʔ^{5}
0409	黏~液	咸开三平盐泥	n̠ie^{33}	n̠ie^{533}
0410	尖	咸开三平盐精	tɕie^{55}	tɕie^{533}
0411	签~名	咸开三平盐清	tɕʰie^{55}	tɕʰie^{55}
0412	占~领	咸开三去艳章	tsœ^{55}	tsœ^{55}
0413	染	咸开三上琰日	n̠ie^{33}	n̠ia^{213}
0414	钳	咸开三平盐群	dzie^{33}	dzie^{33}
0415	验	咸开三去艳疑	n̠ie^{33}	n̠ie^{213}
0416	险	咸开三上琰晓	ɕie^{55}	ɕie^{55}
0417	厌	咸开三去艳影	ie^{55}	ie^{55}
0418	炎	咸开三平盐云	ie^{33}	ie^{213}
0419	盐	咸开三平盐以	ie^{33}	ie^{213}

续表

编 号	单 字	音韵地位	老男音	青男音
0420	接	咸开三入叶精	tɕiəʔ⁵⁴	tɕieʔ⁵
0421	折~叠	咸开三入叶章	tsɐʔ⁵⁴	tsɐʔ⁵
0422	叶树~	咸开三入叶以	iəʔ¹²	ieʔ²
0423	剑	咸开三去酽见	tɕie⁵⁵	tɕie⁵⁵
0424	欠	咸开三去酽溪	tɕʰie⁵⁵	tɕʰie⁵⁵
0425	严	咸开三平严疑	ȵie³³	ȵie²¹³
0426	业	咸开三入业疑	ȵiɐʔ¹²	ȵieʔ²
0427	点	咸开四上忝端	tie⁵⁵	tie⁵⁵
0428	店	咸开四去㮇端	tie⁵⁵	tie⁵⁵
0429	添	咸开四平添透	tʰie⁵⁵	tʰie⁵³³
0430	甜	咸开四平添定	die³³	die²¹³
0431	念	咸开四去㮇泥	ȵie³³	ȵie⁵⁵
0432	嫌	咸开四平添匣	ie⁵⁵	ie⁵³³
0433	跌	咸开四入帖端	tiəʔ⁵⁴	tieʔ⁵
0434	贴	咸开四入帖透	tʰiəʔ⁵⁴	tʰieʔ⁵
0435	碟	咸开四入帖定	diəʔ¹²	dieʔ²
0436	协	咸开四入帖匣	iəʔ¹²	ieʔ²
0437	犯	咸合三上范奉	vɛ³³	vɛ²¹³
0438	法	咸合三入乏非	fɐʔ⁵⁴	fɐʔ⁵
0439	品	深开三上寝滂	pʰiŋ⁵⁵	pʰieŋ⁵⁵
0440	林	深开三平侵来	liŋ³³	lieŋ³³
0441	浸	深开三去沁精	tɕiŋ⁵⁵	tɕieŋ⁵⁵
0442	心	深开三平侵心	ɕiŋ⁵⁵	ɕieŋ⁵³³
0443	寻	深开三平侵邪	ziŋ³³	zieŋ²¹³

续表

编　号	单　字	音韵地位	老男音	青男音
0444	沉	深开三平侵澄	dzeŋ³³	dzeŋ²¹³
0445	参人~	咸开一平侵生	seŋ⁵⁵	seŋ⁵⁵
0446	针	深开三平侵章	tseŋ⁵⁵	tsieŋ⁵³³
0447	深	深开三平侵书	seŋ⁵⁵	seŋ⁵⁵
0448	任责~	深开三去沁日	zeŋ³³	ȵieŋ²¹³
0449	金	深开三平侵见	tɕiŋ⁵⁵	tɕieŋ⁵⁵
0450	琴	深开三平侵群	dʑiŋ³³	dʑieŋ²¹³
0451	音	深开三平侵影	iŋ⁵⁵	ieŋ⁵⁵
0452	立	深开三入缉来	liɐʔ¹²	lieʔ²
0453	集	深开三入缉从	dziɐʔ¹²	dzieʔ²
0454	习	深开三入缉邪	ziɐʔ¹²	zieʔ²
0455	汁	深开三入缉章	tsɐʔ⁵⁴	tsɐʔ⁵
0456	十	深开三入缉禅	zɐʔ¹²	zɐʔ²
0457	入	深开三入缉日	zɐʔ¹²	zɐʔ²
0458	急	深开三入缉见	tɕiəʔ⁵⁴	tɕieʔ⁵
0459	及	深开三入缉群	dʑiɐʔ¹²	dʑieʔ²
0460	吸	深开三入缉晓	ɕiɐʔ¹²	ɕieʔ⁵
0461	单简~	山开一平寒端	tɛ⁵⁵	tɛ⁵⁵
0462	炭	山开一去翰透	tʰɛ⁵⁵	tʰɛ⁵⁵
0463	弹~琴	山开一平寒定	dɛ³³	dɛ³³
0464	难~易	山开一平寒泥	nɛ³³	nɛ³³
0465	兰	山开一平寒来	lɛ³³	ləɤ²¹³
0466	懒	山开一上旱来	lɛ³³	lɛ²¹³
0467	烂	山开一去翰来	lɛ³³	lɛ²¹³

续表

编　号	单　字	音韵地位	老男音	青男音
0468	伞	山开一上旱心	sɛ⁵⁵	sɛ⁵⁵
0469	肝	山开一平寒见	kə⁵⁵	kəɤ⁵⁵
0470	看~见	山开一去翰溪	kʰə⁵⁵	kʰəɤ⁵⁵
0471	岸	山开一去翰疑	ŋə³³	əɤ⁵⁵
0472	汉	山开一去翰晓	hə⁵⁵	həɤ⁵⁵
0473	汗	山开一去翰匣	ə³³	əɤ²¹³
0474	安	山开一平寒影	ə⁵⁵	əɤ⁵³³
0475	达	山开一入曷定	dɐʔ¹²	dɐʔ²
0476	辣	山开一入曷来	lɐʔ¹²	lɐʔ²
0477	擦	山开一入曷清	tsʰɐʔ⁵⁴	tsʰɐʔ⁵
0478	割	山开一入曷见	kɐʔ⁵⁴	kɐʔ⁵
0479	渴	山开一入曷溪	kʰɐʔ⁵⁴	kʰɐʔ⁵
0480	扮	山开二去裥帮	pɛ⁵⁵	pœ⁵⁵
0481	办	山开二去裥並	bɛ³³	bɛ²¹³
0482	铲	山开二上产初	tsʰɛ⁵⁵	tsʰɛ⁵⁵
0483	山	山开二平山生	sɛ⁵⁵	sɛ⁵³³
0484	产~妇	山开二上产生	tsʰɛ⁵⁵	tsʰɛ⁵⁵
0485	间房~,一~房	山开二平山见	kɛ⁵⁵	kɛ⁵⁵
0486	眼	山开二上产疑	ŋɛ³³	ŋɛ²¹³
0487	限	山开二上产匣	ie³³	ie⁵⁵
0488	八	山开二入黠帮	pɐʔ⁵⁴	pɐʔ⁵
0489	扎	山开二入黠庄	tsɐʔ⁵⁴	tsɐʔ⁵
0490	杀	山开二入黠生	sɐʔ⁵⁴	sɐʔ⁵
0491	班	山开二平删帮	pɛ⁵⁵	pɛ⁵⁵

续表

编　号	单　字	音韵地位	老男音	青男音
0492	板	山开二上潸帮	pɛ⁵⁵	pɛ³⁵
0493	慢	山开二去谏明	mɛ³³	mɛ²¹³
0494	奸	山开二平删见	kɛ⁵⁵	kɛ⁵⁵
0495	颜	山开二平删疑	ŋɛ⁵⁵	ŋɛ²¹³
0496	瞎	山开二入辖晓	hɐʔ⁵⁴	hɐʔ⁵
0497	变	山开三去线帮	pie⁵⁵	pie⁵⁵
0498	骗欺~	山开三去线滂	pʰie⁵⁵	pʰie⁵⁵
0499	便方~	山开三去线並	bie³³	bie²¹³
0500	棉	山开三平仙明	mie³³	mie²¹³
0501	面~孔	山开三去线明	mie³³	mie²¹³
0502	连	山开三平仙来	lie³³	lie²¹³
0503	剪	山开三上狝精	tɕie⁵⁵	tɕie⁵⁵
0504	浅	山开三上狝清	tɕʰie⁵⁵	tɕʰie⁵⁵
0505	钱	山开三平仙从	dʑie³³	dʑie²¹³
0506	鲜	山开三平仙心	ɕie⁵⁵	ɕie⁵⁵
0507	线	山开三去线心	ɕie⁵⁵	ɕie⁵⁵
0508	缠	山开三平仙澄	dzɛ³³	dzɛ²¹³
0509	战	山开三去线章	tsə⁵⁵	tsɛ³⁵
0510	扇名词	山开三去线书	sə⁵⁵	sɛ⁵⁵
0511	善	山开三上狝禅	zə³³	zɛ²¹³
0512	件	山开三上狝群	dʑie³³	dʑie²¹³
0513	延	山开三平仙以	ie³³	ie²¹³
0514	别~人	山开三入薛帮	bieʔ¹²	bieʔ²
0515	灭	山开三入薛明	miɐʔ¹²	miɐʔ² 喉塞较弱

续表

编 号	单 字	音韵地位	老男音	青男音
0516	列	山开三入薛来	liɐʔ¹²	lieʔ² 喉塞较弱
0517	撤	山开三入薛彻	tsʰɐʔ⁵⁴	tsʰɐʔ⁵
0518	舌	山开三入薛船	ʑiɐʔ¹²	ʑɐʔ²
0519	设	山开三入薛书	sɐʔ⁵⁴	sɐʔ⁵
0520	热	山开三入薛日	ȵiɐʔ¹²	ȵieʔ² 喉塞较弱
0521	杰	山开三入薛群	dʑiɐʔ¹²	dʑieʔ²
0522	孽	山开三入薛疑	ȵiɐʔ¹²	ȵieʔ² 喉塞较弱
0523	建	山开三去愿见	tɕie⁵⁵	tɕie⁵⁵
0524	健	山开三去愿群	dʑie³³	dʑie²¹³
0525	言	山开三平元疑	ie³³	ie²¹³
0526	歇	山开三入月晓	ɕiɐʔ⁵⁴	ɕieʔ⁵
0527	扁	山开四上铣帮	pie⁵⁵	pie³⁵
0528	片	山开四去霰滂	pʰie⁵⁵	pʰie⁵³³
0529	面~条	山开四去霰明	mie³³	mie²¹³
0530	典	山开四上铣端	tie⁵⁵	tie⁵⁵
0531	天	山开四平先透	tʰie⁵⁵	tʰie⁵⁵
0532	田	山开四平先定	die³³	die²¹³
0533	垫	山开四去霰定	die³³	die²¹³
0534	年	山开四平先泥	ȵie³³	ȵie²¹³
0535	莲	山开四平先来	lie³³	lie²¹³
0536	前	山开四平先从	dʑie³³	dʑie²¹³
0537	先	山开四平先心	ɕie⁵⁵	ɕie⁵⁵
0538	肩	山开四平先见	tɕie⁵⁵	tɕie⁵⁵
0539	见	山开四去霰见	tɕie⁵⁵	tɕie³⁵

续表

编　号	单　字	音韵地位	老男音	青男音
0540	牵	山开四平先溪	tɕʰie⁵⁵	tɕʰie⁵⁵
0541	显	山开四上铣晓	ɕie⁵⁵	ɕie³⁵
0542	现	山开四去霰匣	ie³³	ie³⁵
0543	烟	山开四平先影	ie⁵⁵	ie⁵⁵
0544	憋	山开四入屑帮	pieʔ⁵⁴	pieʔ⁵ 喉塞较弱
0545	篾	山开四入屑明	mieʔ¹²	mieʔ² 喉塞较弱
0546	铁	山开四入屑透	tʰieʔ⁵⁴	tʰieʔ⁵
0547	捏	山开四入屑泥	ȵieʔ¹²	ȵieʔ⁵ 喉塞较弱
0548	节	山开四入屑精	tɕieʔ⁵⁴	tɕieʔ⁵ 喉塞较弱
0549	切动词	山开四入屑清	tɕʰieʔ⁵⁴	tɕʰieʔ⁵ 喉塞较弱
0550	截	山开四入屑从	dzieʔ¹²	dzieʔ² 喉塞较弱
0551	结	山开四入屑见	tɕieʔ⁵⁴	tɕieʔ⁵
0552	搬	山合一平桓帮	pə⁵⁵	pəɤ⁵³³
0553	半	山合一去换帮	pə⁵⁵	pəɤ⁵⁵
0554	判	山合一去换滂	pʰə⁵⁵	pəɤ⁵⁵
0555	盘	山合一平桓并	bə³³	bəɤ²¹³
0556	满	山合一上缓明	mə³³	məɤ²¹³
0557	端~午	山合一平桓端	tə⁵⁵	təɤ⁵⁵
0558	短	山合一上缓端	tə⁵⁵	təɤ⁵⁵
0559	断绳~了	山合一上缓定	də³³	dəɤ²¹³
0560	暖	山合一上缓泥	nə³³	nəɤ²¹³
0561	乱	山合一去换来	lə³³	ləɤ²¹³
0562	酸	山合一平桓心	sə⁵⁵	səɤ⁵⁵
0563	算	山合一去换心	sə⁵⁵	səɤ³⁵

编　号	单　字	音韵地位	老男音	青男音
0564	官	山合一平桓见	kuə⁵⁵	kuœ⁵³³
0565	宽	山合一平桓溪	kʰuə⁵⁵	kʰuœ⁵³³
0566	欢	山合一平桓晓	huə⁵⁵	huœ⁵³³
0567	完	山合一平桓匣	uə³³	uœ³³
0568	换	山合一去换匣	uə³³	uœ²¹³
0569	碗	山合一上缓影	uə⁵⁵	uœ⁵⁵
0570	拨	山合一入末帮	pɐʔ⁵⁴	bɐʔ²¹³
0571	泼	山合一入末滂	pʰɐʔ⁵⁴	pʰɐʔ⁵³³
0572	末	山合一入末明	mɐʔ¹²	mɐʔ² 喉塞较弱
0573	脱	山合一入末透	tʰɐʔ⁵⁴	tʰɐʔ⁵³³
0574	夺	山合一入末定	dɐʔ¹²	duɐʔ²
0575	阔	山合一入末溪	kuɐʔ⁵⁴	kʰuɐʔ⁵
0576	活	山合一入末匣	uɐʔ¹²	uɐʔ²¹³
0577	顽 ～皮,～固	山合二平山疑	uə³³	uœ³³
0578	滑	山合二入黠匣	uɐʔ¹²	uɐʔ²¹³
0579	挖	山合二入黠影	uɐʔ⁵⁴	uɐʔ⁵
0580	闩	山合二平删生	sə⁵⁵	sœ⁵³³
0581	关 ～门	山合二平删见	kuᴇ⁵⁵	kuᴇ⁵³³
0582	惯	山合二去谏见	kuə⁵⁵	kuœ⁵⁵
0583	还 动词	山合二平删匣	uᴇ³³	uᴇ²¹³
0584	还 副词	山合二平删匣	uᴇ³³	uɐʔ²
0585	弯	山合二平删影	uᴇ⁵⁵	uᴇ⁵³³
0586	刷	山合二入辖生	suɐʔ⁵⁴	syɐʔ⁵
0587	刮	山合二入辖见	kuɐʔ⁵⁴	kuɐʔ⁵

续表

编　号	单　字	音韵地位	老男音	青男音
0588	全	山合三平仙从	dʑyœ³³	dʑy³³
0589	选	山合三上狝心	ɕie⁵⁵	ɕie⁵⁵
0590	转~眼,~送	山合三上狝知	tsə⁵⁵	tsœ⁵⁵
0591	传~下来	山合三平仙澄	dzə³³	dzəɤ³³
0592	传~记	山合三去线澄	dzə³³	dzəɤ²¹³
0593	砖	山合三平仙章	tsə⁵⁵	tsœ⁵³³
0594	船	山合三平仙船	zə³³	dzœ²¹³
0595	软	山合三上狝日	n̠ʑyœ³³	n̠ʑiœ²¹³
0596	卷~起	山合三上狝见	tɕyœ⁵⁵	tɕyœ⁵⁵
0597	圈圆~	山合三平仙溪	tɕʰyœ⁵⁵	tɕʰyœ⁵⁵
0598	权	山合三平仙群	dʑyœ³³	dʑyœ²¹³
0599	圆	山合三平仙云	yœ³³	yœ³³
0600	院	山合三去线云	yœ³³	yœ²¹³
0601	铅~笔	山合三平仙以	kʰɛ⁵⁵音殊	kʰɛ⁵³³音殊
0602	绝	山合三入薛从	dziɐʔ¹²	dzieʔ²
0603	雪	山合三入薛心	ɕiɐʔ⁵⁴	ɕieʔ⁵
0604	反	山合三上阮非	fɛ⁵⁵	fɛ⁵⁵
0605	翻	山合三平元敷	fɛ⁵⁵	fɛ⁵⁵
0606	饭	山合三去愿奉	vɛ³³	vɛ²¹³
0607	晚	山合三上阮微	uE³³	mɛ²¹³白 vɛ²¹³文
0608	万麻将牌	山合三去愿微	vɛ³³	vɛ²¹³
0609	劝	山合三去愿溪	tɕʰyœ⁵⁵	tɕʰyœ⁵⁵
0610	原	山合三平元疑	n̠ʑyœ³³	yœ²¹³

续表

编　号	单　字	音韵地位	老男音	青男音
0611	冤	山合三平元影	yœ⁵⁵	yœ⁵⁵
0612	园	山合三平元云	yœ³³	yœ²¹³
0613	远	山合三上阮云	yœ³³	yœ²¹³
0614	发头~	山合三入月非	fɐʔ⁵⁴	fɐʔ⁵
0615	罚	山合三入月奉	vɐʔ¹²	vɐʔ²
0616	袜	山合三入月微	mɐʔ¹²	mɐʔ²
0617	月	山合三入月疑	yɐʔ¹²	yɐʔ²
0618	越	山合三入月云	yɐʔ¹²	yɐʔ²
0619	县	山合四去霰匣	yœ³³	yœ²¹³
0620	决	山合四入屑见	tɕyɐʔ⁵⁴	dzyɐʔ²
0621	缺	山合四入屑溪	tɕʰyɐʔ⁵⁴	tɕʰyɐʔ⁵
0622	血	山合四入屑晓	ɕyɐʔ⁵⁴	ɕyɐʔ⁵
0623	吞	臻开一平痕透	tʰeŋ⁵⁵	tʰeŋ⁵⁵
0624	根	臻开一平痕见	keŋ⁵⁵	kieŋ⁵⁵
0625	恨	臻开一去恨匣	eŋ³³	eŋ²¹³
0626	恩	臻开一平痕影	eŋ⁵⁵	eŋ⁵⁵
0627	贫	臻开三平真並	biŋ³³	bieŋ²¹³
0628	民	臻开三平真明	miŋ³³	mieŋ²¹³
0629	邻	臻开三平真来	liŋ³³	lieŋ²¹³
0630	进	臻开三去震精	tɕiŋ⁵⁵	tɕieŋ³⁵
0631	亲~人	臻开三平真清	tɕʰiŋ⁵⁵	tɕʰieŋ⁵⁵
0632	新	臻开三平真心	ɕiŋ⁵⁵	ɕieŋ⁵⁵
0633	镇	臻开三去震知	tseŋ⁵⁵	tseŋ³⁵
0634	陈	臻开三平真澄	dzeŋ³³	dzeŋ²¹³

续表

编 号	单 字	音韵地位	老男音	青男音
0635	震	臻开三去震章	tseŋ⁵⁵	tseŋ⁵⁵
0636	神	臻开三平真船	zeŋ³³	zeŋ²¹³
0637	身	臻开三平真书	seŋ⁵⁵	seŋ⁵⁵
0638	辰	臻开三平真禅	zeŋ³³	zeŋ²¹³
0639	人	臻开三平真日	ȵiŋ³³	ȵieŋ³³
0640	认	臻开三去震日	ȵiŋ³³	ȵieŋ²¹³
0641	紧	臻开三上轸见	tɕiŋ⁵⁵	tɕieŋ⁵⁵
0642	银	臻开三平真疑	ȵiŋ³³	ȵieŋ²¹³
0643	印	臻开三去震影	iŋ⁵⁵	ieŋ⁵⁵
0644	引	臻开三上轸以	iŋ³³	ieŋ⁵⁵
0645	笔	臻开三入质帮	piɐʔ⁵⁴	pieʔ⁵
0646	匹	臻开三入质滂	pʰiɐʔ⁵⁴	pʰi³⁵
0647	密	臻开三入质明	miɐʔ¹²	mieʔ² 喉塞较弱
0648	栗	臻开三入质来	liɐʔ¹²	lieʔ² 喉塞较弱
0649	七	臻开三入质清	tɕʰiəʔ⁵⁴	tɕʰieʔ⁵
0650	侄	臻开三入质澄	dzɐʔ¹²	dzɐʔ²
0651	虱	臻开三入质生	sɐʔ⁵⁴	sɐʔ⁵
0652	实	臻开三入质船	zɐʔ¹²	zɐʔ²
0653	失	臻开三入质书	sɐʔ⁵⁴	sɐʔ⁵
0654	日	臻开三入质日	ȵiɐʔ¹²	ȵieʔ² 喉塞较弱
0655	吉	臻开三入质见	tɕiɐʔ⁵⁴	tɕieʔ⁵
0656	一	臻开三入质影	iɐʔ⁵⁴	ieʔ⁵
0657	筋	臻开三平殷见	tɕiŋ⁵⁵	tɕieŋ⁵³³
0658	劲有~	臻开三去焮见	dziŋ³³	dzieŋ²¹³

续表

编 号	单 字	音韵地位	老男音	青男音
0659	勤	臻开三平殷群	dʑiŋ³³	dʑieŋ³³
0660	近	臻开三上隐群	dʑiŋ³³	dʑiŋ²¹³
0661	隐	臻开三上隐影	iŋ⁵⁵	ieŋ⁵⁵
0662	本	臻合一上混帮	peŋ⁵⁵	peŋ⁵⁵
0663	盆	臻合一平魂並	beŋ³³	beŋ²¹³
0664	门	臻合一平魂明	meŋ³³	meŋ²¹³
0665	墩	臻合一平魂端	teŋ⁵⁵	teŋ⁵³³
0666	嫩	臻合一去恩泥	neŋ³³	neŋ²¹³
0667	村	臻合一平魂清	tsʰeŋ⁵⁵	tsʰeŋ⁵³³
0668	寸	臻合一去恩清	tsʰeŋ⁵⁵	tsʰeŋ⁵⁵
0669	蹲	臻合一平魂从	teŋ⁵⁵	teŋ⁵³³
0670	孙～子	臻合一平魂心	seŋ⁵⁵	seŋ⁵³³
0671	滚	臻合一上混见	kueŋ⁵⁵	kueŋ⁵⁵
0672	困	臻合一去恩溪	kʰueŋ⁵⁵	kʰueŋ⁵⁵
0673	婚	臻合一平魂晓	hueŋ⁵⁵	hueŋ⁵³³
0674	魂	臻合一平魂匣	ueŋ³³	ueŋ²¹³
0675	温	臻合一平魂影	ueŋ⁵⁵	ueŋ⁵⁵
0676	卒棋子	臻合一入没精	tsɐʔ⁵⁴	tsɐʔ⁵
0677	骨	臻合一入没见	kuəʔ⁵⁴	kuoʔ⁵
0678	轮	臻合三平谆来	leŋ³³	leŋ²¹³
0679	俊	臻合三去稕精	tɕiŋ⁵⁵	tɕyeŋ⁵³³
0680	笋	臻合三上准心	seŋ⁵⁵	seŋ⁵⁵
0681	准	臻合三上准章	tseŋ⁵⁵	tseŋ⁵⁵
0682	春	臻合三平谆昌	tsʰueŋ⁵⁵	tsʰeŋ⁵³³

续表

编　号	单　字	音韵地位	老男音	青男音
0683	唇	臻合三平谆船	dzeŋ³³	dzeŋ²¹³
0684	顺	臻合三去稕船	zeŋ³³	zeŋ²¹³
0685	纯	臻合三平谆禅	dzeŋ³³	dzueŋ²¹³
0686	闰	臻合三去稕日	dzeŋ³³	zueŋ²¹³
0687	均	臻合三平谆见	tɕiŋ⁵⁵	tɕyeŋ⁵⁵
0688	匀	臻合三平谆以	ioŋ³³	yeŋ²¹³
0689	律	臻合三入术来	lieʔ¹²	lieʔ²
0690	出	臻合三入术昌	tsʰɐʔ⁵⁴	tsʰɐʔ⁵
0691	橘	臻合三入术见	tɕyɐʔ⁵⁴	tɕyɐʔ⁵
0692	分动词	臻合三平文非	feŋ⁵⁵	feŋ⁵³³
0693	粉	臻合三上吻非	feŋ⁵⁵	feŋ⁵⁵
0694	粪	臻合三去问非	feŋ⁵⁵	feŋ⁵⁵
0695	坟	臻合三平文奉	veŋ³³	veŋ²¹³
0696	蚊	臻合三平文微	meŋ³³	vieŋ²¹³
0697	问	臻合三去问微	meŋ³³白 veŋ³³文	meŋ²¹³白 veŋ²¹³文
0698	军	臻合三平文见	tɕioŋ⁵⁵	tɕyeŋ⁵³³
0699	裙	臻合三平文群	dzioŋ³³	dzyeŋ²¹³
0700	熏	臻合三平文晓	ɕioŋ⁵⁵	ɕyeŋ⁵³³
0701	云~彩	臻合三平文云	ioŋ³³	yeŋ²¹³
0702	运	臻合三去问云	ioŋ³³	yeŋ²¹³
0703	佛~像	臻合三入物奉	vɐʔ¹²	vɐʔ²
0704	物	臻合三入物微	vɐʔ¹²	vɐʔ²
0705	帮	宕开一平唐帮	pã⁵⁵	paŋ⁵³³

续表

编　号	单　字	音韵地位	老男音	青男音
0706	忙	宕开一平唐明	$m\tilde{ɑ}^{33}$	$maŋ^{213}$
0707	党	宕开一上荡端	$t\tilde{ɑ}^{55}$	$taŋ^{35}$
0708	汤	宕开一平唐透	$t^h\tilde{ɑ}^{55}$	$t^haŋ^{533}$
0709	糖	宕开一平唐定	$d\tilde{ɑ}^{33}$	$daŋ^{33}$
0710	浪	宕开一去宕来	$l\tilde{ɑ}^{33}$	$laŋ^{213}$
0711	仓	宕开一平唐清	$t^h\tilde{ɑ}^{55}$	$ts^haŋ^{533}$
0712	钢名词	宕开一平唐见	$k\tilde{ɑ}^{55}$	$kaŋ^{533}$
0713	糠	宕开一平唐溪	$k^h\tilde{ɑ}^{55}$	$k^haŋ^{533}$
0714	薄形容词	宕开一入铎並	$buɔʔ^{12}$	$bɐʔ^{2}$
0715	摸	宕开一入铎明	$muɔʔ^{12}$	$mɐʔ^{5}$
0716	托	宕开一入铎透	$t^huɔʔ^{54}$	$t^hɐʔ^{5}$
0717	落	宕开一入铎来	$luɔʔ^{12}$	$lɐʔ^{2}$ 喉塞较弱
0718	作	宕开一入铎精	$tsuɔʔ^{54}$	$tsuo^{5}$
0719	索	宕开一入铎心	$suɔʔ^{54}$	suo^{55}喉塞无
0720	各	宕开一入铎见	$kuɔʔ^{54}$	$kɐʔ^{5}$
0721	鹤	宕开一入铎匣	$ŋuɔʔ^{12}$	$ŋuo^{213}$
0722	恶形容词,入声	宕开一入铎影	$uɔʔ^{54}$	$uɐʔ^{5}$
0723	娘	宕开三平阳泥	$ȵi\tilde{ɑ}^{33}$	$ȵiaŋ^{533}$
0724	两斤~	宕开三上养来	$li\tilde{ɑ}^{33}$	$liaŋ^{213}$
0725	亮	宕开三去漾来	$li\tilde{ɑ}^{33}$	$liaŋ^{213}$
0726	浆	宕开三平阳精	$tɕi\tilde{ɑ}^{55}$	$tɕiaŋ^{55}$
0727	抢	宕开三上养清	$tɕ^hi\tilde{ɑ}^{55}$	$tɕ^hiaŋ^{35}$
0728	匠	宕开三去漾从	$i\tilde{ɑ}^{33}$	$tɕiaŋ^{55}$
0729	想	宕开三上养心	$ɕi\tilde{ɑ}^{55}$	$ɕiaŋ^{55}$

续表

编　号	单　字	音韵地位	老男音	青男音
0730	像	宕开三上养邪	dʑiɑ̃³³	ʑiaŋ²¹³
0731	张量词	宕开三平阳知	tsɑ̃⁵⁵	tsaŋ⁵⁵
0732	长~短	宕开三平阳澄	dzɑ̃³³	tsaŋ³³
0733	装	宕开三平阳庄	tsuɑ̃⁵⁵	tsuaŋ⁵³³
0734	壮	宕开三去漾庄	tsɑ̃⁵⁵	tsuaŋ⁵⁵
0735	疮	宕开三平阳初	tsʰɑ̃⁵⁵	tsʰaŋ⁵⁵
0736	床	宕开三平阳崇	dzuɑ̃³³	dzaŋ²¹³
0737	霜	宕开三平阳生	suɑ̃⁵⁵	suaŋ⁵³³
0738	章	宕开三平阳章	tsɑ̃⁵⁵	tsaŋ⁵³³
0739	厂	宕开三上养昌	tsʰɑ̃⁵⁵	tsʰaŋ⁵⁵
0740	唱	宕开三去漾昌	tsʰɑ̃⁵⁵	tsʰaŋ⁵⁵
0741	伤	宕开三平阳书	sɑ̃⁵⁵	saŋ⁵⁵
0742	尝	宕开三平阳禅	dzɑ̃³³	dzaŋ²¹³
0743	上~去	宕开三上养禅	zɑ̃³³	zaŋ²¹³
0744	让	宕开三去漾日	ȵiɑ³³	ȵiaŋ²¹³
0745	姜生~	宕开三平阳见	tɕiɑ̃⁵⁵	tɕiaŋ⁵³³
0746	响	宕开三上养晓	ɕiɑ̃⁵⁵	ɕiaŋ⁵⁵
0747	向	宕开三去漾晓	ɕiɑ̃⁵⁵	ʑiaŋ²¹³
0748	秧	宕开三平阳影	iɑ̃⁵⁵	iaŋ⁵⁵
0749	痒	宕开三上养以	iɑ̃³³	iaŋ²¹³
0750	样	宕开三去漾以	iɑ̃³³	iaŋ²¹³
0751	雀	宕开三入药精	tɕʰiɐʔ⁵⁴	tɕʰyɐʔ⁵
0752	削	宕开三入药心	ɕiɐʔ⁵⁴	ɕiɐʔ⁵
0753	着火~了	宕开三入药知	dzɐʔ¹²	dzɐʔ²

续表

编 号	单 字	音韵地位	老男音	青男音
0754	勺	宕开三入药禅	zuoʔ¹²	zuoʔ²
0755	弱	宕开三入药日	zɐʔ¹²	zɐʔ²
0756	脚	宕开三入药见	tɕiɐʔ⁵⁴	tɕieʔ⁵
0757	约	宕开三入药影	iɐʔ⁵⁴	yɐʔ⁵
0758	药	宕开三入药以	iɐʔ¹²	ieʔ²
0759	光~线	宕合一平唐见	kuɑ̃⁵⁵	kuaŋ⁵³³
0760	慌	宕合一平唐晓	huɑ̃⁵⁵	huaŋ⁵³³
0761	黄	宕合一平唐匣	uɑ̃³³	uaŋ²¹³
0762	郭	宕合一入铎见	kuəʔ⁵⁴	kuoʔ⁵
0763	霍	宕合一入铎晓	huɔʔ⁵⁴	huoʔ⁵
0764	方	宕合三平阳非	fɑ̃⁵⁵	faŋ⁵³³
0765	放	宕合三去漾非	fɑ̃⁵⁵	faŋ⁵⁵
0766	纺	宕合三上养敷	fɑ̃⁵⁵	faŋ⁵⁵
0767	房	宕合三平阳奉	vɑ̃³³	vaŋ²¹³
0768	防	宕合三平阳奉	bɑ̃³³	baŋ³³
0769	网	宕合三上养微	mɑ̃³³白 uɑ̃³³文	maŋ²¹³白 vaŋ²¹³文
0770	筐	宕合三平阳溪	kʰuɑ̃⁵⁵	kʰuaŋ⁵⁵
0771	狂	宕合三平阳群	guɑ̃³³	guaŋ²¹³
0772	王	宕合三平阳云	uɑ̃⁵⁵	uaŋ²¹³
0773	旺	宕合三去漾云	uɑ̃⁵⁵	uaŋ²¹³
0774	缚	宕合三入药奉	buɔʔ¹²	bɐʔ²
0775	绑	江开二上讲帮	pɑ̃⁵⁵	paŋ⁵⁵
0776	胖	江开二去绛滂	pʰɑ̃⁵⁵	pʰaŋ⁵⁵

续表

编　号	单　字	音韵地位	老男音	青男音
0777	棒	江开二上讲並	$b\tilde{ɑ}^{33}$	$baŋ^{213}$
0778	桩	江开二平江知	$ts\tilde{ɑ}^{55}$	$tsuaŋ^{55}$
0779	撞	江开二去绛澄	$dzu\tilde{ɑ}^{33}$	$dzaŋ^{213}$
0780	窗	江开二平江初	$ts^hu\tilde{ɑ}^{55}$	$ts^huaŋ^{533}$
0781	双	江开二平江生	$su\tilde{ɑ}^{55}$	$suaŋ^{533}$
0782	江	江开二平江见	$k\tilde{ɑ}^{55}$	$tɕiaŋ^{35}$
0783	讲	江开二上讲见	$k\tilde{ɑ}^{55}$	$kaŋ^{55}$
0784	降投~	江开二平江匣	$i\tilde{ɑ}^{33}$	$tɕiaŋ^{35}$
0785	项	江开二上讲匣	$\tilde{ɑ}^{33}$	$aŋ^{213}$
0786	剥	江开二入觉帮	$puɔʔ^{54}$	$pɐʔ^{5}$
0787	桌	江开二入觉知	$tsuɔʔ^{54}$	$tsuoʔ^{5}$
0788	镯	江开二入觉崇	$dʑyɔʔ^{12}$	$dʑyɐʔ^{2}$
0789	角	江开二入觉见	$kuɔʔ^{54}$	$kuoʔ^{5}$
0790	壳	江开二入觉溪	$k^hɔʔ^{54}$	$k^hɐʔ^{5}$
0791	学	江开二入觉匣	$iɐʔ^{12}$	$ieʔ^{2}$
0792	握	江开二入觉影	$uɔʔ^{54}$	$uoʔ^{5}$
0793	朋	曾开一平登並	$b\tilde{ɑ}^{33}$	$baŋ^{33}$
0794	灯	曾开一平登端	$teŋ^{55}$	$teŋ^{533}$
0795	等	曾开一上等端	$teŋ^{55}$	$teŋ^{55}$
0796	凳	曾开一去嶝端	$teŋ^{55}$	$teŋ^{55}$
0797	藤	曾开一平登定	$deŋ^{33}$	$deŋ^{213}$
0798	能	曾开一平登泥	$neŋ^{33}$	$neŋ^{213}$
0799	层	曾开一平登从	$dzeŋ^{33}$	$dzeŋ^{213}$
0800	僧	曾开一平登心	$seŋ^{55}$	$seŋ^{533}$

续表

编 号	单 字	音韵地位	老男音	青男音
0801	肯	曾开一上等溪	$k^h e\eta^{55}$	$k^h e\eta^{55}$
0802	北	曾开一入德帮	$p\mathrm{ɔ}ʔ^{54}$	$pɐʔ^5$
0803	墨	曾开一入德明	$mu\mathrm{ɔ}ʔ^{54}$	$mɐʔ^2$
0804	得	曾开一入德端	$tɐʔ^{54}$	$dɐʔ^2$
0805	特	曾开一入德定	$dɐʔ^{12}$	$dɐʔ^2$
0806	贼	曾开一入德从	$zɐʔ^{12}$	$zɐʔ^2$
0807	塞	曾开一入德心	$sɐʔ^{54}$	$sɐʔ^5$
0808	刻	曾开一入德溪	$k^h ɐʔ^{54}$	$k^h ɐʔ^5$
0809	黑	曾开一入德晓	$hɐʔ^{54}$	$hɐʔ^5$
0810	冰	曾开三平蒸帮	$pi\eta^{55}$	$pie\eta^{533}$
0811	证	曾开三去证章	$tse\eta^{55}$	$tse\eta^{55}$
0812	秤	曾开三去证昌	$ts^h e\eta^{55}$	$ts^h e\eta^{55}$
0813	绳	曾开三平蒸船	$ze\eta^{33}$	$ze\eta^{213}$
0814	剩	曾开三去证船	$dze\eta^{33}$	$dze\eta^{213}$
0815	升	曾开三平蒸书	$se\eta^{55}$	$se\eta^{533}$
0816	兴高~	曾开三去证晓	$ɕi\eta^{55}$	$ɕie\eta^{55}$
0817	蝇	曾开三平蒸以	$i\eta^{55}$	$ie\eta^{35}$
0818	逼	曾开三入职来	$piɐʔ^{54}$	$pieʔ^5$
0819	力	曾开三入职来	$liɐʔ^{12}$	$lieʔ^2$
0820	息	曾开三入职心	$ɕiɐʔ^{54}$	$ɕieʔ^5$
0821	直	曾开三入职澄	$dzɐʔ^{12}$	$dzɐʔ^2$
0822	侧	曾开三入职庄	$ts^h ɐʔ^{54}$	$ts^h ɐʔ^5$
0823	测	曾开三入职初	$tsɐʔ^{54}$	$ts^h ɐʔ^5$
0824	色	曾开三入职生	$sɐʔ^{54}$	$sɐʔ^5$

续表

编 号	单 字	音韵地位	老男音	青男音
0825	织	曾开三入职章	tsɐʔ⁵⁴	tsɐʔ⁵
0826	食	曾开三入职船	zɐʔ¹²	zɐʔ²
0827	式	曾开三入职书	sɐʔ⁵⁴	sɐʔ⁵
0828	极	曾开三入职群	dziɐʔ¹²	dzieʔ²
0829	国	曾合一入德见	kuɔʔ⁵⁴	kuoʔ⁵
0830	或	梗开二上梗明	ɐʔ¹²	uoʔ²
0831	猛	梗开二上梗端	moŋ³³	moŋ⁵⁵
0832	打	梗开二上梗来	tã⁵⁵	taŋ⁵⁵
0833	冷	梗开二平庚生	lã³³	laŋ²¹³
0834	生	梗开二平庚生	sã⁵⁵	saŋ⁵³³
0835	省~长	梗开二上梗生	sã⁵⁵	saŋ⁵⁵
0836	更三~,打~	梗开二平庚见	keŋ⁵⁵	keŋ⁵⁵
0837	梗	梗开二上梗见	kuã⁵⁵	kuaŋ⁵⁵
0838	坑	梗开二平庚溪	kʰã⁵⁵	kʰaŋ⁵⁵
0839	硬	梗开二去映疑	ŋã³³	ŋaŋ²¹³
0840	行~为,~走	梗开二平庚匣	ã³³	ieŋ²¹³
0841	百	梗开二入陌帮	pɐʔ⁵⁴	pɐʔ⁵
0842	拍	梗开二入陌滂	pʰɐʔ⁵⁴	pʰɐʔ⁵
0843	白	梗开二入陌並	bɐʔ¹²	bɐʔ²
0844	拆	梗开二入陌彻	tsʰɐʔ⁵⁴	tsʰɐʔ⁵
0845	择	梗开二入陌澄	tsɐʔ⁵⁴	tsɐʔ⁵
0846	窄	梗开二入陌庄	tsɐʔ⁵⁴	tsɐʔ⁵
0847	格	梗开二入陌见	kɐʔ⁵⁴	kɐʔ⁵
0848	客	梗开二入陌溪	kʰɐʔ⁵⁴	kʰɐʔ⁵

续表

编　号	单　字	音韵地位	老男音	青男音
0849	额	梗开二入陌疑	ŋɐʔ¹²	ɐʔ²
0850	棚	梗开二平耕並	bã³³	boŋ³³
0851	争	梗开二平耕庄	tseŋ⁵⁵	tsaŋ⁵³³
0852	耕	梗开二平耕见	kã⁵⁵	keŋ⁵³³
0853	麦	梗开二入麦明	mɐʔ¹²	mɐʔ²¹³
0854	摘	梗开二入麦知	tsɐʔ⁵⁴	tsɐʔ⁵
0855	策	梗开二入麦初	tsʰɐʔ⁵⁴	tsʰɐʔ⁵
0856	隔	梗开二入麦见	kɐʔ⁵⁴	kɐʔ⁵
0857	兵	梗开三平庚帮	piŋ⁵⁵	pieŋ⁵⁵
0858	柄	梗开三去映帮	piŋ⁵⁵	pieŋ⁵⁵
0859	平	梗开三平庚並	biŋ³³	bieŋ³³
0860	病	梗开三去映並	biŋ³³	bieŋ²¹³
0861	明	梗开三平庚明	miŋ³³	meŋ³³
0862	命	梗开三去映明	miŋ³³	mieŋ²¹³
0863	镜	梗开三去映见	tɕiŋ⁵⁵	tɕieŋ⁵⁵
0864	庆	梗开三去映溪	tɕʰiŋ⁵⁵	tɕʰieŋ⁵⁵
0865	迎	梗开三平庚疑	ȵiŋ³³	ȵieŋ³³
0866	影	梗开三上梗影	iŋ³³	ieŋ³⁵
0867	剧戏～	梗开三入陌群	dʑiɐʔ¹²	dʑieʔ²
0868	饼	梗开三上静帮	piŋ⁵⁵	pieŋ⁵⁵
0869	名	梗开三平清明	miŋ³³	mieŋ³³
0870	领	梗开三上静来	liŋ³³	lieŋ²¹³
0871	井	梗开三上静精	tɕiŋ⁵⁵	tɕieŋ⁵⁵
0872	清	梗开三平清清	tɕʰiŋ⁵⁵	tɕʰieŋ⁵⁵

续表

编　号	单　字	音韵地位	老男音	青男音
0873	静	梗开三上静从	dziŋ^{33}	dzieŋ^{213}
0874	姓	梗开三去劲心	ɕiŋ^{55}	ɕieŋ^{35}
0875	贞	梗开三平清知	tseŋ^{55}	tseŋ^{533}
0876	程	梗开三平清澄	dzeŋ^{33}	dzeŋ^{213}
0877	整	梗开三上静章	tseŋ^{55}	tseŋ^{55}
0878	正～反	梗开三去劲章	tseŋ^{55}	tseŋ^{55}
0879	声	梗开三平清书	seŋ^{55}	seŋ^{533}
0880	城	梗开三平清禅	dzeŋ^{33}	dzeŋ^{33}
0881	轻	梗开三平清溪	tɕiŋ^{55}	tɕʰieŋ^{55}
0882	赢	梗开三平清以	ioŋ^{33}	ieŋ^{33}
0883	积	梗开三入昔精	tɕiɐʔ^{54}	tɕieʔ^{5}
0884	惜	梗开三入昔心	ɕiɐʔ^{54}	ɕieʔ^{5}
0885	席	梗开三入昔邪	dziɐʔ^{12}	zieʔ^{2}
0886	尺	梗开三入昔昌	tsʰɐʔ^{54}	tsʰɐʔ^{5}
0887	石	梗开三入昔禅	zɐʔ^{12}	zɐʔ^{2}
0888	益	梗开三入昔影	iɐʔ^{54}	ieʔ^{5}
0889	瓶	梗开四平青并	biŋ^{33}	bieŋ^{33}
0890	钉名词	梗开四平青端	tiŋ^{55}	tieŋ^{55}
0891	顶	梗开四上迥端	tiŋ^{55}	tieŋ^{35}
0892	厅	梗开四平青透	tʰiŋ^{55}	tʰieŋ^{55}
0893	听～见	梗开四平青透	tʰiŋ^{55}	tʰieŋ^{55}
0894	停	梗开四平青定	diŋ^{33}	dieŋ^{213}
0895	挺	梗开四上迥定	tʰiŋ^{55}	tʰieŋ^{35}
0896	定	梗开四去径定	diŋ^{33}	dieŋ^{213}

续表

编 号	单 字	音韵地位	老男音	青男音
0897	零	梗开四平青来	liŋ³³	lieŋ²¹³
0898	青	梗开四平青清	tɕʰiŋ⁵⁵	tɕʰieŋ⁵³³
0899	星	梗开四平青心	ɕiŋ⁵⁵	ɕieŋ⁵³³
0900	经	梗开四平青见	tɕiŋ⁵⁵	tɕieŋ⁵³³
0901	形	梗开四平青匣	iŋ³³	ieŋ²¹³
0902	壁	梗开四入锡帮	piɐʔ⁵⁴	pieʔ⁵
0903	劈	梗开四入锡滂	pʰiɐʔ⁵⁴	pʰieʔ⁵
0904	踢	梗开四入锡透	tʰiɐʔ⁵⁴	tʰieʔ⁵
0905	笛	梗开四入锡定	diɐʔ¹²	dieʔ² 喉塞较弱
0906	历农~	梗开四入锡来	liɐʔ¹²	lieʔ² 喉塞较弱
0907	锡	梗开四入锡心	ɕiɐʔ⁵⁴	ɕieʔ⁵
0908	击	梗开四入锡见	tɕiɐʔ⁵⁴	tɕieʔ⁵
0909	吃	梗开四入锡溪	tɕʰiɐʔ⁵⁴	tɕʰieʔ⁵
0910	横~竖	梗合二平庚匣	uã³³	uaŋ²¹³
0911	划计~	梗合二入麦匣	uɐʔ¹²	uɐʔ²
0912	兄	梗合三平庚晓	ɕioŋ⁵⁵	ɕioŋ⁵³³
0913	荣	梗合三平庚云	ioŋ³³	ioŋ²¹³
0914	永	梗合三上梗云	ioŋ³³	ioŋ⁵⁵
0915	营	梗合三平清以	ioŋ³³	ieŋ²¹³
0916	蓬~松	通合一平东并	boŋ³³	boŋ²¹³
0917	东	通合一平东端	toŋ⁵⁵	toŋ⁵³³
0918	懂	通合一上董端	toŋ⁵⁵	toŋ⁵⁵
0919	冻	通合一去送端	toŋ⁵⁵	toŋ⁵³³
0920	通	通合一平东透	tʰoŋ⁵⁵	tʰoŋ⁵³³

续表

编　号	单　字	音韵地位	老男音	青男音
0921	桶	通合一上董透	$t^hoŋ^{55}$	$doŋ^{213}$
0922	痛	通合一去送透	$t^hoŋ^{55}$	$t^hoŋ^{35}$
0923	铜	通合一平东定	$doŋ^{33}$	$doŋ^{33}$
0924	动	通合一上董定	$doŋ^{33}$	$doŋ^{213}$
0925	洞	通合一去送定	$doŋ^{33}$	$doŋ^{213}$
0926	聋	通合一平东来	$loŋ^{33}$	$loŋ^{213}$
0927	弄	通合一去送来	$loŋ^{33}$	$noŋ^{213}$
0928	粽	通合一去送精	$tsoŋ^{55}$	$tsoŋ^{55}$
0929	葱	通合一平东清	$ts^hoŋ^{55}$	$ts^hoŋ^{533}$
0930	送	通合一去送心	$soŋ^{55}$	$soŋ^{35}$
0931	公	通合一平东见	$koŋ^{55}$	$koŋ^{533}$
0932	孔	通合一上董溪	$k^hoŋ^{55}$	$k^hoŋ^{35}$
0933	烘~干	通合一平东晓	$hoŋ^{55}$	$hoŋ^{533}$
0934	红	通合一平东匣	$oŋ^{33}$	$oŋ^{213}$
0935	翁	通合一平东影	$oŋ^{55}$	$ueŋ^{533}$
0936	木	通合一入屋明	$muɔʔ^{12}$	$mɐʔ^{2}$ 喉塞较弱
0937	读	通合一入屋定	$duɔʔ^{12}$	$duɐʔ^{2}$
0938	鹿	通合一入屋来	$luɔʔ^{12}$	luo^{213}
0939	族	通合一入屋从	$dzuɔʔ^{12}$	$dzuoʔ^{2}$
0940	谷稻~	通合一入屋见	$kuɔʔ^{12}$	$kuoʔ^{5}$
0941	哭	通合一入屋溪	$k^huɔʔ^{54}$	$k^huoʔ^{5}$
0942	屋	通合一入屋影	$uɔʔ^{54}$	$uoʔ^{5}$
0943	冬~至	通合一平冬端	$toŋ^{55}$	$toŋ^{533}$
0944	统	通合一去宋透	$t^hoŋ^{55}$	$t^hoŋ^{35}$

续表

编 号	单 字	音韵地位	老男音	青男音
0945	脓	通合一平冬泥	noŋ³³	noŋ²¹³
0946	松~紧	通合一平冬心	soŋ⁵⁵	soŋ⁵³³
0947	宋	通合一去宋心	soŋ⁵⁵	soŋ³⁵
0948	毒	通合一入沃定	duɔʔ¹²	duɔʔ²
0949	风	通合三平东非	foŋ⁵⁵	foŋ⁵³³
0950	丰	通合三平东敷	foŋ⁵⁵	foŋ⁵³³
0951	凤	通合三去送奉	voŋ³³	voŋ²¹³
0952	梦	通合三去送明	moŋ³³	moŋ²¹³
0953	中当~	通合三平东知	tsoŋ⁵⁵	tsoŋ⁵³³
0954	虫	通合三平东澄	dzoŋ³³	dzoŋ²¹³
0955	终	通合三平东章	tsoŋ⁵⁵	tsoŋ⁵⁵
0956	充	通合三平东昌	tsʰoŋ⁵⁵	tsʰoŋ⁵³³
0957	宫	通合三平东见	koŋ⁵⁵	koŋ⁵³³
0958	穷	通合三平东群	dʑioŋ³³	dʑioŋ²¹³
0959	熊	通合三平东云	ioŋ³³	ioŋ²¹³
0960	雄	通合三平东云	ioŋ³³	ioŋ²¹³
0961	福	通合三入屋非	fuɔʔ⁵⁴	fɐʔ⁵
0962	服	通合三入屋奉	vuɔʔ¹²	vɐʔ²
0963	目	通合三入屋明	muɔʔ¹²	mɐʔ²
0964	六	通合三入屋来	luɔʔ¹²	lɐʔ²
0965	宿住~,~舍	通合三入屋心	suɔʔ⁵⁴	suoʔ⁵
0966	竹	通合三入屋知	tsuɔʔ⁵⁴	tsuoʔ⁵
0967	畜~生	通合三入屋彻	tsʰuɔʔ⁵⁴	tsʰuoʔ⁵
0968	缩	通合三入屋生	suɔʔ⁵⁴	suoʔ⁵

续表

编　号	单　字	音韵地位	老男音	青男音
0969	粥	通合三入屋章	tsuɔʔ^{54}	tsuoʔ^{5}
0970	叔	通合三入屋书	suɔʔ^{54}	suoʔ^{5}
0971	熟	通合三入屋禅	zuɔʔ^{12}	zuoʔ^{2}
0972	肉	通合三入屋日	ȵyɔʔ^{12}	ȵyɐʔ^{2}
0973	菊	通合三入屋见	tɕyɔʔ^{54}	tɕyɐʔ^{5}
0974	育	通合三入屋以	yɔʔ^{12}	yɐʔ^{2}
0975	封	通合三平钟非	foŋ^{55}	foŋ^{533}
0976	蜂	通合三平钟敷	foŋ^{55}	foŋ^{533}
0977	缝一条～	通合三去用奉	voŋ^{33}	voŋ^{213}
0978	浓	通合三平钟泥	ȵioŋ^{33}	ȵioŋ^{33}
0979	龙	通合三平钟来	loŋ^{33}	loŋ^{33}
0980	松～树	通合三平钟邪	soŋ^{55}	soŋ^{533}
0981	重轻～	通合三上肿澄	dzoŋ^{33}	dzoŋ^{213}
0982	肿	通合三上肿章	tsoŋ^{55}	tsoŋ^{55}
0983	种～树	通合三去用章	tsoŋ^{55}	tsoŋ^{35}
0984	冲	通合三平钟昌	tsʰoŋ^{55}	tsʰoŋ^{533}
0985	恭	通合三平钟见	koŋ^{55}	koŋ^{533}
0986	共	通合三去用群	goŋ^{33}	goŋ^{213}
0987	凶吉～	通合三平钟晓	ɕioŋ^{55}	ɕioŋ^{533}
0988	拥	通合三上肿影	ioŋ^{33}	ioŋ^{55}
0989	容	通合三平钟以	ioŋ^{33}	ioŋ^{213}
0990	用	通合三去用以	ioŋ^{33}	ioŋ^{213}
0991	绿	通合三入烛来	luɔʔ^{12}	lɐʔ^{2}
0992	足	通合三入烛精	tsuɔʔ^{54}	tsuoʔ^{5}

编 号	单 字	音韵地位	老男音	青男音
0993	烛	通合三入烛章	tsuɔʔ^{54}	tsuoʔ^5
0994	赎	通合三入烛船	zuɔʔ^{12}	zuoʔ^2
0995	属	通合三入烛禅	zuɔʔ^{12}	zuoʔ^2
0996	褥	通合三入烛日	zuɔʔ^{12}	n̠ʑɐʔ^2
0997	曲～折，歌～	通合三入烛溪	tɕʰyɔʔ^{54}	tɕʰyɐʔ^2
0998	局	通合三入烛群	dʑyɔʔ^{12}	dʑyɐʔ^2
0999	玉	通合三入烛疑	n̠ʑyɔʔ^{12}	n̠ʑyɐʔ^2
1000	浴	通合三入烛以	yɔʔ^{12}	yɐʔ^2

第三章 词 汇

一、天文地理

编号	词 条	方 言
0001	太阳～下山了	太阳 tʰa⁵⁵ ĩã³³
0002	月亮～出来了	月亮 yɐʔ² liã̃³³
0003	星星	星星 ɕiŋ⁵³ ɕiŋ³⁵
0004	云	云 ioŋ³³
0005	风	风 foŋ⁵⁵
0006	台风	台风 dɛ³³ foŋ³⁵
0007	闪电名词	霍=闪 huɔʔ⁵ sə⁵⁵
0008	雷	雷公 lɛ³³ koŋ³⁵
0009	雨	雨 y³³
0010	下雨	落雨 lɔʔ² y¹³
0011	淋衣服被雨～湿了	落 lɔʔ²
0012	晒～粮食	晒 sa⁵⁵
0013	雪	雪 ɕyɐʔ⁵

续表

编 号	词 条	方 言
0014	冰	冰 piŋ⁵⁵
0015	冰雹	冰雹 piŋ⁵³ bɔ³¹
0016	霜	霜 sã⁵⁵
0017	雾	雾露 vu³³ lu³³
0018	露	露水 lu³³ sɿ⁵³
0019	虹统称	鲎 hə⁵⁵
0020	日食	天狗吃日 tʰie⁵⁵ kə⁵⁵ tɕʰiɐʔ⁵ ȵiɐʔ²
0021	月食	天狗吃月 tʰie⁵⁵ kə⁵⁵ tɕʰiɐʔ⁵ yɐʔ²
0022	天气	天公 tʰie⁵³ koŋ³⁵
0023	晴天～	晴 dʑiŋ³³
0024	阴天～	阴 iŋ⁵⁵
0025	旱天～	旱 ə³³
0026	涝天～	潝 uɔʔ⁵
0027	天亮	天亮 tʰie⁵³ liã¹³
0028	水田	水田 sɿ⁵⁵ die³¹
0029	旱地浇不上水的耕地	旱地 ŋə³³ di³¹
0030	田埂	田塍堤 die³¹ zeŋ³³ da¹³
0031	路野外的	野路 ia³³ lu⁴⁴
0032	山	山 sɛ⁵⁵
0033	山谷	山湾 sɛ⁵³ uɛ³³
0034	江大的河	大坑 do³³ kʰã⁵³
0035	溪小的河	小坑 ɕiɔ⁵⁵ kʰã⁵³
0036	水沟儿较小的水道	水沟 sɿ⁵⁵ kə⁵³
0037	湖	湖 u³³

续表

编 号	词 条	方 言
0038	池塘	池塘 dzȵ³³da¹³
0039	水坑儿_{地面上有积水的小洼儿}	水汪凼 sʅ⁵⁵uã⁵⁵dã³¹
0040	洪水	大水 do³³sʅ⁵⁵
0041	淹_{被水~了}	頟 uɔʔ⁵
0042	河岸	坑岸 kʰã⁵³ŋə¹³
0043	坝_{拦河修筑拦水的}	水坝 sʅ⁵⁵puo⁵⁵
0044	地震	地震 di³³tseŋ⁵⁵
0045	窟窿_{小的}	窟窿洞 kʰu⁵⁵lu³³doŋ³³
0046	缝儿_{统称}	缝垯 voŋ³³da⁴⁴
0047	石头_{统称}	石头 zɐʔ²də³³
0048	土_{统称}	燥烂糊泥 sɔ⁵⁵lɛ³³u⁵⁵n̠i³³
0049	泥_{湿的}	烂泥 lɛ³³n̠i³³
0050	水泥_{旧称}	洋灰 iã³³huɛ³⁵
0051	沙子	沙泥 so⁵³n̠i¹³
0052	砖_{整块的}	砖头 tsə⁵³də¹³
0053	瓦_{整块的}	瓦片 ŋuo³³pʰie⁵⁵
0054	煤	煤 mɛ³³
0055	煤油	洋油 iã³³yœ¹³
0056	炭_{木~}	火炭 fu⁵³tʰɛ³⁵
0057	灰_{烧成的}	灰 huɛ⁵⁵
0058	灰尘_{桌面上的}	墒尘 oŋ⁵⁵dzeŋ³¹
0059	火	火 fu⁵⁵
0060	烟_{烧火形成的}	烟 ie⁵⁵
0061	失火	着火 dzaʔ²fu⁵⁵

续表

编　号	词　条	方　言
0062	水	水 s_ɿ^{55}
0063	凉水	冷水 lɑ̃^{33}s_ɿ^{55}
0064	热水如洗脸的热水，不是指喝的开水	脸汤水 liẽ^{33}tʰɑ̃^{55}s_ɿ^{55}
0065	开水喝的	开水 kʰʁ^{53}s_ɿ^{55}
0066	磁铁	吸铁石 ɕiɐʔ^{5}tʰiɐʔ^{5}zɐʔ^2

二、时间方位

编　号	词　条	方　言
0067	时候吃饭的～	时光 z_ɿ^{33}kuɑ̃^{35}
0068	什么时候	啥时光 saʔ^{5}z_ɿ^{33}kuɑ̃^{55}
0069	现在	葛记 kʁʔ^{5}tɕi^{35}
0070	以前	老早 lɔ^{33}tsɔ^{55}
0071	以后	下卯 o^{33}mɔ^{33}
0072	一辈子	一生世 iɐʔ^{5}sɑ̃^{55}s_ɿ^{55}
0073	今年	今年 keŋ^{53}ȵie^{13}
0074	明年	明年 miŋ^{33}ȵie^{13}
0075	后年	后年 ə^{33}ȵie^{33}
0076	去年	旧年 dzyœ^{33}ȵie^{33}
0077	前年	前年 dzie^{31}ȵie^{13}
0078	往年过去的年份	前头两年 zie^{33}də^{33}liɑ̃^{33}ȵie^{33}
0079	年初	年头浪= ȵie^{33}də^{33}lɑ̃^{13}
0080	年底	过年脚跟 ko^{55}ȵie^{33}tɕiɐʔ^{5}keŋ^{55}

续表

编　号	词　条	方　言
0081	今天	今朝 keŋ⁵³tsɔ³⁵
0082	明天	明朝 meŋ³¹tsɔ³⁵
0083	后天	后日 ə³³ȵiɐʔ²
0084	大后天	大后日 do³³ə³³ȵiɐʔ²
0085	昨天	昨日 zuɔʔ²ȵiɐʔ²
0086	前天	前日 ʑie³³ȵiɐʔ²
0087	大前天	大前日 do³³ʑie³³ȵiɐʔ²
0088	整天	整日 tsəŋ⁵⁵ȵiɐʔ²
0089	每天	日日 ȵiɐʔ²ȵiɐʔ²
0090	早晨	起早八早 tɕʰi⁵⁵tsɔ⁵⁵pɐʔ⁵tsɔ⁵³
0091	上午	早上头 tsɔ⁵⁵zã³³də³³
0092	中午	当晏昼头 tã⁵⁵ɛ⁵⁵tsə⁵⁵də³³
0093	下午	晏昼头 ɛ⁵⁵tsə⁵⁵də³³
0094	傍晚	夜快边 ia³³kʰua⁵⁵pie⁵⁵
0095	白天	日里 ȵiɐʔ²li³³
0096	夜晚与白天相对，统称	夜到 ia³³tɔ⁵⁵
0097	半夜	半夜三更 pə⁵⁵ia⁵⁵sɛ⁵³kã⁵³
0098	正月农历	正月里 tseŋ⁵⁵yɐʔ²li³³
0099	大年初一农历	年初一 ȵie³³tsʰu⁵⁵iɐʔ⁵
0100	元宵节	正月半 tseŋ⁵⁵yɐʔ²pə³⁵
0101	清明	清明节 tɕʰiŋ⁵⁵miŋ³¹tɕiɐʔ⁵
0102	端午	端午节 tə⁵⁵ŋ³¹tɕiɐʔ⁵
0103	七月十五农历，节日名	七月半 tɕʰiɐʔ⁵yɐʔ²pə⁵⁵
0104	中秋	八月半 pɐʔ⁵yɐʔ²pə⁵⁵

续表

编 号	词 条	方 言
0105	冬至	冬至 toŋ⁵³tsʅ³⁵
0106	腊月农历十二月	十二月里 zɐʔ²n̩i³³yœʔ²li³³
0107	除夕农历	年三十夜 n̩ie³³sɛ⁵⁵zɐʔ²ia⁵⁵
0108	历书	历书 liɐʔ²sʅ³⁵
0109	阴历	阴历 ieŋ⁵⁵liɐʔ²
0110	阳历	阳历 iɐ³³liɐʔ²
0111	星期天	星期日 ɕiŋ⁵⁵dzi³³n̩iɐʔ²
0112	地方	地方 di³³fɑ̃⁵⁵
0113	什么地方	挂ᐓ时地方 kuo⁵⁵zʅ¹³di³¹fɑ̃³¹
0114	家里	屋里 uɔʔ⁵li¹³
0115	城里	街浪ᐓ ka⁵³lɑ̃¹³
0116	乡下	乡下 ɕiɑ̃⁵³o¹³
0117	上面从~滚下来	高头 kɔ⁵³də¹³
0118	下面从~爬上去	下底 o³³ti⁵³
0119	左边	借ᐓ手旁边 tɕia⁵⁵sə⁵⁵bɑ̃³¹pie³¹
0120	右边	顺手旁边 zeŋ³³sə⁵⁵bɑ̃³¹pie³¹
0121	中间排队排在~	中间头 tsoŋ⁵³kɛ⁵⁵də³³
0122	前面排队排在~	前头 ȵie³³də³³
0123	后面排队排在~	后头 ə³³də³³
0124	末尾排队排在~	末落个 muɐʔ⁵luɔʔ²kuɔʔ⁵
0125	对面	对照头 tɛ⁵⁵tsɔ⁵⁵də³¹
0126	面前	眼面前 ŋɛ³³mie³³dzie³¹
0127	背后	后头 ə³³də³³
0128	里面躲在~	里头 li³³də³¹

续表

编 号	词 条	方 言
0129	外面衣服晒在~	外头 ŋa³³də³¹
0130	旁边	旁边头 bã³¹pie³³də³³
0131	上碗在桌子~	高头 kɔ⁵⁵də³³
0132	下凳子在桌子~	下底 o³³ti⁵³
0133	边儿桌子的~	边里 pie⁵³li³³
0134	角儿桌子的~	角落头 kuɔʔ⁵luɔʔ²də³³
0135	上去他~了	上去 zã³³tɕʰi³³
0136	下来他~了	落来 luɔʔ²lɛ³³
0137	进去他~了	进去 tɕiŋ⁵⁵tɕʰi⁵³
0138	出来他~了	出来 tsʰɐʔ⁵lɛ³³
0139	出去他~了	出去 tsʰɐʔ⁵tɕʰi⁵⁵
0140	回来他~了	回来 uɛ³³lɛ³³
0141	起来天冷~了	起来 tɕʰi⁵⁵lɛ³¹

三、植　物

编 号	词 条	方 言
0142	树	树 zɿ³³
0143	木头	木头 muɔʔ²də³³
0144	松树统称	松树 soŋ⁵³zɿ³³
0145	柏树统称	柏树 paʔ⁵zɿ³³
0146	杉树	杉树 sɛ⁵³zɿ³³
0147	柳树	杨柳吊⁼liã³³lyœ³³tiɔ⁵³

续表

编　号	词　条	方　言
0148	竹子_{统称}	竹窠 tsuɔʔ⁵kʰo⁵⁵
0149	笋	笋 sen⁵⁵
0150	叶子	叶爿 iɐʔ²bɛ³³
0151	花	花 ho⁵⁵
0152	花蕾_{花骨朵}	花蕊头 ho⁵⁵mi⁵³də⁵³
0153	梅花	梅花 mɛ³³huo³³
0154	牡丹	牡丹 mə³³tɛ⁵³
0155	荷花	荷花 o³¹ho³⁵
0156	草	草 tsʰɔ⁵⁵
0157	藤	藤 den³³
0158	刺_{名词}	刺 tsʰɿ⁵⁵
0159	水果	水果 sɿ⁵³ku⁵³
0160	苹果	苹果 bin³³ku³³
0161	桃子	桃子 dɔ³³tsɿ³³
0162	梨	梨头 li³³də³³
0163	李子	李子 li³³tsɿ⁵⁵
0164	杏	杏梅 ã³³mɛ³³
0165	橘子	橘子 tɕyɐʔ⁵tsɿ⁵⁵
0166	柚子	柚子 yœ³³tsɿ⁵⁵
0167	柿子	柿子 zɿ³³tsɿ⁵⁵
0168	石榴	石榴 zɐʔ²lə³³
0169	枣	枣子 tsɔ⁵⁵tsɿ⁵⁵
0170	栗子	毛栗蒲﹦mɔ³³liɐʔ²bu³³
0171	核桃	核桃 əʔ²ɕdɔ³³

续表

编　号	词　条	方　言
0172	银杏白果	白果子 bɐʔ² ku⁵⁵ tsʅ⁵⁵
0173	甘蔗	甘蔗 kə⁵³ tso³³
0174	木耳	木耳 muɔʔ² ɚ³³
0175	蘑菇野生的	平菇蕈 biŋ³¹ ku³³ dʑiŋ⁵⁵
0176	香菇	香菇 ɕiã⁵³ ku³³
0177	稻子指植物	稻 dɔ³³
0178	稻谷指籽实，脱粒后是大米	稻谷 dɔ³³ kuɔʔ⁵
0179	稻草脱粒后的	稻草 dɔ³³ tsʰɔ⁵³
0180	大麦指植物	大麦 do³³ mɐʔ²
0181	小麦指植物	小麦 ɕiɔ⁵⁵ mɐʔ²
0182	麦秸脱粒后的	麦草 mɐʔ² tsʰɔ³³
0183	谷子指植物（籽实脱粒后是小米）	粟米 suɔʔ⁵ mi³³
0184	高粱指植物	芦穄 lu³¹ tɕi³⁵
0185	玉米指成株的植物	六谷 luɔʔ² kuɔʔ⁵
0186	棉花指植物	棉花 mie³³ ho³³
0187	油菜油料作物，不是蔬菜	油菜 yœ³³ tsʰE³³
0188	芝麻	芝麻 tsʅ⁵³ mo³³
0189	向日葵指植物	葵花 ɡuE³³ ho³³
0190	蚕豆	蚕豆 zə³¹ də³³
0191	豌豆	菜豆 tsʰE⁵⁵ də³³
0192	花生指果实	花生 ho⁵³ sã³³
0193	黄豆	黄豆 uã³¹ də³³
0194	绿豆	绿豆 luɔʔ² də³³
0195	豇豆长条形的	豇豆 kã⁵³ də³³

续表

编 号	词 条	方 言
0196	大白菜东北～	大白菜 do³³bɐʔ²tsʰE³¹
0197	包心菜卷心菜，圆白菜，球形的	包心菜 po⁵³ɕiŋ⁵⁵tsʰE³³
0198	菠菜	菠菜 po⁵³tsʰE³³
0199	芹菜	芹菜 dziŋ³¹tsʰE³³
0200	莴笋	莴苣笋 u⁵³tɕy⁵³seŋ³⁵
0201	韭菜	韭菜 tɕy⁵⁵tsʰE⁵³
0202	香菜芫荽	香菜 ɕia̍⁵³tsʰE⁵⁵
0203	葱	葱 tsʰoŋ⁵⁵
0204	蒜	大蒜 do³³sə³³
0205	姜	老姜 lɔ³³tɕia̍⁵⁵
0206	洋葱	洋葱 ia̍³¹tsʰoŋ³³
0207	辣椒统称	辣茄 lɐʔ²ga³³
0208	茄子统称	茄子 dzia³¹tsʅ³³
0209	西红柿	番茄 fɛ⁵³ga³³
0210	萝卜统称	萝卜 lo³³bo³³
0211	胡萝卜	药性萝卜 iɐʔ²ɕiŋ⁵³luo³³buo³³
0212	黄瓜	黄瓜 ua̍³¹ko³³
0213	丝瓜无棱的	丝瓜 sʅ⁵³ko³³
0214	南瓜扁圆形或梨形，成熟时赤褐色	南瓜 nə³¹ko³³
0215	荸荠	蒲荠 bu³³dzi¹³
0216	红薯统称	番薯 fɛ⁵³zʅ³³
0217	马铃薯	洋芋艿 ia̍³¹n³³na⁵⁵
0218	芋头	芋艿 n³³na⁵⁵
0219	山药圆柱形的	山药 sɛ⁵³ia³³"药"舒化

续表

编 号	词 条	方 言
0220	藕	莲藕 lie³¹ ŋə³³

四、动 物

编 号	词 条	方 言
0221	老虎	老虎 lɔ³³ fu⁵⁵
0222	猴子	活⁼狲 uɔʔ² seŋ³⁵
0223	蛇统称	蛇 zuo³³
0224	老鼠家里的	老鼠 lɔ³³ tsʰ ɿ⁵⁵
0225	蝙蝠	蝙蝠 piɐʔ⁵ fu³⁵ "蝠"音殊
0226	鸟儿飞鸟，统称	鸟 tiɔ⁵⁵
0227	麻雀	麻鸟 mo⁵³ tiɔ⁵⁵
0228	喜鹊	喜鹊 ɕi⁵⁵ tɕʰia⁵³ "鹊"舒化
0229	乌鸦	老鸦 lɔ³³ o⁵⁵
0230	鸽子	鸽子 kɐʔ⁵ tsɿ³⁵
0231	翅膀鸟的，统称	翼翅膀 iɐʔ² tsʰ ɿ⁵⁵ pã⁵⁵
0232	爪子鸟的，统称	脚爪 tɕiɐʔ⁵ tsɔ⁵⁵
0233	尾巴	尾巴 m³³ po⁵⁵
0234	窝鸟的	鸟窠 tiɔ⁵⁵ kʰo⁵³
0235	虫子统称	虫 dzoŋ³³
0236	蝴蝶统称	蝴蝶 u³³ diɐʔ²
0237	蜻蜓统称	蜻蜓 tɕʰiŋ⁵³ diŋ¹³
0238	蜜蜂	蜜蜂 miɐʔ² foŋ⁵⁵

编　号	词　条	方　言
0239	蜂蜜	蜜糖 miɐʔ² dɑ̃³³
0240	知了 统称	晓得了 ɕiɔ⁵⁵ tɐʔ⁵ lɐʔ²
0241	蚂蚁	蚂蚁 mo⁵³ n̠i³³
0242	蚯蚓	蛐蟮 tsʰɐʔ⁵ zə³³
0243	蚕	蚕宝宝 zə³³ pɔ³¹ pɔ¹³
0244	蜘蛛 会结网的	蜘蜘 tsʅ⁵⁵ tsʅ⁵⁵
0245	蚊子 统称	蚊虫 mɛŋ³³ dzoŋ¹³
0246	苍蝇 统称	苍蝇 tsʰɑ̃⁵³ iŋ⁵⁵
0247	跳蚤 咬人的	虼蚤 kɐʔ⁵ tsɔ⁵⁵
0248	虱子	虱子 sɐʔ⁵ tsʅ³⁵
0249	鱼	鱼 ŋ³³
0250	鲤鱼	鲤鱼 li³³ ŋ³¹
0251	鳙鱼 胖头鱼	胖头鱼 pʰɑ̃⁵³ də³¹ ŋ³³
0252	鲫鱼	鲫鱼 tɕiɐʔ⁵ ŋ³³
0253	甲鱼	老鳖 lɔ³³ piɐʔ⁵
0254	鳞鱼的	鱼屧 ŋ³³ ie³⁵
0255	虾 统称	虾 ho⁵⁵
0256	螃蟹 统称	蟹 ha⁵⁵
0257	青蛙 统称	田鸡 die³¹ tɕi³⁵
0258	癞蛤蟆 表皮多疙瘩	癞司＝蛤巴 la³³ sʅ⁵⁵ kɐʔ⁵ po⁵⁵
0259	马	马 mo³³
0260	驴	驴狗子 li³¹ kə⁵⁵ tsʅ⁵⁵
0261	骡	（无）
0262	牛	牛 n̠yœ³³

续表

编　号	词　　条	方　　言
0263	公牛统称	雄牛 ioŋ³¹ n̠yœ³³
0264	母牛统称	雌牛 tsʰ ɿ⁵³ n̠yœ³³
0265	放牛	看牛 kʰə⁵³ n̠yœ³³
0266	羊	羊 iã³³
0267	猪	猪 tsɿ⁵⁵
0268	种猪配种用的公猪	斗=猪 tə⁵⁵ tsɿ⁵³
0269	公猪成年的,已阄的	雄猪 ioŋ³³ tsɿ³⁵
0270	母猪成年的,未阄的	猪娘 tsɿ⁵³ n̠iã⁵⁵
0271	猪崽	小肉猪 ɕio⁵⁵ n̠iə⁵⁵ tsɿ⁵³ "肉"韵殊
0272	猪圈	猪棚 tsɿ⁵³ bã³³
0273	养猪	养猪 iã⁵⁵ tsɿ
0274	猫	猫 mɔ³³
0275	公猫	雄猫 ioŋ³³ mɔ³³
0276	母猫	雌猫 tsʰ ɿ⁵³ mɔ³³
0277	狗统称	狗 kə⁵⁵
0278	公狗	雄狗 ioŋ³¹ kə⁵⁵
0279	母狗	雌狗 tsʰ ɿ⁵³ kə⁵⁵
0280	叫狗~	叫 tɕiɔ⁵⁵
0281	兔子	兔子 tʰu⁵⁵ tsɿ⁵⁵
0282	鸡	鸡 tɕi⁵⁵
0283	公鸡成年的,未阄的	雄鸡 ioŋ³³ tɕi⁵⁵
0284	母鸡已下过蛋的	鸡娘 tɕi⁵³ n̠iã³³
0285	叫公鸡~(即打鸣儿)	叫 tɕiɔ⁵⁵
0286	下鸡~蛋	生 sã⁵⁵

续表

编 号	词 条	方 言
0287	孵~小鸡	伏 bu³³
0288	鸭	鸭 ʀʔ⁵
0289	鹅	白乌龟 bʀʔ² u³³ kuʀ⁵⁵
0290	阉~公的猪	阉 ie⁵⁵
0291	阉~母的猪	阉 ie⁵⁵
0292	阉~鸡	阉 ie⁵⁵
0293	喂~猪	喂 y⁵⁵
0294	杀猪统称	杀猪 sʀʔ⁵ tsʅ⁵⁵
0295	杀~鱼	破 pʰa⁵⁵

五、房舍器具

编 号	词 条	方 言
0296	村庄一个~	村堂 tsʰeŋ⁵³ dɑ̃³³
0297	胡同统称:一条~	弄堂 loŋ³³ dɑ̃³¹
0298	街道	街路 ka⁵³ lu³³
0299	盖房子	造房子 zɔ¹³ vɑ̃³¹ tsʅ³⁵
0300	房子整座的,不包括院子	房子 vɑ̃³¹ tsʅ³⁵
0301	屋子房子里分隔而成的,统称	房间 vɑ̃³³ kɛ³³
0302	卧室	房间 vɑ̃³³ kɛ³³
0303	茅屋茅草等盖的	茅草棚 mɔ³³ tsʰɔ³³ bɑ̃³³
0304	厨房	灶头间 tsɔ³³ də³³ kɛ³¹
0305	灶统称	灶头 tsɔ³³ də³¹

续表

编　号	词　条	方　言
0306	锅统称	镬子 uoʔ²tsɿ³⁵
0307	饭锅煮饭的	饭锅 vɛ³³ku⁵³
0308	菜锅炒菜的	炒菜锅 tsʰɔ⁵⁵tsʰɛ⁵³ku⁵³
0309	厕所旧式的，统称	茅坑 mɔ³³kʰã̃³³
0310	檩左右方向的	梁条 liã̃³³diɔ³⁵
0311	柱子	柱脚 zʮ³³tɕieʔ⁵
0312	大门	大门 do³³meŋ³¹
0313	门槛儿	门槛 meŋ³¹kʰɛ¹³
0314	窗旧式的	窗门 tsʰã̃⁵³meŋ³³
0315	梯子可移动的	梯子 tʰɛ⁵³tsɿ³³
0316	扫帚统称	扫帚 sɔ⁵⁵tsə⁵³
0317	扫地	扫地 sɔ⁵⁵di³³
0318	垃圾	垃圾 leʔ²seʔ⁵
0319	家具统称	家具 tɕia⁵³dzʮ¹³
0320	东西我的～	东西 toŋ⁵³ɕi⁵⁵
0321	炕土、砖砌的，睡觉用	坑 kʰã̃⁵⁵
0322	床木制的，睡觉用	眠床 mie³¹zã̃¹³
0323	枕头	枕头 tseŋ⁵⁵də³¹
0324	被子	棉被 mie³¹bi¹³
0325	棉絮	棉花絮 mie³¹ho⁵⁵ɕi³⁵
0326	床单	床毯 dzã̃³³tʰɛ³³
0327	褥子	垫被花絮 die³³bi¹³ho⁵⁵ɕi⁰
0328	席子	席子 zieʔ²tsɿ³⁵
0329	蚊帐	蚊帐 meŋ³¹tsã̃⁵⁵

续表

编 号	词 条	方 言
0330	桌子统称	台子 dɛ³¹tsɿ³⁵
0331	柜子统称	柜子 guɛ³³tsɿ⁵³
0332	抽屉桌子的	抽斗 tsʰə⁵³də³³
0333	案子长条形的	搁几 kuɔʔ⁵tɕi⁵⁵
0334	椅子统称	椅子 y⁵⁵tsɿ⁵³
0335	凳子统称	凳子 teŋ⁵⁵tsɿ⁵³
0336	马桶有盖的	马桶 mo³³doŋ³¹
0337	菜刀	薄刀 buɔʔ²tɔ⁵⁵
0338	瓢舀水的	瓢勺 biɔ³³zuɔʔ²
0339	缸	水缸 sɿ⁵⁵kã̃⁵³
0340	坛子装酒的~	酒坛 tɕyœ⁵⁵dœ⁵³
0341	瓶子装酒的~	瓶 biŋ⁵⁵
0342	盖子杯子的~	茶盖 dzo³³kɛ³⁵
0343	碗统称	碗 uə⁵⁵
0344	筷子	筷子 kʰua⁵⁵tsɿ⁵³
0345	汤匙	瓢羹 biɔ³³kã̃³⁵
0346	柴火统称	柴火 za³¹fu³³
0347	火柴	洋火 iã̃³¹fu³³
0348	锁	锁 so⁵⁵
0349	钥匙	钥匙 iaʔ²zɿ¹³
0350	暖水瓶	热水壶 ȵiɐʔ²sɿ⁵⁵u³⁵
0351	脸盆	面盆 mie³³beŋ³¹
0352	洗脸水	脸汤水 lie³³tʰã̃⁵⁵sɿ⁵³
0353	毛巾洗脸用	洗脸布 ɕi⁵⁵lie⁵⁵pu⁵³

续表

编号	词条	方言
0354	手绢	手巾 sə⁵⁵tɕiŋ⁵³
0355	肥皂洗衣服用	肥皂 bi³³dzɔ¹³
0356	梳子旧式的,不是篦子	木梳 muɔʔ²sʅ³⁵
0357	缝衣针	泥=线 ȵi³³ɕie⁵³
0358	剪子	剪刀 tɕie⁵⁵tɔ⁵³
0359	蜡烛	洋蜡烛 iã̃³³lɐʔ²tsuɔʔ⁵
0360	手电筒	电筒 die³³doŋ³¹
0361	雨伞挡雨的,统称	洋伞 ia³¹sɛ³³
0362	自行车	脚踏车 tɕiaʔ⁵dɐʔ²tsʰuo⁵⁵

六、服饰饮食

编号	词条	方言
0363	衣服统称	衣裳 i⁵³zɑ̃³³
0364	穿~衣服	穿 tsʰo⁵⁵
0365	脱~衣服	脱 tʰɐʔ⁵⁴
0366	系~鞋带	系 tɕi⁵⁵
0367	衬衫	衬衫 tsʰɐŋ⁵⁵sɛ⁵³
0368	背心带两条杠的,内衣	汗背心 ə³³pɛ⁵⁵ɕiŋ⁵³
0369	毛衣	毛线衫 mɔ³³ɕie³¹sɛ³¹
0370	棉衣	棉袄 mie³³ɔ³³
0371	袖子	袖子 zɐ³³tsʅ⁵³
0372	口袋衣服上的	袋袋 dɛ³³dɛ³¹

编　号	词　条	方　言
0373	裤子	裤子 kʰu⁵⁵tsɿ⁵³
0374	短裤外穿的	短脚裤 tə⁵⁵tɕiɐʔ⁵kʰu⁵³
0375	裤腿	裤脚管 kʰu⁵⁵tɕiɐʔ⁵kuə³⁵
0376	帽子统称	帽子 mɔ³³tsɿ⁵³
0377	鞋子	鞋子 a³³tsɿ³⁵
0378	袜子	洋袜 iã³³mɐʔ²
0379	围巾	围巾 uɛ³¹tɕiŋ³⁵
0380	围裙	围身布襕 y³³seŋ³³pu³³lɛ³¹
0381	尿布	尿布头 ɕi⁵³pu⁵⁵də³³
0382	扣子	纽子 ŋə³³tsɿ⁵³
0383	扣～扣子	纽 ŋə³³
0384	戒指	戒指 ka⁵⁵tsɿ⁵³
0385	手镯	镯子 dzyɐʔ²tsɿ³⁵
0386	理发	剃头 tʰi⁵⁵də³³
0387	梳头	梳头 sʮ⁵⁵də³³
0388	米饭	饭 vɛ³³
0389	稀饭用米熬的,统称	粥 tsuɔʔ⁵
0390	面粉麦子磨的,统称	麦粉 mɐʔ²feŋ³⁵
0391	面条统称	麦面 mɐʔ²mie¹³
0392	面儿玉米～,辣椒～	粉 feŋ⁵⁵
0393	馒头无馅的,统称	馒头 mə³³də¹³
0394	包子	包子 pɔ⁵³tsɿ³³
0395	饺子	水饺 suɛ⁵⁵tɕiɔ⁵³
0396	馄饨	馄饨 ueŋ³¹deŋ³³

续表

编　号	词　条	方　言
0397	馅儿	馅子 ŋɛ³³ tsɿ⁵³
0398	油条长条形的,旧称	油条 yœ³³ diɔ³³
0399	豆浆	豆腐浆 də³³ vu³³ tɕiã³¹
0400	豆腐脑	豆腐脑 də³³ vu³³ nɔ³¹
0401	元宵食品	汤团 tʰã̃⁵³ də³³
0402	粽子	粽子 tsoŋ⁵⁵ tsɿ⁵³
0403	年糕用黏性大的米或米粉做的	年糕 ɲie³³ kɔ³⁵
0404	点心统称	小点心 ɕiɔ⁵⁵ tie⁵⁵ ɕiŋ⁵³
0405	菜吃饭时吃的,统称	菜蔬 tsʰɛ⁵⁵ su⁵³
0406	干菜统称	干菜 kə⁵³ tsʰɛ⁵⁵
0407	豆腐	豆腐 də¹³ vu³¹
0408	猪血当菜的	猪血 tsɿ⁵³ ɕyɔʔ⁵
0409	猪蹄当菜的	猪脚爪 tsɿ⁵³ tɕiaʔ⁵ tsɔ³⁵
0410	猪舌头当菜的	猪舌头 tsɿ⁵³ ziɐʔ² də³³
0411	猪肝当菜的	猪肝 tsɿ⁵³ kə⁵⁵
0412	下水猪牛羊的内脏	肚里货 do³³ li⁵³ fu⁵³
0413	鸡蛋	鸡蛋 tɕi⁵⁵ dɛ³³
0414	松花蛋	皮蛋 bi³³ dɛ¹³
0415	猪油	猪油 tsɿ⁵³ yœ¹³
0416	香油	麻油 mo³³ yœ¹³
0417	酱油	酱油 tɕiã̃⁵⁵ yœ³¹
0418	盐名词	咸盐 ɛ³³ ie¹³
0419	醋	酸醋 sə⁵³ tsʰu³³
0420	香烟	香烟 ɕiã̃⁵³ ie³³

续表

编 号	词 条	方 言
0421	旱烟	老烟 lɔ^{33}ie^{31}
0422	白酒	烧酒 sɔ^{53}tɕyœ^{55}
0423	黄酒	老酒 lɔ^{33}tɕyœ^{53}
0424	江米酒酒酿,醪糟	糯米白酒 nɔ^{33}mi^{13}bɐ^{2}tɕyœ^{53}
0425	茶叶	茶叶 zo^{13}ie^{2}
0426	沏~茶	泡 pʰɔ^{55}
0427	冰棍儿	棒冰 bã^{33}piŋ^{53}
0428	做饭统称	烧饭 sɔ^{53}vɛ^{33}
0429	炒菜统称,和做饭相对	炒菜 tsɔ^{55}tsʰɛ^{55}
0430	煮~带壳的鸡蛋	煠 zɐ^{12}
0431	煎~鸡蛋	煎 tɕie^{55}
0432	炸~油条	炸 tsa^{55}
0433	蒸~鱼	蒸 tseŋ^{55}
0434	揉~面做馒头等	捆 ɲiɐ^{12}
0435	擀~面,~皮儿	擀 kə^{55}
0436	吃早饭	吃早饭 tɕʰiɐ^{5}tsɔ^{33}vɛ^{31}
0437	吃午饭	吃晏饭 tɕʰiɐ^{5}ɛ^{33}vɛ^{31}
0438	吃晚饭	吃夜饭 tɕʰiɐ^{5}ia^{33}vɛ^{31}
0439	吃~饭	吃 tɕʰiɐ^{54}
0440	喝~酒	吃 tɕʰiɐ^{54}
0441	喝~茶	吃 tɕʰiɐ^{54}
0442	抽~烟	吃 tɕʰiɐ^{54}
0443	盛~饭	盛 dzeŋ^{33}
0444	夹用筷子~菜	搛 tɕie^{55}

续表

编　号	词　条	方　言
0445	斟~酒	倒 tɔ⁵⁵
0446	渴口~	干 kə⁵⁵
0447	饿肚子~	饿 ŋo³³
0448	噎吃饭~着了	噎 iɐʔ⁵

七、身体医疗

编　号	词　条	方　言
0449	头人的,统称	头 də³³
0450	头发	头发 də³³ fɐ³³ "发"舒化
0451	辫子	辫子 bie³³ tsʅ⁵³
0452	旋	旋涡 zyœ³³ uo³⁵
0453	额头	额壳头 ŋɐʔ² kʰuɔʔ⁵ də³¹
0454	相貌	相貌 ɕia̋⁵⁵ mɔ³¹
0455	脸洗~	面 mie³³
0456	眼睛	眼睛 ŋɛ³³ tɕiŋ⁵³
0457	眼珠统称	眼乌珠 ŋɛ³³ u³⁵ tsʅ⁵³
0458	眼泪哭的时候流出来的	眼泪水 ŋɛ³³ li⁵³ sʅ⁵³
0459	眉毛	眉毛 mi³³ mɔ¹³
0460	耳朵	耳朵 n̩³³ to⁵³
0461	鼻子	鼻头 bɐʔ² də¹³
0462	鼻涕统称	鼻头涕 bɐʔ² də³³ tʰi⁵³
0463	擤~鼻涕	擤 heŋ⁵⁵

续表

编 号	词 条	方 言
0464	嘴巴_{人的,统称}	嘴脯⁼ tsɿ⁵⁵ bu³¹
0465	嘴唇	嘴唇 tsɛ³³ zeŋ³¹
0466	口水~流出来	口里水 kʰə⁵⁵ li⁵⁵ sɿ⁵³
0467	舌头	舌头 ʑiɐʔ² də¹³
0468	牙齿	牙齿 ŋo³¹ tsʰɿ³⁵
0469	下巴	下巴 uo³³ bo³¹
0470	胡子_{嘴周围的}	胡子 u³³ tsɿ¹³
0471	脖子	头颈 də³³ tɕiŋ⁵³
0472	喉咙	喉咙 ə³³ loŋ¹³
0473	肩膀	肩刻⁼ tɕie⁵⁵ kʰɐʔ⁵
0474	胳膊	手梗 sə⁵⁵ kuɑ̃⁵³
0475	手_{他的~摔断了}	手 sə⁵⁵ 包括臂
0476	左手	借⁼ 手 tɕia⁵⁵ sə⁵³
0477	右手	顺手 zeŋ³³ sə⁵³
0478	拳头	拳头脑⁼ dʑyœ³¹ də³³ nɔ³³
0479	手指	手指头 sə⁵⁵ tsɿ⁵⁵ də⁵³
0480	大拇指	大手指头 do³³ sə⁵⁵ tsɿ⁵⁵ də⁵³
0481	食指	食指 zɐʔ² tsɿ³⁵
0482	中指	中间手指头 tsoŋ⁵⁵ kɛ⁵⁵ sə³³ tsɿ³³ də³¹
0483	无名指	无名指 m³³ miŋ³³ tsɿ³⁵
0484	小拇指	小手指头 ɕiɔ⁵⁵ sə⁵⁵ tsɿ⁵⁵ də⁵³
0485	指甲	指掐⁼ tsɿ⁵⁵ kʰɐʔ⁵
0486	腿	脚 tɕiɐʔ⁵⁴

续表

编　号	词　　条	方　　言
0487	脚他的～压断了	脚 tɕiɐʔ⁵⁴包括小腿和大腿
0488	膝盖指部位	脚壳＝头 tɕiɐʔ⁵ kʰuɔʔ⁵ də³³
0489	背名词	背脊 pɛ⁵⁵ tɕiɐʔ⁵
0490	肚子腹部	肚皮 do³³ bi³¹
0491	肚脐	肚脐眼 do³³ dzi³³ ŋɛ³¹
0492	乳房女性的	奶奶 na³³ na³¹
0493	屁股	屁股 pʰi⁵⁵ ku⁵³
0494	肛门	屁眼 pʰi⁵⁵ ŋɛ⁵³
0495	阴茎成人的	百鸟 pɐʔ⁵ tiɔ⁵³
0496	女阴成人的	卵脬 lə³³ pʰɔ⁵³
0497	肏动词	送＝soŋ⁵⁵
0498	精液	尿 zoŋ³³
0499	来月经	老毛病 lə³³ mɔ³³ biŋ³¹
0500	拉屎	射涴 dza³³ u³⁵
0501	撒尿	射尿 dza³³ ɕi⁵³
0502	放屁	射屁 dza³³ pʰi⁵³
0503	相当于"他妈的"的口头禅	入得俤娘 zɐʔ² tɐʔ⁵ na⁵⁵ ɲiã̃³¹
0504	病了	生毛病 sa⁵⁵ mɔ⁵³ biŋ¹³
0505	着凉	受凉 zə³³ liã̃³¹
0506	咳嗽	呛 tɕʰiã̃⁵⁵
0507	发烧	发热 fɐʔ⁵ ɲiɐʔ²
0508	发抖	发抖 fɐʔ⁵ tə⁵⁵
0509	肚子疼	肚皮痛 duo³³ bi³³ tʰoŋ³¹

编　号	词　条	方　言
0510	拉肚子	肚皮射 duo³³bi³³dza³¹
0511	患疟疾	发冷发热 fɐʔ⁵lɑ̃³³fɐʔ⁵n̠iɐʔ²
0512	中暑	发痧 fɐʔ⁵suo³³
0513	肿	肿 tsoŋ⁵⁵
0514	化脓	朒脓 guɐŋ¹³noŋ³³
0515	疤好了的	疤 puo⁵⁵
0516	癣	癣 ɕie⁵⁵
0517	痣凸起的	痣 tsʅ⁵⁵
0518	疙瘩蚊子咬后形成的	勃＝buɒʔ¹²
0519	狐臭	肋胳肢下臭 lɐʔ²kɐʔ⁵tsʅ⁵⁵uo⁵³tsʰə⁵⁵
0520	看病	看毛病 kʰə⁵⁵mo⁵³biŋ¹³
0521	诊脉	搭脉 tɐʔ⁵mɐʔ²
0522	针灸	针灸 tsəŋ⁵³tɕyœ⁵⁵
0523	打针	打针 tɑ̃⁵³tsɐŋ⁵⁵
0524	打吊针	挂盐水 kuo⁵⁵ie⁵³suɛ⁵⁵
0525	吃药统称	吃药 tɕʰiɐʔ⁵iɐʔ²
0526	汤药	中药 tsoŋ⁵⁵iɐʔ²
0527	病轻了	病好点嘞 biŋ¹³hɔ⁵⁵tiɐʔ⁵lɐʔ²

八、婚丧信仰

编　号	词　条	方　言
0528	说媒	做介绍 tsuo⁵³tɕia³³zɔ³³

续表

编　号	词　条	方　言
0529	媒人	媒婆 mɛ³³ buo¹³
0530	相亲	见面 tɕie⁵⁵ mie¹³
0531	订婚	定亲 diŋ¹³ tɕʰiŋ⁵⁵
0532	嫁妆	嫁妆 kuo⁵⁵ tsã̃⁵³
0533	结婚统称	结婚 tɕiɐʔ⁵ hueŋ⁵⁵
0534	娶妻子男子~,动宾	讨老嬷 tʰɔ⁵⁵ lɔ³³ mɔ³³
0535	出嫁女子~	嫁人 kuo⁵⁵ ȵiŋ³³
0536	拜堂	拜堂 pa⁵⁵ dã̃³³
0537	新郎	新郎官 ɕiŋ⁵³ lã̃³¹ kuə⁵⁵
0538	新娘子	新娘子 ɕiŋ⁵³ ȵiã³¹ tsɿ³⁵
0539	孕妇	大肚皮 do³³ do¹³ bi³¹
0540	怀孕	有小人 yœ³³ ɕiɔ⁵⁵ ȵiŋ⁵³
0541	害喜妊娠反应	难过 nɛ³³ ko⁵⁵
0542	分娩	生小人 sã̃⁵⁵ ɕiɔ⁵⁵ ȵiŋ⁵³
0543	流产	小产 ɕiɔ⁵⁵ tsʰɛ⁵³
0544	双胞胎	双生子 sã̃⁵⁵ sã̃⁵⁵ tsɿ³⁵
0545	坐月子	做舍姆 tso⁵⁵ so⁵⁵ m̩⁵³
0546	吃奶	吃奶奶 tɕʰiɐʔ⁵ na⁵⁵ na⁵⁵
0547	断奶	断奶 də³³ na¹³
0548	满月	满月 mə¹³ yɔʔ²
0549	生日统称	生日 sã̃⁵⁵ ȵiɐʔ²
0550	做寿	做寿 tso³⁵ zə¹³
0551	死统称	死 ɕi⁵⁵

编　号	词　　条	方　　言
0552	死婉称，最常用的几种，指老人：他～了	过辈 ko^{55} pE^{53}
0553	自杀	自杀 zɿ^{33} sɐʔ^{5}
0554	咽气	断气 də^{13} tɕʰi^{55}
0555	入殓	落棺材 luɔʔ^{2} kuə^{53} zE^{13}
0556	棺材	棺材 kuə^{53} dzE^{13}
0557	出殡	出丧 tsʰɐʔ^{5} sɑ̃^{55}
0558	灵位	木主牌位 muɔʔ^{2} tsɿ^{55} bɑ̃^{31} uE^{33}
0559	坟墓单个的，老人的	坟圹洞 veŋ^{33} kʰɑ̃^{33} doŋ^{33}
0560	上坟	上坟 zɑ̃^{33} veŋ^{33}
0561	纸钱	阿弥陀佛 o^{33} mi^{33} do^{33} vuɔʔ^{2}
0562	老天爷	老天 lɔ^{33} tʰie^{53}
0563	菩萨统称	菩萨 bu^{33} sɐʔ^{5}
0564	观音	观音 kuə^{53} iŋ^{33}
0565	灶神口头的叫法	灶子菩萨 tsɔ^{55} tsɿ^{55} bu^{55} sɐʔ^{5}
0566	寺庙	庙 miɔ^{33}
0567	祠堂	祠堂屋 zɿ^{33} dɑ̃^{13} uɔʔ^{5}
0568	和尚	和尚 u^{33} zɑ̃^{13}
0569	尼姑	尼姑 n̠i^{33} ku^{55}
0570	道士	道士 dɔ^{33} zɿ^{31}
0571	算命统称	排八字 ba^{33} pɐʔ^{5} zɿ^{31}
0572	运气	运气 ioŋ^{33} tɕʰi^{53}
0573	保佑	保佑 pɔ^{55} yœ^{53}

九、人品称谓

编　号	词　条	方　言
0574	人一个~	人 ȵiŋ³³
0575	男人成年的，统称	男人家 nə³³ ȵiŋ³³ ka⁵⁵
0576	女人三四十岁已婚的，统称	老娘们 lɔ³³ ȵia̾³³ mɛŋ³¹
0577	单身汉	孤老头 ku⁵⁵ lɔ³³ də³³
0578	老姑娘	老大姑娘 lɔ¹³ do³³ ku⁵³ ȵia̾³¹
0579	婴儿	毛头佬 mɔ³³ də³³ lɔ³³
0580	小孩三四岁的，统称	小鬼头 ɕiɔ⁵⁵ kuɛ⁵⁵ də³¹
0581	男孩统称：外面有个~在哭	男小鬼 nə³³ ɕiɔ⁵⁵ kuɛ⁵⁵
0582	女孩统称：外面有个~在哭	女小鬼 ȵy³³ ɕiɔ⁵⁵ kuɛ⁵⁵
0583	老人七八十岁的，统称	老年人 lɔ³³ ȵiŋ⁵⁵ ȵiŋ⁵⁵
0584	亲戚统称	亲眷 tɕʰiŋ⁵³ tɕyœ³⁵
0585	朋友统称	朋友 ba̾³³ yœ¹³
0586	邻居统称	邻舍 liŋ³³ suo³⁵
0587	客人	客人 kʰɐʔ⁵ ȵiŋ³⁵
0588	农民	农民 noŋ³³ miŋ¹³
0589	商人	生意人 sa̾⁵⁵ i⁵⁵ ȵiŋ⁵⁵
0590	手艺人统称	手艺人 sə⁵⁵ ȵi³³ zeŋ⁰
0591	泥水匠	泥水匠 ȵi³³ sɛ⁵⁵ zia̾⁵⁵
0592	木匠	木匠 muɔʔ² ia̾³³
0593	裁缝	裁缝师父 zɛ³³ voŋ³³ sɿ⁵⁵ vu³¹
0594	理发师	剃头师父 tʰi⁵⁵ də⁵⁵ sɿ⁵⁵ vu⁰
0595	厨师	烧饭师父 sɔ⁵⁵ vɛ³¹ sɿ⁵⁵ vu⁰

续表

编　号	词　　条	方　　言
0596	师傅	师父 sʐ⁵³vu³³
0597	徒弟	徒弟 du³³di¹³
0598	乞丐统称,非贬称	讨饭佬 tʰɔ⁵⁵vɛ⁵⁵lɔ⁵³
0599	妓女	鸡婆 tɕi⁵⁵bo³³
0600	流氓	流氓阿飞 lə¹³mã̃¹³ɐʔ⁵fi⁵⁵
0601	贼	贼骨头 zɐʔ²kuɔʔ⁵də³³
0602	瞎子统称,非贬称	瞎子 hɐʔ⁵tsʐ³⁵
0603	聋子统称,非贬称	聋聋 loŋ³³bã̃¹³
0604	哑巴统称,非贬称	哑巴子 o³³bo³³tsʐ⁵³
0605	驼子统称,非贬称	驼背佬 do³³pɐ³³lɔ³¹
0606	瘸子统称,非贬称	跷脚佬 tɕʰiɔ⁵⁵tɕiɐʔ⁵lɔ³¹
0607	疯子统称,非贬称	独头 duɔʔ²də¹³
0608	傻子统称,非贬称	呆子 ŋɐ³³tsʐ³⁵
0609	笨蛋蠢的人	木徒 muɔʔ²do³³
0610	爷爷呼称,最通用的	爷爷 ia³³ia¹³
0611	奶奶呼称,最通用的	娘娘 nia̰³³nia̰¹³
0612	外祖父叙称	外公 ŋa³³koŋ⁵³
0613	外祖母叙称	外婆 ŋa³³buo³¹
0614	父母合称	爹娘 tia⁵³nia̰³³
0615	父亲叙称	爹 tia⁵⁵
0616	母亲叙称	娘 nia̰³³
0617	爸爸呼称,最通用的	阿爹 aʔ⁵tia⁵⁵
0618	妈妈呼称,最通用的	姆妈 m⁵⁵ma⁵⁵
0619	继父叙称	晚爹 mɛ³³tia⁵³

续表

编　号	词　条	方　言
0620	继母_{叙称}	晚娘 mɛ³³ n̠iã̠⁵³
0621	岳父_{叙称}	丈人老头 dza³³ n̠iŋ⁵⁵ lɔ⁵⁵ də³¹
0622	岳母_{叙称}	丈母亲娘 dza³³ m⁵⁵ tɕʰiŋ⁵⁵ n̠iã̠³¹
0623	公公_{叙称}	阿公老头 ɐʔ⁵ koŋ⁵⁵ lɔ³³ də³¹
0624	婆婆_{叙称}	阿婆娘 ɐʔ⁵ buo³³ n̠iã̠⁵⁵
0625	伯父_{呼称,统称}	大伯 da³³ pɐʔ⁵
0626	伯母_{呼称,统称}	大妈 da³³ ma³¹
0627	叔父_{呼称,统称}	小伯 ɕio⁵⁵ pɐʔ⁵
0628	排行最小的叔父_{呼称,如"幺叔"}	小伯伯 ɕio⁵⁵ pɐʔ⁵ pɐʔ⁵
0629	叔母_{呼称,统称}	小妈妈 ɕio⁵⁵ ma⁵⁵ ma⁵⁵
0630	姑_{呼称,统称}	五⁼娘 ŋ⁵⁵ n̠iã̠⁵⁵
0631	姑父_{呼称,统称}	姑夫 ku⁵³ fu³⁵
0632	舅舅_{呼称}	娘舅 n̠iã̠³¹ dzyœ¹³
0633	舅妈_{呼称}	娘舅母 n̠iã̠³¹ dzyœ³³ m³¹
0634	姨_{呼称,统称}	娘姨 n̠iã̠³¹ i¹³
0635	姨父_{呼称,统称}	娘姨夫 n̠iã̠³³ i³³ fu³⁵
0636	弟兄_{合称}	弟兄 di³³ ɕioŋ⁵³
0637	姊妹_{合称}	姐妹 tɕi⁵⁵ mɛ³³ 不包括男性
0638	哥哥_{呼称,统称}	阿哥 ɐʔ⁵ ko⁵⁵
0639	嫂子_{呼称,统称}	阿嫂 ɐʔ⁵ sɔ³³
0640	弟弟_{叙称}	兄弟 ɕioŋ⁵³ di¹³
0641	弟媳_{叙称}	弟新妇 di³³ ɕiŋ⁵⁵ vu⁵⁵
0642	姐姐_{呼称,统称}	阿姊 ɐʔ⁵ tɕi⁵⁵
0643	姐夫_{呼称}	姊夫 tɕi⁵⁵ fu⁵³

续表

编　号	词　条	方　言
0644	妹妹_{叙称}	阿妹 ɐʔ⁵ mɛ³³
0645	妹夫_{叙称}	妹夫 mɛ³³ fu⁵³
0646	堂兄弟_{叙称，统称}	堂兄弟 dã⁵³ ɕioŋ⁵³ di³¹
0647	表兄弟_{叙称，统称}	表兄弟 piɔ⁵³ ɕioŋ⁵³ di³¹
0648	妯娌_{弟兄妻子的合称}	叔伯母 suɔʔ⁵ pɐʔ⁵ m⁵⁵
0649	连襟_{姊妹丈夫的关系，叙称}	连襟 lie³¹ tɕiŋ³³
0650	儿子_{叙称}	儿子 ŋ³¹ tsɿ³³
0651	儿媳妇_{叙称}	新妇 ɕiŋ⁵³ vu³³
0652	女儿_{叙称}	囡 nə³³
0653	女婿_{叙称}	囡婿 nə³³ ɕi⁵³
0654	孙子_{儿子之子}	孙子 seŋ⁵³ tsɿ³³
0655	重孙子_{儿子之孙}	玄孙 yœ³¹ seŋ³³
0656	侄子_{弟兄之子}	阿侄 ɐʔ⁵ dzɐʔ²
0657	外甥_{姐妹之子}	外甥 ŋa³³ sã⁵³
0658	外孙_{女儿之子}	外甥 ŋa³³ sã⁵³
0659	夫妻_{合称}	两老太婆 liã³³ lɔ³³ tʰa³³ bo³³
0660	丈夫_{叙称，最通用的，非贬称}	老公 lɔ³³ koŋ⁵⁵
0661	妻子_{叙称，最通用的，非贬称}	老嬷 lɔ³³ mo³³
0662	名字	名字 miŋ³³ zɿ¹³
0663	绰号	绰名 tsʰɔ³³ miŋ³³

十、农工商文

编　号	词　条	方　言
0664	干活儿统称:在地里~	做生活 tso⁵⁵saɑ̃⁵³o⁰
0665	事情一件~	事体 zʅ³³tʰi⁵³
0666	插秧	种田 tsoŋ⁵⁵die³³
0667	割稻	割稻 kɐʔ⁵dɔ³³
0668	种菜	种菜 tsoŋ⁵⁵tsʰE⁵³
0669	犁名词	耙 bo³³
0670	锄头	锄头 zʅ³³də¹³
0671	镰刀	割刀 kɐʔ⁵tɔ⁵³
0672	把儿刀~	柄 piŋ⁵⁵
0673	扁担	扁担 pie⁵⁵tɛ⁵³
0674	箩筐	箩筐 lo³³
0675	筛子统称	筛子 sa⁵³tsʅ³³
0676	簸箕农具,有梁的	粪箕 feŋ⁵⁵tɕi⁵³
0677	簸箕簸米用	畚斗 peŋ⁵⁵tə⁵³
0678	独轮车	独轮车 duɔʔ²leŋ³³tsʰuo³³
0679	轮子旧式的,如独轮车上的	轮子 leŋ³¹tsʅ³⁵
0680	碓整体	水碓 sʅ⁵⁵tE⁵³
0681	臼	石臼 zɐʔ²dʑyœ¹³
0682	磨名词	磨子 mo³³tsʅ³⁵
0683	年成	年收成 ȵie³³sə³³dzeŋ³¹
0684	走江湖统称	跑码头 bɔ³¹mo³³də³¹
0685	打工	做生活 tso⁵⁵saɑ̃⁵³o¹³

续表

编号	词条	方言
0686	斧子	斧头 fu³³də³¹
0687	钳子	夹钳 gɐʔ²dzie¹³
0688	螺丝刀	起子 tɕʰi⁵⁵tsʅ⁵³
0689	锤子	榔头 lã³³də¹³
0690	钉子	洋钉 iã³¹tiŋ¹³
0691	绳子	绳子 zeŋ³³tsʅ³⁵
0692	棍子	木棍 muɔʔ²kueŋ³⁵
0693	做买卖	做生意 tso⁵⁵sã⁵³i³¹
0694	商店	商店 sã⁵³tie³⁵
0695	饭馆	馆子店 kuə⁵⁵tsʅ⁵⁵tie⁵³
0696	旅馆旧称	歇夜店 ɕiɐʔ⁵ia³³tie⁵³
0697	贵	贵 tɕy⁵⁵
0698	便宜	贱 ʑie³³
0699	合算	背ᵉ得着 pᴇ⁵⁵tɐʔ⁵dzɐʔ²
0700	折扣	折头 tsɐʔ⁵də³³
0701	亏本	折本 zɐʔ²peŋ³⁵
0702	钱统称	铜钱 doŋ³¹dzie¹³
0703	零钱	零碎钞票 leŋ⁵³sᴇ⁵⁵tsʰɔ⁵⁵pʰiɔ⁵⁵
0704	硬币	六角板 luɔʔ²kuɔʔ⁵pɛ⁵⁵
0705	本钱	本钿 peŋ³³die³¹
0706	工钱	工钿 koŋ⁵³die³³
0707	路费	盘缠 bə³¹zə¹³
0708	花~钱	用 ioŋ³³
0709	赚卖一斤能~一毛钱	趁 tsʰeŋ⁵⁵

续表

编　号	词　条	方　言
0710	挣打工~了一千块钱	趁 tsʰã̃⁵⁵
0711	欠~他十块钱	欠 tɕʰie⁵⁵
0712	算盘	盘盘 bə³³bə³¹
0713	秤统称	木杆秤 muɔʔ²kɛ³³tsʰeŋ⁵⁵
0714	称用杆秤~	称 tsʰeŋ⁵⁵
0715	赶集	出市 tsʰɐʔ⁵zɿ³³
0716	集市	集市 dziɐʔ²zɿ³³
0717	庙会	庙会 miɔ³³uɛ³¹
0718	学校	学堂 yɐʔ²dã̃³³
0719	教室	课堂 kʰuo⁵³dã̃¹³
0720	上学	读书 duɔʔ²ɕy⁵⁵
0721	放学	放学 fã̃⁵⁵uɔʔ²
0722	考试	考试 kʰɔ⁵⁵sɿ⁵⁵
0723	书包	书包 ɕy⁵³pɔ³³
0724	本子	簿子 bu³³tsɿ⁵³
0725	铅笔	铅笔 kʰɛ⁵³piɐʔ⁵
0726	钢笔	钢笔 kã̃⁵³piɐʔ⁵
0727	圆珠笔	原珠笔 ȵyœ³³tsu⁵⁵piɐʔ⁵
0728	毛笔	墨笔 muɔʔ²piɐʔ⁵
0729	墨	墨 muɔʔ²
0730	砚台	墨盘 muɔʔ²bə¹³
0731	信一封~	信 ɕiŋ⁵⁵
0732	连环画	小人书 ɕiɔ⁵⁵ȵiŋ⁵⁵ɕy⁵³
0733	捉迷藏	躲猫 tuo³³mɔ³³

编　号	词　　条	方　言
0734	跳绳	跳绳 $t^h iɔ^{33} zeŋ^{33}$
0735	毽子	点=子 $tie^{55} tsʅ^{53}$
0736	风筝	鹞子 $iɔ^{33} tsʅ^{53}$
0737	舞狮	狮子舞 $sʅ^{55} tsʅ^{55} u^{31}$
0738	鞭炮统称	百子炮 $pɐʔ^5 tsʅ^{55} p^h ɔ^{55}$
0739	唱歌	唱歌 $ts^h \tilde{a}^{55} kuo^{55}$
0740	演戏	做戏 $tsuo^{55} ɕi^{55}$
0741	锣鼓统称	锣鼓 $luo^{33} ku^{55}$
0742	二胡	胡琴 $u^{33} dʑiŋ^{33}$
0743	笛子	箫 $ɕiɔ^{55}$
0744	划拳	猜拳 $ts^h ɛ^{55} dʑyœ^{33}$
0745	下棋	走棋 $tsə^{55} dʑi^{33}$
0746	打扑克	打老 K $t\tilde{a}^{55} lɔ^{33} k^h ɛ^{53}$
0747	打麻将	搓麻将 $ts^h uo^{55} muo^{31} tɕi\tilde{a}^{33}$
0748	变魔术	变戏法 $pie^{55} ɕi^{55} fɐʔ^5$
0749	讲故事	讲故事 $k\tilde{a}^{55} ku^{33} zʅ^{33}$
0750	猜谜语	猜谜 $ts^h ɛ^{55} mɛ^{33}$
0751	玩儿游玩:到城里~	嬉 $ɕi^{55}$
0752	串门儿	跑人家 $bɔ^{13} ȵiŋ^{31} kuo^{55}$
0753	走亲戚	做客人 $tsuo^{55} k^h ɐʔ^5 ȵiŋ^{33}$

十一、动作行为

编　号	词　　条	方　　言
0754	看~电视	看 kʰə⁵⁵
0755	听用耳朵~	听 tʰiŋ⁵⁵
0756	闻嗅:用鼻子~	闻 meŋ³³
0757	吸~气	吸 ɕiɐʔ⁵
0758	睁~眼	睁 tsɐʔ⁵⁵
0759	闭~眼	闭拢 pi⁵⁵loŋ³¹
0760	眨~眼	眀 kɐʔ⁵
0761	张~嘴	张开 tsã̃⁵³kʰɛ⁵⁵
0762	闭~嘴	闭拢 pi⁵⁵loŋ³¹
0763	咬狗~人	咬 ŋɔ³³
0764	嚼把肉~碎	嚼 ziɐʔ²
0765	咽~下去	吞 tʰeŋ⁵⁵
0766	舔人用舌头~	舔 tʰie⁵⁵
0767	含~在嘴里	含 ə³³
0768	亲嘴	亲嘴脯＝tɕʰiŋ⁵⁵tsɛ⁵⁵bu⁵⁵
0769	吮吸用嘴唇聚拢吸取液体,如吃奶时	嘣 suɔʔ⁵
0770	吐上声,把果核儿~掉	吐 tʰu⁵⁵
0771	吐去声,呕吐:喝酒喝~了	冒 mɔ³³
0772	打喷嚏	打阿嚏 tã̃⁵⁵ɐʔ⁵tʰi⁵⁵
0773	拿用手把苹果~过来	驮 duo³³
0774	给他~我一个苹果	拨 puɔʔ⁵
0775	摸~头	摸 muɔʔ²

续表

编 号	词 条	方 言
0776	伸~手	伸 seŋ⁵⁵
0777	挠~痒痒	抓 seŋ⁵⁵
0778	掐用拇指和食指的指甲~皮肉	掐 kʰɐʔ⁵
0779	拧~螺丝	旋 zie³³
0780	拧~毛巾	绞 kɔ⁵⁵
0781	捻用拇指和食指来回~碎	搣 miɐʔ²
0782	掰把橘子~开,把馒头~开	脈 pʰɐʔ⁵
0783	剥~花生	剥 puɔʔ⁵
0784	撕把纸~了	扯 tsʰa⁵⁵
0785	折把树枝~断	拗 ɔ⁵⁵
0786	拔~萝卜	拔 bɐʔ²
0787	摘~花	摘 tsɐʔ⁵
0788	站站立:~起来	徛 gᴇ³³
0789	倚斜靠:~在墙上	靠 kʰɔ⁵⁵
0790	蹲~下	蹲 teŋ⁵⁵
0791	坐~下	坐 zuo³³
0792	跳青蛙~起来	蹦 poŋ⁵⁵
0793	迈跨过高物:从门槛上~过去	跨 kʰuo⁵⁵
0794	踩脚~在牛粪上	踏 dɐʔ²
0795	翘~腿	搁 kuɔʔ⁵
0796	弯~腰	弯 uᴇ⁵⁵
0797	挺~胸	凸 dɐʔ²
0798	趴~着睡	覆 pʰuɔʔ⁵
0799	爬小孩在地上~	爬 bo³³

续表

编　号	词　条	方　言
0800	走慢慢儿~	走 tsə⁵⁵
0801	跑慢慢儿走,别~	跑 bɔ³³
0802	逃逃跑:小偷~走了	逃 dɔ³³
0803	追追赶:~小偷	追 tsᴇ⁵⁵
0804	抓~小偷	搭 kʰo⁵⁵
0805	抱把小孩~在怀里	抱 bɔ³³
0806	背~孩子	背 pᴇ⁵⁵
0807	搀~老人	扶 vu³³
0808	推几个人一起~汽车	推 tʰᴇ⁵⁵
0809	摔跌:小孩~倒了	掼 ɡuɛ³³
0810	撞人~到电线杆上	碰 bã³³
0811	挡你~住我了,我看不见	查 ˭za³³
0812	躲躲藏:他~在床底下	躲 to⁵⁵
0813	藏藏放,收藏:钱~在枕头下面	园 kʰã⁵⁵
0814	放把碗~在桌子上	摆 pa⁵⁵
0815	摞把砖~起来	叠 diɐʔ²
0816	埋~在地下	乌 ˭u⁵⁵
0817	盖把茶杯~上	盖 kᴇ⁵⁵
0818	压用石头~住	压 aʔ⁵
0819	摁用手指按:~图钉	揿 tɕʰiŋ⁵⁵
0820	捅用棍子~鸟窝	捅 tʰoŋ⁵⁵
0821	插把香~到香炉里	插 tsʰaʔ⁵
0822	戳~个洞	戳 tsʰuɔʔ⁵
0823	砍~树	斫 tsuɔʔ⁵

编　号	词　条	方　言
0824	剁把肉~碎做馅儿	斩 tsɛ⁵⁵调殊
0825	削~苹果	削 ɕiɐʔ⁵
0826	裂木板~开了	硋=裂 kuɐʔ⁵ liɐʔ²
0827	皱皮~起来	皱 tsə⁵⁵
0828	腐烂死鱼~了	烂 lɛ³³
0829	擦用毛巾~手	揩 kʰa⁵⁵
0830	倒把碗里的剩饭~掉	倒 tɔ⁵⁵
0831	扔丢弃:这个东西坏了,~了它	掼 guɛ³³
0832	扔投掷:比一比谁~得远	掼 guɛ³³
0833	掉掉落,坠落:树上~下一个梨	跌 tiɐʔ⁵
0834	滴水~下来	渧 ti⁵⁵
0835	丢丢失:钥匙~了	跌 tiɐʔ⁵
0836	找寻找:钥匙~到	寻 ziŋ³³
0837	捡~到十块钱	寿=dzə³³
0838	提用手把篮子~起来	拎 liŋ³³
0839	挑~担	挑 tʰiɔ⁵⁵
0840	扛把锄头~在肩上	背 pɐ⁵⁵
0841	抬~轿	抬 dɐ³³
0842	举~旗子	举 tɕy⁵⁵
0843	撑~伞	撑 tsʰã̃⁵⁵
0844	撬把门~开	挢 dziɔ³³
0845	挑挑选,选择:你自己~一个	拣 kɛ⁵⁵
0846	收拾~东西	收作 sə⁵⁵ tsuɔʔ⁵
0847	挽~袖子	卷 tɕyœ⁵⁵

续表

编　号	词　条	方　言
0848	涮把杯子~一下	汏 da³³
0849	洗~衣服	汏 da³³
0850	捞~鱼	捞 liɔ⁵⁵
0851	拴~牛	吊 tiɔ⁵⁵
0852	捆~起来	缚 buɔʔ²
0853	解~绳子	解 ga³³
0854	挪~桌子	驮 do³³
0855	端~碗	捧 pʰoŋ⁵⁵
0856	摔碗~碎了	掼 guɛ³³
0857	掺~水	掺 tsʰɛ⁵⁵
0858	烧~柴	烧 sɔ⁵⁵
0859	拆~房子	拆 tsʰɐʔ⁵
0860	转~圈儿	转 tsə⁵⁵
0861	捶用拳头~	敲 kʰɔ⁵⁵
0862	打统称:他~了我一下	敲 kʰɔ⁵⁵
0863	打架动手:两个人在~	打架 tã⁵³kɔ⁵⁵
0864	休息	嬉 ɕi⁵⁵
0865	打哈欠	打呵鼾 tã⁵⁵hɔ⁵³hə⁵⁵
0866	打瞌睡	□瞌眕 dzɛ³³kʰɐʔ²tsʰoŋ³³
0867	睡他已经~了	睏 kʰueŋ⁵⁵
0868	打呼噜	打呼噜 tã⁵⁵fu⁵³lu³¹
0869	做梦	做夜梦 tso⁵⁵ia³³moŋ³³
0870	起床	爬出来 buo³¹tsʰɐʔ⁵lɛ³³
0871	刷牙	刷牙齿 syɐʔ⁵ŋo³¹tsʰʅ³³

续表

编　号	词　条	方　言
0872	洗澡	汰浴 da³³ yɐʔ²
0873	想思索:让我~一下	想 ɕiã⁵⁵
0874	想想念:我很~他	想 ɕiã⁵⁵
0875	打算我~开个店	打算 tã³³ sə³³
0876	记得	记得 tɕi⁵⁵ tɐʔ⁵
0877	忘记	忘记 mã³³ tɕi⁵³
0878	怕害怕:你别~	怕 pʰo⁵⁵
0879	相信我~你	相信 ɕiã³³ ɕiŋ³³
0880	发愁	愁 dzə³³
0881	小心过马路要~	当心 tã³³ ɕiŋ³³
0882	喜欢~看电视	欢喜 hə⁵³ ɕi³³
0883	讨厌~这个人	惹厌 dza³³ ie⁵³
0884	舒服凉风吹来很~	味道 bi³³ do³³
0885	难受生理的	难过 nɛ³³ ko³³
0886	难过心理的	难过 nɛ³³ ko³³
0887	高兴	开心 kʰɛ³³ ɕiŋ³³
0888	生气	生气 sã³³ tɕʰi³³
0889	责怪	埋怨 ma³¹ yœ³³
0890	后悔	懊悔 ɔ⁵⁵ huɐ⁵⁵
0891	忌妒	眼红 ŋɛ³³ oŋ³³
0892	害羞	怕难为情 pʰo⁵³ nɛ³³ uɐ³³ dziŋ³³
0893	丢脸	倒霉 tɔ⁵⁵ mɐ³³
0894	欺负	欺负 tɕʰi³³ vu³³
0895	装~病	装 tsã⁵⁵

续表

编　号	词　　条	方　　言
0896	疼~小孩儿	肉痛 ȵyɔʔ² tʰoŋ³⁵
0897	要我~这个	要 iɔ⁵⁵
0898	有我~一个孩子	有 iə³³
0899	没有他~孩子	无没 m³³ mɐʔ²
0900	是我~老师	是 zɿ³³
0901	不是他~老师	弗是 fɐʔ⁵ zɿ³³
0902	在他~家	来＝东＝ lɛ³³ toŋ³⁵
0903	不在他~家	弗来＝东＝ fɐʔ⁵ lɛ³³ toŋ³³
0904	知道我~这件事	晓得 ɕiɔ⁵⁵ tɐʔ⁵
0905	不知道我~这件事	弗晓得 fɐʔ⁵ ɕiɔ⁵⁵ tɐʔ⁵
0906	懂我~英语	懂 toŋ⁵⁵
0907	不懂我~英语	弗懂 fɐʔ⁵ toŋ⁵⁵
0908	会我~开车	会得 uɛ⁵⁵ tɐʔ⁵
0909	不会我~开车	弗会得 fɐʔ⁵ uɛ⁵⁵ tɐʔ⁵
0910	认识我~他	认得 ȵiŋ³³ tɐʔ⁵
0911	不认识我~他	弗认得 fɐʔ⁵ ȵiŋ³³ tɐʔ⁵
0912	行应答语	好个 hɔ⁵⁵ ko⁵⁵
0913	不行应答语	弗成功 fɐʔ⁵ dzeŋ³¹ koŋ⁰
0914	肯~来	高兴 kɔ³³ ɕiŋ³³
0915	应该~去	应该 iŋ⁵³ kɛ³³
0916	可以~去	好 hɔ⁵⁵
0917	说~话	讲 kã⁵⁵
0918	话说~	闲话 ɛ³³ o¹³
0919	聊天儿	谈白天 dɛ³³ bɐʔ² tʰie³³

续表

编　号	词　条	方　言
0920	叫~他一声儿	喊 hɛ⁵⁵
0921	吆喝大声喊	叫 tɕiɔ⁵⁵
0922	哭小孩~	闹 nɔ³³
0923	骂当面~人	骂 muo³³
0924	吵架动嘴:两个人在~	讨相骂 tʰɔ³³ ɕiã⁵³ muo³³
0925	骗~人	骗 pʰie⁵⁵
0926	哄~小孩	哄 hoŋ⁵⁵
0927	撒谎	讲造话 kã⁵⁵ zɔ³³ o³¹
0928	吹牛	吹牛屄 tsʰɿ⁵⁵ ȵyœ⁵³ pi³³
0929	拍马屁	拍马屁 pʰɐʔ⁵ muo³³ pʰi⁵³
0930	开玩笑	搞罗唪 kɔ⁵⁵ lu³³ zɔ³³
0931	告诉~他	陪=…讲 bɛ³³…kã³³
0932	谢谢致谢语	谢谢 ʑia³³ ʑia³¹
0933	对不起致歉语	对勿起 tɛ⁵⁵ vɐʔ² tɕʰi³³
0934	再见告别语	再会 tsɛ³³ uɛ³¹

十二、性质状态

编　号	词　条	方　言
0935	大苹果~	大 do³³
0936	小苹果~	小 ɕiɔ⁵⁵
0937	粗绳子~	粗 tsʰu⁵⁵
0938	细绳子~	细 ɕi⁵⁵

续表

编 号	词 条	方 言
0939	长~线	长 dzɑ̃³³
0940	短~线	短 tœ⁵⁵
0941	长~时间	长 dzɑ̃³³
0942	短~时间	短 tœ⁵⁵
0943	宽~路	阔 kʰuɐʔ⁵
0944	宽敞~房子	敞阳 tsʰɑ̃⁵⁵iɑ̃⁵⁵
0945	窄~路	狭窄 ɐʔ²zɐʔ²
0946	高~飞机飞得	高 kɔ⁵⁵
0947	低~鸟飞得	低 di⁵⁵
0948	高~他比我	长 dzɑ̃³³
0949	矮~他比我	矮 a³³
0950	远~路	远 yœ³³
0951	近~路	近 dziŋ³³
0952	深~水	深 seŋ⁵⁵
0953	浅~水	浅 tɕʰie⁵⁵
0954	清~水	清 tɕʰiŋ⁵⁵
0955	浑~水	浑 ueŋ³³
0956	圆	圆 yœ³³
0957	扁	扁 pie⁵⁵
0958	方	方 fɑ̃⁵⁵
0959	尖	尖 tɕie⁵⁵
0960	平	平 biŋ³³
0961	肥~肉	油 yœ³³
0962	瘦~肉	腈 tɕiŋ⁵⁵

编 号	词 条	方 言
0963	肥 形容猪等动物	壮 tsuã̃⁵⁵
0964	胖 形容人	壮 tsuã̃⁵⁵
0965	瘦 形容人、动物	瘦 sə⁵⁵
0966	黑 黑板的颜色	乌 u⁵⁵
0967	白 雪的颜色	白 bɐʔ²
0968	红 国旗的主颜色,统称	红 oŋ³³
0969	黄 国旗上五星的颜色	黄 uã̃³³
0970	蓝 蓝天的颜色	蓝 lɛ³³
0971	绿 绿叶的颜色	绿 luɔʔ²
0972	紫 紫药水的颜色	紫 tsɿ⁵⁵
0973	灰 草木灰的颜色	灰 huE⁵⁵
0974	多 东西～	多 tuo⁵⁵
0975	少 东西～	少 sɔ⁵⁵
0976	重 担子～	重 dzoŋ³³
0977	轻 担子～	轻 tɕʰiŋ⁵⁵
0978	直 线～	直 dzɐʔ²
0979	陡 坡～,楼梯～	笃 ᵗtuɔʔ⁵
0980	弯 弯曲:这条路是～的	歪 ua⁵⁵
0981	歪 帽子戴～了	歪 ua⁵⁵
0982	厚 木板～	厚 gə³³
0983	薄 木板～	薄 buɔʔ²
0984	稠 稀饭～	厚 gə³³
0985	稀 稀饭～	薄 buɔʔ²
0986	密 菜种得～	猛 ᵐmã̃³³

续表

编　号	词　条	方　言
0987	稀稀疏:菜种得～	宦 lɑ̃³³
0988	亮指光线,明亮	亮 liɑ̃³³
0989	黑指光线,完全看不见	暗 ə⁵⁵
0990	热天气～	热 ȵiɐʔ²
0991	暖和天气～	暖热 nɔ³³ȵiɐʔ²
0992	凉天气～	冷 lɑ̃³³
0993	冷天气～	冷 lɑ̃³³
0994	热水～	烫 tʰɑ̃⁵⁵
0995	凉水～	冷 lɑ̃³³
0996	干干燥:衣服晒～了	燥 sɔ⁵⁵
0997	湿潮湿:衣服淋～了	湿 sɐʔ⁵
0998	干净衣服～	清爽 tɕʰiŋ⁵³suɑ̃⁵⁵
0999	脏肮脏,不干净,统称:衣服～	□foŋ⁵⁵
1000	快锋利:刀子～	快 kʰua⁵⁵
1001	钝刀～	钝 deŋ³³
1002	快坐车比走路～	快 kʰua⁵⁵
1003	慢走路比坐车～	慢 me³³
1004	早来得～	早 tsɔ⁵⁵
1005	晚来～了	迟 dzɿ³³
1006	晚天色～	夜 ia³³
1007	松捆得～	松 soŋ⁵⁵
1008	紧捆得～	牢 lɔ³³
1009	容易这道题～	省力 sɑ̃⁵⁵liɐʔ²
1010	难这道题～	难 nɐ³³

编 号	词 条	方 言
1011	新衣服~	新 ɕiŋ⁵⁵
1012	旧衣服~	旧 dʑyœ³³
1013	老人~	老 lɔ³³
1014	年轻人~	后生 ə³³sɑ̃³³
1015	软糖~	软 ȵyœ³³
1016	硬骨头~	硬 ŋɑ̃³³
1017	烂肉煮得~	酥 su⁵⁵
1018	糊饭烧~了	焦 tɕiɔ⁵⁵
1019	结实家具~	扎实 tsɐʔ⁵zɐʔ²
1020	破衣服~	破 pʰa⁵⁵
1021	富他家很~	有 yœ³³
1022	穷他家很~	穷 dzioŋ³³
1023	忙最近很~	忙 mɑ̃³³
1024	闲最近比较~	空 kʰoŋ⁵⁵
1025	累走路走得很~	吃力 tɕiɐʔ⁵liɐʔ²
1026	疼摔~了	痛 tʰoŋ⁵⁵
1027	痒皮肤~	痒 iɑ̃³³
1028	热闹看戏的地方很~	闹热 nɔ³³niɐʔ²
1029	熟悉这个地方我很~	认得 ȵiŋ⁵⁵tɐʔ⁵
1030	陌生这个地方我很~	陌生 mɐʔ²sɑ̃⁵⁵
1031	味道尝尝~	味道 vi³³dɔ³³
1032	气味闻闻~	气子 tɕʰi⁵⁵tsɿ⁵³
1033	咸菜~	咸 ɛ³³
1034	淡菜~	淡 dɛ³³

续表

编　号	词　条	方　言
1035	酸	酸 sə⁵⁵
1036	甜	甜 die³³
1037	苦	苦 kʰu⁵⁵
1038	辣	辣 lɐʔ²
1039	鲜_{鱼汤～}	味道好 vi³³dɔ³³hɔ³³
1040	香	香 ɕiã⁵⁵
1041	臭	臭 tsʰə⁵⁵
1042	馊_{饭～}	馊 sə⁵⁵
1043	腥_{鱼～}	腥气 ɕiŋ⁵³tɕʰi⁵⁵
1044	好_{人～}	好 hɔ⁵⁵
1045	坏_{人～}	坏 ua³³
1046	差_{东西质量～}	蹩脚 biɐʔ²tɕiɐʔ⁵
1047	对_{账算～了}	对 tɛ⁵⁵
1048	错_{账算～了}	错 tsʰo⁵⁵
1049	漂亮_{形容年轻女性的长相：她很～}	好看 hɔ⁵⁵kʰə⁵⁵
1050	丑_{形容人的长相：猪八戒很～}	难看 nɛ³³kʰə⁵⁵
1051	勤快	勤劳 dziŋ³³lɔ³³
1052	懒	懒惰 lɐ³³do³³
1053	乖	听话 tʰiŋ⁵⁵o¹³
1054	顽皮	调皮 diɔ³³bi³⁵
1055	老实	老实 lɔ³³zɐʔ²
1056	傻_{痴呆}	毒꞊ duɔʔ²
1057	笨蠢	呆 ŋᴇ³³
1058	大方_{不吝啬}	大方 do³³fã³³

续表

编号	词 条	方 言
1059	小气吝啬	狗屁 kə⁵⁵ pʰi⁵⁵
1060	直爽性格~	直卜=拢=通= dzɐʔ² buɔʔ² loŋ³³ tʰoŋ⁵⁵
1061	犟脾气~	犟 dziã̃³³

十三、数 量

编 号	词 条	方 言
1062	一～二三四五……，下同	一 iɐʔ⁵
1063	二	二 ȵi³³
1064	三	三 sɛ⁵⁵
1065	四	四 sʮ⁵⁵
1066	五	五 ŋ³³
1067	六	六 luɔʔ²
1068	七	七 tɕʰiɐʔ⁵
1069	八	八 pɐʔ⁵
1070	九	九 tɕyœ⁵⁵
1071	十	十 zɐʔ²
1072	二十有无合音	二十 ȵi³³ zɐʔ²
1073	三十有无合音	三十 sɛ⁵³ zɐʔ²
1074	一百	一百 ieʔ⁵ pɐʔ⁵
1075	一千	一千 ieʔ⁵ tɕʰie⁵⁵
1076	一万	一万 ieʔ⁵ vɛ³³
1077	一百零五	一百零五 ieʔ⁵ pɐʔ⁵ liŋ³¹ ŋ³³

续表

编　号	词　条	方　言
1078	一百五十	一百五十 ieʔ⁵ pɐʔ⁵ ŋ³³ zɐʔ²
1079	第一~，第二	头一 də³³ ie⁵
1080	二两重量	二两 n̠i³³ liɑ̃³¹
1081	几个你有~孩子？	几个 tɕi⁵⁵ kɐʔ⁵
1082	俩你们~	两个 liɑ̃³³ kɐʔ⁵
1083	仨你们~	三个 se⁵⁵ kɐʔ⁵
1084	个把	个把 ko⁵⁵ po⁵³
1085	个一~人	个 kɐʔ⁵
1086	匹一~马	只 tsɐʔ⁵
1087	头一~牛	只 tsɐʔ⁵
1088	头一~猪	只 tsɐʔ⁵
1089	只一~狗	只 tsɐʔ⁵
1090	只一~鸡	只 tsɐʔ⁵
1091	只一~蚊子	颗 kʰo⁵⁵
1092	条一~鱼	梗 kuɑ̃⁵⁵
1093	条一~蛇	梗 kuɑ̃⁵⁵
1094	张一~嘴	张 tsɑ̃⁵⁵
1095	张一~桌子	张 tsɑ̃⁵⁵
1096	床一~被子	张 tsɑ̃⁵⁵
1097	领一~席子	张 tsɑ̃⁵⁵
1098	双一~鞋	双 sɑ̃⁵⁵
1099	把一~刀	把 bo³³
1100	把一~锁	把 po⁵⁵
1101	根一~绳子	梗 kɑ̃⁵⁵

续表

编号	词 条	方 言
1102	支——~毛笔	支 tsɿ⁵⁵
1103	副——~眼镜	副 fu⁵⁵
1104	面——~镜子	面 mie³³
1105	块——~香皂	块 kʰuɛ⁵⁵
1106	辆——~车	把 buo³³
1107	座——~房子	舔＝tʰie⁵⁵
1108	座——~桥	添＝tʰie⁵⁵
1109	条——~河	条 diɔ³³
1110	条——~路	条 diɔ³³
1111	棵——~树	株 tsɿ⁵⁵
1112	朵——~花	朵 to⁵⁵
1113	颗——~珠子	颗 kʰo⁵⁵
1114	粒——~米	颗 kʰo⁵⁵
1115	顿——~饭	顿 teŋ⁵⁵
1116	剂——~中药	帖 tʰiɐʔ⁵
1117	股——~香味	股 ko⁵⁵
1118	行——~字	埭 da³³
1119	块——~钱	块 kʰuɛ⁵⁵
1120	毛角:一~钱	角 kuɔʔ⁵
1121	件——~事情	件 dʑie³³
1122	点儿——~东西	点 tie⁵⁵
1123	些——~东西	些 ɕiɐʔ⁵
1124	下打一~,动量词,不是时量词	记 tɕi⁵⁵
1125	会儿坐了一~	歇 ɕiɐʔ⁵

续表

编　号	词　条	方　言
1126	顿打一～	顿 teŋ⁵⁵
1127	阵下了一～雨	阵 dzeŋ³³
1128	趟去了一～	埭 da³³

十四、代副介连词

编　号	词　条	方　言
1129	我～姓王	我 ŋo³³ 是我 zɐʔ² ŋo³³ "是"音同"石"
1130	你～也姓王	侬 noŋ³³ 是侬 zɐʔ² noŋ³³ "是"音同"石"
1131	您尊称	（无）
1132	他～姓张	伊 i³³ 是伊 zɐʔ² i¹³ "是"音同"石"
1133	我们不包括听话人：你们别去，～去	倨 ŋa³³ 是倨 zɐʔ² ŋa³³ "是"音同"石"
1134	咱们包括听话人：他们不去，～去吧	倨 ŋa³³ 是倨 zɐʔ² ŋa³³ "是"音同"石"
1135	你们～去	倻 na³³ 是倻 zɐʔ² na³³ "是"音同"石"
1136	他们～去	倻 ia³³ 是倻 zɐʔ² ia³³ "是"音同"石"
1137	大家～一起干	大家 do³³ ka⁵³
1138	自己我～做的	自家 zɿ³³ ka⁵⁵
1139	别人这是～的	别人家 bieʔ² ɲiŋ³¹ ka⁵⁵

续表

编 号	词 条	方 言
1140	我爸~今年八十岁	㑚爹 ŋa³³tia⁵³
1141	你爸~在家吗?	倻爹 na³³tia⁵³
1142	他爸~去世了	郇爹 ia³³tia⁵³
1143	这个我要~,不要那个	葛个 kɐʔ⁵kɐʔ⁵
1144	那个我要这个,不要~	亨⁼个 hã⁵⁵kɐʔ⁵
1145	哪个你要~杯子?	鞋⁼里个 a³³li³³kɐʔ⁵ "鞋⁼"疑"何"变音。下同
1146	谁你找~?	鞋⁼人家 a³³ȵiŋ³³ko⁵⁵
1147	这里在~,不在那里	葛里 kɐʔ⁵li⁵⁵
1148	那里在这里,不在~	亨⁼里 hã⁵⁵li⁵³
1149	哪里你到~去?	鞋⁼里 a³³li¹³
1150	这样事情是~的,不是那样的	介 ka⁵⁵
1151	那样事情是这样的,不是~的	介 ka⁵⁵
1152	怎样什么样:你要~的?	纳⁼个⁼套 nɐʔ²gɐʔ²tʰɔ⁵⁵
1153	这么~贵啊	介 ka⁵⁵
1154	怎么这个字~写?	纳⁼辫⁼ nɐʔ²gɐʔ⁵
1155	什么这个是~字?	啥辫⁼ suo⁵⁵gɐʔ⁵
1156	什么你找~?	啥西 suo⁵⁵ɕi⁵⁵
1157	为什么你~不去?	为何事 uɛ¹³guo³³zɿ¹³
1158	干什么你在~?	做啥 tsuo⁵⁵sa⁵⁵
1159	多少这个村有~人?	多少 to⁵⁵sɔ³⁵
1160	很今天~热	蛮 mɛ³³
1161	非常比上条程度深:今天~热	木佬佬 muɔʔ²lɔ⁵⁵lɔ⁵⁵
1162	更今天比昨天~热	还要 uɐʔ²ɕiɔ³⁵

续表

编　号	词　条	方　言
1163	太这个东西~贵,买不起	忒 tʰɐʔ⁵
1164	最弟兄三个中他~高	顶 tiŋ⁵⁵
1165	都大家~来了	都 to⁵⁵
1166	一共~多少钱?	亨﹦棚﹦冷﹦打 hã⁵⁵ bã⁵⁵ lã⁵⁵ tã⁵⁵
1167	一起我和你~去	一道 ieʔ⁵ dɔ⁵⁵
1168	只我~去过一趟	只 tsɐʔ⁵
1169	刚这双鞋我穿着~好	刚刚 kã⁵³ kã⁵⁵
1170	刚我~到	刚刚 kã⁵³ kã⁵⁵
1171	才你怎么~来啊?	刚刚 kã⁵³ kã⁵⁵
1172	就我吃了饭~去	就 dzɪə³³
1173	经常我~去	只顾 tsɐʔ⁵ ku⁵⁵
1174	又他~来了	又 i³³
1175	还他~没回家	还 uɛ³³
1176	再你明天~来	再 tsɛ⁵⁵
1177	也我~去;我~是老师	也 ia³³
1178	反正不用急,~还来得及	反正 fɛ³³ tseŋ³³
1179	没有昨天我~去	无没 m³³ mɐʔ²
1180	不明天我~去	弗 fɐʔ⁵
1181	别你~去	[弗要]fiɔ⁵⁵
1182	甭不用,不必;你~客气	[弗要]fiɔ⁵⁵
1183	快天~亮了	快 kʰua⁵⁵
1184	差点儿~摔倒了	差一点 tsʰo⁵³ ieʔ⁵ tie³⁵
1185	宁可~买贵的	宁可 ȵiŋ³³ kʰo³³
1186	故意~打破的	敌﹦为 dieʔ² uɛ¹³

续表

编　号	词　条	方　言
1187	随便 ~弄一下	随便 zɐ³³bie¹³
1188	白 ~跑一趟	白 bɐʔ²
1189	肯定 ~是他干的	还⁼板 ɐ⁵³pɐ⁵⁵
1190	可能 ~是他干的	可能 kʰo⁵⁵neŋ⁵⁵
1191	一边 ~走,~说	一路 ieʔ⁵lu⁵⁵
1192	和 我~他都姓王	陪⁼ bɐ³³
1193	和 我昨天~他去城里了	陪⁼ bɐ³³
1194	对 他~我很好	待 dɐ³³
1195	往 ~东走	望 mã³³
1196	向 ~他借一本书	向 ɕiã⁵⁵
1197	按 ~他的要求做	按 ə⁵⁵
1198	替 ~他写信	代 dɐ³³
1199	如果 ~忙你就别来了	如果 zʅ³³ku⁵⁵
1200	不管 ~怎么劝他都不听	弗管 fɐʔ⁵kuə⁵⁵

第四章　语　法

0001　小张昨天钓了一条大鱼，我没有钓到鱼。

小张昨日子钓嘞一条大鱼，我无没钓着。

ɕiɔ⁵⁵tsã⁵⁵zuɔʔ⁵n̠ieʔ²tsɿ⁵⁵tiɔ⁵⁵leʔ²ieʔ⁵diɔ⁴⁴do³³ŋ⁴³，ŋo¹³m⁵⁵meʔ²

tiɔ³³dzɐ⁰。

0002　a. 你平时抽烟吗？ b. 不，我不抽烟。

a. 侬原来香烟吃弗吃个？ b. 我弗吃个。

a. noŋ¹³n̠yœ⁵⁵lE⁵⁵ɕiã⁵⁵ie⁵⁵tɕʰieʔ⁵feʔ⁵tɕʰieʔ⁵goʔ⁰？

b. ŋo¹³feʔ⁵tɕʰieʔ⁵go⁰。

0003　a. 你告诉他这件事了吗？ b. 是，我告诉他了。

a. 葛事体侬拨伊话嘞哦？ b. 我拨伊话过唻。

a. keʔ⁵zɿ³³tʰi⁵⁵noŋ¹³peʔ²i⁵⁵o³³leʔ²veʔ⁰？

b. ŋo¹³peʔ²i⁵⁵o³³ko⁵⁵lE⁰。

0004　你吃米饭还是吃馒头？

侬还是吃饭还是吃馒头？

noŋ¹³vE⁵⁵zɿ⁵⁵tɕʰieʔ⁵vE³⁵vE³³zɿ³³tɕʰieʔ⁵mə³¹dɐ⁰？

0005　你到底答应不答应他？

侬到底答勿答应伊？

noŋ¹³tɔ⁵³ti⁵³tɐʔ⁵veʔ²tɐʔ⁵iŋ³¹i⁰?

0006　　a. 叫小强一起去电影院看《刘三姐》。

　　　　b. 这部电影他看过了。/他这部电影看过了。/他看过这部

　　　　电影了。

　　　　a. 叫小强一道去电影院看《刘三姊》。

　　　　b. 葛部电影伊看过唻。

　　　　a. tɕiɔ⁵⁵ɕiɔ⁵⁵dʑiã⁵⁵ieʔ⁵dɔ⁵⁵tɕʰi⁵⁵die³¹iŋ⁵⁵yœ⁵⁵kʰə⁵⁵lyœ⁵³sɛ³³tɕi⁵⁵。

　　　　b. kɐʔ⁵bu⁵⁵die³³iŋ⁵⁵i¹³kʰə⁵⁵ko⁵⁵lɛ⁰。

0007　　你把碗洗一下。

　　　　侬拨碗洗一记。

　　　　noŋ¹³pɐʔ⁵uə⁵⁵ɕi⁵⁵ieʔ⁵tɕi⁵³。

0008　　他把橘子剥了皮,但是没吃。

　　　　伊拨橘子皮剥落唻,吃么无没吃。

　　　　i¹³pɐʔ⁵tɕyœʔ⁵tsʅ⁵³bi¹³puɔʔ⁵luɔʔ²lɛ³³,tɕʰieʔ⁵mɐʔ⁵m³³mɐʔ²tɕʰieʔ²。

0009　　他们把教室都装上了空调。

　　　　是俚拨教室都装上空调唻。

　　　　zeʔ²ia³⁵pɐʔ⁵tɕiɔ⁵⁵sɐʔ⁵tu³³tsɑ̃⁵³zɑ̃³³kʰoŋ⁵³diɔ³¹lɛ³³。

0010　　帽子被风吹走了。

　　　　帽子拨风吹去唻。

　　　　mɔ³³tsʅ⁵⁵puɔʔ⁵foŋ⁵⁵tsʰʅ⁵³tɕʰi⁵³lɛ³³。

0011　　张明被坏人抢走了一个包,人也差点儿被打伤。

　　　　张明个包拨坏人抢去唻,人也差一点点拨俚敲伤。

　　　　tsɑ̃⁵⁵miŋ³⁵kɐʔ⁵pɔ⁵³pɐʔ⁵ua³³n̢iŋ⁵⁵tɕʰia³³tɕʰi¹³lɛ³³,n̢iŋ¹³a³⁵tsʰuo⁵³

　　　　ieʔ⁵tieʔ⁵tieʔ⁵pɐʔ²ia³³kʰɔ³¹sɑ̃³³。

0012　快要下雨了，你们别出去了。

落雨快唻，俉［弗要］出去唻。

luɔʔ² y⁵⁵ kʰua⁵⁵ lɛ⁵⁵，na³³ fiɔ⁵⁵ tsʰɐʔ⁵ tɕi⁵⁵ lɛ³³。

0013　这毛巾很脏了，扔了它吧。

块脸布介棒唻，掼掉么算唻。

kʰuɛ⁵³ lie³¹ pu⁵⁵ ka⁵³ foŋ⁵³ lɛ³³，guɛ³³ diɔ³³ mɐʔ² sɔ³³ lɛ³³。

0014　我们是在车站买的车票。

是俉是来꞊东꞊车站买个车票。

zɐʔ² ŋa¹³ zʅ¹³ lɛ³³ toŋ⁵⁵ tsʰuo⁵³ zɛ³¹ ma³³ gɐʔ² tsʰuo³¹ pʰiɔ⁰。

0015　墙上贴着一张地图。

墙高头贴嘞一张地图。

dʑiã̃³³ kɔ³³ də⁵⁵ tʰieʔ⁵ lɐʔ² ieʔ⁵ tsã̃⁵⁵ di³³ du³¹。

0016　床上躺着一个老人。

眠床高头眠嘞一个年纪大个人。

mie¹³ zã̃³³ kɔ⁵⁵ də⁵⁵ kʰueŋ⁵⁵ lɐʔ² ieʔ⁵ kɐʔ⁵ n̠iŋ³³ tɕi³³ do³³ gɐʔ² n̠iŋ³¹。

0017　河里游着好多小鱼。

溪坑里游得木木佬小鱼头。

tɕʰi⁵⁵ kã̃⁵⁵ li⁵⁵ yœ³³ tɐʔ² muɔʔ² muɔʔ² lɔ⁵⁵ ɕiɔ⁵⁵ ŋ⁵⁵ də³¹。

0018　前面走来了一个胖胖的小男孩。

前头蛮壮个一个男小鬼走过来嘞。

zie³³ də³⁵ mɛ⁵⁵ tsã̃⁵⁵ gɐʔ² ieʔ⁵ kɐʔ⁵ nə³³ ɕiɔ³³ kuɛ⁵³ tsə⁵³ ko³³ lɛ³³ lɐʔ⁰。

0019　他家一下子死了三头猪。

俉屋里一起生死嘞三只猪。

ia¹³ uɔʔ⁵ li⁵⁵ ieʔ⁵ tɕʰi⁵⁵ sã̃⁵³ sʅ⁵⁵ lɐʔ² sɛ⁵³ tsɐʔ⁵ tsʅ⁵³。

0020　这辆汽车要开到广州去。/这辆汽车要开去广州。

　　　葛部汽车要开到广州去。

　　　kəʔ⁵bu³⁵tɕʰi⁵⁵tsʰuo⁵⁵iɔ³³kʰɛ³⁵tɔ⁵⁵kuã⁵⁵tsə⁵³tɕʰi⁰。

0021　学生们坐汽车坐了两整天了。

　　　学生子车子坐得实足两日。

　　　uɔʔ²sã̃⁵⁵tsʅ³⁵tsʰuo⁵³tsʅ³⁵zo³³tɐʔ⁵zɐʔ²tsuɔʔ⁵liã³³nɐʔ²。

0022　你尝尝他做的点心再走吧。

　　　伊做个点心，侬吃吃看再去。

　　　i¹³tsuo⁵⁵guɔʔ⁵tie⁵⁵ɕiŋ⁵⁵，noŋ¹³tɕʰiɐʔ⁵tɕʰiɐʔ⁵kʰə⁵³tsɛ⁵³tɕʰi⁰。

0023　a.你在唱什么？ b.我没在唱，我放着录音呢。

　　　a.侬来ᵈ东ᵈ唱啥西啊？ b.我无没唱，我来ᵈ带ᵈ放录音。

　　　a.noŋ³⁵lɛ⁵⁵toŋ⁵⁵tsʰã³⁵so⁵³ɕi⁵³ɐʔ²？

　　　b.ŋo¹³m³³mɐʔ²tsʰã̃³³，ŋo¹³lɛ³¹ta⁵⁵fã̃⁵⁵luɔʔ²iŋ⁰。

0024　a.我吃过兔子肉，你吃过没有？ b.没有，我没吃过。

　　　a.我吃过兔子肉咪，侬有勿吃过啊？ b.我无没吃过。

　　　a.ŋo³⁵tɕʰiɐʔ⁵ko⁵⁵tʰu⁵³tsʅ⁵⁵ȵyɔʔ⁵lɛ³¹，noŋ¹³yœ³⁵vɐʔ²tɕʰiɐʔ⁵ko³³a⁰？

　　　b.ŋo¹³m³³mɐʔ²tɕʰiɐʔ²ko⁰。

0025　我洗过澡了，今天不打篮球了。

　　　我今朝洗澡过咪，篮球弗去敲咪。

　　　ŋo³⁵keŋ⁵³tsɔ⁵⁵ɕi⁵⁵tsɔ⁵⁵ko⁵³lɛ³¹，lɛ³³dzyœ³⁵fɐʔ⁵tɕʰi⁵³kʰɔ⁵³lɛ⁰。

0026　我算得太快算错了，让我重新算一遍。

　　　我算得忒快咪算错咪，侬让我再算一遍添。

　　　ŋo³⁵sə⁵⁵tɐʔ⁵tʰɐʔ⁵kʰua⁵⁵lɛ³¹sə⁵³tsʰuo³⁵lɛ⁵³，noŋ¹³zã̃³³ŋo³¹tsɛ⁵³

　　　sə⁵⁵iɐʔ⁵pie⁵³tʰie³¹。

0027　他一高兴就唱起歌来了。

　　　　伊一高兴就唱歌。

　　　　i¹³ ieʔ⁵ kɔ⁵³ ɕiŋ⁵³ dʑyœ³³ tsʰ ã³¹ ko³¹。

0028　谁刚才议论我老师来着？

　　　　□人刚刚来⁼东⁼话偃老师？

　　　　gã¹³ ȵiŋ³⁵ kã⁵³ kã⁵⁵ lɛ⁵³ toŋ⁵³ o³³ ŋa³³ lɔ³¹ sʅ⁰？

0029　只写了一半，还得写下去。

　　　　葛写嘞一半，还要再写落去唻。

　　　　kɐʔ⁵ ɕia⁵⁵ lɐʔ² ieʔ⁵ pə³³，uɛ³³ iɔ¹³ tsɛ⁵³ ɕia³³ luɔʔ² tɕʰi⁰ lɛ⁰。

0030　你才吃了一碗米饭，再吃一碗吧。

　　　　侬吃嘞一碗饭，再吃一碗添。

　　　　noŋ³⁵ tɕʰiɐʔ⁵ lɐʔ⁵ ieʔ⁵ uə⁵⁵ ve³³，tsɛ⁵⁵ tɕʰiɐʔ⁵ ieʔ⁵ uə⁵⁵ tʰie³¹。

0031　让孩子们先走，你再把展览仔仔细细地看一遍。

　　　　让小鬼头先去，侬拨展览再仔仔细细看一遍。

　　　　ȵiã³⁵ ɕiɔ⁵⁵ kuɛ⁵⁵ də⁵⁵ ɕie⁵³ tɕʰi⁵³，noŋ³⁵ pɐʔ⁵ tsə⁵⁵ lɛ⁵⁵ tsɛ⁵⁵ tsʅ⁵³ tsʅ⁵³

　　　　ɕi⁵⁵ ɕi⁵⁵ kʰə³³ ieʔ² pie³¹。

0032　他在电视机前看着看着睡着了。

　　　　伊来⁼东⁼电视机前头看看看看睏熟唻。

　　　　i³⁵ lɛ³³ toŋ⁵⁵ die³¹ zʅ³³ tsʅ⁵³ ʑie³³ də³³ kʰə⁵³ kʰə⁵³ kʰə³³ kʰə⁵⁵ kʰueŋ³³

　　　　zuɔʔ² lɛ³³。

0033　你算算看，这点钱够不够花？

　　　　侬算算看，葛点钞票够勿够用？

　　　　noŋ³⁵ sə⁵³ sə⁵³ kʰə⁵³，kɐʔ⁵ tie⁵³ tsʰə⁵⁵ pʰiɔ⁵⁵ kə⁵⁵ vɐʔ⁵ kə⁵⁵ ioŋ³³？

0034　老师给了你一本很厚的书吧？

　　　　老师拨侬蛮厚个一本书啊？

lɔ¹³sʅ⁵⁵ pɐʔ⁵noŋ⁵⁵mɛ⁵⁵ɐʔ²gə³³ieʔ⁵piŋ⁵³ɕy⁵³ɐʔ⁰？

0035　那个卖药的骗了他一千块钱呢。

亨⁼个卖药个人骗嘞伊一千块钞票。

hɑ̃³⁵kɐʔ⁵ma⁵⁵ieʔ²kɐʔ⁵n̠iŋ³³pʰie⁵⁵lɐʔ⁵i⁵⁵ieʔ⁵tɕʰie⁵³kʰuɛ⁵⁵tsʰɔ³³pʰiɔ³³。

0036　a. 我上个月借了他三百块钱。借入

　　　b. 我上个月借了他三百块钱。借出

　　　a. 我上个月借拨伊三百块钞票。

　　　b. 上个月我问伊借三百块钞票。

　　　a. ŋo¹³zɑ̃³³kɐʔ⁵yɔʔ²tɕia⁵⁵pɐʔ⁵i⁵⁵sɛ³³pɐʔ⁵kuɛ³¹tsʰɔ³³pʰiɔ³³。

　　　b. zɑ̃³³kɐʔ⁵yɔʔ²ŋo¹³meŋ³³i³⁵tɕia⁵³sɛ³³pɐʔ⁵kuɛ³¹tsʰɔ³pʰiɔ⁰。

0037　a. 王先生的刀开得很好。施事

　　　b. 王先生的刀开得很好。受事

　　　a. 王医生个刀开得蛮好。

　　　b. 王先生个刀开得蛮好。

　　　a. uɑ̃¹³i³⁵seŋ⁵⁵kɐʔ⁵tɔ³³kʰɛ⁵³tɐʔ⁵mɛ³¹hɔ⁰。

　　　b. uɑ̃¹³ɕie⁵³seŋ⁵⁵kɐʔ⁵tɔ³³kʰɛ³³tɐʔ⁵mɛ³¹hɔ⁰。

0038　我不能怪人家，只能怪自己。

我弗好怪人家，只好怪自家。

ŋo³⁵fɐʔ⁵hɔ⁵³kuɐ⁵⁵n̠iŋ³³ka³³，tsɐʔ⁵hɔ³³kua³³zʅ³¹ka⁰。

0039　a. 明天王经理会来公司吗？ b. 我看他不会来。

　　　a. 明朝王经理来勿来公司个？ b. 我看伊弗大会来。

　　　a. meŋ³³tsɔ⁵⁵uɑ̃³¹tɕiŋ¹³li⁵³lɛ³³vɐʔ²lɛ³³koŋ⁵³sʅ³³guɔʔ⁵？

　　　b. ŋo¹³kʰə⁵⁵i⁵⁵fɐʔ⁵do³³uɛ³³lɛ⁰。

0040　　我们用什么车从南京往这里运家具呢？

　　　　偓用□事车子拨家具从南京运到葛里来？

　　　　ŋa³⁵ ioŋ⁵⁵ go¹³ zๅ³⁵ tsʰo⁵³ tsๅ³³ pɐʔ⁵ tɕia⁵³ dʑy¹³ dzoŋ³³ nœ³³ tɕiŋ³³ ioŋ³³

　　　　tɔ³³ kɐʔ² li³³ lᴇ⁰ ？

0041　　他像个病人似的靠在沙发上。

　　　　伊像个病人一样靠得沙发上。

　　　　i¹³ ʑia³³ kɐʔ⁵ biŋ³³ ȵiŋ¹³ ieʔ⁵ ĩa³³ kʰɔ³³ dɐʔ² so⁵³ fɐʔ⁵ zã⁰ 。

0042　　这么干活连小伙子都会累坏的。

　　　　介做生活连小伙子都要吃力煞个。

　　　　ga¹³ tso⁵³ sã⁵³ oʔ³³ lie¹³ ɕiɔ⁵⁵ hu⁵⁵ tsๅ⁵⁵ tu⁵³ iɔ³¹ tɕʰieʔ⁵ liəʔ⁵ sɐʔ² go⁰ 。

0043　　他跳上末班车走了。我迟到一步，只能自己慢慢走回学

　　　　校了。

　　　　伊乘上嘞末班车。我迟到嘞一步，只好慢慢道⁼走到学

　　　　校去。

　　　　i³⁵ tsʰeŋ⁵⁵ zã⁵⁵ lɐʔ² mɐʔ² pɛ³³ tsʰuo⁵⁵ 。 ŋo³⁵ dzๅ³³ tɔ⁵⁵ lɐʔ² ieʔ⁵ bu³¹ ，

　　　　tsɐʔ⁵ hɔ³⁵ mɛ³³ mɛ³³ dɔ³³ tsə⁵³ tɔ⁵³ yɔʔ² iɔ³¹ tɕʰi⁰ 。

0044　　这是谁写的诗？谁猜出来我就奖励谁十块钱。

　　　　葛是□人写个诗？□人猜得着我就奖伊十块钞票。

　　　　kɐʔ⁵ zๅ³³ g̃ã³³ ȵiŋ¹³ ɕia⁵⁵ gɐʔ² sๅ⁵⁵ ？ ga³³ ȵiŋ¹³ tsʰᴇ⁵⁵ tɐʔ⁵ dzɐʔ² ŋo³³ dʑyœ³³

　　　　tɕiã⁵⁵ i⁵³ zɐʔ² kʰuɐ³³ tsʰɔ³³ pʰiɔ⁰ 。

0045　　我给你的书是我教中学的舅舅写的。

　　　　我拨侬个书是我教中学个舅舅写个。

　　　　ŋo¹³ pɐʔ⁵ noŋ⁵⁵ kɐʔ⁵ ɕy⁵⁵ zๅ³³ ŋo¹³ tɕiɔ⁵⁵ tsoŋ⁵³ yɔʔ² gɐʔ² dʑyœ³³ dʑyœ¹³

　　　　ɕia³³ guɔʔ⁰ 。

0046　你比我高，他比你还要高。

　　　侬比我高，伊比侬还要高。

　　　noŋ¹³ pi⁵⁵ ŋo⁵³ kɔ⁵⁵，i¹³ pi⁵⁵ noŋ⁵⁵ uᴇ⁵³ iɔ³³ kɔ³¹。

0047　老王跟老张一样高。

　　　老王比老张一样高。

　　　lɔ⁵⁵ uɑ̃⁵⁵ pi⁵⁵ lɔ⁵³ tsɑ̃⁵⁵ ieʔ⁵ iã³³ kɔ³¹。

0048　我走了，你们俩再多坐一会儿。

　　　我去嘞，俫两个人再坐一套。

　　　ŋo³⁵ tɕʰi⁵⁵ lɐʔ²，na¹³ liã³¹ kɐʔ⁵ n̠iŋ³¹ tsᴇ⁵³ zuo³³ ieʔ² tʰɔ³³。

0049　我说不过他，谁都说不过这个家伙。

　　　我话伊弗过，葛个家伙都话伊弗过。

　　　ŋo³⁵ o³⁵ i⁵⁵ fɐʔ⁵ ko⁵³，kɐʔ² kɐʔ⁵ tɕia⁵³ fu³³ tu⁵³ o³³ i³³ fɐʔ² ko⁰。

0050　上次只买了一本书，今天要多买几本。

　　　上回就买嘞一本书，今朝要多买几本。

　　　zɑ̃¹³ uᴇ³⁵ dʑyœ³¹ ma³³ lɐʔ² ieʔ⁵ peŋ⁵³ ɕy⁵³，keŋ⁵³ tsɔ⁵⁵ iɔ⁵⁵ tuo⁵³ ma³³

　　　tɕi³³ peŋ⁰。

第五章　话　语

一、讲　述

(一)方言老男

个人经历

我叫王炳南,今年六十岁。是我今朝来拨①倻讲一讲,是我自家个,倱葛里个临安说话。我土生土长个临安人,葛⁼么下底呢,讲讲是我自家个家庭情况。

ŋo³³ tɕiɔ⁵⁵ u ã³³ piŋ⁵³ nə¹³ , tɕiŋ⁵³ ȵie⁵⁵ lɔʔ² zəʔ² sɛ³⁵ 。 zeʔ² ŋo³³ keŋ⁵³ tsɿ⁵⁵ lɛ² pɛʔ⁵ na³³ k ã⁵³ iɐʔ⁵ k ã⁵³ , zɐʔ² ŋo³³ zɿ³³ ka³⁵ kəʔ⁵ , ŋa³¹ kəʔ⁵ li³³ kəʔ⁵ liŋ³¹ ə¹³ sɔʔ² o³³ 。 ŋo³³ tʰu³³ s ã⁵⁵ tʰu⁵³ dz ã⁵⁵ kəʔ⁵ liŋ³¹ ə¹³ ȵiŋ³¹ , kəʔ⁵ məʔ² o³³ ti⁵³ ȵie³³ , k ã⁵³ k ã⁵³ zɛʔ² ŋo³³ zɿ³³ ka³⁵ kəʔ⁵ tɕia⁵⁵ tiŋ⁵³ ʑiŋ³¹ kʰu ã¹³ 。

我叫王炳南,今年六十岁。我今天来跟大家讲临安话。我是个土生土长的临安人,下面讲一讲我的家庭情况。

----

① "拨 pəʔ"在话语中有进一步弱化成"bəʔ"的趋势。

是我自家个一生就是，葛˭么我从 1958 年出生之后呢，因为
1958 年呢，大家吃食堂饭，亨˭个辰光呢，木˭ 木˭ 老˭ 苦。是偓阿爹
么就是想想，是我个人蛮小个，无没用，要拨我掼掉，则偓姆妈呢就
是弗肯，拨我夺落来。

zæʔ⁵ ŋo³³ zʅ³³ ka³⁵ kəʔ⁵ ieʔ⁵ sɑ̃⁵⁵ dʑyœ³⁵ zʅ³³ , kəʔ⁵ məʔ⁵ ŋo³³ dzoŋ³³ ieʔ⁵ tɕyœ⁵³ ŋ³³
pæʔ⁵ n̠ie³³ tsʰəʔ⁵ sɑ̃⁵⁵ tsʅ⁵³ əʔ⁵ n̠ie³³ , iŋ⁵⁵ uɛ³³ ieʔ⁵ tɕyœ⁵³ ŋ³³ pæʔ⁵ n̠ie³³ n̠ie³³ , da³³ ka⁵⁵
tɕʰyɔʔ⁵ zæʔ² dɑ̃¹³ vɛ³¹ , hɑ̃⁵⁵ kæʔ⁵ zeŋ³¹ ku ɑ̃⁵³ n̠ie³³ , mɔʔ² mɔʔ⁵ lɔ¹³ kʰu⁵⁵ 。 zæʔ²
ŋa³¹ aʔ⁵ tia⁵⁵ mæʔ⁵ dʑyœ³⁵ zʅ³³ ɕi ɑ̃⁵³ ɕi ã³⁵ , zæʔ² ŋo³³ kəʔ⁵ n̠iŋ³¹ mɛ⁵⁵ ɕiɔ⁵³ ko⁵⁵ ,
m³³ mæʔ⁵ ioŋ¹³ , iɔ³⁵ pəʔ⁵ ŋo³³ guɛ³³ diɔ³³ , tsəʔ⁵ ŋa³¹ m⁵⁵ ma⁵⁵ n̠ie³³ dʑyœ³⁵ zʅ³³ fæʔ⁵
kʰeŋ⁵³ , pəʔ⁵ ŋo³³ dɔʔ² lɔʔ² lɛ³³ 。

我的一生就是，1958 年我出生后，因为那时是大锅饭时代，生
活条件很苦。父亲想着我还小，没有用，想把我扔掉，但母亲就是不
同意，最后把我留了下来。

葛˭么就是个小人呢蛮犟个啦，所以俩个卯都叫我，"犟活佬，犟
活佬"，就是介个道理。但是呢，是我呢命好啦，就是介活过来嘞。

kəʔ⁵ məʔ² dʑyœ³⁵ zʅ³³ kəʔ⁵ ɕiɔ⁵³ n̠iŋ³¹ n̠ie³³ mɛ⁵⁵ tɕi ã⁵³ kəʔ⁵ la³³ , so⁵⁵ i⁵⁵
ia³⁵ kəʔ⁵ mɔ³³ tu⁵⁵ tɕiɔ⁵⁵ ŋo³³ , tɕi ã⁵³ uɔʔ² lɔ¹³ , tɕi ã⁵³ uɔʔ² lɔ¹³ , dʑyœ³⁵ zʅ³³ ka³⁵
gəʔ⁵ dɔ³³ li³¹ 。 dɛ³³ zʅ¹³ n̠ie³³ , zæʔ² ŋo³³ n̠ie³³ miŋ³³ hɔ⁵³ la³³ , dʑyœ³⁵ zʅ³³ ka³⁵
uɔʔ² ko⁵⁵ lɛ³³ læʔ² 。

那时大家觉得我命硬，顽强地活了下来，所以大家现在都叫我
"犟活佬"，就是这个道理。但其实是我命好，所以才活了下来。

葛˭么是偓，拨我养大呢，姆妈呢吃特˭ 木˭ 木˭ 老˭ 个苦头，也是
蛮弗容易个。

kəʔ⁵ məʔ² zæʔ² ŋa³¹ , pəʔ⁵ ŋɔ³³ iɑ̃⁵⁵ do³³ n̠ie³³ , m⁵⁵ ma⁵⁵ n̠ie³³ tɕʰyɔʔ⁵ təʔ⁵

məʔ² mɔʔ²lɔ¹³kəʔ⁵kʰu⁵⁵də³³ , ia³³zʅ¹³mɛ⁵⁵fɐʔ⁵ioŋ²¹³i³³kəʔ⁵ 。

　　母亲一手把我养大，吃了很多苦头，很不容易。

　　养大之后，到后头来呢，慢慢，慢慢个大起来呢，葛‌么我读书呢也毛‌迟个，我九岁开始上学，因为人小么，葛‌么九岁开始上学。

　　iã⁵⁵do³³tsʅ⁵³ə³³ , tɔ³⁵ə³⁵də⁵⁵lɛ⁵³n̠ie³³ , mɛ³³mɛ¹³ , mɛ³³mɛ¹³kəʔ⁵do³³tɕʰi⁵³lɛ³³n̠ie³³ , kəʔ⁵məʔ²ŋɔ³³duɔʔ²ɕy⁵³n̠ie³³ia³³mɔ³⁵dzʅ³³kəʔ⁵ , ŋo³³tɕɥœ³³sɛ³⁵kʰɛ³³sʅ⁵⁵zɑ̃³⁵yɔʔ² , iŋ⁵⁵uɛ³³n̠iŋ⁵³ɕiɔ³¹məʔ² , kəʔ⁵məʔ²tɕɥœ³³sɛ³⁵kʰɛ³³sʅ⁵⁵zɑ̃³⁵yɔʔ² 。

　　随着我慢慢长大，因为人长得小，上学读书比较晚，直到九岁才开始上学。

　　读书之后呢，后头来呢读一直读，读到初中读好，葛‌么后头来读高中呢，我后头来呢就当兵去唻，到部队里当兵去唻。

　　duɔʔ²ɕy⁵³tsʅ⁵³ə³³n̠ie³³ , ə³⁵də⁵⁵lɛ⁵³n̠ie³³duɔʔ²iɐʔ⁵dzɐʔ²duɔʔ² , duɔʔ²tɔ³⁵tsʰu³³tsoŋ⁵⁵duɔʔ²hɔ⁵³ , kəʔ⁵məʔ²ə³⁵də⁵⁵lɛ⁵³duɔʔ²kɔ³³tsoŋ⁵⁵n̠ie³³ , ŋo³³ə³⁵də⁵⁵lɛ⁵³n̠ie³³dzɣœ³³tɑ̃³⁵piŋ⁵⁵tɕʰi³⁵lɛ³³ , tɔ³⁵bu¹³dɛ³³li³³tɑ̃³⁵piŋ⁵⁵tɕʰi³⁵lɛ³³ 。

　　上学读书后，一直读，读到初中，后来高中，之后我就到部队当兵了。

　　当特‌五年兵，葛‌么人一记生大出来唻，葛‌么懂事啊懂事出来唻。个部队里回来呢，我来东‌南京后勤部里，葛‌么直至我到退伍为界。

　　tɑ̃³³təʔ⁵ŋ⁵³n̠ie³³piŋ⁵⁵ , kəʔ⁵məʔ²n̠iŋ⁵³iɐʔ⁵tɕi³⁵sã⁵⁵do³³tsʰəʔ⁵lɛ³⁵lɛ³³ , kəʔ⁵məʔ²toŋ³⁵zʅ³³a⁵⁵toŋ³⁵zʅ³³tsʰəʔ⁵lɛ³⁵lɛ³³ 。 kəʔ⁵bu¹³dɛ³³li³³uɛ³³lɛ¹³n̠ie³³ , ŋo³³lɛ³³toŋ⁵³nɛ³⁵tɕiŋ⁵⁵ə³³dziŋ³⁵pɐʔ⁵li⁵⁵ , kəʔ⁵məʔ²zəʔ⁵tsʅ³⁵ŋo³³tɔ³⁵tʰɛ⁵⁵vu⁵³uɛ³³ka³⁵ 。

在部队待了五年时间，一转眼就长大了，也懂事了。从部队回来后，我去了南京后勤部，直至退伍。

个我回到临安，回到临安之后呢，就是介个当时回来呢，葛＝么我到嘞文化馆，葛＝么登嘞一段时间呢，后头来呢，葛＝么自家出来唻，后头出来呢，到农技公司下底个只下属单位，葛＝么叫推土机队，葛＝么推土机队登嘞两年呢。

kəʔ⁵ ŋo³³ uE⁵³ tɔ³³ liŋ³¹ ə¹³, uE⁵³ tɔ³³ liŋ³¹ ə¹³ tsʅ⁵³ ə³³ ɳie³³, dʑyœ³⁵ zʅ³³ ka³⁵ gəʔ² tã⁵⁵ zʅ³³ uE³³ lE¹³ ɳie³³, kəʔ⁵ məʔ² ŋo³³ tɔ³³ lɐʔ² ueŋ³³ hua⁵⁵ kuə³⁵, kəʔ⁵ məʔ² teŋ³⁵ lɐʔ² iɐʔ⁵ tə³⁵ zʅ³¹ tɕie³⁵ ɳie³³, ə³⁵ də⁵⁵ lE⁵³ ɳie³³, kəʔ⁵ məʔ² zʅ³³ ka³⁵ tsʰəʔ⁵ lE³⁵ lE³³, ə³⁵ də⁵⁵ tsʰəʔ⁵ lE³⁵ ɳie³³, tɔ³³ noŋ³⁵ tɕi⁵⁵ koŋ³³ si⁵⁵ o³³ ti⁵³ kəʔ⁵ tsɐʔ⁵ ɕia⁵³ zoʔ⁵ tE³⁵ uE⁵³, kəʔ⁵ məʔ² tɕiɔ⁵⁵ tʰuE⁵⁵ tʰu⁵³ tɕi⁵⁵ tE³⁵, kəʔ⁵ məʔ² tʰuE⁵⁵ tʰu⁵³ tɕi⁵⁵ tE³⁵ teŋ³⁵ lɐʔ² liã³³ ɳie³¹ ɳie³³.

退伍之后回到临安，回到临安后，在文化馆待了一段时间，后来又到农技公司的下属单位推土机队待了两年。

后头来搞个体唻，个体呢我自家买特＝部推土机，承包一部推土机，单位里个。葛＝么我一直到杭州做，到承包期满以后，回到临安呢，葛＝么我自家买嘞部搞个体。

ə³⁵ də⁵⁵ lE³⁵ kəʔ⁵ ko⁵⁵ tʰi⁵³ lE³³, ko⁵⁵ tʰi⁵³ ɳie³³ ŋo³³ zʅ³³ ka³⁵ ma³³ dəʔ² bu³¹ tʰuE⁵⁵ tʰu⁵³ tɕi⁵⁵, zeŋ³⁵ bɔ⁵⁵ iɐʔ⁵ bu³⁵ tʰuE⁵⁵ tʰu⁵³ tɕi⁵⁵, tE³⁵ uE⁵³ li³³ kəʔ⁵. kəʔ⁵ məʔ² ŋo³³ iɐʔ⁵ zɕɔʔ² tɔ³³ ã³³ tsɔ³⁵ tsu⁵³, tɔ³³ zeŋ³⁵ bɔ⁵⁵ dʑi³³ məˡ³ iˡ³ əˡ³, uE³³ tɔ³³ liŋ³¹ əˡ³ ɳie³³, kəʔ⁵ məʔ² ŋo³³ zʅ³³ ka³⁵ ma³³ lɐʔ² bu³¹ kɔ⁵⁵ ko⁵⁵ tʰi⁵³.

后来遇上搞个体，我承包了一辆单位里的推土机，来到杭州工作，等到承包期满后，又回到临安，自己买了一辆推土机搞个体经营。

葛＝么弄弄呢，亨＝个辰光呢，价格木＝老＝便宜个，来东＝临安开开呢，是四块一个钟头，等我到杭州去开呢，要十二块一个钟头。

kəʔ⁵ məʔ² loŋ¹³ loŋ¹³ n̠ie³³，hã⁵⁵ gəʔ² zeŋ³³ ku ã⁵⁵ n̠ie³³，tɕia⁵³ kɐʔ⁵ məʔ² lɔ¹³ bie¹³ i³⁵ koʔ⁵，lɛ³³ toŋ⁵³ liŋ³¹ ə¹³ kʰɛ⁵⁵ kʰɛ⁵⁵ n̠ie³³，zɿ⁵³ sɿ⁵³ kʰuɛ⁵⁵ iɐʔ⁵ kɐʔ⁵ tsoŋ⁵³ də¹³，teŋ⁵³ ŋo³³ tɔ³³ã³³ tsə³⁵ tɕʰi³⁵ kʰɛ⁵⁵ n̠ie³³，iɔ⁵⁵ zɐʔ² n̠i³³ kʰuɛ⁵⁵ iɐʔ⁵ kɐʔ⁵ tsoŋ⁵³ də¹³。

那时价格很便宜，在临安开一小时推土机只有四块钱，到杭州开，一小时十二块钱。

葛＝么我后头来就到杭州去，自家推土机到杭州去趁了一点钞票，趁过以后么，我后头来登嘞两年，我已到绍兴、萧山，葛＝么上海都去过趁钞票。

kəʔ⁵ məʔ² ŋo³³ ə³⁵ də⁵⁵ lɛ³⁵ dzyœ³³ tɔ³³ã³³ tsə³⁵ tɕʰi⁵³，zɿ³³ ka³⁵ tʰuɛ⁵⁵ tʰu⁵³ tɕi⁵⁵ tɔ³³ã³³ tsə³⁵ tɕʰi⁵³ tsʰeŋ⁵⁵ ləʔ²iɐʔ⁵ tie³⁵ tsʰɔ⁵⁵ pʰiɔ⁵⁵，tsʰeŋ⁵⁵ ko⁵³ i¹³ ə¹³ məʔ²，ŋo³³ ə³⁵ də⁵⁵ lɛ³⁵ teŋ³⁵ lɐʔ² liã³³ n̠ie³³，ŋo³³ dzi³⁵ tɔ³³ zɔ⁵⁵ ɕiŋ⁵³、ɕiɔ³⁵ sɛ⁵⁵，kəʔ⁵ məʔ² zã¹³ hɛ⁵⁵ tu³³ tɕʰi⁵³ ko⁵³ tsʰeŋ⁵⁵ tsʰɔ⁵⁵ pʰiɔ⁵⁵。

之后我又只身一人用自家推土机来到杭州挣钱，挣了两年，自己还去过绍兴、萧山（今指杭州市萧山区）和上海。

葛＝么屋里呢，偓老嬷呢，亨＝个辰光呢是也蛮辛苦个，是我么有两个小人，两个囝。则＝小个辰光呢，是我来特＝屋里呢，我同道带带；我弗来特＝家里辰光呢，都是偓老嬷一个人带，也毛＝辛苦。

kəʔ⁵ məʔ² ɔʔ⁵ li⁵⁵ n̠ie³³，ŋa³³ lɔ³³ mo³³ n̠ie³³，hã⁵⁵ gəʔ² zeŋ³³ ku ã⁵⁵ n̠ie³³ zɿ³³ ia³³ mɛ⁵⁵ ɕiŋ³⁵ kʰu⁵⁵ kəʔ⁵，zɐʔ² ŋo³³ məʔ² yœ³³ liã³³ kəʔ⁵ ɕiɔ⁵⁵ n̠iŋ⁵⁵，liã³³ kəʔ⁵ nə³³。tsəʔ⁵ ɕiɔ⁵⁵ kəʔ⁵ zeŋ³³ ku ã⁵⁵ n̠ie³³，zɐʔ² ŋo³³ lɛ³³ dəʔ² ɔʔ⁵ li⁵⁵ n̠ie³³，ŋo³³ doŋ³³ dɔ³¹ ta⁵⁵ ta⁵⁵；ŋo³³ fɐʔ⁵ lɛ³³ dəʔ² ka⁵³ li¹³ zeŋ³³ ku ã⁵⁵ n̠ie³³，tu¹³ zɿ¹³ ŋa³³ lɔ³³ mo³³ iɐʔ⁵ kɐʔ⁵

ȵiŋ⁵⁵ta⁵³, ia³³mɔ³⁵ɕiŋ³⁵kʰu⁵⁵。

那时在家里呢，老婆也很辛苦，我们有两个女儿。孩子小的时候，我在家的时候，我和她一起带；我不在家的时候，都是我老婆一人带，很辛苦。

则⁼葛个辰光都分田到户唻，是俚，则⁼自家种田唻，割稻唻，是俚，都要自家两老嬷自家弄个。

zeʔ²kɐʔ⁵kɐʔ⁵zeŋ³³kuã⁵⁵tu³³feŋ⁵³die¹³tɔ⁵³u¹³lɛ³³, zɐʔ², ŋa³³, zɐʔ²zʅ³³ka³⁵tsoŋ⁵⁵die¹³lɛ³³, kɐʔ⁵dɔ³³lɛ³³, zɐʔ², ŋa³³, tu³³iɔ³⁵zʅ³³ka³⁵liã³³lɔ³³mo³³zʅ³³ka³⁵loŋ¹³kɐʔ⁵。

那时家家分田到户，需要自家种田、割稻，都得靠我们两夫妻。

葛⁼么小人么也无没人带，葛⁼么俚小人俚等到割稻个辰光呢，俚小人拨伊掼特⁼田塍埭里，要么摊块布介拨伊坐坐东⁼。

kɐʔ⁵mɐʔ²ɕiɔ⁵⁵ȵiŋ⁵⁵mɐʔ²ia³³m³³mɐʔ²ȵiŋ³¹ta⁵³, kɐʔ⁵mɐʔ²ŋa³³ɕiɔ⁵⁵ȵiŋ⁵⁵ŋa³³teŋ⁵⁵tɔ³⁵kɐʔ⁵dɔ³³kɐʔ⁵zeŋ³³kuã⁵⁵ȵie³³, ŋa³³ɕiɔ⁵⁵ȵiŋ⁵⁵pɐʔ⁵i¹³guɛ¹³dɐʔ²die³¹zeŋ³³da¹³li⁵⁵, iɔ³⁵mɐʔ²tʰɛ³³kʰuɛ⁵³pu⁵³ka⁵⁵pɐʔ⁵i¹³zo³³zo³³toŋ³¹。

但孩子又没人照顾，割稻的时候只好把她们放在田埂上，摊开一块布让她们自己坐在上面。

摘茶叶个辰光呢，茶叶蓬里拨伊掼东⁼，小个么小囡么亨⁼辰光么，拨伊茶叶蓬高头，一块抱裙介摆摆东⁼，介弄弄。

tsɐʔ⁵dzo³³iɐʔ²kɐʔ⁵zeŋ³³kuã⁵⁵ȵie³³, dzo³³iɐʔ²boŋ³³li⁵⁵pɐʔ⁵i¹³guɛ¹³toŋ³¹, ɕiɔ⁵⁵kɐʔ⁵mɐʔ²ɕiɔ⁵⁵nə³³mɐʔ²hã⁵⁵zeŋ³³kuã⁵⁵mɐʔ², pɐʔ⁵i¹³dzo³³iɐʔ²boŋ³³kɔ³³də⁵⁵, iɐʔ²kʰuɛ⁵³bɔ³³dzioŋ³³ka⁵⁵pa⁵⁵pa⁵⁵toŋ³¹, ka⁵⁵loŋ¹³loŋ¹³。

等到摘茶叶的时候，把孩子放在茶树丛里，小女儿小的时候我们就给她穿上抱裙,把她放在茶树上。

　　葛个养养两个小人,是偌呢偌想想,也毛⁼苦,是偌等我后头来介想想,偌阿爹姆妈拉要养介许多小人啦,养大唻,想想是也是木⁼老⁼弗容易个,比偌日子还要苦唻。

　　kɐʔ⁵ kɐʔ⁵ iã⁵⁵ iã⁵⁵ liã³³ kəʔ⁵ ɕiɔ⁵⁵ n̠iŋ⁵⁵ , zɐʔ² ŋa³¹ n̠ie³³ ŋa³¹ ɕiã⁵³ ɕiã³⁵ , iã³⁵ mɔ³⁵ kʰu⁵⁵ , zɐʔ² ŋa³¹ teŋ⁵⁵ ŋo³³ ə³⁵ də⁵⁵ lᴇ³⁵ ka⁵⁵ ɕiã⁵³ ɕiã³⁵ , ŋa³¹ aʔ⁵tia⁵⁵ m⁵⁵ ma⁵⁵ la³⁵ iɔ⁵⁵ iã⁵³ ka⁵⁵ ɕy⁵⁵ to⁵³ ɕiɔ⁵⁵ n̠iŋ⁵⁵ la³¹ , iã³⁵ do³³ lᴇ³³ , ɕiã⁵³ ɕiã³⁵ z̩³¹ iã³⁵ z̩¹³ mɔʔ² lɔ¹³ fɐʔ⁵ioŋ²¹³ i³³ koʔ² , pi⁵⁵ ŋa³¹ zəʔ²tsɿ⁵⁵ uᴇ³³ iɔ¹³ kʰu⁵⁵ lᴇ³³ 。

　　辛辛苦苦把两个孩子养大,想来也是苦的,但又想到我的父亲母亲要养大这么多小孩,也很不容易,比我们的日子更苦。

　　则⁼是偌个卯么后头来么,两个小人想大嘞呢,想想家里也蛮好,则⁼么一直到个卯分田到户,像偌锦桥头个卯么,都条件都也还好哦,享共产党个福,葛⁼么房子呢也拆掉唻。

　　zɐʔ² zɐʔ² ŋa³¹ kɔʔ⁵ mɔ³³ məʔ² ə³⁵ də⁵⁵ lᴇ³⁵ məʔ² , liã³³ kəʔ⁵ ɕiɔ⁵⁵ n̠iŋ⁵⁵ ɕiã⁵³ do³³ lɐʔ² n̠ie³³ , ɕiã⁵³ ɕiã³⁵ ka³⁵ li⁵³ iã³³ mᴇ⁵⁵ hɔ⁵³ , zɐʔ² məʔ²iɐʔ⁵ zəʔ²tɔ⁵³ kɔʔ⁵ mɔ³³ fɐŋ⁵³ die¹³tɔ⁵³ u¹³ , zɿã³³ ŋa³¹ tɕiŋ⁵⁵ dziɔ³³ də³³ kɔʔ⁵ mɔ³³ məʔ² , tu⁵⁵ diɔ³¹ dzie¹³ tu⁵⁵ iã³³ uᴇ³³ hɔ⁵³ o⁵⁵ , ɕiã⁵⁵ goŋ⁵³ tsʰɛ⁵³ tã⁵⁵ kəʔ⁵ fuɔʔ⁵ , kəʔ⁵ məʔ² vã³¹ tsɿ³⁵ n̠ie³³ iã³³ tsʰɐʔ⁵ diɔ¹³ lᴇ³³ 。

　　之后想着家里孩子也大了,觉得待在家里也挺好,就这样一直到现在分田到户。如今锦桥头发展得很好,享了共产党的福,房子也拆迁了。

　　葛⁼么偌大囡呢,培养伊读书之后,读书出来以后呢,后头自家弄个摄影,葛⁼么个卯么,自家开了爿摄影店。

kəʔ⁵ məʔ² ŋa³¹ do³¹ nə³³ n̠ie³³ , bɛ³³ i ã³⁵ i¹³ duɔʔ² ɕy⁵³ tsʅ⁵³ ə³³ , duɔʔ² ɕy⁵³ tsʰə⁵ lɛ³⁵ i¹³ ə¹³ n̠ie³³ , ə³⁵ də⁵⁵ zʅ³³ ka³⁵ loŋ¹³ kəʔ⁵ sə⁷² iŋ³³ , kəʔ⁵ məʔ² kəʔ⁵ mɔ³³ məʔ² , zʅ³³ ka⁵⁵ kʰɛ⁵⁵ ləʔ² bɛ³³ sə⁷² iŋ³³ tie³⁵ 。

大女儿读书毕业之后，想自己搞摄影，现在自己开了家摄影店。

则＝俚小囡呢，读书毕业之后呢，来东＝杭州读书毕业之后呢，一直来东＝杭州工作，个卯伊话想回来哓伊话，葛＝么葛个小人么，也要读一年级哓，伊个卯回来，个卯来东＝葛个绿城，葛里个只物业公司工作。

zəʔ² ŋa³¹ ɕiɔ⁵⁵ nə³³ n̠ie³³ , duɔʔ² ɕy⁵³ piʔ² n̠iɐʔ² tsʅ⁵³ ə³³ n̠ie³³ , lɛ³³ toŋ⁵³ ã³³ tsə³⁵ duɔʔ² ɕy⁵³ piʔ² n̠iɐʔ² tsʅ⁵³ ə³³ n̠ie³³ , iɐʔ² zəʔ² lɛ³³ toŋ⁵³ ã³³ tsə³⁵ koŋ⁵⁵ tsuɔʔ⁵ , kɔʔ⁵ mɔ³³ i⁵⁵ o³³ ɕi ã⁵³ uɛ³³ lɛ¹³ lɛ³¹ i⁵⁵ o³³ , kəʔ⁵ məʔ² kɐʔ⁵ kɐʔ⁵ ɕiɔ⁵⁵ n̠iŋ⁵⁵ məʔ² , ia³³ iɔ³⁵ duɔʔ² iɐʔ² n̠ie³³ tɕiɔʔ⁵ lɛ¹³ , i⁵⁵ kɔʔ⁵ mɔ³³ uɛ³³ lɛ¹³ , kɔʔ⁵ mɔ³³ lɛ³³ toŋ⁵³ kɐʔ⁵ kɐʔ⁵ luɔ⁵³ zeŋ³³ , kəʔ⁵ li³³ kəʔ⁵ tsɐʔ⁵ vəʔ² n̠iɐʔ² koŋ⁵³ sʅ³³ koŋ⁵⁵ tsuɔʔ⁵ 。

小女儿自杭州读书毕业后，一直在杭州工作，现在因自己孩子要读一年级，想着回临安，回来之后就在绿城物业公司工作。

葛＝么是我自家呢，等到候着个体之后呢，弄落之后呢，推土机么都卖掉。

kəʔ⁵ məʔ² zəʔ² ŋo³³ zʅ³³ ka³⁵ n̠ie³³ , teŋ⁵⁵ tɔ³⁵ ə¹³ zəʔ² ko⁵⁵ tʰi⁵³ tsʅ⁵³ ə³³ n̠ie³³ , noŋ¹³ lɔʔ² tsʅ⁵³ ə³³ n̠ie³³ , tʰuɛ⁵⁵ tʰu⁵³ tɕi⁵⁵ məʔ² tu⁵⁵ ma¹³ diɔ³¹ 。

我自己呢，想等办好个体户之后，就把推土机都卖掉。

葛＝么想想五十岁也到嘞，年纪也大哓，葛＝么后头来么去当保安。葛＝么开头么，我到是杭州联合电路板厂里去，当嘞两年保安。

kəʔ⁵ məʔ² ɕi ã⁵³ ɕi ã³⁵ ŋ³³ zəʔ² sɛ³⁵ a³⁵ tɔ³⁵ ləʔ² , n̠ie³³ tɕi³⁵ a³⁵ do³¹ lɛ¹³ , kəʔ⁵ məʔ² ə³⁵ də⁵⁵ lɛ³⁵ məʔ² tɕʰi³⁵ t ɑ̃⁵⁵ pɔ⁵³ ə³³ 。 kəʔ⁵ məʔ² kʰɛ⁵⁵ də³⁵ məʔ² , ŋo³³ tɔ³⁵ zʅ¹³ɑ̃³³ tsə³⁵ lie³³ əʔ² die³¹ lu¹³ pɛ⁵⁵ tsʰ ɑ̃⁵⁵ li⁵³ tɕʰi³¹ , t ɑ̃⁵⁵ lɛʔ² li ɑ̃³³ ȵie³³ pɔ⁵³ ə³³ 。

我想着我快五十岁了，年纪也大了，后来我去当保安了。刚开始，我在杭州联合电路板厂当了两年保安。

葛＝么后来当保安当过之后呢，亨＝个辰光想到新疆去，到新疆拨伊拉＝看金矿。

kəʔ⁵ məʔ² ə³⁵ lɛ⁵⁵ t ɑ̃⁵⁵ pɔ⁵³ ə³³ t ɑ̃⁵³ ko³³ tsʅ⁵³ ə³³ ȵie³³ , h ɑ̃⁵⁵ gəʔ² zeŋ³³ ku ɑ̃⁵⁵ ɕi ɑ̃⁵³ tɔ³⁵ ɕiŋ⁵⁵ tɕia⁵³ tɕʰi³¹ , tɔ³⁵ ɕiŋ⁵⁵ tɕia⁵³ pəʔ⁵ i¹³ la³⁵ kʰ ə³³ tɕiŋ⁵⁵ kʰu ɑ̃⁵⁵ 。

当了两年保安之后，那时想去新疆，去新疆帮别人看金矿。

则＝后头来是倪个侄囡，伊劝我伊话[弗要]去伊话，蛮苦个亨＝搭＝地方，个亨＝搭＝地方呢是个座山啦，无没人个啦，葛个要五十公里以外，星讲有看特＝到车子，个我想想也是介个事体，个卯我就弗去哎，听倪侄囡个说话。

zɛʔ² ə³⁵ də⁵⁵ lɛ³⁵ zɛ¹³ ŋa³¹ kəʔ² dzɛʔ² nə³³ , i¹³ tɕʰyœ⁵³ ŋo³³ i¹³ o³³ fiɔ⁵³ tɕʰi³¹ i¹³ o³³ , mɛ⁵⁵ kʰu³⁵ kəʔ² h ɑ̃⁵⁵ tɛʔ⁵ di³³ f ɑ̃⁵⁵ , kəʔ² h ɑ̃⁵⁵ tɛʔ⁵ di³³ f ɑ̃⁵⁵ ȵie³³ zʅ³³ kəʔ⁴ dzo³³ sɛ³¹ la³¹ , m³³ məʔ² ȵiŋ³¹ kəʔ⁵ la³³ , kɛʔ⁵ kəʔ⁵ iɔ³⁵ ŋ³³ zɛʔ² koŋ⁵⁵ li⁵³ i⁵ ŋa¹³ , ɕiŋ⁵⁵ k ɑ̃⁵³ yœ³³ kʰ ə³³ dəʔ²tɔ³³ tsʰo⁵⁵ tsʅ⁵³ , kəʔ² ŋo³³ ɕi ɑ̃⁵³ ɕia³⁵ ia³⁵ zʅ¹³ ka³⁵ gəʔ²zʅ³³ tʰi⁵⁵ , kəʔ⁵ mɔ³³ ŋo³³ dʑyœ³³ fɛʔ⁵tɕʰi³¹ lɛ¹³ , tʰiŋ⁵³ ŋa³¹ dzɛʔ² nə³³ kəʔ²sɔʔ⁵ o¹³ 。

后来是我侄女，她劝我不要去，那个地方很苦的，那边只有山，人烟稀少，五十公里之内几乎看不到一辆车，我自己想想也是这么回事，现在我也就没去了，听了我侄女的话。

葛＝么到学校里来当保安，葛＝么后头来，是我么就到保安公司里去培训，到青山，等到培训好以后，葛⁼么保安公司，就拨我安排到葛个玲珑街道，葛里个幼儿班当保安，葛⁼么直到今年为界，也有八年多时间咪。

kəʔ⁵ məʔ² tɔʔ² yɔʔ² iɔ³¹ li⁵³ lɛ⁵⁵ t ɑ̃⁵⁵ pɔ⁵³ ə³³ , kəʔ⁵ məʔ² ə³⁵ də⁵⁵ lɛ³⁵ , zɐʔ² ŋo³³ məʔ² dʑyœ³³ tɔ³⁵ pɔ⁵³ ə³³ koŋ⁵³ sʅ³³ li³¹ tɕʰi³³ bɛ³⁵ ɕioŋ³³ , tɔ³⁵ tɕʰiŋ⁵⁵ sɛ³¹ , teŋ⁵⁵ tɔ³⁵ bɛ³⁵ ɕioŋ³³ hɔ⁵³ i¹³ ə¹³ , kəʔ⁵ məʔ² pɔ⁵³ ə³³ koŋ⁵³ sʅ³³ , dʑyœ³³ pəʔ⁵ ŋo³³ ə³¹ ba³³ tɔ³⁵ kɐʔ⁵ kɐʔ⁵ liŋ³³ loŋ¹³ ka⁵³ dɔ¹³ , kəʔ⁵ li³³ kəʔ⁵ iœ⁵³ ɚ·¹³ pɛ⁵⁵ t ɑ̃⁵⁵ pɔ⁵³ ə³³ , kəʔ⁵ məʔ² dzɐʔ² tɔ³⁵ tɕiŋ⁵³ n̠ie⁵⁵ uɛ³³ ka³⁵ , ia³⁵ yœ³³ pɐʔ⁵ n̠ie³³ to⁵³ zʅ³¹ tɕie³⁵ lɛ¹³ 。

于是又去了学校当保安，先是去青山参加保安公司的培训，培训结束之后，保安公司就把我安排到了玲珑街道的幼儿园当保安，到今年，也有八年多了。

葛⁼么学校里个领导，葛⁼么教育局里，葛⁼么再加上，葛个保安公司呢对我蛮重视，对我么也蛮好，对我个工作么也肯定，也拨我得到了，木⁼木⁼老⁼个荣誉，我得到嘞是个，"临安市优秀保安"个称号，葛⁼么学校里么"最美教职工"，再评上么，葛个"玲珑街道五星代言人"。

kəʔ⁵ məʔ² yɔʔ² iɔ³¹ li⁵³ kəʔ⁵ liŋ³⁵ dɔ⁵³ , kəʔ⁵ məʔ² tɕiɔ⁵⁵ yɐʔ² dʑyɔʔ² li³³ , kəʔ⁵ məʔ² tsɛ³³ ka⁵⁵ z ɑ̃³³ , kɐʔ⁵ kɐʔ⁵ pɔ⁵³ ə³³ koŋ⁵³ sʅ³³ n̠ie³³ tɛ³¹ ŋo³³ me⁵⁵ dzoŋ³¹ zʅ¹³ , tɛ³¹ ŋo³³ məʔ² ia³⁵ me⁵⁵ hɔ⁵³ , tɛ³¹ ŋo³³ kəʔ⁵ koŋ⁵⁵ tsuɔʔ⁵ məʔ² ia³⁵ kʰeŋ⁵³ diŋ¹³ , ia³⁵ pəʔ⁵ ŋo³³ təʔ⁵ tɔ³⁵ ləʔ² , mɔʔ² mɔʔ² lɔ¹³ kəʔ⁵ ioŋ³⁵ n̠y¹³ , ŋo³³ təʔ⁵ tɔ³⁵ lɐʔ² zʅ¹³ kəʔ⁵ , liŋ³¹ ə¹³ zʅ³³ yœ⁵⁵ ɕyœ⁵⁵ pɔ⁵³ ə³³ kəʔ⁵ tsʰeŋ⁵⁵ ɔ⁵³ , kəʔ⁵ məʔ² yɔʔ² iɔ³¹ li⁵³ məʔ² tsɛ⁵³ mɛ³⁵ tɕiɔ⁵⁵ tsɛʔ⁵ koŋ³³ , tsɛ³³ biŋ³⁵ z ɑ̃³³ məʔ² , kɐʔ⁵ kɐʔ⁵ liŋ³³ loŋ¹³ ka⁵³ dɔ¹³ ŋ³³ ɕiŋ⁵⁵ dɛ¹³ ie¹³ zeŋ¹³ 。

学校里的领导、教育局，还有保安公司都对我很重视，对我很好，对我的工作也肯定，同时给予了我许多荣誉。比如，我先后荣获"临安市优秀保安""最美教职工""玲珑街道五星代言人"等称号。

个些荣誉得来呢，都是跟领导对我个关心和帮助，也是分弗开个，自家感觉到木=老=光荣。

kəŋ⁵ ɕieʔ⁵ioŋ³⁵ n̠y¹³ təʔ⁵ lɛ⁵⁵ n̠ie³³ , tu⁵⁵ zɿ³³ keŋ⁵⁵ liŋ³⁵ dɔ⁵³ tɛ³¹ ŋo³³ kəʔ⁵ kuɐ⁵⁵ ɕiŋ⁵³ u³³ pã⁵⁵zɥ³³ , ia³³ zɿ¹³ feŋ⁵³ fɐʔ⁵ kʰɛ⁵³ kəʔ² , zɿ³³ ka³⁵ kə⁵⁵ dʑyɔʔ² tɔ³⁵ mɔʔ² lɔ¹³ kuã̃⁵⁵ ioŋ³⁵ 。

得到这些荣誉也离不开学校领导对我的关心和帮助，我感到十分光荣。

另外么，是侄无没啥个东西好话啦，我来东=学校里么，就是介个勤勤恳恳个工作，想想自家呢，也马上要退休唻，则=为玲珑街道中心幼儿班么，多做一点贡献，则=我另外么也弗大有嘞啦，葛=么就是个样好唻今朝。

liŋ³³ ŋa¹³ məʔ² , zɐʔ² ŋa³¹ m³³ mɐʔ²so⁵⁵ gəʔ⁵ toŋ⁵³ ɕi³⁵ hɔ⁵³ o³³ la³³ , ŋo³³ lɛ³³toŋ⁵³ yɔʔ²iɔ³¹ li⁵³ məʔ² , dʑyœ³⁵ zɿ³³ ka³⁵ gəʔ² dʑiŋ⁵⁵ dʑiŋ⁵⁵ kʰeŋ³³ kʰeŋ³³ kəʔ⁵ koŋ⁵⁵ tsuɔʔ² , ɕiã̃⁵³ ɕiã̃³⁵ zɿ³³ ka³⁵ n̠ie³³ , ia³³ mo³³ zã̃³³ iɔ³⁵ tʰɛ³³ ɕyœ⁵⁵ lɛ¹³ , zɐʔ²uɛ³¹ liŋ³³ loŋ¹³ ka⁵³ dɔ¹³ tsoŋ⁵⁵ ɕiŋ⁵³ iœ⁵³ ɚ¹³ pɛ⁵⁵ məʔ² , to³⁵ tsɔʔ⁵iɐʔ⁵ tie³⁵ koŋ⁵³ ɕie⁵⁵ , zɐʔ² ŋo³³ liŋ³³ ŋa¹³ məʔ²ia³³ fɐʔ⁵ do³³ yœ³³ lɐʔ⁵la³³ , kəʔ⁵məʔ² dʑyœ³⁵zɿ³³ gəʔ²iã̃³³hɔ³³lɛ¹³keŋ⁵³tsɔ⁵⁵ 。

另外，在学校我就是这样勤勤恳恳地工作，想想自己也马上要退休了，我也希望能为玲珑街道幼儿园多做一点贡献，今天就讲到这里。

家庭情况

　　我叫王炳南，出生于 1958 年。生特⁼锦桥头，就是钱武肃王故里葛个地方，是我今朝用临安话，拨大家讲一讲，是俚一家屋里个情况。

　　ŋo³³tɕiɛ⁵⁵ u ã³³ piŋ⁵³ nə¹³，tsʰəʔ⁵ s ã⁵⁵ y³³ iɛʔ⁵ tɕyœ⁵³ ŋ³³ pəʔ⁵ ȵie³³。s ã³³ dəʔ²tɕiŋ⁵⁵ dzio³³ də³³，dzɣœ³⁵ zɿ³³ dzie³³ vu⁵³ soʔ²u ã¹³ ku³³ li³³ kəʔ⁵kəʔ⁵ di¹³ fã⁵⁵，zɐʔ² ŋo³³ keŋ⁵³ tsə⁵⁵ ioŋ¹³ liŋ³¹ ə¹³ o³³，pəʔ⁵da³³ ka⁵⁵ k ã⁵³ iɛʔ⁵k ã⁵³，zɐʔ²ŋa³¹ iɛʔ⁵ka³⁵oʔ⁵li¹³kəʔ⁵ziŋ³¹kʰu ã¹³。

　　我叫王炳南，1958 年于锦桥头出生，锦桥头就是钱武肃王故里。今天我用临安话给大家讲一讲我的家庭情况。

　　是我首先来讲一讲，是俚阿爹姆妈。是俚姆妈今年九十多岁唻，是俚阿爹姆妈，是木⁼木⁼老⁼苦个，拨俚介许多小人养大，生特⁼俚五兄弟，一个姐妹，总共是六姐妹。

　　zɐʔ² ŋo³³ sə³⁵ ɕie⁵⁵ lɛ³⁵ k ã⁵³ iɛʔ⁵k ã⁵³，zɐʔ² ŋa³¹ aʔ⁵tia⁵⁵ m⁵⁵ma⁵⁵。zɐʔ² ŋa³¹ m⁵⁵ma⁵⁵tɕiŋ⁵³ ȵie⁵⁵ tɕyœ³³ zɐʔ²to³³ sɛ³⁵ lɛ¹³，zɐʔ² ŋa³¹ aʔ⁵tia⁵⁵ m⁵⁵ma⁵⁵，zɿ³⁵ moʔ²m̩oʔ²lə¹³kʰu⁵⁵kəʔ⁵，pəʔ⁵ŋa³¹ka⁵⁵ɕy⁵⁵to⁵³ɕio⁵⁵ȵiŋ⁵⁵ i ã³⁵ do³³，s ã³³ dəʔ²ŋa³¹ŋ³³ɕioŋ⁵³di¹³，iɛʔ⁵kəʔ⁵tɕi³⁵mɛ³¹，zoŋ⁵⁵goŋ⁵³zɿ³³loʔ²tɕi³⁵mɛ³³。

　　首先，讲一讲我的父亲母亲。我母亲今年九十多岁，我父母那时候很苦，生下我们六个，五个兄弟，一个姐妹，辛辛苦苦把我们拉扯养大。

　　是俚从小苦头吃特⁼木⁼木⁼老⁼，要培养俚读书，要拨俚吃饭、穿衣裳，是俚，苦特⁼一生世。但是，福气俚阿爹无没享到，是俚姆妈个卯要享到福唻，辛辛苦苦嘞一辈子，拨俚小人养大。

　　zɐʔ² ŋa³¹ dzoŋ³³ɕio⁵⁵ kʰu⁵⁵ də³³tɕʰyoʔ²dəʔ²moʔ²m̩oʔ²lə¹³，io³⁵ bɛ³³i ã³⁵ ŋa³¹ duɔʔ² ɕy⁵³ , iɔ³⁵ pəʔ⁵ ŋa³¹ tɕʰieʔ⁵ vɛ³³ 、tsʰə⁵⁵ i³³ zã̍¹³ , zɐʔ² ŋa³³ , kʰu⁵⁵ dəʔ² iɐʔ⁵ sã̍⁵⁵ sʅ⁵⁵ 。 dɛ³³ zʅ³¹ , fuɔʔ² tɕʰi⁵³ ŋa³¹ aʔ⁵ tia⁵⁵ m³³ mɐʔ² ɕiã̍⁵⁵ tɔ³⁵ , zɐʔ² ŋa³¹ m⁵⁵ ma⁵⁵ kɔʔ⁵ mɔ³³ iɔ³⁵ ɕi ã̍⁵⁵ tɔ³⁵ fuɔʔ² lɛ¹³ , ɕiŋ³⁵ ɕiŋ⁵⁵ kʰu⁵⁵ kʰu⁵⁵ lɐʔ² iɐʔ⁵ pɛ⁵³ tsʅ³³ , pəʔ⁵ ŋa³¹ ɕiɔ⁵⁵ ȵiŋ⁵⁵ iã̍³⁵ do³³ 。

父亲母亲吃了很多苦,他们要培养我们读书,供我们吃饭、穿衣服,苦了一辈子。但是,我父亲没有享到福,我母亲享到了,辛辛苦苦一辈子把我们养大。

是我个记再来讲讲,是倛大阿哥个情况。是倛大阿哥就是 1958 年参加工作,是伊有两个小人,两个囡。两个小人个工作个卯都蛮好,一个来东⸗车管所,一个来东⸗教育局。是伊自家工作个时光,首先来东⸗商业局,后头来东⸗组织部、宣传部到纪检委,一直到退休为界。

zɐʔ² ŋo³³ kəʔ⁵ tɕi³⁵ tsɛ⁵⁵ lɛ³³ k ã̍⁵⁵ k ã̍⁵³ , zɐʔ² ŋa³¹ do³⁵ ɐʔ⁵ ko⁵⁵ kəʔ⁵ ʑiŋ³¹ kʰu ã̍¹³ 。 zɐʔ² ŋa³¹ do³⁵ ɐʔ⁵ ko⁵⁵ dzyœ³⁵ zʅ³³ iɐʔ⁵ tɕɤœ⁵³ ŋ³³ pɐʔ⁵ ȵie³³ tsʰɛ³⁵ tɕia⁵⁵ koŋ⁵⁵ tsuɔʔ² , zɐʔ² i¹³ yœ³³ li ã̍³³ kəʔ⁵ ɕiɔ⁵⁵ ȵiŋ⁵⁵ , li ã̍³³ kəʔ⁵ nə³³ 。 li ã̍³³ kəʔ⁵ ɕiɔ⁵⁵ ȵiŋ⁵⁵ kəʔ⁵ koŋ⁵⁵ tsuɔʔ² kɔʔ⁵ mɔ³³ tu⁵⁵ mɛ⁵⁵ hɔ⁵³ , iɐʔ⁵ kɐʔ⁵ lɛ³³ toŋ⁵³ tsʰo⁵⁵ kuə³⁵ so⁵⁵ , iɐʔ⁵ kɐʔ⁵ lɛ³³ toŋ⁵³ tɕiɔ⁵⁵ yɐʔ² dzyɔʔ² 。 zɐʔ² i¹³ zʅ³³ ka³⁵ koŋ⁵⁵ tsuɔʔ² kəʔ⁵ zʅ³³ kuã̍³⁵ , sə³⁵ ɕie⁵⁵ lɛ³³ toŋ⁵³ s ã̍⁵³ ȵiɐʔ² dzyɔʔ² , ə³⁵ də⁵⁵ lɛ³³ toŋ⁵³ tsu⁵⁵ tsəʔ⁵ bu³¹ 、ɕie⁵⁵ dzə⁵⁵ bu³¹ tɔ³⁵ tɕi⁵³ tɕiɛ³⁵ uɛ³¹ , iɐʔ⁵ zəʔ² tɔ³⁵ tʰɛ³³ ɕyœ⁵⁵ uɛ³³ ka³⁵ 。

现在,我再来讲讲我大哥的情况。我大哥于 1958 年参加工作,有两个女儿。两个女儿的工作都很好,一个在车管所,一个在教育局。我大哥自己先在商业局工作,后来到组织部、宣传部再到纪检委,直至退休。

是催二阿哥, 1964 年当兵,到北京,海军,参加北京仪仗队,一直直至转业,后头回来到煤矿里工作。到一厂、矿子厂、总工会,一直到退休为界。是郎呢也有两个小人,一个儿子,一个囡。囡来东=上海工作,儿子来东=临安工作。

zɐʔ² ŋa³¹ ɲi³⁵ ɐʔ⁵ ko⁵⁵ , iɐʔ⁵ tɕyœ⁵³ lɔʔ² sʅ³⁵ ɲie³¹ t ɑ̃³⁵ piŋ⁵⁵ , tɔ³⁵ pɔʔ⁵ tɕiŋ³³ , hɛ⁵⁵ tɕyeŋ⁵³ , tsʰɛ³⁵ tɕia⁵⁵ pɔʔ⁵ tɕiŋ³³ iʔ³⁵ z ɑ̃⁵⁵ dɛ³⁵ , iɐʔ² zəʔ² zəʔ² tsʅ³⁵ tsə⁵⁵ ɲiɐʔ² , ə³⁵ də⁵⁵ ʮɛ³³ lɛ¹³ tɔ³⁵ mɛ³³ kʰu ɑ̃⁵⁵ li³³ koŋ⁵⁵ tsuɔʔ² 。 tɔ³⁵ iɐʔ⁵ tsʰ ɑ̃⁵⁵ 、kʰu ɑ̃⁵³ tsʅ³³ tsʰ ɑ̃⁵⁵ 、zoŋ⁵⁵ goŋ⁵³ ʮɛ³¹ , iɐʔ² zəʔ² tɔ³⁵ tʰɛ³³ ɕyœ⁵⁵ ʮɛ³³ ka³⁵ 。 zɐʔ² ia³¹ ɲie³³ ia³¹ yœ³³ li ɑ̃³³ kəʔ⁵ ɕiɔ⁵⁵ ɲiŋ⁵⁵ , iɐʔ⁵ kɐʔ⁵ ŋ³³ tsʅ³⁵ , iɐʔ⁵ kɐʔ⁵ nə³³ 。 nə³⁵ lɛ³³ toŋ⁵³ z ɑ̃¹³ hɛ⁵⁵ koŋ⁵⁵ tsuɔʔ² , ŋ³³ tsʅ³⁵ lɛ³³ toŋ⁵³ liŋ³¹ ə¹³ koŋ⁵⁵ tsuɔʔ² 。

我二哥, 1964 年入伍当兵,曾以海军身份到北京参加仪仗队,一直到退伍转业,后来回到临安煤矿厂工作。从一厂到矿子厂再到总工会,直至退休。他也有两个孩子,一儿一女。女儿在上海工作,儿子在临安工作。

是催三阿哥,是伊亨=个辰光,是伊参加当兵个检查身体,拨嘞催第四个阿哥两个人都及格个,后来两个人为嘞争无没去。葛=么催三阿哥呢亨=个辰光呢,是"革命委员"个副主任、大队副书记,葛=么村里为嘞培养伊,无没拨伊去。是催第四个阿哥呢,医院里弗拨伊去,葛=么两个人都无没当兵去。

zɐʔ² ŋa³¹ sɛ³⁵ ɐʔ⁵ ko⁵⁵ , zɐʔ² i¹³ h ɑ̃⁵⁵ gəʔ² zeŋ³³ ku ɑ̃⁵⁵ , zɐʔ² i¹³ tsʰɛ³⁵ tɕia⁵⁵ t ɑ̃³⁵ piŋ⁵⁵ kəʔ⁵ tɕiɛ³³ za³⁵ seŋ⁵⁵ tʰi⁵³ , pəʔ⁵ lɐʔ² ŋa³¹ di³⁵ sʅ³⁵ kəʔ⁵ ɐʔ⁵ ko⁵⁵ li ɑ̃³³ kəʔ⁵ ɲiŋ⁵⁵ tu⁵⁵ dziɐʔ² kɐʔ⁵ koʔ² , ə³⁵ lɛ⁵⁵ li ɑ̃³³ kəʔ⁵ ɲiŋ⁵⁵ ʮɛ³⁵ lɐʔ² dz ɑ̃³⁵ m³³ mɐʔ² tɕʰi³¹ 。 kəʔ⁵ məʔ² ŋa³¹ sɛ³⁵ ɐʔ⁵ ko⁵⁵ ɲie³³ h ɑ̃⁵⁵ gəʔ² zeŋ³³ ku ɑ̃⁵⁵ ɲie³³ , zʅ³⁵ kəʔ⁵ miŋ³³ ʮɛ³⁵ yœ³³ kəʔ⁵ fu⁵³ tsu⁵⁵ zeŋ³³ 、do³³ dɛ⁵⁵ fu⁵³ ɕy⁵⁵ tɕi³⁵ , kəʔ⁵ məʔ² tsʰeŋ⁵⁵ li³³ ʮɛ³⁵ lɐʔ² bɛ⁵⁵ i ɑ̃³⁵ i¹³ , m³³ mɐʔ² pəʔ⁵ i¹³ tɕʰi³¹ 。 zɐʔ² ŋa³¹ di³⁵ sʅ³⁵ kəʔ⁵ ɐʔ⁵ ko⁵⁵ n̠ie³³ , i⁵⁵ yœ⁵³ li³³ feʔ⁵ pəʔ⁵ i¹³ tɕʰi³¹ , kəʔ⁵ məʔ² li ã³³ kəʔ⁵ n̠iŋ⁵⁵ tu⁵⁵ m³³ mɐʔ² tã³⁵ piŋ⁵⁵ tɕʰi³¹ 。

　　我三哥,当时参加过兵检,和我四哥两人都是体检合格,但后来两人因为争执没去成。我三哥当时是"革委会"的副主任、大队副书记,村里为了培养他而没让他去当兵。我四哥是因为医院不同意,所以两人都没去成。

　　后头来呢,偓第三个阿哥呢,来东⁼老早子叫临天公社,到后来分田到户以后呢,偓阿哥呢就出去自家弄个体唻,葛⁼么伊到嘞上海做起嘞煤气生意,葛⁼么一直到个卯,葛⁼么退休回来,条件呢也蛮好。

　　ə³⁵ də⁵⁵ lɛ⁵³ n̠ie³³ , ŋa³¹ di³⁵ sɛ³⁵ kəʔ⁵ ɐʔ⁵ ko⁵⁵ n̠ie³³ , lɛ³³ toŋ⁵³ lɔ³³ tsɔ⁵⁵ tsɿ⁵⁵ tɕiɔ⁵⁵ liŋ³¹ tʰie⁵⁵ koŋ³³ zɛ³¹ , tɔ³⁵ ə³⁵ lɛ⁵⁵ feŋ⁵³ die¹³ tɔ⁵³ u¹³ i¹³ ə¹³ n̠ie³³ , ŋa³¹ ɐʔ⁵ ko⁵⁵ n̠ie³³ dʑyœ³³ tsʰ ɐʔ⁵ tɕʰi⁵⁵ zɿ³³ ka³⁵ loŋ¹³ ko⁵⁵ tʰi⁵³ lɛ¹³ , kəʔ⁵ məʔ² i¹³ tɔ³⁵ lɐʔ² zã¹³ hɛ⁵⁵ tsɔ³⁵ tɕʰi⁵³ lɐʔ² mɛ³³ tɕʰi⁵³ s ã⁵³ i³¹ , kəʔ⁵ məʔ² iɐʔ⁵ zəʔ² tɔ³⁵ kəʔ⁵ mɔ³³ , kəʔ⁵ məʔ² tʰɛ³³ ɕyœ⁵⁵ uɛ³³ lɛ¹³ , diɔ³¹ dzie¹³ n̠ie³³ ia³¹ me⁵⁵ hɔ⁵³ 。

　　后来,我三哥到了以前所谓的临天公社,分田到户以后,自己去搞了个体经营,在上海做起了煤气生意,一直到现在才退休回来,家庭条件也很好。

　　偓呢有两个小人,特别是两个小人呢,木⁼木⁼老⁼好哦,一个呢来东⁼上海复旦大学毕业,加拿大留学回来个,留学五年回来,葛⁼么偓个囡呢,是来东⁼上海外国语学校毕业个,葛⁼么来东⁼葛个上海当翻译个,家里生活条件也蛮好,葛⁼么偓第三个阿哥呢就是介个情况。

　　ia³⁵ n̠ie³³ yœ³³ li ã³³ kəʔ⁵ ɕiɔ⁵⁵ n̠iŋ⁵⁵ , dəʔ² biɐʔ² zɿ³³ li ã³³ kəʔ⁵ ɕiɔ⁵⁵ n̠iŋ⁵⁵ n̠ie³³ , mɔʔ² mɔʔ² lɔ³³ hɔ³³ o⁵⁵ , iɐʔ⁵ kəʔ⁵ n̠ie³³ lɛ³³ toŋ⁵³ zã¹³ hɛ⁵⁵ fuɔʔ⁵ tɛ⁵³ do³⁵ yɐʔ² piʔ² n̠iɐʔ² , tɕia³³ na³⁵ do³¹ lə³³ yɐʔ² uɛ³³ lɛ¹³ kəʔ³³ , lə³³ yɐʔ² ŋ⁵³ n̠ie³³ uɛ³³ lɛ¹³ , kəʔ⁵ məʔ² ia³⁵ kəʔ⁵ nə³⁵ n̠ie³³ , zɿ³⁵ lɛ³³ toŋ⁵³ z ã¹³ hɛ⁵⁵ ŋa³³ kuɔʔ⁵ y⁵³ yɐʔ² iɔ³¹ piʔ² n̠iɐʔ² ko³³ , kəʔ⁵ məʔ² lɛ³³ toŋ⁵³ kɐʔ⁵ kɐʔ⁵ z ã¹³ hɛ⁵⁵ t ã³⁵ fɛ⁵⁵ iɐʔ⁵ ko³³ , ka³⁵ li⁵³ s ã⁵³ uɔʔ² diɔ³³ dʑie¹³ ia³⁵ mɛ⁵⁵ hɔ⁵³ , kəʔ⁵ məʔ² ŋa³¹ di³⁵ sɛ³⁵ kəʔ⁵ ɐʔ⁵ ko⁵⁵ n̠ie³³ dʑyœ³⁵ zɿ³³ ka³⁵ gəʔ² ʑiŋ³¹ kʰu ã¹³ 。

　　他有两个小孩,特别是两个小孩都很优秀,儿子毕业于上海复旦大学,加拿大留学五年归来;女儿毕业于上海外国语大学,现在在上海做翻译工作,家庭生活条件也很好。这就是关于我三哥的情况。

　　第四个阿哥呢王炳江,是伊呢十八岁呢就到村里,葛＝么后头来呢,临天公社亨＝个辰光要招医生,临天公社医院,葛＝么伊后头来就到公社医院招去哫。葛＝么再培养伊到杭州读书,读书回来呢到公社里,公社里工作之后呢,是伊后头来就当上院长、书记,一直当到退休为界。

di³⁵ sɿ³⁵ kəʔ⁵ ɐʔ⁵ ko⁵⁵ n̠ie³³ u ã³³ piŋ⁵³ k ã³³ , zɐʔ² i¹³ n̠ie³³ zɐʔ² pɐʔ² sɛ³⁵ n̠ie³³ dʑyœ³³ tɔ³⁵ tsʰeŋ⁵⁵ li³³ , kəʔ⁵ məʔ² ə³⁵ də⁵⁵ lɛ⁵³ n̠ie³³ , liŋ³¹ tʰie⁵⁵ koŋ³³ zɛ³¹ h ã⁵⁵ gəʔ² zeŋ³³ ku ã⁵⁵ iɔ³⁵ tsɔ⁵⁵ i³⁵ s ã⁵⁵ , liŋ³¹ tʰie⁵⁵ koŋ³³ zɛ³¹ i⁵⁵ yœ⁵³ , kəʔ⁵ məʔ² i¹³ ə³⁵ də⁵⁵ lɛ⁵³ dʑyœ³³ tɔ³⁵ koŋ³³ zɛ³¹ i⁵⁵ yœ⁵³ tsɔ⁵⁵ tɕʰi⁵³ lɛ¹³ 。 kəʔ⁵ məʔ² tsɛ⁵⁵ bɛ³³ i ã³⁵ i¹³ tɔ³⁵ ã³³ tsɔ³⁵ duɔʔ² ɕy⁵³ , duɔʔ² ɕy⁵³ uɛ³³ lɛ¹³ n̠ie³³ tɔ³⁵ koŋ³³ zɛ³¹ li³³ , koŋ³³ zɛ³¹ li³³ koŋ⁵⁵ tsuɔʔ² tsɿ⁵³ ə³³ n̠ie³³ , zɐʔ² i¹³ ə³⁵ də⁵⁵ lɛ⁵³ dʑyœ³³ t ã³⁵ z ã³³ yœ⁵³ dza ã⁵⁵ 、 ɕy⁵⁵ tɕi⁵³ , iɐʔ⁵ zɐʔ² tɔ³⁵ tɔ³⁵ tʰɛ³³ ɕyœ⁵⁵ uɛ³³ ka³⁵ 。

　　我四哥叫王炳江,他十八岁就到了村里干活,后来,临天公社当时招医生,他就被招到临天公社医院去了。后来医院培养他到杭州读书,毕业后回到临天公社里工作,之后当上院长、书记,直至退休。

是㑚阿姊呢是介个情况，伊是也初中毕业，初中毕业么，伊么后头来呢拨嘞㑚姐夫，村里个一个叫成村娃结婚嘞。是伊呢也是当兵回来个，阿姊后来呢拨伊结婚，葛⁼么生特⁼两个小人，葛⁼么㑚屋里情况么也木⁼老⁼好个，葛⁼么一个来东⁼宁波工作，一个来东⁼葛里拆迁办里，两个小人也蛮好个。

zəʔ² ŋa³¹ ɐʔ⁵tɕi⁵⁵ n̠ie³³ zʅ³⁵ ka³⁵ gəʔ² ʑiŋ³¹ kʰuã¹³ , i¹³ zʅ³⁵ a³⁵ tsʰu³³ tsoŋ⁵⁵ piʔ² n̠iəʔ² , tsʰu³³ tsoŋ⁵⁵ piʔ² n̠iəʔ² məʔ² , i¹³ məʔ² ə³⁵ də⁵⁵ lɛ⁵³ n̠ie³³ pəʔ⁵ lɐʔ² ŋa³¹ tɕi⁵⁵fu⁵³ , tsʰeŋ⁵⁵ li³³ kəʔ⁵ iɐʔ⁵ kɐʔ⁵tɕiɔ⁵³ dzeŋ³¹ tsʰeŋ³⁵ ua⁵³ tɕiəʔ⁵ hueŋ⁵⁵ lɐʔ² . zɐʔ² i¹³ n̠ie³³ ia³³ zʅ¹³ t ã³⁵ piŋ⁵⁵ uɛ⁵³ lɛ¹³ kəʔ⁵ , ɐʔ⁵tɕi⁵⁵ ə³⁵ lɛ⁵⁵ n̠ie³³ pəʔ⁵ i¹³ tɕiɐʔ⁵ hueŋ⁵⁵ , kəʔ⁵ məʔ²s ã³³ dəʔ² li ã³³ kəʔ⁵ ɕiɔ⁵⁵ n̠iŋ⁵⁵ , kəʔ⁵ məʔ² ia³⁵ oʔ⁵ li³³ ʑiŋ³¹ kʰuã¹³ məʔ² ia³³ məʔ²lɔ¹³ hɔ³³ koʔ⁵ , kəʔ⁵ məʔ² iɐʔ⁵ kɐʔ⁵ lɛ³³ toŋ⁵³ n̠iŋ³⁵ poʔ⁵koŋ⁵⁵ tsuɔʔ² , iɐʔ⁵ kɐʔ⁵ lɛ³³ toŋ⁵³ kəʔ⁵li³³ tsʰɐʔ²tɕʰie³⁵ bɛ³¹ li³³ , lia³³ kəʔ⁵ ɕiɔ⁵⁵ n̠iŋ⁵⁵ ia³³ mɛ⁵⁵ hɔ⁵³ koʔ⁵ .

我姐姐的情况是这样的，她也是初中毕业，毕业后跟我姐夫这个村里的孩子结婚了。我姐夫也是当兵回来后才跟我姐姐结婚的，生了两个小孩，家庭条件也很好，一个在宁波工作，一个在临安的拆迁办工作，两个小孩也很好。

葛⁼么是㑚第四个阿哥呢，有一个小人，葛⁼么伊是杭州政法学校毕业个，毕业之后呢后头分配到个卯呢是管长，葛个戒毒所工作，葛⁼么工资情况也蛮好，㑚新妇也来东⁼杭州工作，两个人㑚家里呢也都弄特⁼蛮好。

kəʔ⁵ məʔ² zɐʔ² ŋa³¹ di³⁵ sʅ³⁵ kəʔ⁵ ɐʔ⁵ ko⁵⁵ n̠ie³³ , yœ³³ iɐʔ² kəʔ⁵ ɕiɔ⁵⁵ n̠iŋ⁵⁵ , kəʔ⁵ məʔ² i¹³ zʅ³⁵ã³³ tsə³⁵ tseŋ⁵⁵ fɐʔ² yɐʔ² iɔ³¹ piʔ² n̠iɐʔ² ko³³ , piʔ² n̠iɐʔ² tsʅ⁵³ ə³³ n̠ie³³ ə³⁵ də⁵⁵ feŋ⁵⁵ pʰɛ⁵³ tɔ³⁵ kəʔ⁵ mɔ³³ n̠ie³³ zʅ³⁵ kuə⁵⁵ dz ã⁵³ , kɐʔ⁵ kɐʔ⁵ ka⁵⁵ duɔʔ² so³³ koŋ⁵⁵ tsuɔʔ² , kəʔ⁵ məʔ² koŋ⁵³ tsʅ³⁵ ʑiŋ³¹ kʰuã¹³ ia³³ mɛ⁵⁵ hɔ⁵³ , ia³⁵ ɕiŋ⁵³ vu³³ ia³³ lɛ³³ toŋ⁵³ ɑ̃³³ tsə³⁵ koŋ⁵⁵ tsuɔʔ² , li ɑ̃³³ kəʔ⁵ n̠iŋ⁵⁵ ia³⁵ ka³⁵ li⁵³ n̠ie³³ ia³³ tu⁵⁵ loŋ¹³ dəʔ² mɛ⁵⁵ hɔ⁵³ 。

我四哥有一个孩子,毕业于杭州政法学校(即"浙江警察学院")。毕业之后他分配到戒毒所工作,如今是所长,工资情况也很好,其媳妇同在杭州工作,家庭条件也很好。

葛＝么偎阿姊个事体讲过唻,葛＝么再讲讲是我自家个事体,是我呢1976年当兵,葛＝么从部队里回来之后,葛＝么是我呢后头来讨老嬷、生小人,就介。

kəʔ⁵ məʔ² ŋa³¹ ɐʔ⁵ tɕi⁵⁵ kəʔ⁵ zɿ³³ tʰi⁵⁵ k ɑ̃⁵⁵ ko³³ lɛ³³ , kəʔ⁵ məʔ² tsɛ⁵⁵ k ɑ̃⁵⁵ k ɑ̃⁵³ zɐʔ⁵ ŋo³³ zɿ³³ ka³⁵ kəʔ⁵ zɿ³³ tʰi⁵⁵ , zɐʔ⁵ ŋo³³ n̠ie³³ iɐʔ⁵ tɕyœ⁵³ tɕʰiəʔ⁵ lɔʔ² n̠ie³¹ t ɑ̃³⁵ piŋ⁵⁵ , kəʔ⁵ məʔ² dzoŋ³³ bu⁵⁵ dɛ³³ li³³ uɛ³³ lɛ¹³ tsɿ⁵³ ə³³ , kəʔ⁵ məʔ² zɐʔ⁵ ŋo³³ n̠ie³³ ə³⁵ də⁵⁵ lɛ⁵³ tʰɔ⁵⁵ lɔ³³ mo³³ 、s ɑ̃⁵³ ɕi⁵⁵ n̠iŋ⁵⁵ , dzyœ³⁵ ka⁵³ 。

我姐姐的情况讲过之后,再讲讲我家的情况,我于1976年当兵,从部队回来后就结婚、生小孩了,就是这样。

(2016 年 8 月 28 日,临安,发音人:王炳南)

(二)方言老女

个人经历

今朝倻喊我来话,话也话弗出来啦,想想也[无有]东西好话,像偎当地里个说话讲么就是介讲讲,有人拨我话么也会话呀,话来话去个好话。呐,人也[无有]特＝个人,讲啥个东西呢,要么就是讲讲自家小个辰光到大,介噢。

tɕiŋ⁵³ tsɔ⁵⁵ ia³⁵ hɛ⁵⁵ ŋo³³ lɛ¹³ o³⁵ , o³⁵ ia⁵⁵ o⁵³ fɐʔ² tsʰəʔ⁵ lɛ³⁵ la³³ , ɕi ɑ̃⁵³ ɕi ɑ̃³⁵ ia³⁵ n̠iɐ³³ toŋ⁵³ ɕi³⁵ hɔ⁵³ o³³ , zi ɑ̃³³ ŋa³¹ t ɑ̃³⁵ di³³ li³³ kəʔ⁵ sɔʔ⁵ o¹³ k ɑ̃⁵⁵ məʔ² dzyœ³⁵ zɿ³³ ka⁵⁵ k ɑ̃⁵³ k ɑ̃⁵⁵ , yœ¹³ n̠iŋ⁵⁵ pɐʔ⁵ ŋo³³ o¹³ məʔ² ia³⁵ uɛ³³ o³¹ ia³³ , o³³ lɛ¹³ o³³ tɕʰi³¹

geʔ² hɔ⁵³ o³⁵ 。 nɐʔ² , ȵiŋ⁵⁵ a³⁵ ȵiə³³ dəʔ² kəʔ⁵ ȵiŋ⁵⁵ , k ã⁵⁵ so⁵⁵ goʔ⁵toŋ⁵³ ɕi³⁵
ȵie³³ , iɔ³⁵ məʔ² dʑyœ³⁵ zɿ³³ k ɑ̃⁵⁵ k ɑ̃⁵³ zɿ³³ ka³⁵ ɕiɔ⁵⁵ kəʔ⁵ zeŋ³³ ku ɑ̃⁵⁵ tɔ³⁵ do³⁵ ,
ka⁵⁵ ɔ³⁵ 。

今天让我来讲，想来想去也讲不出些什么，讲当地话就是这样，有人一起讲，才讲得出。现在没有人一起，讲什么呢，那我就来讲讲自己从小到大的经历。

小人催屋里头呢，屋里子呢，催呢有，一共呢有七个人，一个娘娘，阿爹姆妈，则⸗么是我介，则⸗下底呢有两个阿弟、一个阿妹。

ɕiɔ⁵⁵ ȵiŋ⁵⁵ ŋa³¹ oʔ⁵li³³ də³¹ ȵie³³ , oʔ⁵li³³ tsɿ⁵⁵ ȵie³³ , ŋa³¹ ȵie³³ yœ³³ ,
iɐʔ⁵ goŋ⁵³ ȵie³³ yœ¹³ tɕʰiɐʔ⁵ kəʔ⁵ ȵiŋ³⁵ , iɐʔ⁵ kəʔ⁵ ȵi ã³³ ȵi ã¹³ , aʔ⁵tia⁵⁵ m⁵⁵ ma⁵⁵ ,
zeʔ² məʔ² zeʔ² ŋo³³ ka⁵³ , zeʔ⁵ o³³ti⁵³ ȵie³³ yœ¹³ lia̘³³ kəʔ⁵ ɐʔ⁵ di¹³ 、iɐʔ⁵ kəʔ⁵ ɐʔ⁵ mɛ³³ 。

我家一共有七口人，奶奶、父母、两个弟弟、一个妹妹和我。

是呢①我呢老大，介噢，是呢我呢亨⸗辰光呢蛮罪过个，何里像个卵催条件好噢，呐，蛮小就要做生活，开始做生活嘞，书也弗⸗大有纳⸗个⸗读过。

zeʔ² ȵie³³ ŋo³³ ȵie³³ lɔ³⁵ do³³ , ka⁵⁵ ɔ³⁵ , zeʔ² ȵie³³ ŋo³³ ȵie³³ h ã⁵⁵ zeŋ³³ ku ã⁵⁵
ȵie³³ mɛ⁵⁵ zɛ³³ ko³⁵ go³¹ , a³⁵ li⁵⁵ zi ã⁵³ kəʔ⁵ mɔ³³ ŋa³¹ diɔ³³ dʑie¹³ hɔ⁵⁵ ɔ³⁵ , naʔ² ,
mɛ³³ ɕiɔ⁵⁵ dʑyœ³³ iɔ¹³ tsɔ³⁵ s ã⁵³ o¹³ , kʰ ɛ³³ sɿ⁵⁵ tsɔ³⁵ s ã⁵³ o¹³ lɐʔ² , ɕy⁵⁵ a³⁵ fɐʔ⁵
do³³ yœ¹³ nɐʔ² gɐʔ⁵ duɔʔ² ko³³ 。

其中我是老大，小时候很可怜，哪里像现在的条件这么好，从小就要开始干活，没怎么读过书。

---

① 此处省略"我"，实际意思为"是我呢"。下同。

　　十六岁就开始去造里畈水库去啦,造里畈水库呢,就是人呢蛮小巧个,介噢,做生活呢也会做,就是造里畈水库,亨⁼辰光做生活做做也还味道啦,呐,有辰光么拉三轮车,有辰光么抬预制板,有辰光么抬石头,介噢,石头抬出来,还没有力个。

　　zɐʔ² loʔ² sɛ³⁵ dʑyœ³³ kʰɛ³³ sʅ⁵⁵ tɕʰi³¹ zɔ³³ li³⁵ pɛ⁵⁵ suɛ⁵⁵ kʰu⁵³ tɕʰi³¹ la³³ , zɔ³³ li³⁵ pɛ⁵⁵ suɛ⁵⁵ kʰu⁵³ n̠ie³³ , dʑyœ³⁵ zʅ³³ n̠iŋ³⁵ n̠ie³³ mɛ³³ ɕiɔ⁵³ tɕʰiɔ⁵³ go³³ , ka⁵⁵ ɔ³⁵ , tso³⁵ sã̠⁵³ o¹³ n̠ie³³ ia³⁵ uɛ⁵³ tso³³ , dʑyœ³⁵ zʅ³³ zɔ³³ li³⁵ pɛ⁵⁵ suɛ⁵⁵ kʰu⁵³ , hã̠⁵⁵ zeŋ³³ ku ã̠⁵⁵ tso³⁵ s ã̠⁵³ o¹³ tso⁵⁵ tso³⁵ ia³⁵ uɛ³³ bi³⁵① dɔ⁵³ la³³ , nɐʔ² , yœ¹³ zeŋ³³ ku ã̠⁵⁵ məʔ² la³³ sɛ⁵³ leŋ³³ tsʰo⁵⁵ , yœ¹³ zeŋ³³ ku ã̠⁵⁵ məʔ² dɛ³³ y³⁵ tsʅ⁵⁵ pɛ⁵⁵ , yœ¹³ zeŋ³³ ku ã̠⁵⁵ məʔ² dɛ³³ zɐʔ² də³³ , ka⁵³ ɔ³⁵ , zɐʔ² də³³ dɛ³⁵ tsʰəʔ⁵ lɛ³³ , uɛ³⁵ mɐʔ² yœ³⁵ lieʔ² kəʔ⁵ 。

　　十六岁就去建造里畈水库了,那时人很小巧,能干活,那时候干活也很有趣,有时候拉三轮车,有时候抬预制板,有时候抬石头,抬石头没有一点力气是不行的。

　　我想想介喊出来也好个,"歇歇介啊""慢慢叫⁼啊",介噢,"侬慢慢走啊""转带弯啊",介噢,都是介种样,反正倕做做生活,亨⁼辰光做做反正也味道个啦,就是介个记介。

　　ŋo³³ ɕiã̠⁵³ ɕiã̠³⁵ ka⁵³ hɛ⁵⁵ tsʰəʔ⁵ lɛ³³ ia⁵³ hɔ³³ go³³ , ɕiɐʔ⁵ ɕiɐʔ⁵ ka⁵³ a³³ mɛ³³ mɛ¹³ tɕiɔ⁵³ a³³ , ka⁵⁵ ɔ³⁵ , noŋ¹³ mɛ³³ mɛ¹³ tsə⁵³ a³³ tsə⁵⁵ ta⁵³ uɛ⁵⁵ a³³ , ka⁵⁵ ɔ³⁵ , tu⁵⁵ zʅ³³ kəʔ⁵ tsoŋ⁵³ iã̠³³ , fɛ³³ tseŋ³³ ŋa³¹ tso⁵⁵ tso⁵⁵ sã̠⁵³ o¹³ , hã̠⁵⁵ zeŋ³³ ku ã̠⁵⁵ tso⁵⁵ tso³⁵ fɛ³³ tseŋ³³ ɐ⁵³ bi³⁵ dɔ⁵³ kəʔ⁵ la³³ , dʑyœ³⁵ zʅ³³ ka⁵⁵ kəʔ⁵ tɕi³⁵ ka⁵⁵ 。

　　累了就喊口号鼓劲,比如"歇歇吧""慢慢来""你慢慢走""要转弯啦"类似这种。那时干活还是很有意思的。

---

　　①　音系"味"为"[vi]",为老男音,此为老女音。

亨⸗辰光造三年水库，三年水库呢也[无有]东西好吃，专呢呐，干菜、腌菜，介噢，生干菜驮特⸗去，介蒸蒸，介半个月回来一埭。介噢，两角洋钿补贴费，半斤米补贴拨倨造里畈水库。

hã⁵⁵ zeŋ³³ kuã⁵⁵ zɔ³³ sɛ⁵³ ȵie³¹ suɛ⁵⁵ kʰu⁵³ , sɛ⁵³ ȵie³¹ suɛ⁵⁵ kʰu⁵³ ȵie³³ ia³⁵ ȵiə³³ toŋ⁵³ ɕi³⁵ hɔ⁵³ tɕʰieʔ⁵ , tsœ⁵³ ȵie³³ nɐʔ² , kə⁵⁵ tsʰE³³ 、ie⁵⁵ tsʰE³³ , ka⁵³ ɔ³⁵ , sã⁵³ kə⁵⁵ tsʰE³³ do³¹ dəʔ² tɕʰi³¹ , ka⁵³ tseŋ⁵⁵ tseŋ⁵⁵ , ka⁵³ pə⁵⁵ koʔ⁵ yɐʔ² uE³³ lɪ¹³ iɐʔ⁵ da³³ , ka⁵⁵ ɔ³⁵ , liã¹³ kuɔʔ⁵ ã³³ die¹³ pu⁵⁵ tʰiəʔ⁵ fi⁵⁵ , pə⁵⁵ tɕiŋ³⁵ mi³¹ pu⁵⁵ tʰ iəʔ² pəʔ⁵ ŋa³¹ zɔ³³ li³⁵ pɛ⁵⁵ suɛ⁵⁵ kʰu⁵³ 。

那时候造了三年水库，帮忙建造水库那三年也没好东西吃，只有梅干菜、咸菜，或者带生干菜过去，蒸着吃，半个月回家一次。这样，有两角钱和半斤米作为造里畈水库的补贴。

造里畈水库个辰光呢，十六七岁个辰光多少会吃啦，半斤米饭吃特⸗何里来，吃特⸗何是肚角里啦，弗晓得个啦，吃特⸗是讲讲呐听说话，还[无有]饱个，就介个弶弶①个，介噢。

zɔ³³ li³⁵ pɛ⁵⁵ suɛ⁵⁵ kʰu⁵³ kəʔ⁵ zeŋ³³ kuã⁵⁵ ȵie³³ , zɐʔ² luoʔ² tɕʰiəʔ⁵ sɛ³⁵ kəʔ⁵ zeŋ³³ kuã⁵⁵ to⁵⁵ sɔ³⁵ uE³³ tɕʰieʔ⁵ la³³ , pə⁵⁵ tɕiŋ³⁵ mi³¹ vɛ³³ tɕʰyɔʔ² dəʔ² a³⁵ li⁵⁵ lE³³ , tɕʰyɔʔ² dəʔ² a³⁵ zɿ⁵⁵ du³³ kuɔʔ⁵ li⁵⁵ la³³ , fɐʔ⁵ ɕiɔ⁵⁵ tɐʔ⁵ kəʔ⁵ la³³ , tɕʰyɔʔ² dəʔ² zɿ⁵⁵ kã⁵⁵ kã⁵³ nɐʔ² tʰiŋ⁵³ sɔʔ⁵ o¹³ , vɛ⁵³ ȵiə³³ pɔ⁵⁵ go⁵³ , dʑyœ³³ ka⁵⁵ kəʔ⁵ dʑiã⁵⁵ dʑiã⁵⁵ go⁵³ , ka⁵⁵ ɔ³⁵ 。

造里畈水库的时候，十六七岁，很会吃，半斤米怎么够吃呀，只够塞塞肚子角落的啦，别人不知道的啦，根本没有吃饱，就这样算是勉强吃过了，就是这样。

———————————

① 弶弶：勉强能过。

　　[无有]小闲食吃，又[无有]啥个东西吃，何里有东西吃啊，四分洋钿一桄油糕子，也[无有]钞票去买来吃，何里割舍去买来吃啊，又[无有]，弗花钞票，介噢。

　　n̠iə³³ ɕiɔ⁵³ ɛ³³ zɐʔ² tɕʰyɔʔ² , i³⁵ n̠iə³³ so⁵⁵ goʔ⁵ toŋ⁵³ ɕi³⁵ tɕʰyɔʔ² , a³⁵ li⁵⁵ yœ¹³ toŋ⁵³ ɕi³⁵ tɕʰyɔʔ² a³³ , sๅ³³ feŋ⁵⁵ ã³³ die¹³ iɐʔ² k ã⁵⁵ yœ³³ kɔ³⁵ tsๅ⁵⁵ , ia³⁵ n̠iə³⁵ tsʰɔ⁵⁵ pʰiɔ⁵⁵ tɕi³¹ ma³⁵ lE³³ tɕʰyɔʔ² , a³⁵ li⁵⁵ kəʔ⁵ so⁵³ tɕʰi³¹ ma³⁵ lE³³ tɕʰyɔʔ² a³³ , i³⁵ n̠iə³³ , fɐʔ⁵ ho³⁵ tsʰɔ⁵⁵ pʰiɔ⁵⁵ , ka⁵⁵ ɔ³⁵ 。

　　除了米，没有其他东西吃，更不用说小零食了，根本没有东西吃，连四分钱一根的油糕子也没有钱买来吃，哪里舍得买来吃啊，又没有不花钱的。

　　亨⁼里造特⁼三年水库介，则⁼么屋里头么慢慢叫⁼条件稍许，会趁工分嘞么稍许有点好出来嘞屋里头，造特⁼三年介，再回来么后头再做特⁼两年呢。

　　hã⁵⁵ li³³ zɔ³³ dəʔ² sE⁵³ n̠ie³¹ suE⁵⁵ kʰu⁵³ ka⁵⁵ , zɐʔ² məʔ² oʔ⁵ li³³ də³¹ məʔ² me³³ me¹³ tɕiɔ⁵³ diɔ³³ dzie¹³ sɔ³⁵ ɕy⁵⁵ , uE³³ tsʰeŋ⁵⁵ koŋ³⁵ feŋ⁵³ lɐʔ² məʔ² sɔ³⁵ ɕy⁵⁵ yœ¹³ tie⁵³ hɔ⁵³ tsʰəʔ⁵ lE³³ lɐʔ² oʔ⁵ li³³ də³¹ , zɔ³³ dəʔ² sE⁵³ n̠ie³¹ ka⁵⁵ , tsE⁵⁵ uE³³ lE¹³ məʔ² ə³⁵ də⁵³ tsE⁵⁵ tsɔ⁵³ dəʔ² liã̃³³ n̠ie³¹ n̠ie³³ 。

　　自从帮忙建造了三年水库，挣工分以后，家里的生活条件逐渐好了起来，后来又干了两年。

　　葛⁼么经过后头呢，葛⁼么二十多岁么嫁老公唻，是我本来呢石⁼话嘞呢，是个记呢过特⁼呢玲珑个，石山头亨⁼里个，才侬讲讲呢也，有山地窟窿呢都有个。

　　kəʔ⁵ məʔ² tɕiŋ³³ ko³¹ ə³⁵ də⁵³ n̠ie³³ , kəʔ⁵ məʔ² n̠ie³³ to⁵³ sɛ³⁵ məʔ² ko⁵⁵ lə³³ koŋ⁵⁵ lE³³ , zɐʔ² ŋo³³ peŋ⁵⁵ lE³³ n̠ie³³ zɐʔ² o¹³ lɐʔ² n̠ie³³ , zๅ⁵³ kəʔ⁵ tɕi³⁵ n̠ie⁵⁵ ko³³ dəʔ² n̻ie³³ liŋ³⁵ loŋ⁵³ go⁵³ , zɐʔ² sɛ³¹ də³³ h ɑ̃⁵⁵ li³³ kəʔ⁵ , dzɛ³³ noŋ¹³ k ɑ̃⁵⁵ k ɑ̃⁵³ n̻ie³³ ia³⁵ , yœ¹³ sɛ³³ di³¹ kʰu⁵⁵ lu³³ n̻ie³³ tu⁵³ yœ¹³ go⁵³ 。

等到二十多岁就嫁人了,我本来是在玲珑石山头那里,也有山地。

去个辰光呢嫁特⁼老公也蛮罪过个,讲讲经呢是真当何里话也话弗灵清,种山地窟窿,亨⁼辰光么大家罪过么噢,弗是[只有]得偓一份人家罪过,多少个经历着呢。

tɕʰi³¹ kəʔ⁵ zeŋ³³ ku ɑ̃⁵⁵ n̻ie³³ ko⁵⁵ dəʔ² lɔ³³ koŋ⁵⁵ ia³⁵ mɛ³³ zɛ³³ ko³⁵ go⁵³ , k ɑ̃⁵⁵ k ɑ̃⁵⁵ tɕiŋ⁵³ n̻ie⁵⁵ zʅ⁵³ tseŋ⁵⁵ d ɑ̃¹³ a³⁵ li⁵⁵ o³⁵ ia⁵⁵ o⁵³ fɐʔ⁵ liŋ⁵⁵ tɕʰiŋ³⁵ , tsoŋ³³ sɛ³³ di³¹ kʰu⁵⁵ lu³³ , h ɑ̃⁵⁵ zeŋ³³ ku ɑ̃⁵⁵ məʔ² da³⁵ ka⁵⁵ zɛ³³ ko⁵⁵ məʔ² ɔ³⁵ , fɐʔ⁵ zʅ³³ tɕiɔ⁵⁵ dəʔ² ŋa³¹ iɐʔ² veŋ¹³ n̻iŋ¹³ ka³⁵ zɛ³³ ko⁵³ , to⁵⁵ sɔ³⁵ kəʔ⁵ tɕiŋ⁵⁵ liɐʔ² zɐʔ² n̻ie³³ 。

嫁过去的时候老公家里条件也很不好,山里的苦日子是三天三夜也讲不完。那时大家的生活条件都很不好,不光是我们一家。

我个手头啦偓造房子造特⁼三四回啦,我讲过嘞,平房么变楼房,楼房么变平台,平台么变楼房,介变出来,我手头造特⁼四回房子嘞。

ŋo³³ kəʔ⁵ sə⁵⁵ də⁵³ la³³ ŋa³¹ zɔ³⁵ v ɑ̃³¹ tsʅ³⁵ zɔ³⁵ dəʔ² sɛ⁵⁵ sʅ⁵⁵ uɛ⁵⁵ la³³ , ŋo³³ k ɑ̃⁵⁵ ko³³ lɐʔ² , biŋ³¹ v ɑ̃¹³ məʔ² pie³⁵ lə³³ v ɑ̃¹³ , lə³³ v ɑ̃¹³ məʔ² pie³⁵ biŋ³¹ dɛ³³ , biŋ³¹ dɛ³³ məʔ² pie³⁵ lə³³ v ɑ̃¹³ , ka⁵³ pie³³ tsʰəʔ⁵ lɛ³³ , ŋo³³ sɛ⁵⁵ də⁵³ zɔ³⁵ dəʔ² sʅ⁵⁵ uɛ⁵⁵ v ɑ̃³¹ tsʅ³⁵ lɐʔ² 。

我经手造了三四回房子,从平房到楼房,楼房到平台,平台变楼房,就是这样,造了四回房子。

　　讲出来呢想想介呢,个自家讲讲呢真当条件多少好啦,有电风扇啊,有空调啊,介噢,老早子都是扇子扇扇个,何里有亨⁼个好扇啊,[无有]东西个伊⁼啊,眠床里睏落去,撸撸啊真当,烘烘叫⁼,真当多少泡啦。多少话来话去呢,总是像个卵种小人享福啦,有条件啦。

　　kɑ̃⁵⁵ tshə̃ʔ⁵ lE³³ ȵie³³ ɕi a⁵³ ɕi a³⁵ ka⁵³ ȵie³³ , kəʔ⁵ zɿ³³ ka³⁵ kɑ̃⁵⁵ kɑ̃⁵³ ȵie³³ tseŋ⁵⁵ dɑ̃¹³ diə³³ dʑie¹³ to⁵⁵ sə³⁵ hə⁵³ la³³ , yœ¹³ die³³ foŋ³⁵ sə⁵⁵ a³³ , yœ¹³ kʰoŋ⁵³ diə³¹ a³³ , ka⁵⁵ ɔ³⁵ , lə³³ tsə⁵⁵ tsɿ⁵⁵ tu⁵⁵ zɿ³³ sə⁵³ tsɿ⁵⁵ sə⁵³ sə⁵³ go⁵⁵ , a³⁵ li⁵⁵ yœ¹³ hɑ̃⁵⁵ kəʔ⁵ hə⁵³ sə⁵⁵ a³³ , ȵie³³ toŋ⁵³ ɕi³⁵ kəʔ⁵ i⁵⁵ a³³ , mie³¹ z ɑ̃¹³ li³³ kʰuen⁵⁵ luəʔ² tɕʰi³¹ , lu⁵⁵ lu⁵³ a³³ tseŋ⁵⁵ d ɑ̃¹³ , hoŋ⁵⁵ hoŋ⁵⁵ tɕiə⁵³ , tseŋ⁵⁵ d ɑ̃¹³ to⁵⁵ sə³⁵ pʰə⁵³ la³³ 。 to⁵⁵ sə³⁵ o³³ lE¹³ o³³ tɕʰi³¹ ȵie³³ , zoŋ⁵⁵ zɿ³³ ʑi ɑ̃⁵³ kəʔ⁵ mə³³ tsoŋ³³ ɕi³⁵ ȵiŋ⁵⁵ ɕi ɑ̃⁵ fuəʔ⁵ la³³ , yœ¹³ diə³³ dʑie¹³ la³³ 。

　　想想现在生活条件多好啊,有电风扇,有空调,过去只能拿扇子扇扇,没有其他东西,晚上睡觉时窝在床里,热得根本睡不着。跟过去比,现在的孩子都有优渥的条件,可以享福。

　　像佢种人是生出来,是佢阿爹姆妈么比佢还要苦呀,佢阿爹姆妈么多少罪过啦,罪过特⁼刚刚有点享福喽,生毛病喽,[无有]喽。所以有辰光想出来噢,也真当想想啦,真当话么话啦,真当真当想想呢有辰光蛮心酸个。

　　ʑi ɑ̃⁵³ ŋa³¹ tsoŋ³³ ȵiŋ⁵⁵ zɿ³³ s ɑ̃⁵⁵ tshə̃ʔ⁵ lE³³ , zɐʔ² ŋa³¹ aʔ⁵ tia⁵⁵ m⁵⁵ ma⁵⁵ məʔ² pi⁵⁵ ŋa³¹ uE³³ iə¹³ kʰu⁵⁵ ia³⁵ , ŋa³¹ aʔ⁵ tia⁵⁵ m⁵⁵ ma⁵⁵ məʔ² to⁵⁵ sə³⁵ zE³³ ko⁵⁵ la³³ , zE³³ ko⁵³ dəʔ² k ɑ̃⁵⁵ k ɑ̃⁵⁵ yœ¹³ tie⁵³ ɕi ɑ̃⁵⁵ fuəʔ⁵ lo⁵³ , s ɑ̃⁵⁵ mə³³ biŋ³¹ lo⁵³ , ȵiə³³ lo⁵³ 。 so⁵⁵ i⁵⁵ yœ¹³ zeŋ³³ ku ɑ̃⁵⁵ ɕi ɑ̃⁵³ tshə̃ʔ⁵ lE³³ ɔ³⁵ , ia³⁵ tseŋ⁵⁵ d ɑ̃¹³ ɕi ɑ̃⁵³ ɕi ɑ̃⁵ la³³ , tseŋ⁵⁵ d ɑ̃¹³ o³⁵ məʔ² o³³ la³³ , tseŋ⁵⁵ d ɑ̃¹³ tseŋ⁵⁵ d ɑ̃¹³ ɕi ɑ̃⁵³ ɕi ɑ̃³⁵ ȵie³³ yœ¹³ zeŋ³³ ku ɑ̃⁵⁵ mɛ³³ ɕiŋ⁵³ sə⁵⁵ go⁵³ 。

　　像我们这代人,父母比我们还苦,他们多少可怜,刚到能享清福的年纪，就生病了，去世了。所以有时候想起来啊，也就是想想而已，说起来也真是心酸。

讲来讲去呢，总是还是想想呢，小人生出来呢总有子防（老）个噢，葛＝也好哦，做做呢偓老公呢，两老嬷呢也蛮好哦，也蛮勤劳哦，反正做做呢也一般性也都有个，日脚也过特＝蛮好，自家想想呢心里想想也蛮高兴个噢。

kɑ̃⁵⁵lɛ¹³kɑ̃⁵⁵tɕʰi³¹ ȵie³³, zoŋ⁵⁵zɿ³³ vɛ³³zɿ³³ ɕiɑ̃⁵³ ɕiɑ̃³⁵ ȵie³³, ɕiɔ³⁵ ȵiŋ⁵⁵sɑ̃⁵⁵ tsʰəʔ⁵lɛ³³ ȵie³³ zoŋ⁵⁵ yœ³⁵ tsɿ⁵⁵ vɑ̃³³lɔ³³kəʔ⁵ɔ³⁵, kəʔ⁵iɑ³⁵ hɔ⁵⁵o⁵⁵, tso⁵⁵tso³⁵ ȵie³³ ŋa³¹lɔ³³koŋ⁵⁵ ȵie³³, liɑ̃³³lɔ³³mo³³ ȵie³³ iɑ³⁵mɛ⁵⁵hɔ⁵³o⁵⁵, iɑ³⁵mɛ⁵⁵ dʑiŋ³³lɔ³³o⁵⁵, fɛ³³tseŋ³³tso⁵⁵tso³⁵ ȵie³³ iɑ³⁵iɐʔ⁵pɛ³³ɕiŋ⁵³iɑ³⁵tu⁵³yœ¹³go⁵³, ȵiəʔ²tɕiɐʔ⁵iɑ³⁵ko⁵⁵dəʔ²mɛ⁵⁵hɔ⁵³, zɿ³³ka³⁵ɕiɑ̃⁵³ɕiɑ̃³⁵ ȵie³³ɕiŋ⁵³li³³ɕiɑ⁵³ɕiɑ̃³⁵iɑ³⁵mɛ⁵⁵kɔ⁵³ɕiŋ³³kəʔ⁵ɔ³⁵。

讲来讲去呢，也就是想想而已，家里养个小孩总归是好的，我两夫妻也很好，也很勤劳，生活条件也算得上一般，日子也过得很好，自己心里想想也很高兴。

所以讲讲呢，也[无有]啥个东西好讲啦，像老早个啊讲讲呢，生产队里做生活，偓做啥去，偓么挑啥去，侬么来做啥，我么来种地，削草个生活啦算惬意个啦。

so⁵⁵i⁵⁵kɑ̃³⁵kɑ̃⁵⁵ ȵie³³, iɑ³⁵ȵiɔ³³so⁵⁵goʔ⁵toŋ⁵³ɕi³⁵hɔ³³kɑ̃⁵⁵la³³, ʑiɑ̃⁵³ lɔ³³tsɔ⁵⁵kəʔ⁵a³³kɑ̃³⁵kɑ̃⁵⁵ ȵie³³, sɑ̃⁵⁵tsʰɛ⁵³dɐ³³li³³tso³⁵sɑ̃⁵³o¹³, ŋa³¹tso³³ so³⁵tɕʰi⁵⁵, ŋa³¹məʔ²tʰiɔ⁴⁴soʔ⁵tɕi⁵³, noŋ¹³məʔ²lɛ³³tso³³so³⁵, ŋo³³məʔ²lɛ³³ tsoŋ⁵⁵di⁵³, ɕiɐʔ⁵tsʰɔ⁵⁵kəʔ⁵sɑ̃⁵³o¹³la³³sə³³ɕiɑ⁵⁵i⁵³kəʔ⁵la³³。

所以讲讲，也没什么事情可以讲。过去讲起来呢，在生产队里干活，我们干什么活去，我们挑什么去，你在做什么，我在种地，割草这个活算是比较轻松惬意的。

今朝我人高头弗大会亨＝个搭＝，侬是个照顾我点，我去削草去，介噢。削草个生活算惬意个啦，捣穗啊，摘茶叶啊，介总介个，种田啊，种特＝个只手啦种特＝都是介个胡蜂窠个，一个一个都是洞呀真当。

tɕiŋ⁵³ tsɔ⁵⁵ ŋo³³ n̠iŋ⁵⁵ kɔ³³ də⁵⁵ fɐʔ⁵ do³³ uᴇ³³ h ɑ̃⁵⁵ kəʔ⁵ tɐ⁵⁵ , noŋ¹³ zɿ³³ kəʔ⁵tsɔ⁵⁵ ku⁵⁵ ŋo³⁵ tie⁵⁵ , ŋo³⁵ tɕʰi⁵³ ɕiɐʔ⁵tsʰɔ⁵⁵ tɕʰi⁵³ , ka⁵⁵ ɔ³⁵ 。 ɕiɐʔ⁵tsʰɔ⁵⁵ kəʔ⁵sɑ̃⁵³ o¹³ sə³³ ɕia⁵⁵ i⁵³ kəʔ⁵la³³ , tɔ⁵³ sɛ³³ a³³ , tsɐʔ⁵dzo³³ iɐʔ²a³³ , ka⁵³ zoŋ⁵⁵ ka⁵³ kəʔ⁵ , tsoŋ⁵⁵ die¹³ a³³ , tsoŋ⁵⁵ dəʔ²kəʔ⁵tsɐʔ⁵sɔ⁵³ la³³ tsoŋ⁵⁵ dəʔ²tu⁵⁵ zɿ³³ ka⁵⁵ kəʔ⁵u³⁵ foŋ⁵⁵ kʰu⁵⁵ go⁵³ , iɐʔ⁵ kəʔ⁵iɐʔ⁵ kəʔ⁵tu⁵⁵ zɿ³³ doŋ³⁵ ia⁵⁵ tseŋ⁵⁵ dɑ̃¹³ 。

如果今天身体吃不消，就叫人帮忙照顾着点，就去割草。比起捣穗、摘茶叶、种田，割草算惬意的。不像种田，有时候手上都是像胡蜂窝一样，一个一个的洞。

俚亨＝里，到玲珑亨＝里，俚地毛＝多个，一亩多一个人啦，分田到户个辰光，小人么［弗会］走唻，俚两老嬷六亩半田唻有，要做。做嘞割稻啊，种田啊，多少辛苦啊亨＝辰光。

ŋa³¹ h ɑ̃⁵⁵ li³³ , tɔ³⁵ liŋ³³ loŋ¹³ h ɑ̃⁵⁵ li³³ , ŋa³¹ di⁵³ mɔ³⁵ to⁵⁵ go⁵³ , iɐʔ⁵ mə³³ to⁵⁵ iɐʔ⁵ kəʔ⁵ n̠iŋ⁵⁵ la³³ , feŋ⁵³ die¹³ tɔ⁵³ u¹³ kəʔ⁵zeŋ³³ ku ɑ̃⁵⁵ , ɕiɔ³⁵ n̠iŋ⁵⁵ məʔ fuᴇ⁵³tsɐ⁵⁵ lᴇ³³ , ŋa³¹ li ã³³ lɔ³³ mo³³ loʔ²mə³³ pə³³ die¹³ lᴇ³³ yœ¹³ , iɔ¹³ tsɔ³³ 。 tsɔ³³ lɐʔ²kəʔ⁵dɔ³¹ a³³ , tsoŋ⁵⁵ die¹³ a³³ , to⁵⁵ sɔ³⁵ ɕiŋ³⁵ kʰu⁵⁵ a³³ h ɑ̃⁵⁵ zeŋ³³ kuɑ̃⁵⁵ 。

分田到户的时候，玲珑镇上有很多地，一人有一亩多地，家里小孩还不会走路，我们两夫妻要种六亩半的田。既要割稻，又要种田，那时很辛苦。

　　像个卯想想是真个享福个啦我讲，多少享福啊弗晓得啦，我讲出来是噢。要嬉么，到何里去嬉去哦，到外国去嬉去哦，何里嬉来嬉去，嬉来嬉去，都是钞票掼来掼去。

　　ʑiã⁵³ kɔʔ⁵ mɔ³³ ɕi ã⁵³ ɕi ã³⁵ zɿ³³ tseŋ⁵⁵ kəʔ⁵ ɕi ã⁵⁵ fuɔʔ⁵ kəʔ⁵ la³³ ŋo³⁵ k ã⁵⁵ , to⁵⁵ sɔ³⁵ ɕi ã⁵⁵ fuɔʔ⁵ a³⁵ feʔ⁵ ɕiɔ⁵⁵ teʔ⁵ la³³ , ŋo³⁵ k ã⁵⁵ tsʰəʔ⁵ lɛ³³ zɿ³³ ɔ³⁵ 。 iɔ¹³ ɕi³³ məʔ² , tɔ³⁵ a³⁵ li⁵⁵ tɕʰi⁵³ ɕi³³ tɕʰi⁵³ o⁵⁵ , tɔ³⁵ ŋa³³ koʔ⁵ tɕʰi⁵³ ɕi³³ tɕʰi⁵³ o⁵⁵ , a³⁵ li⁵⁵ ɕi³³ lɛ¹³ ɕi³³ tɕʰi⁵³ , ɕi³³ lɛ¹³ ɕi³³ tɕʰi⁵³ , tu⁵⁵ zɿ³³ tsʰɔ⁵⁵ pʰiɔ⁵⁵ guɛ¹³ lɛ³³ guɛ¹³ tɕʰi⁵³ 。

　　想想现在的生活，简直就是享福，可以到处旅游，去国外，都是挥霍金钱的消费体验。

　　像个卯讲讲是真当来东‶天堂高头啦，像老早个是想想是，真当多少罪过啊，也弗晓得呀噢，像临安话讲讲呢，呐，都是偓咋去噢，今朝么偓挑嘞些去，明朝么偓么耕地去。

　　ʑiã⁵³ kɔʔ⁵ mɔ³³ k ã³⁵ k ã⁵⁵ zɿ³³ tseŋ⁵⁵ d ã¹³ lɛ³³ toŋ⁵³ tʰie³⁵ d ã⁵⁵ kɔ³³ də⁵⁵ la³³ , ʑiã⁵³ lɔ³³ tsɔ⁵⁵ kəʔ⁵ zɿ³³ ɕi ã⁵³ ɕi ã³⁵ zɿ³³ , tseŋ⁵⁵ d ã¹³ to⁵⁵ sɔ³⁵ zɛ³³ ko⁵³ a³³ , ia³⁵ feʔ⁵ ɕiɔ⁵⁵ teʔ⁵ ia³³ ɔ³⁵ , ʑiã⁵³ liŋ³¹ ə¹³ o³³ k ã³⁵ k ã⁵⁵ nie³³ , neʔ² , tu⁵⁵ zɿ³³ ŋa³¹ tsaʔ² tɕʰi⁵³ ɔ³⁵ , tɕiŋ⁵³ tsɔ⁵⁵ məʔ² ŋa³¹ tʰiɔ⁴⁴ leʔ² soʔ⁵ tɕʰi³³ , miŋ³³ tsɔ³⁵ məʔ² ŋa³¹ məʔ² k ã⁵⁵ di⁵³ tɕʰi³³ 。

　　现在的生活讲起来真像是生活在天堂里，过去的生活想起来真是太遭罪了啊，用临安话讲呢就是做不完的农活，不是拔草挑担，就是耕地种田。

　　做生活种偓事体讲讲都介话，今朝俫做生活做生活话话，俫吃啥东西去，偓呢今朝条件算好哦，有一斤肉买来亨‶，有一斤肉算好个啦，偓何里有特‶吃啊。

　　tso³⁵ s ã⁵³ o¹³ tsoŋ⁵⁵ ŋa³¹ zɿ³³ tʰi⁵⁵ k ã³⁵ k ã⁵⁵ tu⁵⁵ ka⁵⁵ o⁵³ , tɕiŋ⁵³ tsɔ⁵⁵ na¹³

tso³⁵ sɑ̃⁵³ o¹³ tso³⁵ sɑ̃⁵³ o¹³ o³⁵ o⁵³ , na¹³ tɕʰyɔʔ² so³³ toŋ⁵³ ɕi³⁵ tɕʰi³³ , ŋa³¹ ȵie³³
tɕiŋ⁵³ tso⁵⁵ diɔ³³ dʑie¹³ sə³³ hɔ³⁵ o⁵⁵ , yœ³⁵ iɐʔ⁵ tɕiŋ³⁵ ȵyɔʔ² ma³⁵ lɛ³³ hɑ̃⁵⁵ , yœ³⁵
iɐʔ⁵ tɕiŋ³⁵ ȵyɔʔ² sə³³ cʰ³⁵ kəʔ⁵ la³³ , ŋa³¹ a³⁵ li⁵⁵ yœ³⁵ dəʔ² tɕʰyɔʔ² a³³ 。

干活这种事情我们都这样说，今天你们干活时说，你们吃什么
东西，我们现在条件算是很好了，买来了一斤肉，有一斤肉吃算很好
了，过去哪有得吃呀。

　　sɑ̃⁵⁵ tsʰɛ⁵³ dɛ³³ li³³ , kɔʔ⁵ mɔ³³ zo³³ dəʔ² luɔʔ² , da³⁵ ka⁵⁵ fɐʔ⁵ iŋ³³ tsʅ⁵⁵ lo⁵⁵ ,
nə³³ ȵiŋ³³ ka⁵⁵ zʅ¹³ ŋ³³ kʰuɛ⁵⁵ , ȵy³³ ȵiŋ³³ ka⁵⁵ zʅ¹³ sɛ³⁵ kʰuɛ⁵³ , tɐʔ⁵ na¹³
zəʔ² kəʔ⁵ na¹³ , fɐʔ⁵ tie⁵⁵ tɐʔ⁵ na¹³ pu⁵⁵ pu⁵⁵ seŋ³⁵ tsʅ⁵⁵ , ma³⁵ kəʔ⁵ iɐʔ⁵ tɕiŋ³⁵
ȵyɔʔ² tɕʰyɔʔ² tɕʰyɔʔ² , ia³⁵ sə³³ kuɑ̃⁵⁵ ioŋ³⁵ kəʔ⁵ la³³ 。

　　在生产队的时候，大家坐在一起发工钱，男人一人五块，女人一
人三块，发点给你们补补身体，花钱买一斤肉，也算光荣的了。

　　ʑiɑ̃⁵³ kɔʔ⁵ mɔ³³ ka⁵⁵ , iɐʔ⁵ ȵieʔ⁵ tɔ³⁵ ia⁵⁵ ȵyɔʔ² tsɛ⁵⁵ lɛ³³ a³⁵ li⁵⁵ vɛ³³ iɔ¹³ tɕʰyɔʔ²
a³³ , o⁵⁵ ȵyɔʔ² fiɔ⁵³ tɕʰyɔʔ² , iɔ¹³ tɕʰyɔʔ² su⁵⁵ tsʰɛ⁵⁵ hɔ³⁵ vɛ³³ zʅ³³ , fiɔ⁵³ tɕʰyɔʔ²
ȵyɔʔ² , ȵiɐ³³ toŋ⁵³ ɕi³⁵ hɔ⁵³ tɕʰyɔʔ² , ka⁵⁵ ɔ³⁵ 。 tɕʰyɔʔ² a³³ , tɕʰyɔʔ² a³³ 。

　　现在这样，常常是肉买来哪里还要吃啊，肉都不要吃，要多吃蔬
菜，少吃肉。

　　介多少我讲过喽，种小人听话个辰光呢，我介想想还有味道个。

养小人辰光想想，我一来噢都是亨＝个个，像个卯介是我讲过喽，哦，侬吃东＝噢，乖噢，吃东＝。

ka⁵³to⁵⁵sɔ³⁵ ŋo³⁵ kã⁵⁵ko⁵⁵lo⁵³, tsoŋ³³ ɕiɔ³⁵ ȵiŋ⁵⁵ tʰiŋ⁵⁵ o¹³ kəʔ⁵ zeŋ³³ kuã⁵⁵ ȵie³³, ŋo³⁵ ka⁵³ɕiã⁵³ɕiã³⁵ a⁵³ yœ¹³ bi³⁵ dɔ⁵³ kəʔ⁵。iã³⁵ ɕiɔ³⁵ ȵiŋ⁵⁵ zeŋ³³ kuã⁵⁵ ɕiã⁵³ɕiã³⁵, ŋo³⁵ iɐʔ⁵ lɛ³³ ɔ³⁵ tu⁵⁵ zɿ³³ hã⁵⁵ kəʔ⁵ go³¹, ziã⁵³ kɔʔ⁵ mɔ³³ ka⁵⁵ zɿ¹³ ŋo³⁵ kã⁵⁵ko⁵⁵lo⁵³, o⁵⁵, noŋ¹³ tɕʰyɔʔ⁵toŋ⁵⁵ɔ³⁵, huɐ⁵³ɔ³⁵, tɕʰyɔʔ⁵toŋ⁵⁵。

我一直都这样说的，这种小孩听话的时候呢，还是很可爱的。只要我一回家，就都抢着要吃的，不像现在的孩子得一个劲地哄他们吃。

像老早子何里有饭有特＝吃啊，干菜拌拌吃特＝味道煞，三分洋钿一桃棒冰是，小人哦看见姆妈回来嘞，"姆妈，我要棒冰吃啦！姆妈，我要棒冰吃啦！"

ziã⁵³lɔ³³tsɔ⁵⁵tsɿ⁵⁵ a³⁵ li⁵⁵ yœ¹³ ve³³ yœ¹³ dəʔ² tɕʰyɔʔ⁵a³³, kə⁵⁵tsʰɛ³³bə³⁵ bə⁵³tɕʰyɔʔ⁵dəʔ²bi³⁵ dɔ⁵³ sɐʔ⁵, se³⁵feŋ⁵⁵ã³³die¹³ iɐʔ²kã⁵⁵ bã³³piŋ⁵³zɿ¹³, ɕiɔ³⁵ ȵiŋ⁵⁵ o⁵⁵kʰə⁵³tɕie³⁵ m⁵⁵ma⁵⁵ uɛ³³lɛ¹³lɐʔ², m⁵⁵ma⁵⁵, ŋo³⁵iɔ⁵⁵bã³³piŋ⁵³tɕʰyɔʔ⁵la³³！m⁵⁵ma⁵⁵, ŋo³⁵iɔ⁵⁵bã³³piŋ⁵³tɕʰyɔʔ⁵la³³！

过去哪里有饭吃，只要一有梅干菜拌饭就吃得津津有味，更不用说三分钱一根的冰棍，小孩看见妈妈回来就喊："妈，我要吃棒冰啦！妈，我要吃棒冰啦！"

呐，[无有]钞票弗拨侬卖个，拖来拖去个，个只箱子里脚踏车带带，驮来卖个。呐，自家觉得无需吃，个省拨小人吃呀，有办法个啊，[无有]办法个。亨＝辰光罪过么，[无有]钞票么。

nɐʔ², ȵiɔ³³tsʰɔ⁵⁵pʰiɔ⁵⁵fəʔ⁵pəʔ⁵noŋ¹³ma³⁵go⁵³, tʰa⁵⁵lɛ¹³tʰa⁵⁵tɕʰi⁵⁵kəʔ⁵, kəʔ⁵tsɐʔ⁵ɕi ã⁵⁵tsɿ⁵³li³³tɕiaʔ⁵dəʔ²tsʰo⁵⁵ta⁵³ta⁵⁵, do³¹lɛ¹³ma³⁵go⁵³。

naʔ², zɿ³³ ka³⁵ tɕyeʔ⁵ dəʔ² vu³⁵ ɕy⁵³ tɕʰyɔʔ⁵, kəʔ⁵ sɑ̃⁵⁵ pəʔ⁵ ɕiɔ³⁵ n̠iŋ⁵⁵ tɕʰyɔʔ⁵ ia³³, yœ¹³ bɛ³³ fɐʔ⁵ kəʔ⁵ a³³, n̠iə³³ bɛ³³ fɐʔ⁵ go⁵⁵。hɑ̃⁵⁵ zeŋ³³ kuɑ̃⁵⁵ zɛ³³ ko⁵³ məʔ², n̠iə³³ tsʰɔ⁵⁵ pʰiɔ⁵⁵ məʔ²。

看着卖棒冰的人，骑着自行车，上边放一个箱子，拖来拖去，如果没钱就不卖，有时没办法，只能自己不吃，省钱买给孩子吃。没办法，那时候可怜啊，没有钱。

iɐʔ⁵ n̠ie¹³ tso³⁵ tsʰəʔ⁵ də⁵⁵, iɐʔ⁵ n̠iəʔ⁵ tso³⁵ tɔ³⁵ ia⁵⁵, tʰa⁵⁵ iã³³ pu³⁵ li⁵³ sa⁵⁵ dəʔ² iɔ⁵⁵ lɔ³⁵ miŋ³³ la³³, uɛ³³ tɕʰyɔʔ⁵ dəʔ² ŋ³³ kuɔʔ⁵、lɔʔ⁵ kuɔʔ⁵ ã̃³³ die¹³ iɐʔ⁵ n̠iɐʔ⁵ la³³, lɔʔ⁵ kuɔʔ⁵ ã̃³³ die¹³ iɐʔ⁵ n̠iɐʔ⁵, noŋ¹³ kã̃⁵⁵ nɐʔ² gɐʔ⁵ ioŋ¹³ ioŋ¹³ n̠ie³³, iɐʔ⁵ n̠ie¹³ tso³⁵ tsʰəʔ⁵ də⁵⁵ n̠iə³³ fɐʔ⁵ iɐʔ⁵ kʰuɛ³⁵ã̃³³ die¹³ kʰə⁵³ tɕie³³。

那时候可怜，家里经济困难，一年做到头，日日夜夜，在太阳底下晒得要命，到最后每天只得五角或者六角钱，难以补贴家用。一年做到头，也赚不来一块钱。

就是双抢日①里发个五块、十块个拨俉用用，[无有]钞票个，何里吃到头是，用到头来，何来讲讲呐听说话啊，多多少个罪过也弗晓得呀。

dʑyœ³⁵ zɿ³³ sɑ̃⁵⁵ tɕʰiã³³ zəʔ² li³³ fɐʔ⁵ kəʔ⁵ ŋ³³ kʰuɛ⁵⁵、zɐʔ² kʰuɛ⁵⁵ kəʔ⁵ pəʔ⁵ na¹³ ioŋ¹³ ioŋ¹³, n̠iə³³ tsʰɔ⁵⁵ pʰiɔ⁵⁵ go⁵³, a³⁵ li⁵⁵ tɕʰyɔʔ⁵ tɔ³⁵ də⁵⁵ zɿ³⁵, ioŋ¹³ tɔ³⁵ də⁵⁵ lɛ¹³, a³⁵ lɛ¹³ kɑ̃⁵⁵ kɑ̃⁵³ nɐʔ² tʰiŋ⁵³ sɔʔ⁵ o¹³ a³³, to⁵⁵ to⁵⁵ sɔ³⁵ kəʔ⁵ zɛ³³ ko⁵³ ia³⁵

---

①　双抢日：抢收抢种的日子。

fɐʔ^{5} ɕiɔ^{55} tɐʔ^{5} ia^{33} 。

只有双抢日的时候发的五块钱、十块钱给我们用，没什么钱，没得吃，没得用，不知道受了多少罪。

讲讲那天夜到头睏嘞，有辰光三个人一张眠床，四个人一张眠床，小人睏得热么，扇子一日到夜扇扇，有办法个啊，又[无有]电风扇，又[无有]空调，像个卯有空调，有电风扇噢。

kɑ̃^{55} kɑ̃^{53} na^{33} t^{h}ie^{35} ia^{33} tɔ^{35} də^{33} k^{h}ueŋ^{55} lɐʔ^{2}，yœ^{35} zeŋ^{33} kuɑ̃^{55} sɛ^{35} kəʔ^{5} ȵiŋ^{55} iɐʔ^{5} tsɑ̃^{55} miŋ^{33} zɑ̃^{35}，sɿ^{35} kəʔ^{5} ȵiŋ^{55} iɐʔ^{5} tsɑ̃^{55} miŋ^{33} zɑ̃^{35}，ɕiɔ^{35} ȵiŋ^{55} k^{h}ueŋ^{55} dəʔ^{2} ȵiɐʔ^{2} məʔ^{2}，sə^{53} tsɿ^{55} iɐʔ^{5} ȵieʔ^{5} tɔ^{35} ia^{55} sə^{53} sə^{53}，yœ^{13} bɛ^{33} fɐʔ^{5} kəʔ^{5} a^{33}，i^{55} ȵiə^{33} die^{33} foŋ^{35} sə^{55}，i^{55} ȵiə^{33} k^{h}oŋ^{53} diɔ^{31}，ʑiɑ̃^{53} kɔʔ^{5} mɔ^{33} yœ^{13} k^{h}oŋ^{53} diɔ^{31}，yœ^{13} die^{33} foŋ^{35} sə^{55} ɔ^{35} 。

过去晚上睡觉，有时候三四个人挤在一张床上，小孩睡觉太热，扇子扇一整夜，既没有电风扇，也没有空调，不像现在有空调，有风扇。

个卯个种人条件是好哉，侬话是弗是，讲出来是想想倕是个卯来东⁼天堂高头啦。老早子来亨⁼地狱里啦，像倕介呢还享点福气噢。

kɔʔ^{5} mɔ^{33} kəʔ^{5} tsoŋ^{53} ȵiŋ^{55} diɔ^{33} dʑie^{13} zɿ^{35} hɔ^{55} zᴇ^{53}，noŋ^{13} o^{33} zɿ^{35} fɐʔ^{5} zɿ^{53}，kɑ̃^{55} ts^{h}əʔ^{5} lᴇ^{33} zɿ^{33} ɕiã^{53} ɕiã^{35} ŋa^{31} zɿ^{33} kɔʔ^{5} mɔ^{33} lᴇ^{33} toŋ^{53} t^{h}ie^{35} dɑ̃^{55} kɔ^{33} də^{55} la^{33} 。lɔ^{33} tsɔ^{55} tsɿ^{55} lᴇ^{33} hɑ̃^{55} di^{53} ȵyɐʔ^{2} li^{55} la^{33}，ʑiɑ̃^{53} ŋa^{31} ka^{55} ȵie^{33} vᴇ^{35} ɕiã^{55} tie^{55} fuɔʔ^{5} tɕ^{h}i^{53} ɔ^{35} 。

现在人们条件好了，你说是不是，想想我们现在的生活环境，胜似天堂，而过去就像活在地狱。现在，我们这代人还能享点福。

讲讲呢讴我呢，侬讲偌么都是介像横溪人呢，偓特˭个话："侬咋去噢！"玲珑人呢话："侬做啥去噢？""何里块去噢？"偓都是介熟人话话个。

kɑ̃⁵⁵ kɑ̃⁵³ n̠ie³³ ə⁵⁵ ŋo³⁵ n̠ie³³，noŋ¹³ kɑ̃⁵⁵ ŋa³¹ məʔ² tu⁵⁵ zɿ³³ ka⁵⁵ ʑiɑ̃⁵³ uɑ̃³³ tɕʰi³⁵ n̠iŋ⁵⁵ n̠ie³³，ŋa³¹ də ʔ² kəʔ⁵ o³³ : noŋ¹³ tsaʔ⁵ tɕʰi⁵³ ɔ³⁵！ liŋ³³ loŋ¹³ n̠iŋ⁵⁵ n̠ie³³ o³³ : noŋ¹³ tso³³ so³⁵ tɕʰi⁵³ ɔ³？ a³⁵ li⁵⁵ kʰuᴇ⁵⁵ tɕʰi⁵³ ɔ³⁵？ ŋa³¹ tu⁵⁵ zɿ³³ ka⁵⁵ zuoʔ² n̠iŋ⁵⁵ o³⁵ o⁵³ kəʔ⁵。

你说我们呢口音听上去都像横溪人，就会说："你干什么去？"玲珑人就会说："你做什么去？""到哪里去？"

像偓要我讲点啥个东西呢，我也讲弗出来啦，讲啥个东西好讲啊也讲弗出来啦。纳˭个˭讲讲呢，也话弗出。

ʑiɑ̃⁵³ ŋa³¹ iɔ⁵⁵ ŋo³⁵ kɑ̃⁵⁵ tie⁵⁵ so⁵⁵ goʔ⁵ toŋ⁵³ ɕi³⁵ n̠ie³³，ŋo³⁵ ia³⁵ kɑ̃⁵⁵ feʔ⁵ tsʰəʔ² lᴇ³³ la³³，kɑ̃⁵⁵ so⁵⁵ geʔ⁵ toŋ⁵³ ɕi³⁵ hɔ⁵³ kɑ̃⁵⁵ a³³ ia³⁵ kɑ̃⁵⁵ feʔ⁵ tsʰəʔ² lᴇ³³ la³³。neʔ² geʔ⁵ kɑ̃⁵⁵ kɑ̃⁵³ n̠ie³³，ia³⁵ o³⁵ feʔ⁵ tsʰəʔ²。

现在让我说点什么，我也说不出来，不知道怎么讲。

想想介呢，话来话去呢，老早子石˭个过年个辰光呢蛮高兴个，小鬼头个辰光呢，拖来拖去，拖来拖去，去拖两个大人，啥个娘娘、阿伯、爷爷，个记拖来吃年夜饭。

ɕiɑ̃⁵³ ɕiɑ³⁵ ka⁵⁵ n̠ie³³，o³³ lᴇ¹³ o³³ tɕʰi³¹ n̠ie³³，lɔ³³ tsɔ⁵⁵ tsɿ⁵⁵ zəʔ² kəʔ⁵ ko⁵⁵ n̠ie¹³ kəʔ⁵ zeŋ³³ kuɑ̃⁵⁵ n̠ie³³ mᴇ⁵⁵ kɔ⁵³ ɕiŋ³³ kəʔ⁵，ɕiɔ⁵⁵ kuᴇ⁵⁵ də³¹ kəʔ⁵ zeŋ³³ kuɑ̃⁵⁵ n̠ie³³，tʰa⁵⁵ lᴇ¹³ tʰa⁵⁵ tɕʰi³³，tʰa⁵⁵ lᴇ¹³ tʰa⁵⁵ tɕʰi³³，tɕʰi³³ tʰa⁵⁵ liɑ̃³³ kəʔ⁵ do³³ n̠iŋ¹³，səʔ⁵³ kəʔ⁵ n̠iɑ⁵³ n̠iɑ³⁵、ɐʔ⁵ pɐʔ⁵、ia³³ ia¹³，kəʔ⁵ tɕi³⁵ tʰa⁵⁵ lᴇ¹³ tɕʰyoʔ⁵ n̠ie¹³ ia⁵⁵ vᴇ³³。

想想这样呢，说来说去，小时候过年是很高兴的事情，还是小孩的时候，跑来跑去，去拉几个大人，把奶奶、伯母、爷爷都叫来吃年夜饭。

年夜饭吃过后，一角洋钿用红纸包，两角洋钿用红纸包，偓高兴煞［弗会］罪过，呵呵，今朝袋里两角洋钿园特⁼是，笑煞［弗会］罪过啊弗大。

n̠ie¹³ ia⁵⁵ vɛ³³ tɕʰyɔʔ⁵ ko⁵⁵ ə³⁵ , ieʔ⁵ kuɔʔ⁵ ã³³ die¹³ ioŋ¹³ oŋ³⁵ tsɿ⁵⁵ pɔ⁵⁵ , li ã³³ kuɔʔ⁵ ã³³ die¹³ ioŋ¹³ oŋ³⁵ tsɿ⁵⁵ pɔ⁵⁵ , ŋa³¹ kɔ⁵³ ɕiŋ³³ sɐʔ⁵ fuɛ⁵³ zɛ³³ ko⁵⁵ , ho⁵⁵ ho⁵³ , tɕiŋ⁵³ tsɔ⁵⁵ dɛ³¹ li³³ li ã³³ kuɔʔ⁵ ã³³ die¹³ kʰ ã⁵⁵ dəʔ² zɿ³³ , ɕiɔ³⁵ sɐʔ⁵ fuɛ⁵³ zɛ³³ ko⁵⁵ a⁵³ fɐʔ⁵ do³³ .

年夜饭吃过后，拿到用红纸包的一角两角的压岁钱，高兴得要命，今天口袋里有两角钱藏着的话，笑得合不拢嘴。

像个卯个拨倻一百块、两百块也都啊，最后还要多出来唻，介点么东西我［弗要］伊⁼，掼完唻噢。

ziã⁵³ kɔʔ⁵ mɔ³³ kəʔ⁵ pəʔ⁵ ia¹³ ieʔ⁵ pɐʔ⁵ kʰuɛ⁵⁵ 、li ã¹³ pɐʔ⁵ kʰuɛ⁵⁵ ia¹³ tu⁵⁵ a³³ , zɛ⁵⁵ ə³⁵ vɛ³³ iɔ¹³ to⁵⁵ tsʰ əʔ² lɛ³³ lɛ³³ , ka⁵⁵ tie⁵⁵ məʔ² toŋ⁵³ ɕi³⁵ ŋo³⁵ fiɔ⁵³ i⁵³ , guɛ³⁵ uə⁵⁵ lɛ³³ ɔ³⁵ .

像现在那样给他们一百块、两百块不算多的，最后还要多出事情来，嫌钱少，拿都不拿。

老早比那个卯比比啊，比也比弗来啦，侬话纳⁼个⁼话话呢噢，还话特⁼出来啦，侬话再还要讲落去，我讲啊讲弗来啦，纳⁼个⁼讲讲，讲弗好个么，纳⁼个⁼讲讲，讲点啥个东西，也话弗来。

lɔ³³ tsɔ⁵⁵ pi⁵⁵ na³⁵ kɔʔ⁵ mɔ³³ pi⁵⁵ pi⁵⁵ a³³ , pi⁵⁵ ia¹³ pi⁵⁵ fɐʔ⁵ lɛ³³ la³³ , noŋ¹³ o³³ nɐʔ² gɐʔ⁵ o³⁵ o⁵³ n̠ie³³ ɔ³⁵ , vɛ³³ o⁵³ dəʔ² tsʰ əʔ² lɛ³³ la³³ , noŋ¹³ o³³ tsɛ⁵⁵ vɛ³³ iɔ¹³ k ã⁵⁵ luɔʔ² tɕʰi³³ , ŋo³⁵ k ã⁵⁵ a³³ k ã⁵⁵ fɐʔ⁵ lɛ³³ la³³ , nɐʔ² gɐʔ⁵ k ã⁵⁵ k ã⁵³ , k ã⁵⁵ fɐʔ⁵ hɔ³⁵ kəʔ⁵ mɐʔ² , nɐʔ² gɐʔ⁵ k ã⁵⁵ k ã⁵³ , k ã⁵⁵ tie⁵⁵ so⁵⁵ goʔ⁵ toŋ⁵³ ɕi³⁵ , ia¹³ o³³ fɐʔ⁵ lɛ³³ 。

过去跟现在的日子啊，简直没有可比性，怎么说呢，根本说不上来，一定要说，我也说不出，怎么说呢，就是说不上来。

想想经历过个种事体呢，也木＝老＝老＝，则＝侬话再要讲呢，也讲弗出来，就是讲讲俚临安说话，再讲讲呢老早子呢介罪过，像个卯呢介好噢。

ɕia⁵³ ɕi ã³⁵ tɕiŋ⁵⁵ liɜʔ² ko⁵⁵ kəʔ⁵ tsoŋ⁵³ zʅ³³ tʰi⁵⁵ n̠ie³³ , ia¹³ mɔʔ² lɔ¹³ lɔ³³ , zɐʔ² noŋ¹³ o³³ tsɛ⁵⁵ iɔ¹³ k ã⁵⁵ n̠ie³³ , ia¹³ k ã⁵⁵ fɐʔ⁵ tsʰ əʔ² lɛ³³ , dʑyœ³⁵ zʅ³³ k ã⁵⁵ k ã⁵³ ŋa³¹ liŋ³¹ əˉ¹³ sɔʔ⁵ o¹³ , tsɛ⁵⁵ k ã⁵⁵ k ã⁵³ n̠ie³³ lɔ³³ tsɔ⁵⁵ tsʅ⁵⁵ n̠ie³³ ka⁵⁵ zɛ³³ ko⁵⁵ , ʑi ã⁵³ kɔʔ⁵ mɔ³³ n̠ie³³ ka⁵⁵ hɔ³³ ɔ³⁵ 。

想想过去经历的事情，就算有话要讲，也讲不出来，心里觉得我们这代人过去那么可怜，在今天的生活条件已经很好了。

是俚个种年纪大个种人呢，有种地方要节约个种地方呢，也是节约个，弗要节约个种地方呢，也是弗节约个噢。

zɐ³⁵ ŋa³¹ kəʔ⁵ tsoŋ⁵³ n̠ie³³ tɕi³⁵ do³¹ kəʔ⁵ tsoŋ⁵³ n̠iŋ¹³ n̠ie³³ , yœ³³ tsoŋ³⁵ di³³ f ã³⁵ iɔ¹³ tɕiɜʔ⁵ iɐʔ⁵ kəʔ⁵ tsoŋ⁵³ di³³ f ã³⁵ n̠ie³³ , ia³³ zʅ¹³ tɕiɜʔ⁵ iɐʔ⁵ kəʔ⁵ , fiɔ⁵³ tɕiɜʔ⁵ iɐʔ⁵ kəʔ⁵ tsoŋ⁵³ di³³ f ã³⁵ n̠ie³³ , ia³³ zʅ¹³ fɐʔ⁵ tɕiɜʔ⁵ iɐʔ⁵ kəʔ⁵ ɔ³⁵ 。

像我们年纪大的人，能节约的地方就节约，不能节约的地方也不节约。

家庭情况

是我呢来讲讲呢,讲到,呐,大嘞么,嫁老公嘞嫁到玲珑,嫁到玲珑呢,老早子讲特＝呢,偃就是"小农村里人侪嫁小队里,嫁特＝小队里"。

zɐʔ² ŋo³³ ȵie³³ lE³³ kɑ̃⁵⁵ kɑ̃⁵³ ȵie³³ , kɑ̃⁵⁵ tɔ³⁵ , nɐʔ² , do¹³ lɐʔ² mɔʔ² , ko⁵⁵ lɔ³³ koŋ⁵⁵ lɐʔ² ko⁵⁵ tɔ³⁵ liŋ³³ loŋ¹³ , ko⁵⁵ tɔ³⁵ liŋ³³ loŋ¹³ ȵie³³ , lɔ³³ tsɔ⁵⁵ tsʅ⁵⁵ kɑ̃⁵⁵ dəʔ² ȵie³³ , ŋa³¹ dʑyœ³⁵ zʅ³³ ɕiɔ⁵⁵ noŋ³³ tsʰeŋ⁵³ li³³ ȵiŋ³³ zE³⁵ ko⁵⁵ ɕiɔ⁵⁵ dE³³ li³³ , ko⁵⁵ dəʔ² ɕiɔ⁵⁵ dE³³ li³³ 。

我讲讲呢,长大后就嫁人了,嫁到玲珑。过去有句话讲,"小农村里的人会嫁到小队里"。

小队里个地方呢,像个记介讲讲呢也蛮好个噢,老早子我来个辰光是,葛个路啦毛＝小个。脚踏车呢好骑个,独轮车呢好拖个,三轮车呢也拖弗来个,汽车呢根本[弗用]话,何里骑特＝过去个噢,脚踏车也毛＝吃力个。弯来弯,山里山个,真个来亨＝只弯角落里头。

ɕiɔ⁵⁵ dE³³ li³³ keʔ² di³⁵ fɑ̃⁵⁵ ȵie³³ , ziɑ̃⁵³ kəʔ² tɕi³⁵ ka⁵⁵ kɑ̃⁵⁵ kɑ̃⁵³ ȵie³³ iɑ³³ mɛ⁵⁵ hɔ⁵³ go⁵³ ɔ³⁵ , lɔ³³ tsɔ⁵⁵ tsʅ⁵⁵ ŋo¹³ lE³³ kəʔ² zeŋ³³ kuɑ̃⁵⁵ zʅ³³ , kɐʔ⁵ kɐʔ⁵ lu¹³ la³³ mɔ³⁵ ɕiɔ⁵⁵ go⁵³ 。 tɕiɐʔ⁵ dɐʔ² tsʰo⁵⁵ ȵie³³ hɔ⁵³ dʑia¹³ go⁵³ , dɔʔ² leŋ³³ tsʰo⁵⁵ ȵie³³ hɔ⁵⁵ tʰa⁵⁵ go⁵³ , sɛ⁵³ leŋ³³ tsʰo⁵⁵ ȵie³³ iɑ³³ tʰa⁵⁵ fɐʔ⁵ lE³³ kəʔ⁵³ , tɕʰi⁵⁵ tsʰo⁵⁵ ȵie³³ keŋ⁵⁵ peŋ⁵³ foŋ³⁵ o¹³ , a³⁵ li⁵⁵ dʑia¹³ dəʔ² ko³⁵ tɕʰi³⁵ kɐʔ⁵ ɔ³⁵ , tɕiɐʔ⁵ dɐʔ² tsʰo⁵⁵ iɑ³⁵ mɔ³⁵ tɕʰyɔʔ⁵ liɐʔ² go⁵³ 。 uE⁵⁵ lE³³ uE⁵⁵ , sɛ⁵³ li³³ sɛ⁵⁵ go⁵³ , tseŋ⁵⁵ kɐʔ⁵ lE³³ hɑ̃⁵³ tsɐʔ⁵ uE⁵⁵ kuɔʔ⁵ luɔʔ² li³³ də³¹ 。

现在小队里的生活条件也很好,过去我刚来的时候,这里的路很窄。只有自行车、独轮车可以通过,而三轮车则无法通过,更不用说汽车了,连骑自行车过去都很吃力。弯弯绕绕,真的是在大山的最深处。

再讲呢我嫁特⁼玲珑呢，是二十二岁去个，二十二岁嫁特⁼倻葛里呢，倻呢就是阿爹姆妈，还有同特⁼我同年个还有一个姑娘，是我呢偓呢一对生也，介一对生嫁特⁼去，介偓过特⁼呢也蛮好，日脚也过特⁼蛮好。

tsɛ⁵⁵ kɑ̃⁵³ ɲie³³ ŋo¹³ ko⁵⁵ dəʔ² liŋ³³ loŋ¹³ ɲie³³ , zɿ⁵³ ɲie³⁵ ɲi⁵⁵ sɛ⁵³ tɕʰi³³ go⁵³ , ɲie³⁵ ɲi⁵⁵ sɛ⁵³ ko⁵⁵ dəʔ² ia³⁵ kəʔ⁵ li³³ ɲie³³ , ia³⁵ ɲie³³ dzyɶ³⁵ zɿ³³ aʔ⁵ tia⁵⁵ m⁵⁵ ma⁵⁵ , vɛ³¹ yɶ¹³ doŋ³⁵ dəʔ² ŋo³³ doŋ³⁵ ɲie³³ kəʔ⁵ vɛ³¹ yɶ⁵³ iɐʔ⁵ kɐʔ⁵ ku⁵⁵ ɲiɑ̃³³ , zɐʔ² ŋo³³ ɲie³³ ŋa³¹ ɲie³³ iɐʔ⁵ dɛ⁵³ sɑ̃³³ ia³⁵ , ka⁵⁵ iɐʔ⁵ dɛ⁵³ sɑ̃³³ ko⁵⁵ dəʔ² tɕʰi³³ , ka⁵⁵ ŋa³¹ ko⁵⁵ dəʔ² ɲie³³ ia³⁵ mɛ⁵⁵ hɔ⁵³ , ɲiɐʔ² tɕiɐʔ⁵ ia³⁵ ko⁵⁵ dəʔ² mɛ⁵⁵ hɔ⁵³ 。

我是二十二岁嫁到玲珑的，我老公家呢有父母，还有一个跟我同岁的姑娘，这么两个人一起嫁过去，我们过得还算顺心，日子都过得很好。

则⁼亨⁼辰光呢，小队里个地啦毛⁼多个啦，地啦地啦算多个，生活呢有特⁼做个，日日享⁼有要去做个啦，[无有]弗去做个啦。

zɐʔ² hɑ̃⁵⁵ zeŋ³³ kuɑ̃⁵⁵ ɲie³³ , ɕio⁵⁵ dɛ³³ li³³ keʔ² di³⁵ la³³ mɔ³⁵ to⁵⁵ kəʔ⁵ la³³ , di³⁵ la³³ di³⁵ la³³ sɑ̃³³ to⁵⁵ go⁵³ , sɑ̃⁵⁵ o¹³ ɲie³³ yɶ⁵³ dəʔ² tso³³ go⁵³ , ɲiɐʔ² ɲiɐʔ² ɕiɑ̃⁵⁵ yɶ⁵³ iɔ¹³ tɕʰi³³ tso³³ kəʔ⁵ la³³ , ɲiɐ³³ fɐʔ² tsʰi³¹ tso³³ kəʔ⁵ la³³ 。

那时候小队里有很多田，有很多活干，每天都要出去干活，没有不去干活的时候。

讲讲是话出来是自家个经历着过呢，苦呢亨⁼辰光呢是大家苦，苦呢也蛮苦个，讲讲呐听说话，做人也做特⁼蛮煞个。

kɑ̃³⁵ kɑ̃⁵⁵ zɿ³³ o¹³ tsʰəʔ² lɛ³³ zɿ¹³ zɿ³³ ka³⁵ kəʔ² tɕiŋ⁵⁵ liəʔ² zɐʔ² ko⁵⁵ ɲie³³ , kʰu⁵⁵ ɲie³³ hɑ̃⁵⁵ zeŋ³³ kuɑ̃⁵⁵ ɲie³³ zɿ¹³ da³⁵ ka⁵⁵ kʰu³³ , kʰu⁵⁵ ɲie³³ ia³⁵ mɛ⁵⁵ kʰu⁵⁵ go⁵³ , kɑ̃⁵⁵ kɑ̃⁵³ nɐʔ² tʰiŋ⁵³ sɔʔ⁵ o¹³ , tso³³ ɲiŋ³⁵ ia³⁵ tso³³ dəʔ² mɛ⁵⁵ sɐʔ⁵ go⁵³ 。

讲讲呢都是自己经历过的，那个时候呢是大家都很苦的，讲讲呢做人也做得很累的。

何里像个卯葛个六十多岁，亨⁼辰光二三十岁个辰光，想想看上去啊好像老太婆一个哉。

a³⁵li⁵⁵ʑiɑ̃⁵³ kɔʔ⁵mɔ³³keʔ⁵keʔ⁵luɔʔ⁵zeʔ⁵to⁵⁵ sɛ⁵³，hɑ̃⁵⁵zeŋ³³kuɑ̃⁵⁵ȵi³³ sɛ⁵⁵zɐʔ⁵sɛ⁵³keʔ²zeŋ³³kuɑ̃⁵⁵，ɕiɑ⁵³ɕiɑ³⁵kʰə⁵⁵zɑ̃³³tɕʰi³³aˣ⁵⁵hɔ³³ʑiɑ̃³³lɔ³³tʰa³³ bo³³iɐʔ⁵keʔ⁵zɛ⁵³。

哪里像现在六十多岁的人，那时候二三十岁的时候，看上去就像一个老太婆。

小队里做生活呢，亨⁼辰光做做生活也是蛮有味道呐，到街头上去啊，嘻嘻哈，嘻嘻哈，还蛮高兴介个噢。歇来呢大家坐拢来个种笑话讲讲，天谈谈介噢。

ɕiɔ⁵⁵dɛ³³li³³tso³⁵sɑ̃⁵³o¹³ȵie³³，hɑ̃⁵⁵zeŋ³³kuɑ̃⁵⁵tso⁵⁵tso³⁵sɑ̃⁵³o¹³a³³ zʅ¹³mɛ⁵⁵yœ⁵³bi³⁵dɔ⁵³na³³，tɔ³⁵ka³⁵də⁵⁵zɑ̃³³tɕʰi³³aˣ⁵⁵，ɕi⁵⁵ɕi⁵⁵ha³³，ɕi⁵⁵ɕi⁵⁵ ha³³，vɛ³⁵mɛ⁵⁵kɔ⁵³ɕiŋ³³ka⁵⁵go⁵³ɔ³⁵。ɕiɐʔ⁵lɛ³³ȵie³³da³⁵ka⁵⁵zo³³loŋ³¹lɛ³³ kəʔ⁵tsoŋ⁵³ɕiɔ³⁵o¹³kɑ̃⁵⁵kɑ̃⁵³，tʰie³³dɛ⁵⁵dɛ⁵⁵ka⁵³ɔ³⁵。

在小队里工作的时候还是有滋有味的，在街上嘻嘻哈哈也很高兴的。大家坐在一起讲讲笑话，聊聊天。

呐，侬个记生活还缺记，吃会茶，天亮头去特⁼迟点，侬有小人要拖着做，偓是有辰光，偓婆体格弗大好个，有辰光小人背特⁼去做要，迟到好比五分钟要扣工分。

nɐʔ²，noŋ¹³kəʔ⁵tɕi³⁵sɑ̃⁵³o¹³ uɛ³⁵tɕʰyɐʔ⁵tɕi⁵⁵，tɕʰyɔʔ⁵kuɛ³⁵dzo³³，tʰie³³liɑ̃³⁵ də⁵³tɕʰi³³dəʔ²dzʅ³⁵tie⁵⁵，noŋ¹³yœ¹³ɕiɔ³⁵ȵiŋ⁵⁵iɔ¹³tʰo⁵⁵zɐʔ⁵tso⁵⁵，ŋa³¹zʅ¹³yœ¹³ zeŋ³³ ku ɑ̃⁵⁵ , ŋa³¹ bo³³ tʰi⁵⁵ keʔ⁵ feʔ⁵ do³³ hɔ⁵⁵ go⁵³ , yœ⁵³ zeŋ³³ ku ɑ̃⁵⁵ ɕiɔ³⁵ ɳiŋ⁵⁵ pɐ⁵⁵ dəʔ² tɕʰi³³ tsɔ⁵⁵ iɔ⁵³ , dʑɿ³³ tɔ⁵⁵ hɔ⁵⁵ pi⁵³ ŋ³³ feŋ⁵⁵ tsoŋ⁵⁵ iɔ¹³ kʰə³⁵ koŋ⁵³ feŋ³³ 。

一旦缺勤，或者歇会喝茶，或者因为要照看小孩导致天亮出门干活迟到，就像我家婆婆身体不太好，有时候我要背着小孩出门干活，迟到五分钟会被扣工分。

a³⁵ li⁵⁵ kəʔ⁵ mɔ³³ ka⁵⁵ feʔ⁵ ie³³ kəʔ⁵ keʔ⁵ , ʑi ɑ̃³³ kəʔ⁵ mɔ³³ tu⁵⁵ feʔ⁵ zɿ³³ tɕyeʔ⁵ keʔ⁵ , ʑi ɑ̃⁵³ lɔ³³ tsɔ⁵⁵ tsɿ⁵⁵ tu⁵⁵ mɔʔ² lɔ¹³ zɿ³³ tɕyeʔ⁵ lɛ³³ , tso³⁵ s ɑ̃⁵³ o¹³ tɕi⁵⁵ tie⁵⁵ tsoŋ⁵⁵ tɕʰi³³ dʑyœ³³ tɕi⁵⁵ tie⁵⁵ tsoŋ⁵⁵ da³⁵ ka⁵⁵ tu⁵⁵ tɕʰi³³ go⁵³ 。

哪里像现在这样不严格，像现在都不怎么自觉的，像过去大家都很自觉，规定几点钟开始干活就几点钟开始干活。

削草么，急个急个削，"加油，个搭地方削上去噢，驮上去个噢，个点我头多唻，削好唻，大家劲头驮出来，咋咋咋咋削上去，驮上去，草削上去"。

ɕieʔ⁵ tsʰɔ⁵⁵ məʔ² , tɕieʔ⁵ geʔ² tɕieʔ⁵ geʔ² ɕieʔ⁵ , tɕia³⁵ yœ⁵⁵ , kəʔ⁵ teʔ⁵ di³⁵ f ɑ̃⁵⁵ ɕieʔ⁵ z ɑ̃³⁵ tɕʰi³³ ɔ³⁵ , do³¹ z ɑ̃³⁵ tɕʰi³³ kəʔ⁵ ɔ³⁵ , kəʔ⁵ tie⁵⁵ ŋo³¹ də³⁵ to⁵⁵ lɛ³³ , ɕieʔ⁵ hɔ⁵⁵ lɛ³³ , da³⁵ ka⁵⁵ dʑiŋ³³ də³⁵ do³¹ tsʰ əʔ² lɛ³³ , za³³ za³³ za³³ za³³ ɕieʔ⁵ z ɑ̃³⁵ tɕʰi³³ , do³¹ z ɑ̃³⁵ tɕʰi³³ , tsʰ ɔ⁵⁵ ɕieʔ⁵ z ɑ̃³⁵ tɕʰi³³ 。

割草的时候，使劲地割，"加油，这里割上去，东西拿上去呀，这边有点多呀，快点结束呀，大家劲头拿出来呀，唧唧唧唧割上去，草割上去呀"。

个面面一个馒头播种播上去，亨面面一个馒头播种播上去么，咋啦咋啦弄上去，个只山跟到顶，削到顶么回去歇了，介噢。

kəʔ⁵ mie³³ mie³³ iɐʔ⁵ kɐʔ⁵ mə³³ də¹³ bo³⁵ tsoŋ⁵³ bo³⁵ zɑ̃³⁵ tɕʰi³³，hɑ̃⁵⁵ mie³³ mie³³ iɐʔ⁵ kɐʔ⁵ mə³³ də¹³ bo³⁵ tsoŋ⁵³ bo³⁵ zɑ̃³⁵ tɕʰi³³ məʔ²，za³⁵ la³³ za³³ la³³ loŋ⁵⁵ zɑ̃³⁵ tɕʰi³³，kəʔ⁵ tsɐʔ² sɛ³³ keŋ⁵⁵ tɔ⁵³ diŋ³⁵，ɕiɐʔ⁵ tɔ⁵³ diŋ³⁵ məʔ² uɐ³³ tɕʰi³⁵ ɕiɐʔ⁵ liɔ³³，ka⁵³ ɔ³⁵。

这边一个坡种子播上去，那边一个坡种子播上去，使劲地弄上去，从山脚到山顶，割到山顶就回去休息了。

大家做生活都蛮有劲个，种地呢，"大家看噢，看牢噢，个点噢马上要夜快头噢，太阳要落山特⁼噢，蚊子要来特⁼噢，早些动手噢，大家起劲点噢"。种田侬趍我，我趍侬，咋咋咋咋趍出来。

da³⁵ ka⁵⁵ tso³⁵ sɑ̃⁵³ o¹³ tu⁵⁵ mɛ⁵⁵ yœ⁵³ dʑiŋ³³ go⁵³，tsoŋ⁵³ di³³ ȵie³³，da³⁵ ka⁵⁵ kʰə⁵⁵ ɔ³⁵，kʰə⁵⁵ lɔ³³ ɔ³⁵，kəʔ⁵ tie⁵⁵ ɔ³⁵ mo³³ zɑ̃³³ iɔ¹³ ia³⁵ kʰua⁵⁵ də¹³ ɔ³⁵，tʰa⁵⁵ iɑ̃³³ iɔ¹³ luɔʔ⁵ sɛ³³ dəʔ² ɔ³⁵，meŋ³⁵ tsɿ⁵⁵ iɔ¹³ lɐ³³ dəʔ² ɔ³⁵，tsɔ⁵⁵ səʔ² doŋ⁵⁵ sə⁵³ ɔ³⁵，da³⁵ ka⁵⁵ tɕʰi⁵³ dʑiŋ³³ tie⁵³ ɔ³⁵。tsoŋ³³ die¹³ noŋ¹³ biɐʔ² ŋo³¹，ŋo³¹ biɐʔ² noŋ¹³，za³³ za³³ za³³ za³³ biɐʔ² tsʰəʔ² lɐ³³。

大家干活都很有劲，比如种地人，"大家看噢，看噢，这个点噢马上傍晚了噢，太阳要下山了噢，蚊子要来了噢，早些动手噢，大家起劲点噢"。种田就是这样你追我赶地种出来的。

个卯偃婆两只蚂蟥咬特⁼脚踝侪是咬东⁼特⁼个，随其咬啊，[弗要]其咬啊，急急急急上去啊，还会何里好等啊，等等啊，歇歇介，还有工夫个啊，侬快点眯。

kəʔ⁵ mɔ³³ ŋa³¹ bo³³ liã³⁵ tsɐʔ⁵ mo⁵³ uɑ̃¹³ ŋɔ³³ dəʔ² tɕiɐʔ⁵ vɐ³⁵ zɐ³⁵ zɿ⁵⁵ ŋɔ³³ toŋ⁵³ dəʔ² kəʔ⁵，zɐ³³ dʑi³⁵ ŋɔ⁵³ a³³，fiɔ⁵³ dʑi³⁵ ŋɔ⁵³ a³³，tɕiɐʔ⁵ tɕiɐʔ⁵ tɕiɐʔ⁵ tɕiɐʔ⁵ zɑ̃³⁵ tɕʰi³³ a³³，vɐ⁵³ uɐ³³ a³⁵ li⁵⁵ hɔ⁵⁵ teŋ⁵³ a³³，teŋ⁵⁵ teŋ⁵³ a³³，ɕiɐʔ⁵ ɕiɐʔ⁵ ka⁵³，vɐ³¹ yœ⁵³ koŋ³³ fu⁵³ kəʔ⁵ a³³ , noŋ¹³ kʰua⁵⁵ tie⁵³ lɛ³³ 。

　　我婆婆不顾脚踝上的蚂蟥叮咬，随它去咬，管它怎么咬，重要的是得赶紧追上去，哪里可以停下来等啊，等等歇歇的话，哪里还有时间干活。

　　老早子脚踏打稻机打稻啦，嗞啦啦，嗞啦啦，嗞啦啦介响，到暗喽个肚皮也饿喽啊，肚皮饿喽，还闹⁼也闹⁼弗动喽，茶咕啊咕啊咕啊吃伊饱，嗞啊嗞啊闹⁼出来。

　　lɔ³³ tsɔ⁵⁵ tsʅ⁵⁵ tɕiɐʔ⁵ dɐʔ² tɑ̃⁵³ dɔ³³ tɕi⁵⁵ tɑ̃⁵³ dɔ³⁵ la³³ , zʅ³⁵ la³³ la³³ , zʅ³⁵ la³³ la³³ , zʅ³⁵ la³³ la³³ ka⁵³ ɕiɑ̃⁵⁵ , tɔ⁵³ ɛ³³ loʔ² kəʔ⁵ du³³ bi³¹ ia³⁵ ŋo³³ loʔ² a³³ , du³³ bi³¹ ŋo³³ loʔ² , uɛ³³ nɔ⁵³ ia³⁵ nɔ⁵³ fɐʔ⁵ doŋ³⁵ loʔ² , dzo³⁵ gu³⁵ a³³ gu³⁵ a³³ gu³⁵ a³³ tɕʰyɔʔ⁵ i⁵⁵ pɔ⁵³ , zʅ³⁵ a³³ zʅ³⁵ a³³ nɔ⁵³ tsʰəʔ² lɛ³³ 。

　　过去是脚踏打稻机打稻，打稻机嗞啦啦地响，过了很晚肚子也饿了，饿得踩不动打稻机，只能一个劲地喝水充饥，不停地踩打稻机。

　　钵⁼担还要挑回来唻，一担钵⁼担还要挑回来唻，纳⁼个⁼弄弄呢，老早子侪是介个，侪会侪是介个日脚过，纳⁼个⁼弄弄呢，侬讲是噢。

　　pɔʔ⁵ tɛ⁵³ vɛ³³ iɔ¹³ tʰiɔ⁵⁵ uɛ³³ lɛ¹³ lɛ³³ , iɐʔ⁵ tɛ⁵³ pɔʔ⁵ tɛ⁵³ vɛ³³ iɔ¹³ tʰiɔ⁵⁵ uɛ³³ lɛ¹³ lɛ³³ , nɐʔ⁵ gɐʔ⁵ loŋ¹³ loŋ¹³ ȵie³³ , lɔ³³ tsɔ⁵⁵ tsʅ⁵⁵ zɛ³⁵ zʅ⁵⁵ ka⁵⁵ kəʔ⁵ , zɛ³⁵ uɛ³³ zɛ³⁵ zʅ⁵⁵ ka⁵⁵ kəʔ⁵ ȵiɐʔ² tɕiɐʔ⁵ ko³³ , nɐʔ⁵ gɐʔ⁵ loŋ¹³ loŋ¹³ ȵie³³ , noŋ¹³ kɑ̃⁵⁵ zʅ³³ ɔ³⁵ 。

　　干完后还得把一根扁担挑回来，那怎么办呢，过去都是这样的，都是这样过日子的，怎么办呢，你说是吧。

　　再搭⁼后头呐，分田到户，分田到户特⁼，葛⁼么俚搞特⁼亨⁼个哉，大家高兴，分田到户做特⁼少嘞，侬自家生活侬自家去做么，做弗快做啥西。

tsE³³ tɐʔ⁵ə³⁵ də⁵³ nɐʔ², feŋ⁵³ die¹³ tɔ⁵³ u¹³, feŋ⁵³ die¹³ tɔ⁵³ u¹³ dəʔ², kəʔ⁵ məʔ²ia³⁵ kɔ⁵⁵ dəʔ²hã̃⁵⁵ gəʔ²zE⁵³, da³⁵ ka⁵⁵ kɔ⁵³ ɕiŋ³³, feŋ⁵³ die¹³ tɔ⁵³ u¹³ tso³⁵ dəʔ²sɔ³⁵ lɐʔ², noŋ¹³zɿ³³ ka³⁵ sã̃⁵³ o¹³ noŋ¹³zɿ³³ ka³⁵ tɕʰi³³ tso³⁵ məʔ², tso³⁵ fɐʔ²kʰua³³ tso³⁵ so⁵⁵ ɕi⁵⁵。

再到后来，分田到户了，分田到户之后呢，他们也做那个了，大家都很高兴，分田到户活少了，自家的田地自己家去种，这点活都做不快还做啥呢。

侬欢喜天亮头早些去就天弗亮好去，耘田啊，割稻啊，侬早些去，做好么热么啊么早点就归来，[弗要]紧。

noŋ¹³hə⁵⁵ɕi⁵⁵ tʰie³³ liã̃³⁵ də⁵³ tsɔ⁵⁵ sɐʔ²tɕʰi³³ dʑyœ³³ tʰie³³ fɐʔ²liã̃³⁵ hɔ⁵³ tɕʰi³³, ioŋ¹³die³¹a³³, kɐʔ⁵dɔ³a³³, noŋ¹³tsɔ⁵⁵ sɐʔ²tɕʰi³³, tso³⁵hɔ⁵³ məʔ²ɲiɐʔ² məʔ²a³³ məʔ²tsɔ⁵⁵ tie⁵³ dʑyœ³⁵ kuE⁵⁵ lE³³, fiɔ⁵³tɕiŋ⁵⁵。

你喜欢快天亮的时候去就这个时候去，耕田啊，割稻啊，你早点去，干完活如果很热就可以早点回来，也不要紧。

何是像个卯有煤气灶啊，有电饭锅啊，像老早子都要灶头烧个，炒一碗菜都要锅子里咋啦咋啦炒出来有特ᵈ吃。呐，侬柴[无有]纳ᵈ个ᵈ弄呐，毛竹山高头爬上去，偷都要去偷两桃来烧烧，侬弗偷来纳ᵈ个ᵈ烧烧。

a³⁵zɿ⁵⁵ ʑiã̃³³ kɔʔ⁵ mɔ³³ yœ⁵³ mE³³ tɕʰi³¹tsɔ³³ a³³, yœ⁵³ die³³ vɛ⁵³ ku³⁵ a³³, ʑiã̃⁵³lɔ³³tsɔ⁵⁵ tsɿ⁵⁵ tu⁵⁵ iɔ¹³tsɔ³³ də³³ sɔ⁵³ go⁵³, tsɔ⁵⁵ iɐʔ⁵uə⁵³ tsʰE⁵⁵ tu⁵⁵ iɔ¹³ ku³³ tsɿ⁵³li³³ za³⁵ la³³ za³⁵ la³³ tsʰɔ⁵⁵ tsʰəʔ²lE³³ yœ⁵³ dəʔ²tɕʰyɔʔ⁵。nɐʔ², noŋ¹³za¹³ ɲiɐʔ³³ nɐʔ²gɐʔ⁵loŋ¹³ naʔ², mɔ³³ tsɔʔ⁵sɛ³⁵ kɔ⁵⁵ də³³ bo³³ zã̃³⁵ tɕʰi³³, tʰə⁵⁵ tu⁵⁵ iɔ¹³tɕʰi³³tʰə⁵⁵liã̃³⁵ kã̃⁵⁵ lE³³ sɔ⁵⁵ sɔ⁵³, noŋ¹³fɐʔ²tʰə⁵⁵ lE³³ nɐʔ²gɐʔ⁵sɔ⁵⁵ sɔ⁵³。

　　过去不像现在有煤气灶，有电饭锅，过去做饭都得用灶头，做一碗菜得在锅里炒出来才能吃上。如果没有柴怎么做饭呢，只能爬上山偷砍几根毛竹拿来做饭。

　　伊拉会拨有雾露水啊，真当雨急急急急落去啊，青柴呐饭烧好嘞一蓬柴，"直"，镬洞里园进去里头，烘烘伊燥，接着来再烧出来才只有特⁼，好烧着来有特⁼吃哓。

　　i¹³la³⁵ uɐ³³ pə?⁵ yœ⁵³ u³³ lu³³ sɐ³³ a³³，tseŋ⁵⁵ d ã¹³ y⁵⁵ tɕiə?⁵tɕiə?⁵tɕiə?⁵ tɕiə?⁵luɔ?²tɕʰi³³ a³³，tɕʰiŋ³³ za³⁵ nɐ?² vɤ³³ sɔ⁵⁵ hɔ⁵³ lɐ?²iɐ?⁵ boŋ³³ boŋ³⁵ za¹³，dzɐ?²，o?²doŋ¹³ li³³ kʰ ã⁵⁵ tɕiŋ⁵⁵ tɕʰi⁵³ li³³ də³¹，hoŋ⁵⁵ hoŋ⁵⁵ i¹³ sɔ³³，tɕiə?⁵ zɐ?²lɐ³³tsɐ³³sɔ⁵⁵tsʰə?²lɐ³³ dzɐ³⁵ tsə?⁵ yœ⁵³ də?⁵，hɔ⁵³sɔ⁵⁵ zɐ?⁵lɐ³³ yœ³⁵ də?²tɕʰyɔ?⁵lɐ³³。

　　一旦遇到下雨，雨下得很急，烧好饭后就得把有雾水的湿柴放进灶洞里，用余热烘干，接着下次才有柴烧，才能烧得着，才有饭吃。

　　茶嘞，饭嘞，菜嘞，都要锅子里烧个。何里有电饭锅啊，有煤气灶啊，像个卯是真当，讲讲呐听说话，真当多少好，何里是真当享卯记领导个福，是真当光荣啊，像个卯。

　　dzo³⁵ lɐ?²，vɤ³⁵ lɐ?²，tsʰ ɐ³⁵ lɐ?²，tu⁵⁵ iɔ¹³ ku³³ tsʅ⁵³ li³³ sɔ⁵⁵ go⁵³。a³⁵ li⁵⁵ yœ³⁵ die³³ vɤ⁵³ ku³⁵ a³³，yœ³⁵ mɐ³³tɕʰi³¹ tsɔ³³ a³³，ʑiɑ̃³³ kɔ?⁵ mɔ³³ zʅ³⁵ tseŋ⁵⁵ d ã¹³，k ã⁵⁵ k ã⁵³nɐ?²tʰiŋ⁵³ sɔ?⁵ o¹³，tseŋ⁵⁵ d ã¹³to⁵⁵ sɔ³⁵ hɔ⁵³，a³⁵ li⁵⁵ zʅ³⁵ tseŋ⁵⁵ d ã¹³ ɕiɑ³³ mɔ⁵³ tɕi³³ liŋ³⁵ də⁵³ kə?⁵ fuɔ?⁵，zʅ³⁵ tseŋ⁵⁵ d ã¹³kuɑ̃⁵⁵ioŋ³⁵ a³³，ʑiɑ̃³³ kɔ?⁵mɔ³³。

　　茶水啊饭菜啊，都要用锅子来烧的。哪里有电饭煲、煤气灶什么的，现在真是方便，生活好得没话讲，真是领导有方啊，我们老百姓感到无比光荣。

　　像老早子多少罪过啊，我是想想是真当话，像个卯来个天堂高头啦真当,有辰光还说个样［弗要］吃,亨﹦样［弗要］去,吃特﹦肚皮难过。

ʑiɑ̃⁵³ lɔ³³ tsɔ⁵⁵ tsʅ⁵⁵ to⁵⁵ sɔ³⁵ zE³³ ko⁵³ a³³,ŋo³¹ zʅ³⁵ ɕia̠⁵³ ɕia̠³⁵ zʅ³⁵ tseŋ⁵⁵ dɑ̃¹³ o³³,ʑiɑ̃³³ kɔʔ⁵ mɔ³³ lE³³ kəʔ⁵³ tʰie³⁵ dɑ̃⁵⁵ kɔ³³ də⁵⁵ la³³ tseŋ⁵⁵ dɑ̃¹³,yœ⁵³ zeŋ³³ kuɑ̃⁵⁵ vE¹³ o³³kəʔ²ia̠³³fiɔ⁵³tɕʰyɔʔ⁵,ha̠⁵⁵ia̠³³fiɔ⁵³tɕʰi³³,tɕʰyɔʔ⁵dəʔ²du³³bi³¹ne³³ko⁵⁵。

过去多可怜啊,我想想真就是这样的,现在的生活环境胜似天堂,但有时候还要说这个不要吃,那个不要吃,觉得吃了难受。

纳﹦个﹦想出来老早子我话多少罪过啊,侬己吃啊,何里有特﹦吃啊,有水果吃啊,拨人家种亨﹦一棵白蒲枣,摘过来吃吃,让我弄颗来吃吃呐。好个,好弗好吃哦,会弗好吃侸啦。

nɐʔ²gɐʔ⁵ɕia̠⁵³tsʰəʔ⁵lE³³lɔ³³tsɔ⁵⁵tsʅ⁵⁵ŋo³³o¹³to⁵⁵sɔ³⁵zE³³ko⁵³a³³,noŋ¹³ tɕi³¹tɕʰyɔʔ⁵a³³,a³⁵li⁵⁵yœ¹³dəʔ²tɕʰyɔʔ⁵a³³,yœ¹³sE⁵³ku⁵³tɕʰyɔʔ⁵a³³,pəʔ⁵ ȵiŋ³³ka⁵⁵tsoŋ³³hɑ̃⁵⁵iɐʔ⁵kʰo⁵⁵bɐʔ²bu³⁵tsɔ⁵⁵,tsɐʔ⁵ko⁵⁵lE³³tɕʰyɔʔ⁵tɕʰyɔʔ⁵,ȵia̠³⁵ ŋo³¹loŋ¹³kʰu³³lE³³tɕʰyɔʔ⁵tɕʰyɔʔ⁵nɐʔ²。hɔ⁵⁵go⁵³,hɔ⁵⁵fɐʔ²hɔ⁵⁵tɕʰyɔʔ⁵o⁵³, uE³³fɐʔ²hɔ⁵⁵tɕʰyɔʔ⁵vɐʔ²la³³。

想想过去我们的日子真的很可怜,你吃什么啊,哪里有东西吃啊,哪里有水果吃啊,人家种的一棵枣树,摘下来,让我弄两颗来吃吃。多好吃啊,哪里会不好吃啊。

有啦打我颗吃吃添么介,都［无有］呀,何里有特﹦吃啊,［无有］东西吃呀,有东西吃啊。像个卯还要吃啊,个种东西何里好吃个啊,又弗好吃个。

yœ¹³la³³tɑ̃⁵³ŋo³¹kʰu³³tɕʰyɔʔ⁵tɕʰyɔʔ⁵tʰie⁵³məʔ²ka⁵⁵,tu⁵⁵ȵiə³³ia¹³, a³⁵li⁵⁵yœ⁵³dəʔ²tɕʰyɔʔ⁵a³³,ȵiə³³toŋ⁵³ɕi³⁵tɕʰyɔʔ⁵a¹³,yœ⁵³toŋ⁵³ɕi³⁵tɕʰyɔʔ⁵ a¹³。ʑiɑ̃³³kɔʔ⁵mɔ³³vE³³iɔ¹³tɕʰyɔʔ⁵a¹³,kəʔ⁵tsoŋ⁵³toŋ⁵³ɕi³⁵a³⁵li⁵⁵hɔ³³tɕʰyɔʔ⁵

kə?⁵ a³³ , i⁵⁵ fɐ?² hɔ⁵⁵ tɕʰyɔ?⁵ go⁵³ 。

再打两颗来让我吃吃，都没有啦，哪里有的吃啊，没有东西吃的啦。像现在哪里还要吃啊，这种东西哪里好吃啊，又不好吃的。

依叫我大家是个趁近个工分去啊，夜到头三点钟就卧出来烧饭，饭烧好吃好，衣裳裤子敷了伊，弄好装好，再出门做生活去。

noŋ¹³ tɕiɔ⁵³ ŋɔ³¹ da³⁵ ka⁵⁵ zʅ² kə?⁵ tsʰeŋ⁵⁵ dziŋ³³ kə?⁵ koŋ³⁵ feŋ⁵³ tɕʰi³¹ a³³ , ia³³ tɔ³⁵ də³³ sɛ⁵³ tie⁵⁵ tsoŋ⁵⁵ dʑyœ³⁵ o⁵⁵ tsʰə?⁵ lɛ³³ sɔ⁵³ vɛ³³ , vɛ³³ sɔ⁵⁵ hɔ⁵³ tɕʰyɔ?⁵ hɔ⁵³ , i³³ zɑ̃¹³ kʰu⁵⁵ tsʅ⁵³ fu³³ liɔ³³ i⁵⁵ , loŋ⁵⁵ hɔ⁵³ tsɑ̃⁵⁵ hɔ⁵³ , tsɛ³³ tsʰə?⁵ meŋ¹³ tsɔ³⁵ sɑ̃⁵³ o¹³ tɕʰi³³ 。

过去为了挣更多的工分，凌晨三点就得起床烧饭，做好饭吃完后，洗完衣服晾出去，干衣服收进来，就得出门干活。

四点多些就去拔秧，秧拔好再种田，要种到墨夜墨夜回来唻，八九点钟唻。亨⁼辰光年纪轻啦，也弗晓得吃力，也弗晓得纳⁼个⁼套⁼。是个做做啊，蛮有味道个，哦呦，做到夜，有三十工分是饿煞[弗会]哉个。

sʅ³⁵ tie⁵⁵ to⁵⁵ sə?² dʑyœ³⁵ tɕʰi³³ bɐ?² iɑ̃⁵³ , iɑ̃⁵⁵ bɐ?² hɔ⁵³ tsɛ³³ tsoŋ³¹ die¹³ , iɔ³⁵ tsoŋ³¹ tɔ³³ muɔ?⁵ ia¹³ muɔ?⁵ ia¹³ uɛ¹³ lɛ¹³ lɛ³³ , bɐ?⁵ tɕyœ⁵⁵ tie⁵⁵ tsoŋ⁵⁵ lɛ³³ , hɑ̃⁵⁵ zeŋ³³ kuɑ̃⁵⁵ ɲie³⁵ tɕi³⁵ tɕʰiŋ⁵³ la³³ , ia¹³ fɐ?⁵ ɕiɔ⁵⁵ tɐ?⁵ tɕʰyɔ?⁵ liɐ?⁵ , ia¹³ fɐ?⁵ ɕiɔ⁵⁵ tɐ?⁵ nɐ?⁵ gɐ?⁵ tʰɔ³³ 。 zʅ² kə?⁵ tsɔ⁵⁵ tsɔ³⁵ a³³ , mɛ⁵⁵ yœ⁵³ bi³⁵ dɔ⁵³ go⁵³ , o?² yo³³ , tsɔ⁵⁵ tɔ³³ ia¹³ , yœ⁵³ sɛ⁵⁵ zɛ?⁵ koŋ³⁵ feŋ⁵³ zʅ³⁵ ŋo¹³ sɐ?⁵ fuɛ⁵³ zɛ³⁵ go⁵³ 。

四点多就去拔秧苗，拔好之后接着种田，种到晚上八九点，夜深了才回去。过去年轻，不觉得吃力，也不知道咋回事，干活很起劲，从白天做到晚上就有三十个工分，想着饿不着自己了。

哦偓今朝三十分,要死唻,偓两个搭搭个弗好啦呐,反正也高啦呐,偓明朝早点来噢,再早点去,比伲还要早,再起特‗早,趁净个工分么。

o³³ ŋa³¹ tɕiŋ⁵³ tsɔ⁵⁵ sɛ⁵⁵ zɐʔ⁵ feŋ⁵³ , iɔ³⁵ ɕi⁵³ lɛ³³ , ŋa³¹ li ã³³ kəʔ⁵ tɐʔ⁵ tɐʔ⁵ kəʔ⁵ fɐʔ² hɔ⁵⁵ la³³ nɐʔ² , fɛ³³ tseŋ³³ ia¹³ kɔ³³ lɐʔ² nɐʔ² , ŋa³¹ miŋ³³ tsɔ³⁵ tsɔ⁵⁵ tie⁵³ lɛ¹³ ɔ³⁵ , tsɛ³³ tsɔ⁵⁵ tie⁵³ tɕʰi³³ , pi³³ ia³⁵ vɛ³³ iɔ¹³ tsɔ³³ , tsɛ⁵⁵ tɕʰi³³ dəʔ⁵ tsɔ⁵³ , tsʰeŋ⁵⁵ dʑiŋ³³ kəʔ⁵ koŋ³⁵ feŋ⁵³ məʔ² 。

想到今天挣了三十个工分,真要命啊,我们两个搭搭干活怎么会不好呢,反正已经蛮高了,我们明天再早点去,比他们还要早,挣更多的工分。

呐,平常辰光做做[只有]得八分半,侬[只要]使劲个工分趁出来,有廿多分呀,三十多分呀,个侬弗是插特‗好来搭‗做啦,个种净个工分要个头个,要[无有]做个。有力气个人,多做点,[无有]力气个人,少做点,[无有]办法个么。

nɐʔ² , biŋ³¹ dzã³³ zeŋ³³ kuã⁵⁵ tsɔ⁵⁵ tsɔ³⁵ tɕiɔ⁵⁵ dəʔ⁵ pɐʔ⁵ feŋ⁵³ pə³³ , noŋ¹³ tɕiɔ⁵³ sɐʔ⁵ dʑiŋ³³ kəʔ⁵ koŋ³⁵ feŋ⁵³ tsʰeŋ⁵⁵ tsʰəʔ⁵ lɛ³³ , yœ⁵³ ȵie⁵⁵ to⁵⁵ feŋ⁵³ ia¹³ , sɛ⁵⁵ zɐʔ⁵ to⁵⁵ feŋ⁵³ ia¹³ , kəʔ⁵ noŋ¹³ fɐʔ² zɿ³⁵ tsʰɐʔ⁵ dəʔ² hɔ⁵⁵ lɛ³³ tɐʔ⁵ tsɔ⁵³ la³³ , kəʔ⁵ tsoŋ⁵³ dʑiŋ³³ kəʔ⁵ koŋ³⁵ feŋ⁵³ iɔ¹³ ku³³ də³³ go⁵³ , iɔ¹³ ȵiə³³ tsɔ⁵⁵ go⁵³ 。 yœ⁵³ liɐʔ² tɕʰi⁵³ kəʔ⁵ ȵiŋ³³ , to⁵⁵ tsɔ⁵⁵ tie⁵³ , ȵiə³³ liɐʔ² tɕʰi⁵³ kəʔ⁵ ȵiŋ³³ , sɔ⁵⁵ tsɔ⁵⁵ tie⁵³ , ȵiə³³ bɛ³³ fɐʔ⁵ kəʔ⁵ məʔ² 。

按平常干活时间来算,一天的工钱只有八分半,而只要你使劲干,就有二十多、三十多工分。否则人家都争着把秧苗插好了,挣这种工分是需要力气的,没有力气是做不了的。有力气的人就多做一点,没力气的人就少做点,做不动的人没办法。

做弗动个人,秧讲个头个,廿个秧为一分工分,三十个秧为一分
工分。好拔葛个种地里呢,廿个秧为一分工分,都介拨俪定好个,拔
特⁼多工分多,拔特⁼少工分少。

tso⁵⁵ fɐʔ⁵ doŋ³⁵ kəʔ⁵ n̠iŋ³³ , i ã⁵⁵ k ã⁵³ ku³³ də³³ go⁵³ , n̠ie⁵³ kɐʔ⁵ i ã⁵⁵ uE³³
iɐʔ⁵ feŋ⁵³ koŋ³⁵ feŋ⁵³ , sɛ⁵⁵ zɐʔ⁵ kɐʔ⁵ i ã⁵⁵ uE³³ iɐʔ⁵ feŋ⁵³ koŋ³⁵ feŋ⁵³ 。 hɔ⁵⁵ bɐʔ² kəʔ⁵
kəʔ⁵ tsoŋ³⁵ di³³ li⁵³ n̠ie³³ , n̠ie⁵³ kɐʔ⁵ i ã⁵⁵ uE³³ iɐʔ⁵ feŋ⁵³ koŋ³⁵ feŋ⁵³ , tu⁵⁵ ka⁵⁵ pɐʔ⁵
na¹³ diŋ¹³ hɔ⁵⁵ go⁵³ , bɐʔ² dəʔ⁵ to⁵⁵ koŋ³⁵ feŋ⁵³ to⁵⁵ , bɐʔ² dəʔ⁵ sɔ⁵⁵ koŋ³⁵ feŋ⁵³ sɔ⁵⁵ 。

做不动的人去拔秧苗,拔秧苗是计件的。二十把秧苗为一个工
分,三十把秧苗为一个工分。好拔的那种地呢,二十把秧苗为一个
工分,都是规定好的,拔得多工分就多,拔得少工分就少。

依赖皮点个人么就工分少,多个人么就工分多出来,工分多
特⁼下半年分出来,分红就高起来,俪钞票就有嘞嘛。平均呢要讲平
均个水平呢,老早子讲讲调匀呢总还是老早子调匀点啦。

noŋ¹³ lE³³ bi³¹ tie⁵³ kəʔ⁵ n̠iŋ³³ məʔ² dʑyœ³⁵ koŋ³⁵ feŋ⁵³ sɔ⁵⁵ , to⁵⁵ kəʔ⁵
n̠iŋ³³ məʔ² dʑyœ³⁵ koŋ³⁵ feŋ⁵³ to⁵⁵ tsʰ əʔ⁵ lE³³ , koŋ³⁵ feŋ⁵³ to⁵⁵ dəʔ² o³³ pə³⁵ n̠ie⁵⁵
feŋ⁵³ tsʰ əʔ⁵ lE³³ , feŋ⁵³ ioŋ¹³ dʑyœ³⁵ kɔ⁵⁵ tɕi⁵³ lE³³ , na¹³ tsʰ ɔ⁵⁵ pʰiɔ⁵⁵ dʑyœ³⁵
yœ⁵³ lɐʔ² ma³³ 。 bieŋ³¹ tɕyeŋ³³ n̠ie³³ iɔ¹³ k ã⁵⁵ biŋ³¹ tɕyeŋ³³ kəʔ⁵ sE⁵³ biŋ³¹
n̠ie³³ , lɔ³³ tsɔ⁵⁵ tsʅ⁵⁵ k ã⁵⁵ k ã⁵³ diɔ³⁵ ioŋ³³ n̠ie³³ tsoŋ⁵⁵ vE⁵³ zʅ³³ lɔ³³ tsɔ⁵⁵ tsʅ⁵⁵ diɔ³⁵
ioŋ³³ tie⁵³ la³³ 。

赖皮的人工分就少,干得多的人工分就多,下半年工分多的人
分红就高,就有钱了。要讲平均呢,过去还是比较讲公平的。

老早生产队里做生活个辰光,依就讲讲俪有份人家分特⁼五六
十块洋钿是,预支推⁼板五六十块洋钿是撑足还啊啦,还会有啦。

lɔ³³ tsɔ⁵⁵ s ã⁵⁵ tsʰ ɛ⁵³ dE³³ li³³ tso³⁵ s ã⁵³ o¹³ keʔ² zeŋ³³ ku ã⁵⁵ , noŋ¹³ dʑyœ³⁵

kɑ̃⁵⁵ kɑ̃⁵³ na¹³ yœ⁵³ veŋ³¹ n̠iŋ³³ ka⁵⁵ feŋ⁵³ dəʔ² ŋ¹³ lɔʔ² zɐʔ⁵ kʰuɛ³⁵ɑ̃³³ die¹³ zʅ³¹ ,
y³¹ tsʅ⁵⁵ tʰuɛ⁵³ pɛ⁵⁵ ŋ¹³ lɔʔ² zɐʔ⁵ kʰuɛ³⁵ɑ̃³³ die¹³ zʅ³¹ tsʰɑ̃⁵⁵ tsuɔʔ⁵ uɛ³³ a³⁵ la³³ ,
vɛ⁵³ uɛ³³ yœ⁵³ la³³ 。

过去在生产队干活的时候，一户人家一般都能分到五六十块钱，跟预支的相差五六十块已经封顶了，不会再多了。

像个卯是有种介人是条件好个种人是，一家人做做啊，几个小队做伊弗过个也有，是弗是啊，都弗平均个条件高头，讲出来。像个卯呢条件好个人么，忒介好，像个卯呢像老早子呢稍许平均点。

zi ɑ̃³³ kɔʔ⁵ mɔ³³ zʅ³¹ yœ³³ tsoŋ³⁵ ka⁵⁵ n̠iŋ³³ zʅ³¹ diɔ³³ dzie¹³ hɔ⁵⁵ kəʔ⁵ tsoŋ⁵³
n̠iŋ¹³ zʅ³¹ , ieʔ⁵ ka⁵⁵ n̠iŋ³³ tso⁵⁵ tso³⁵ a³³ , tɕi³⁵ kɐʔ⁵ ɕiɔ⁵³ dɐ³³ tso⁵⁵ i⁵⁵ fɐʔ⁵ ko⁵⁵
kɐʔ⁵ a³⁵ yœ¹³ , zʅ³⁵ fɐʔ⁵ zʅ⁵³ a³³ , tu⁵⁵ fɐʔ⁵ biŋ³¹ tɕyeŋ³³ kɐʔ⁵ diɔ³³ dzie¹³ kɔ³³ də⁵⁵ ,
kɑ̃⁵⁵tsʰəʔ⁵ lɛ³³ 。 zi ɑ̃³³ kɔʔ⁵ mɔ³³ n̠ie³³ diɔ³³ dzie¹³ hɔ⁵⁵ kəʔ⁵ n̠iŋ¹³ məʔ² , tʰɐʔ⁵
ka⁵⁵ hɔ⁵³ , zi ɑ̃³³ kɔʔ⁵ mɔ³³ n̠ie³³ zia³³ lɔ³¹ tsɔ⁵⁵ tsʅ⁵⁵ n̠ie³³ sɔ³⁵ ɕy⁵⁵ biŋ³¹ tɕyeŋ³³ tie⁵³ 。

像现在条件好的人家，他们所挣的钱，连几个小队挣的钱加起来都比不过，是不是啦，讲起来分配都不平均。像现在条件好的人家过于好，跟现在比，过去还是比较平均的。

老早个讲讲呢，十年在子岭里来做，十年俫好，十年倕好，十年在子岭里来做就是介话来话去，就是介话呐，小人大出来就是挨着倕哉介。

lɔ³³ tsɔ⁵⁵ kəʔ⁵ kɑ̃⁵⁵ kɑ̃⁵³ n̠ie³³ , zɐʔ² n̠ie¹³ dzɛ³³ tsʅ³³ liŋ⁵⁵ li⁵³ lɛ³³ tso³⁵ ,
zɐʔ² n̠ie¹³ na¹³ hɔ⁵⁵ , zɐʔ² n̠ie¹³ ŋa³¹ hɔ⁵⁵ , zɐʔ² n̠ie¹³ dzɛ³³ tsʅ³³ liŋ⁵⁵ li⁵³ lɛ³³ tso³⁵
dzʮœ³⁵ zʅ³³ ka⁵⁵ o³³ lɛ³³ o³³ tɕʰi³¹ , dzʮœ³⁵ zʅ³³ ka⁵⁵ o³¹ nɐʔ² , ɕiɔ³⁵ n̠iŋ⁵⁵ do¹³ tsʰəʔ⁵
lɛ³³ dzʮœ³⁵ zʅ³³ a⁵⁵ zɐʔ² ŋa³¹ zɛ³⁵ ka⁵⁵ 。

过去讲十年河东十年河西，就是说十年你家好，十年我家好，就是这个意思，小孩长大了就轮到干活挣钱了。

个十年里头佲小人还小唻，就是挨弗着佲趁工分，侬十年小人大出来哉，就是挨着侬趁工分哉，佲就光荣哉。介个就是十年在子岭里来做，就是介呐。

kəʔ⁵ zɐʔ² n̠ie¹³ li³³ də³¹ na¹³ ɕiɔ³⁵ n̠iŋ⁵⁵ vɛ⁵³ ɕiɔ³³ lɛ³³ , dʑyœ³⁵ zɿ³³ a⁵⁵ fɐʔ⁵ zɐʔ² na¹³ tsʰeŋ⁵⁵ koŋ³⁵ feŋ⁵³ , noŋ¹³ zɐʔ² n̠ie¹³ ɕiɔ³⁵ n̠iŋ⁵⁵ do¹³ tsʰəʔ⁵ lɛ³³ zɛ³⁵ , dʑyœ³⁵ zɿ³³ a⁵⁵ zɐʔ² noŋ¹³ tsʰeŋ⁵⁵ koŋ³⁵ feŋ⁵³ zɛ³⁵ , na¹³ dʑyœ³⁵ kuã⁵⁵ ioŋ³⁵ zɛ³⁵ 。 ka⁵⁵ kəʔ⁵ dʑyœ³⁵ zɿ³³ zɐʔ² n̠ie¹³ dzɛ³³ tsɿ³³ liŋ⁵⁵ li⁵³ lɛ³³ tso³⁵ , dʑyœ³⁵ zɿ³³ ka⁵⁵ nɐʔ² 。

这十年你家孩子还小，就干不了活挣不了钱，十年后你家小孩长大了，就能干活挣钱了，你们就开心了，就是这样，十年河东十年河西。

调匀个蛮调匀个，佲个卯小人还小嘞么，[弗会]做嘞么，葛〓么俚小人大出来，俚会做个么，俚工分多出来特〓么，佲还是俚好唻，就是介个呐，喊十年在子岭里来做。

diɔ³⁵ ioŋ³³ go⁵³ mɛ⁵⁵ diɔ³⁵ ioŋ³³ go⁵³ , na¹³ kəʔ⁵ mɔ³³ ɕiɔ³⁵ n̠iŋ⁵⁵ vɛ⁵³ ɕiɔ³³ lɐʔ² məʔ² , fuɛ⁵³ tso³⁵ lɐʔ² məʔ² , kəʔ⁵ məʔ² ŋa³¹ ɕiɔ³⁵ n̠iŋ⁵⁵ do¹³ tsʰəʔ⁵ lɛ³³ , ŋa³¹ uɛ³³ tso⁵⁵ kəʔ⁵ məʔ² , ŋa³¹ koŋ³⁵ feŋ⁵³ to⁵⁵ tsʰəʔ⁵ lɛ³³ dəʔ² məʔ² , na¹³ vɛ¹³ zɿ³³ ŋa³¹ hɔ⁵⁵ lɛ³³ , dʑyœ³⁵ zɿ³³ ka⁵⁵ kəʔ⁵ nɐʔ² , hɛ⁵⁵ zɐʔ² n̠ie¹³ dzɛ³³ tsɿ³³ liŋ⁵⁵ li⁵³ lɛ³³ tso³⁵ 。

说均匀也均匀，你们孩子现在还小，干不了活，我们孩子大了能干活了，那么我们工分就多了，我们比你们挣得多，就是这样，十年河东十年河西。

像个卯是邻里里厢，那辰光轮弗着俚拉，还轮得着啦。有种介人，呐，弗去做，来特＝屋里头，电脑里打打有钞票。

ʑiɑ̃³³ kɔʔ⁵ mɔ³³ zl̩³¹ liŋ³³ li⁵³ li³³ ɕiɑ̃⁵³，na³³ zeŋ³³ kuɑ̃⁵⁵ leŋ³³ fɐʔ⁵ zɐʔ² ŋa³¹ la³³，vE¹³ leŋ³⁵ dəʔ² zɐʔ² la³³。yœ¹³ tsoŋ³⁵ ka⁵⁵ n̠iŋ³³，nɐʔ²，fɐʔ⁵ tsʰi³¹ tso³³，lE³³ dəʔ² oʔ⁵ li³³ də³¹，die³³ nɔ³¹ li³³ tɑ̃⁵⁵ tɑ̃⁵⁵ yœ¹³ tsʰɔ⁵⁵ pʰiɔ⁵³。

像现在邻里之间，就轮不到我们了。有些人，不去干活待在家里，用电脑就能挣钱。

有种介人特＝话话特＝一角洋钿，哦呦，青菜五角洋钿一斤，两块洋钿一斤去卖去啊，卖卖也比弗如也还是来特＝屋里头电脑一记好。哪弄弗来呢就是弄弗来，弄特＝来个人么就是弄特＝来，〔无有〕办法啦。

yœ¹³ tsoŋ³⁵ ka⁵⁵ n̠iŋ³³ dəʔ² o³⁵ o⁵³ dəʔ² iɐʔ⁵ kuɔʔ⁵ ɑ̃³³ die¹³，o⁵³ yo³³，tɕʰiŋ⁵³ tsʰE³³ ŋ³³ kuɔʔ⁵ ɑ̃³³ die¹³ iɐʔ⁵ tɕiŋ³⁵，liɑ̃³³ kʰuE³⁵ ɑ̃³³ die¹³ iɐʔ⁵ tɕiŋ³⁵ tsʰi³¹ ma¹³ tsʰi³¹ a³³，ma¹³ ma³³ ia¹³ pi³³ fɐʔ⁵ zʮ² ia¹³ vE¹³ zl̩³³ lE³³ dəʔ² oʔ⁵ li³³ də³¹ die³³ nɔ³¹ iɐʔ⁵ tɕi³⁵ hɔ⁵⁵。na¹³ loŋ⁵⁵ fɐʔ⁵ lE³³ n̠ie³³ dʑyœ³⁵ zl̩³³ loŋ⁵⁵ fɐʔ⁵ lE³³，loŋ⁵⁵ dəʔ² lE³³ kəʔ⁵ n̠iŋ³³ məʔ² dʑyœ³⁵ zl̩³³ loŋ⁵⁵ dəʔ² lE³³，n̠iə³³ bɐ³³ fɐʔ⁵ la³³。

有些人靠卖一毛钱或者五毛钱一斤、两块钱一斤的菜，也比不过会用电脑挣钱的人，不会电脑就是不会。

也还有钞票，多个人家就是多，少个人家就是少，还分特＝匀啦噢。像个卯种偓年纪大个种人啊，有种介人么，像孝顺点种介个人么还好点，弗孝顺种介人么，讲年纪大个人呢罪过个也有呀噢。

ie¹³ vE³¹ yœ¹³ tsʰɔ⁵⁵ pʰiɔ⁵³，to⁵⁵ kəʔ⁵ n̠iŋ³³ ka⁵⁵ dʑyœ³⁵ zl̩³³ to⁵⁵，sɔ⁵⁵ kəʔ⁵ n̠iŋ³³ ka⁵⁵ dʑyœ³⁵ zl̩³³ sɔ⁵⁵，vE³¹ feŋ⁵³ dəʔ² ioŋ³³ la³³ ɔ³⁵。ʑiɑ̃⁵³ kɔʔ⁵ mɔ³³ tsoŋ³³ ŋa³¹ n̠ie³³ tɕi³³ do³¹ kəʔ⁵ tsoŋ⁵³ n̠iŋ¹³ a³³，yœ¹³ tsoŋ³⁵ ka⁵⁵ n̠iŋ³³ məʔ²，ʑiɑ̃⁵³ ɕiɔ⁵⁵ zeŋ³⁵ tie⁵⁵ tsoŋ³⁵ ka⁵⁵ kəʔ⁵ n̠iŋ³³ məʔ² uE³¹ hɔ⁵⁵ tie⁵⁵，fɐʔ⁵ ɕiɔ⁵⁵ zeŋ³⁵ tsoŋ³⁵ ka⁵⁵ ȵiŋ³³ məʔ² , kã̃⁵⁵ ȵie³³ tɕi³⁵ do³¹ kəʔ⁵ ȵiŋ¹³ ȵie³³ zɛ³³ ko⁵³ kəʔ⁵ ia¹³ yœ¹³ ia³³ ɔ³⁵ 。

钱多的人就是多，钱少的人就是少，分不匀。像现在年纪大的人，如果家里人孝顺点，日子就过得好一点，如果家里人不孝顺，年纪大的人的日子也是不好过的。

偃是真当罪过啦，啥个东西也［无有］吃，最经济个都是，像亨⁼种介个蒸菜吃吃，好两日个种蒸菜都还来吃。条件好个人特⁼，个菜吃过夜到要要吃都还弗晓得，侬话是弗是噢。

ŋa³¹ zɿ³⁵ tsɐŋ⁵⁵ dã̃⁵⁵ zɛ³³ ko⁵³ la³³ , so⁵⁵ gɐʔ⁵ toŋ⁵³ ɕi³⁵ ia¹³ ȵiə³³ tɕʰyɔʔ⁵ , zɛ⁵⁵ tɕiŋ⁵³ tɕi³⁵ kəʔ⁵ tu⁵⁵ zɿ³³ , ʑiã̃⁵³ hã̃⁵⁵ tsoŋ³⁵ ka⁵⁵ kəʔ⁵ tsɐŋ⁵⁵ tsʰɛ³³ tɕʰyɔʔ⁵ tɕʰyɔʔ⁵ , hɔ⁵⁵ li ã³³ nɐʔ² kəʔ⁵ tsoŋ⁵³ tsɐŋ⁵⁵ tsʰɛ³³ tu⁵⁵ vɛ³¹ lɛ³³ tɕʰyɔʔ⁵ 。 diɔ³³ dʑie¹³ hɔ⁵⁵ kəʔ⁵ ȵiŋ¹³ dəʔ² , kəʔ⁵ tsʰɛ³³ tɕʰyɔʔ⁵ ko⁵³ ia³³ tɔ³⁵ iɔ⁵⁵ iɔ⁵⁵ tɕʰyɔʔ⁵ tu⁵⁵ vɛ³¹ fɐʔ⁵ ɕiɔ⁵⁵ tɐʔ⁵ , noŋ¹³ o³³ zɿ³⁵ fɐʔ⁵ zɿ⁵³ ɔ³⁵ 。

我也一样，没有东西吃，只能吃吃蒸菜，有时吃了两天的蒸菜还在继续吃。而条件好的人，隔夜菜都不要吃，你说是吧。

好惙试介弗匀特⁼啦就是介么，弄弗着调匀出来，调匀弗出来特⁼么，就是介呐。个卯种话伊，话伊弗是讲话伊撑老，老早子叫偃破雨伞纳⁼个⁼想会去夹，侬破雨伞弗去夹，侬就钞票［无有］，破雨伞叫侬纳⁼想会去，侬叫伊会去做，侬叫就有。

hɔ⁵⁵ ɕiəʔ⁵ tʰɐʔ⁵ ka⁵⁵ fɐʔ⁵ ioŋ³³ dəʔ² la³³ dʑyœ³⁵ zɿ³³ ka⁵⁵ məʔ² , loŋ⁵⁵ fɐʔ⁵ zɐʔ² diɔ³⁵ ioŋ³³ tsʰəʔ⁵ lɛ³³ , diɔ³⁵ ioŋ³³ fɐʔ⁵ tsʰəʔ⁵ lɛ³³ dəʔ² məʔ² , dʑyœ³⁵ zɿ³³ ka⁵⁵ nɐʔ² 。 kɔʔ⁵ mɔ³³ tsoŋ o³⁵ i⁵⁵ , o³⁵ i⁵⁵ fɐʔ⁵ zɿ³⁵ kã̃⁵⁵ o³⁵ i⁵⁵ tsʰã̃⁵⁵ lɔ³³ , lɔ³³ tsɔ⁵⁵ tsɿ⁵⁵ tɕiɔ⁵⁵ ŋa³¹ pʰa⁵³ y³⁵ sã̃⁵³ nɐʔ² gɐʔ⁵ ɕiã̃⁵³ uɛ⁵⁵ tsʰi³¹ kɐʔ⁵ , noŋ¹³ pʰa⁵³ y³⁵ sã̃⁵³ fɐʔ⁵ tsʰi³¹ kɐʔ⁵ , noŋ¹³ dʑyœ³³ tsʰɔ⁵⁵ pʰiɔ⁵³ ȵiə³³ , pʰa⁵³ y³⁵ sã̃⁵⁵ tɕiɔ⁵⁵ noŋ¹³ nɐʔ² ɕiã̃⁵³ uɛ³³tsʰi³¹ , noŋ¹³tɕiɔ⁵⁵i⁵⁵uɛ³⁵tsʰi³¹tso³³ , noŋ¹³tɕiɔ⁵⁵dʑyœ³³yœ¹³ 。

可见好坏太不均匀了，无法调和贫富差距。过去有句话说，破雨伞会夹就有钱挣，破雨伞不会夹就没钱挣。意思是只要你去干活，就有钱挣。

工分就，小队里，做到夜头，就拨侬上工分，一日两日，一分两分个拨侬上东⁼，到半年头驮来结一结有多少，到下半年驮来算一算侬预支多少，是哦。

koŋ³⁵feŋ⁵³dʑyœ³³ , ɕiɔ⁵⁵dɛ³³li³³ , tso⁵⁵tɔ³³ia¹³də³¹ , dʑyœ³³pɐʔ⁵noŋ¹³zã³³koŋ³⁵feŋ⁵³ , iɐʔ⁵nɐʔ²liã³³nɐʔ² , iɐʔ⁵feŋ⁵³liã³³feŋ⁵³kɐʔ⁵pɐʔ⁵noŋ¹³zã³³toŋ⁵³ , tɔ³³pə³⁵n̠ie⁵⁵də³³do³¹lɛ¹³tɕiɐʔ⁵iɐʔ⁵tɕiɐʔ⁵yœ¹³to⁵⁵sɔ³⁵ , tɔ³³o³¹pə³⁵n̠ie⁵⁵do³¹lɛ¹³sə³³iɐʔ⁵sə³³noŋ¹³yʔ³¹tsʅ⁵⁵to⁵⁵sɔ³⁵ , zʅ¹³vɐ³³ 。

从早做到晚，就给你计工分，一天两天，一分两分地加上去，到半年时间就算一算有多少，等到下半年算一算你预支多少，是吧。

像倈个卯是算也弗要算，俪多少钞票，俪有多少钞票，俪又弗晓得，条件好惏，相差距离戍介有戍介有唻。

ʑiã⁵³ŋa³¹kɔʔ⁵mɔ³³zʅ³¹sə³³ia¹³fiɔ⁵³sə³³ , na¹³to⁵⁵sɔ³⁵tsʰɔ⁵⁵pʰiɔ⁵³ , ia¹³yœ¹³to⁵⁵sɔ³⁵tsʰɔ⁵⁵pʰiɔ⁵³ , na¹³iʔ³³fɐʔ⁵ɕiɔ⁵⁵tɐʔ⁵ , diɔ³³dʑie¹³hɔ⁵⁵ɕiɐʔ⁵ , ɕiã⁵⁵tsʰa⁵⁵dʑy¹³li³³tʰɐʔ⁵ka⁵⁵yœ¹³tʰɐʔ⁵ka⁵⁵yœ¹³lɛ³³ 。

不像现在，算也不用算，你有多少钱，我有多少钱，你都不知道，条件好坏，贫富差距一直存在。

像有种介噢差多少差多少，追弗着个啦，还会追特⁼着唻啊，追弗着特⁼呀。好个人家，高楼大房，个种厂啦全部办出来；像惏个种人家特⁼，讲呐想说话啊，伊部车还买弗起。

$zi\tilde{a}^{53}\,y\alpha^{13}\,tson^{35}\,ka^{55}\,\mathfrak{o}^{35}\,ts^{h}a\mathfrak{?}^{5}\,to^{55}\,s\mathfrak{o}^{35}\,ts^{h}a\mathfrak{?}^{5}\,to^{55}\,s\mathfrak{o}^{35}$, $ts\varepsilon^{55}\,f\varepsilon\mathfrak{?}^{5}\,z\mathfrak{v}\mathfrak{?}^{2}\,k\mathfrak{o}\mathfrak{?}^{5}\,la^{33}$,

$v\varepsilon^{53}\,u\varepsilon^{35}\,ts\varepsilon^{55}\,d\mathfrak{o}\mathfrak{?}^{2}\,z\mathfrak{v}\mathfrak{?}^{2}\,l\varepsilon^{33}\,a^{33}$, $ts\varepsilon^{55}\,f\varepsilon\mathfrak{?}^{5}\,z\mathfrak{v}\mathfrak{?}^{2}\,d\mathfrak{o}\mathfrak{?}^{2}\,ia^{33}$ 。 $h\mathfrak{o}^{55}\,k\mathfrak{o}\mathfrak{?}^{5}\,\text{\textnhookbottom}in^{33}\,ka^{55}$, $k\mathfrak{o}^{55}$

$l\mathfrak{o}^{53}\,do^{35}\,v\,\tilde{a}^{53}$, $k\mathfrak{o}\mathfrak{?}^{5}\,tson^{53}\,ts^{h}\,\tilde{a}^{33}\,la^{55}\,d\textrm{z}y\alpha^{33}\,bu^{13}\,b\varepsilon^{31}\,ts^{h}\mathfrak{o}\mathfrak{?}^{5}\,l\varepsilon^{33}$; $zi\,\tilde{a}^{53}\,\text{\textctc}i\mathfrak{o}\mathfrak{?}^{5}$

$k\mathfrak{o}\mathfrak{?}^{5}\,tson^{53}\,\text{\textnhookbottom}in^{33}\,ka^{55}\,d\mathfrak{o}\mathfrak{?}^{5}$, $k\,\tilde{a}^{53}\,n\mathfrak{v}\mathfrak{?}^{2}\,\text{\textctc}i\,\tilde{a}^{53}\,s\mathfrak{o}\mathfrak{?}^{5}\,o^{13}\,a^{33}$, $i^{35}\,bu^{53}\,ts^{h}o^{55}\,v\varepsilon^{53}\,ma^{35}\,f\varepsilon\mathfrak{?}^{5}$

$t\text{\textctc}^{h}i^{53}$ 。

有些人挣的钱跟别人不管相差多少,也无法与人家平齐。条件好
的人家,有高楼大房,有各种厂房;条件差的人家,连一辆车都买不起。

俰条件好个人家么汽车好两部,一份人家好两部。像倔小队里
啊木゠老゠老゠东゠,好两部汽车,条件怵个人家么也是还是[无有]汽
车,也有个,是哦,俰弗割舍去买。

$na^{13}\,di\mathfrak{o}^{33}\,dzie^{13}\,h\mathfrak{o}^{55}\,k\mathfrak{o}\mathfrak{?}^{5}\,\text{\textnhookbottom}in^{33}\,ka^{55}\,m\mathfrak{o}\mathfrak{?}^{2}\,t\text{\textctc}i^{55}\,ts^{h}o^{55}\,h\mathfrak{o}^{55}\,li\,\tilde{a}^{35}\,bu^{53}$, $i\mathfrak{v}\mathfrak{?}^{2}$

$ve\eta^{13}\,\text{\textnhookbottom}in^{13}\,ka^{35}\,h\mathfrak{o}^{55}\,li\,\tilde{a}^{35}\,bu^{53}$ 。 $zi\,\tilde{a}^{53}\,\eta a^{31}\,\text{\textctc}i\mathfrak{o}^{55}\,d\varepsilon^{33}\,li^{33}\,a^{33}\,m\mathfrak{o}\mathfrak{?}^{2}\,m\mathfrak{o}\mathfrak{?}^{2}\,l\mathfrak{o}^{13}$

$to\eta^{53}$, $h\mathfrak{o}^{55}\,li\tilde{a}^{35}\,bu^{53}\,t\text{\textctc}i^{55}\,ts^{h}o^{53}$, $di\mathfrak{o}^{33}\,dzie^{13}\,\text{\textctc}i\mathfrak{o}\mathfrak{?}^{5}\,k\mathfrak{o}\mathfrak{?}^{5}\,\text{\textnhookbottom}in^{33}\,ka^{55}\,m\mathfrak{o}\mathfrak{?}^{2}\,ia^{13}\,z\text{\textsubrhalfring{\textglotstop}}^{33}\,v\varepsilon^{13}$

$z\text{\textsubrhalfring{\textglotstop}}^{33}\,\text{\textnhookbottom}i\mathfrak{o}^{33}\,t\text{\textctc}i^{55}\,ts^{h}o^{53}$, $ia^{33}\,y\alpha^{13}\,go^{53}$, $z\text{\textsubrhalfring{\textglotstop}}^{13}\,v\mathfrak{v}^{33}$, $ia^{13}\,f\varepsilon\mathfrak{?}^{5}\,k\mathfrak{o}\mathfrak{?}^{5}\,so^{53}\,t\text{\textctc}i^{31}\,ma^{35}$ 。

条件好的人家汽车就有好几辆。像我们小队里,汽车就有好几
辆,而条件差的人家还是没有汽车,也有的人家不舍得买。

再分田到户后头呢,呐,做做用用大家都自家亨゠个,嬉个人就
是嬉,做个人就是做。做个人,欢喜做个人也是还是去做,勤劳个人
总归是好个。

$ts\varepsilon^{55}\,fe\eta^{53}\,die^{13}\,t\mathfrak{o}^{53}\,u^{13}\,\mathfrak{o}^{35}\,d\mathfrak{o}^{53}\,\text{\textnhookbottom}ie^{33}$, $n\mathfrak{v}\mathfrak{?}^{2}$, $tso^{55}\,tso^{35}\,io\eta^{13}\,io\eta^{13}\,da^{35}\,ka^{55}\,tu^{55}$

$z\text{\textsubrhalfring{\textglotstop}}^{33}\,ka^{35}\,h\,\tilde{a}^{55}\,go^{53}$, $\text{\textctc}i^{33}\,k\mathfrak{o}\mathfrak{?}^{5}\,\text{\textnhookbottom}in^{33}\,d\textrm{z}y\alpha^{35}\,z\text{\textsubrhalfring{\textglotstop}}^{33}\,\text{\textctc}i^{33}$, $tso^{55}\,k\mathfrak{o}\mathfrak{?}^{5}\,\text{\textnhookbottom}in^{33}\,d\textrm{z}y\alpha^{35}\,z\text{\textsubrhalfring{\textglotstop}}^{33}\,tso^{55}$ 。

$tso^{55}\,k\mathfrak{o}\mathfrak{?}^{5}\,\text{\textnhookbottom}in^{33}$, $h\mathfrak{o}^{53}\,\text{\textctc}i^{33}\,tso^{55}\,k\mathfrak{o}\mathfrak{?}^{5}\,\text{\textnhookbottom}in^{33}\,ia^{13}\,z\text{\textsubrhalfring{\textglotstop}}^{33}\,v\varepsilon^{13}\,z\text{\textsubrhalfring{\textglotstop}}^{33}\,t\text{\textctc}i^{31}\,tso^{53}$, $dzi\eta^{33}\,l\mathfrak{o}^{33}$

$k\mathfrak{o}\mathfrak{?}^{5}\,\text{\textnhookbottom}in^{33}\,tson^{55}\,ku\varepsilon^{53}\,z\text{\textsubrhalfring{\textglotstop}}^{53}\,h\mathfrak{o}^{55}\,go^{53}$ 。

分田到户后,想做想玩都是自己掌握的,想玩的人就去玩,想做

的人就去做。喜欢做的人也还是在做，勤劳的人总是好的。

我是介讲啦，年纪轻个人做也做，年纪大个人也做。有两个人啦做特＝忕介罪过啦，做特＝头发也白，眼睛也花，耳朵也聋，也还来浪＝个做啦。

ŋo³¹ zֿ̩³¹ ka³³ kã⁵³ la³³ , n̠ie³³ tɕi³⁵ tɕʰiŋ⁵³ kəʔ⁵ n̠iŋ³³ tso⁵⁵ ia¹³ tso⁵⁵ , n̠ie³³ tɕi³⁵ do³¹ kəʔ⁵ n̠iŋ¹³ ia¹³ tso⁵⁵ 。 yœ¹³ li ã⁵³ kəʔ⁵ n̠iŋ¹³ la³³ tso⁵⁵ dəʔ² tʰɐʔ² ka⁵⁵ zɛ³³ ko⁵³ la³³ , tso⁵⁵ dəʔ² də³³ fɐʔ² a¹³ bɐʔ² , ŋɛ³³ tɕiŋ⁵³ a¹³ ho³¹ , n̠i³³ to⁵³ a¹³ loŋ³¹ , a¹³ vɛ¹³ lɛ³³ lã⁵⁵ kəʔ⁵ tso⁵³ la³³ 。

我是这样认为的，年纪轻的人应该干活，年纪大的人也可以干活。但有些年纪的人太辛苦了，干活干得头发也白了，眼睛也花了，耳朵也聋了，还在继续干活。

　　　　　　　　　　（2016 年 8 月 28 日，临安，发音人：马丽娟）

（三）方言青男

传统节日

过冬至，就是祭祖一样个类型，就是拨亨＝个死嘞个种亲人回来过冬至。如果冬至是阴天噢，葛＝么过年个时光就是大太阳个。因为郎话弗是有句老话嘛，老古话嘛，就是叫"邋遢冬至干净年"。

kəu⁵⁵ toŋ⁵³ tsֿ̩³⁵ , dʑyœ³⁵ zֿ̩³³ tɕi⁵⁵ tsu⁵³ ieʔ⁵ iaŋ³³ kəʔ⁵ lɛ³⁵ iŋ³³ , dʑyœ³⁵ zֿ̩³³ pɐʔ⁵ xaŋ⁵⁵ kəʔ² ɕi⁵⁵ lɐʔ² kəʔ⁵ tsoŋ⁵³ tɕʰiŋ³³ n̠iŋ³¹ uɛ³³ lɛ¹³ kəu⁵⁵ toŋ⁵³ tsֿ̩³⁵ . zֿ̩³³ ku⁵⁵ toŋ⁵³ tsֿ̩³⁵ zֿ̩⁵³ iŋ⁵⁵ tʰie⁵³ ɔ³⁵ , kəʔ⁵ mə²² kəu⁵⁵ n̠ie¹³ kəʔ² zֿ̩³³ kuaŋ³⁵ dʑyœ³⁵ zֿ̩³³ do³¹ tʰa⁵⁵ iaŋ³³ kəʔ² . ieŋ⁵⁵ uɛ³³ ia¹³ o¹³ fɐʔ⁵ zֿ̩³³ yœ¹³ tɕu¹³ lɔ⁵³ o³³ ma³³ , lɔ⁵³ kəu⁵³ o³³ ma³³ , dʑyœ³⁵ zֿ̩³³ tɕio⁵⁵ ləʔ² tʰɐʔ⁵ toŋ⁵³ tsֿ̩³⁵ ka⁵³ iŋ³⁵ n̠ie³³ .

过冬至，跟祭祖类似，就是给去世的亲人回来过冬至。如果冬至是阴天，那么过年的时候的天气就会是大太阳。因为有句老话说,"邋遢冬至干净年"。

冬至过嘞之后么就是要过年,过年么偓就要杀肉猪,吃杀猪炖,再后头过年么,偓爹拉就是买点好吃个东西,就是买点冬鲞,买点象鼻蚌,个卯条件好嘞嘛,条件好嘞么都是介个。后头过年过嘞么,偓一般都是过特⁼个正月初六、初八个样子开始上班嘞。

toŋ⁵³ tsl³⁵ kəu⁵⁵ lɐʔ² tsl⁵³ ə³³ məʔ² dʑyœ³⁵ zl³³ io⁵⁵ kəu⁵⁵ ȵie¹³ , kəu⁵⁵ ȵie¹³ məʔ² ŋa³¹ dʑyœ³⁵ io⁵³ sɐʔ⁵ ȵiœ³⁵ tsl⁵⁵ , tɕʰyɐʔ⁵ sɐʔ⁵ tsl⁵⁵ teŋ⁵³ , tsɛ⁵⁵ ə³³ də⁵³ kəu⁵⁵ ȵie¹³ məʔ² , ŋa³¹ tia⁵⁵ la⁵⁵ dʑyœ³⁵ zl³³ ma³⁵ tie⁵⁵ xɔ⁵⁵ tɕʰyɐʔ⁵ kəʔ² toŋ⁵³ ɕi³³ , dʑyœ³⁵ zl³³ ma³⁵ tie⁵⁵ toŋ⁵³ ɕiaŋ³³ , ma³⁵ tie⁵⁵ dziaŋ¹³ bɐʔ² baŋ⁵⁵ , kəʔ⁵ mɔ³³ dio¹³ dzie³³ xɔ⁵³ lɐʔ² ma³³ , dio¹³ dzie³³ xɔ⁵³ lɐʔ² məʔ² tu⁵⁵ zl³³ ka⁵⁵ kəʔ² 。 ə³⁵ də⁵³ kəu⁵⁵ ȵie¹³ ku⁵⁵ lɐʔ² məʔ² , ŋa³¹ ieʔ² pɛ³³ tu⁵⁵ zl³³ ku⁵⁵ dəʔ² kəʔ⁵ tseŋ⁵⁵ yɐʔ⁵ tsʰu³³ lɔʔ² 、tsʰu³³ pɐʔ⁵ kəʔ⁵ iaŋ⁵³ tsl³³ kʰɛ³³ sl⁵⁵ zɑ̃³³ pɛ⁵⁵ lɐʔ² 。

冬至过后就是过年,过年都会杀猪,吃杀猪炖。此外,我父亲会去买些冬鲞、象拔蚌之类好吃的东西,因为现在条件好起来了。过年之后,一般正月初六、初八的样子开始上班了。

过年过嘞之后么,就是清明节。清明节么就是要去上坟,上坟么像偓个份人家么大嘛,上坟要上十多个坟啦,大大小小都去个。像偓阿爹偓姆妈都去,亨⁼个要挖烂污泥,扑到葛个坟高头,再话出门比较迟,弄好么再家里人来老家个楼上吃餐饭。

kəu⁵⁵ ȵie¹³ kəu⁵⁵ lɐʔ² tsl⁵³ ə³³ məʔ² , dʑyœ³⁵ zl³³ tɕʰiŋ⁵⁵ miŋ³¹ tɕieʔ⁵ 。 tɕʰiŋ⁵⁵ miŋ³¹ tɕieʔ⁵ məʔ² dʑyœ³⁵ zl³³ io⁵⁵ tɕʰi⁵³ zɑ̃³³ veŋ³³ , zɑ̃³³ veŋ³³ məʔ² ʑiaŋ⁵³ ŋa³¹ kəʔ⁵ veŋ³³ ȵiŋ³³ kuo⁵⁵ məʔ² do³³ ma³³ , zɑ̃³⁵ veŋ³³ io⁵³ zɑ̃³⁵ zɐʔ² duo³³ kəʔ⁵ veŋ³¹ la³³ , do³³ do³³ ɕio⁵⁵ ɕio⁵⁵ tu⁵⁵ tɕʰi⁵³ kuo³³ 。 ʑiaŋ⁵³ ŋa³¹ aʔ⁵ tia⁵⁵ ŋa³¹ m⁵⁵ ma⁵⁵ tu⁵⁵ tɕʰi⁵³ , xaŋ⁵⁵ kəʔ⁵ io⁵³ uɐʔ⁵⁵ lɛ³³ u⁵⁵ ȵi³³ , pʰuoʔ²tɔ⁵³ kəʔ⁵ kəʔ⁵ veŋ³³ kɔ³³ də⁵⁵ , tsɛ⁵⁵ o³³ tsʰɐʔ² meŋ¹³ pi⁵⁵ tɕiɔ⁵³ dzʅ¹³ , loŋ⁵⁵ xɔ⁵³ məʔ² tsɛ⁵⁵ ka⁵⁵ li⁵³ ȵiŋ³³ lɛ¹³ lɔ³⁵ ka⁵⁵ kəʔ² lə³³ zɑ̃³⁵ tɕʰyɐʔ⁵ tsʰɛ³³ vɛ³³ 。

　　过年之后就是清明节。清明节要去上坟，因为我家里人比较多，要上十多个坟。像我父母每年都会去，把地上的泥土盖在坟头。因为出门比较迟，所以弄完之后家里人会在老家的楼上吃顿饭。

　　再是清明过嘞么，就是端午。偓端午么就是弄点粽子，再么还要吃黄鳝个种东西。想当年我小个辰光，为嘞过个端午还是蛮怕个啦，因为端午个辰光，偓爹要叫我吃亨＝个，吃粽叶个么。

　　tsɛ⁵⁵ zʅ³⁵ tɕʰiŋ⁵⁵ miŋ³¹ kəu⁵⁵ lɐʔ² məʔ² , dzyœ³⁵ zʅ³³ tə⁵⁵ ŋ³¹ 。 ŋa³¹ tə⁵⁵ ŋ³¹ məʔ² dzyœ³⁵ zʅ³³ loŋ⁵⁵ tie⁵³ tsoŋ⁵⁵ tsʅ⁵³ , tsɛ⁵⁵ məʔ² uɛ³³ iɔ¹³ tɕʰyɐʔ⁵ uaŋ³³ zə³¹ kəʔ⁵ tsoŋ⁵³ toŋ³³ ɕi³¹ 。 ɕiaŋ⁵³ daŋ⁵⁵ ȵie¹³ ŋo³¹ ɕiɔ⁵⁵ kəʔ⁵ zeŋ³³ kuaŋ⁵⁵ , uɛ³³ lɐʔ² kəu⁵⁵ kəʔ⁵ tə⁵⁵ ŋ³¹ uɛ³³ zʅ³⁵ me⁵⁵ pʰuo⁵³ kəʔ⁵ la³³ , iŋ⁵⁵ uɛ³³ tə⁵⁵ ŋ³¹ kəʔ⁵ zeŋ³³ kuaŋ⁵⁵ , ŋa³¹ tia⁵⁵ iɔ¹³ tɕiɔ⁵⁵ ŋo³¹ tɕʰyɐʔ⁵ xaŋ⁵⁵ kəʔ² , tɕʰyɐʔ⁵ tsoŋ⁵⁵ ieʔ² kəʔ² məʔ² 。

　　清明过后就是端午。端午就是弄点粽子，还要吃黄鳝这种东西。想当年我小时候，很怕过端午，因为端午的时候我父亲会叫我吃粽叶。

　　我么顶弗喜欢吃粽叶个么，吃进去就吐，吃进去就吐，吐掉么弗是要拨偓爹敲一顿，到罪过啦弗晓得。小辰光么就是讲，过端午唠，蛮恨个么，弗想过个么。

　　ŋo³¹ məʔ² tiŋ³⁵ fɐʔ⁵ ɕi³³ xœ⁵³ tɕʰyɐʔ⁵ tsoŋ⁵⁵ ieʔ² kəʔ² məʔ² , tɕʰyɐʔ⁵ tɕiŋ⁵⁵ tɕʰi⁵³ dzyœ³⁵ tʰu⁵⁵ , tɕʰyɐʔ⁵ tɕiŋ⁵⁵ tɕʰi⁵³ dzyœ³⁵ tʰu⁵⁵ , tʰu⁵⁵ diɔ³¹ məʔ² fɐʔ⁵ zʅ¹ iɔ³³ pɐʔ⁵ ŋa³¹ tia⁵⁵ kʰɔ³¹ ieʔ² teŋ⁵⁵ , tɔ⁵³ zɛ³³ kəu⁵³ la³³ fɐʔ⁵ ɕiɔ⁵⁵ tɐʔ⁵ 。 ɕiɔ⁵⁵ zeŋ³³ kuaŋ⁵⁵ məʔ² dzyœ³⁵ zʅ³³ k ã⁵³ , kəu⁵⁵ tə⁵⁵ ŋ³¹ lɔ³³ , mɛ⁵⁵ eŋ²¹³ kəʔ² məʔ² , fɐʔ⁵ ɕiaŋ⁵³ kəu⁵⁵ kəʔ² məʔ² 。

我最讨厌吃粽子了，吃进去就吐，吐出来的时候会被我父亲打一顿，因此小时候很讨厌过端午。

再么下底么先话过清明。像倕家是要做清粿，做清馃呢倕自家会做个，个种稻子，个种清粿清籽剪来，再和个麦粉捇出来噢，再倕老家个有台机器好绞出来。

tsE⁵⁵ məʔ² uo³³ ti⁵³ məʔ² ɕie⁵⁵ o³³ kəu⁵⁵ tɕʰiŋ⁵⁵ miŋ³¹ 。 ziaŋ⁵³ ŋa³¹ ka⁵⁵ zʅ³⁵ io³³ tsuo⁵³ tɕʰiŋ⁵⁵ ku⁵⁵ ，tsuo⁵³ tɕʰiŋ⁵⁵ ku⁵⁵ n̠ie³³ ŋa³¹ zʅ³³ ka³⁵ uE³⁵ tsuo⁵³ guo³³ ，kəʔ⁵ tsoŋ⁵³ do³¹ tsʅ³³ ，kəʔ⁵ tsoŋ⁵³ tɕʰiŋ⁵⁵ ku⁵⁵ tɕʰiŋ⁵⁵ tsʅ³³ tɕie⁵⁵ lE³³ ，tsE⁵⁵ u³³ kəʔ⁵ məʔ² feŋ³⁵ n̠ieʔ¹² tsʰ ɐʔ⁵ lE³³ o³⁵ ，tsE⁵⁵ ŋa³¹ lo³⁵ ka⁵⁵ kəʔ⁵ yœ¹³ dE³³ tɕi³³ tɕʰi³³ xo⁵³ ga³¹ tsʰ ɐʔ⁵ lE³³ 。

下面再说说清明。我家会做清明粿，自己家里会做，我们会把艾草剪开，加入面粉揉成面团，再用我老家的机器绞出来。

清明个辰光是顶忙个辰光啦，饭都弗晓得吃个啦，因为郎个种人就是个些个些个些弗管，郎是有可能饭吃吃就好嘞个。

tɕʰiŋ⁵⁵ miŋ³¹ kəʔ⁵ zeŋ³³ kuaŋ⁵⁵ zʅ³⁵ tiŋ³³ maŋ³⁵ kəʔ⁵ zeŋ³³ kuaŋ⁵⁵ la³³ ，vE³³ tu⁵⁵ feʔ⁵ ɕio⁵⁵ tɐʔ⁵ tɕʰ yɐʔ⁵ kəʔ⁵ la³³ ，iŋ⁵⁵ uE³³ ia¹³ kəʔ⁵ tsoŋ⁵³ n̠iŋ³³ dʑyœ³⁵ zʅ³³ kəʔ⁵ ɕie⁵³ kɐʔ⁵ ɕieʔ⁵ kɐʔ⁵ ɕieʔ⁵ feʔ⁵ kuə³³ ，ia¹³ zʅ³⁵ yœ⁵⁵ kʰuo⁵⁵ neŋ³³ vE³³ tɕʰyɐʔ⁵ tɕʰ yɐʔ⁵ dʑyœ¹³ xo⁵³ lɐʔ⁵ kəʔ⁵ 。

清明是最忙碌的时候，饭都不知道吃，他们这些人啥都不管，他们只要自己有饭吃就行了。

像倕呢就是弗是介个，就是拨那咯吱咯吱饭无没吃，有两个吃饭都三点多，吃晏饭都三点钟，早上头么是七点钟吃个，夜饭么有可能要么七八点钟有特⁼夜饭吃啦。

ʑiaŋ⁵³ ŋa³¹ ɲie³³ dʑyœ³⁵ zɿ³³ feʔ⁵ zɿ³⁵ ka⁵⁵ kəʔ² , dʑyœ³⁵ zɿ³³ peʔ⁵ na³³ kəʔ² tsɿ³³ kəʔ² tsɿ³³ vɛ³³ m̩³³ meʔ² tɕʰyeʔ⁵ , yœ¹³ li ã³³ kəʔ⁵ tɕʰyeʔ⁵ vɛ³³ tu⁵⁵ sɛ⁵³ tie⁵⁵ tuo³³ , tɕʰyeʔ⁵ ɛ³³ vɛ³¹ tu⁵⁵ sɛ⁵³ tie⁵⁵ tsoŋ⁵⁵ , tso³³ z ã³⁵ də⁵⁵ meʔ² zɿ³⁵ tɕʰiəʔ⁵ tie⁵⁵ tsoŋ⁵⁵ tɕʰyeʔ⁵ kəʔ² , ia³³ vɛ³¹ məʔ² yœ⁵⁵ kʰuo⁵⁵ neŋ³³ iɔ³³ məʔ² tɕʰiəʔ⁵ peʔ⁵ tie⁵⁵ tsoŋ⁵⁵ yœ³⁵ dəʔ² ia³³ vɛ³¹ tɕʰyeʔ⁵ la³³ 。

　　而我们不是这样，忙着做清明粿而顾不上吃饭，有些都是三点多才吃上中饭，早上七点吃的早饭，晚饭可能要七八点钟才有的吃。

　　偃就是讲弗做唻我话，无没意思个，要做呢也好做个，意思就是记自家看嘞还要吃唻啊，叫偃等吱等吱弗搭界个。

ŋa³¹ dʑyœ³⁵ zɿ³³ kã⁵³ fiɔ⁵³ tsuo⁵³ lɛ³³ ŋo³¹ o³⁵ , m̩³³ meʔ² i³³ sɿ³³ kəʔ² , iɔ³⁵ tsuo⁵³ ɲie³³ ia³⁵ xɔ⁵⁵ tsuo⁵³ kəʔ² , i³³ sɿ³³ dʑyœ³⁵ zɿ³³ tɕi³¹ zɿ³³ ka³⁵ kʰə⁵⁵ leʔ² uɛ³³ iɔ¹³ tɕʰyeʔ⁵ lɛ¹³ a³³ , tɕiɔ⁵⁵ ŋa³¹ teŋ³³ tsɿ⁵⁵ teŋ³³ tsɿ⁵⁵ feʔ⁵ teʔ⁵ ka³³ kəʔ² 。

　　我就讲，不要做了，没意思的，要做可以，但只要意思下，自家吃用不着这么忙。

　　再么后头听呢也听个，再么后头像偃自家做大，偃爹偃娘拉个种人，偃小伯拉晓得嘞么，清明个辰光都要去帮忙，拨伊拉烧烧饭啊，帮帮忙，打打下手，葛⁼么伊拉稍微轻松点。毕竟偃爷爷娘娘拉年纪大嘞，偃叫伊少做点。

tsɛ⁵⁵ məʔ² ə³⁵ də⁵³ tʰiŋ⁵³ ɲie³³ a¹³ tʰiŋ⁵³ kəʔ² , tsɛ⁵⁵ məʔ² ə³⁵ də⁵³ ʑiaŋ⁵³ ŋa³¹ zɿ³³ ka³⁵ tsuo³³ do³⁵ , ŋa³¹ tia⁵⁵ ŋa³¹ ɲiaŋ³⁵ la³³ kəʔ⁵ tsoŋ⁵³ ɲiŋ³⁵ , ŋa³¹ ɕiɔ⁵⁵ peʔ⁵ la³³ ɕiɔ⁵⁵ teʔ⁵ leʔ⁵ məʔ² , tɕʰiŋ⁵⁵ miŋ³¹ kəʔ⁵ zeŋ³³ kuaŋ⁵⁵ tu⁵⁵ iɔ¹³ tɕʰi⁵³ paŋ⁵⁵ maŋ¹³ , peʔ⁵ i¹³ la³³ sɔ⁵⁵ sɔ⁵³ vɛ³³ a³³ , paŋ⁵⁵ paŋ⁵⁵ maŋ¹³ , taŋ⁵⁵ taŋ⁵⁵ uo³⁵ sə³¹ , kəʔ⁵ məʔ² i¹³ la³³ sɔ³³ uɛ¹³ tɕʰiŋ³³ soŋ³³ tie³¹ 。 piʔ⁵ tɕiŋ³³ ŋa³¹ ia³³ ia¹³ ɲiaŋ³³ ɲiaŋ¹³ la³³ ɲie³³ tɕi³⁵ do³¹ leʔ² , ŋa³¹ tɕiɔ³³ i¹³ sɔ³³ tsuo⁵³ tie³³ 。

到后来我自家的清明粿越做越多,我父母、我小伯父知道了以后清明都会去帮忙,帮他们做饭,打打下手,好让他们轻松些。毕竟我爷爷奶奶年纪都大了,少做点。

葛ᵒ么后头就是过立夏,立夏过嘞么过端午,立夏么也就是立夏饼个种东西,个卯立夏饼自家做也弗大会做,都是种店里买买个。再么立夏过嘞就是,个种情人节弗话唠,七月初七个种就弗话嘞噢。

kəʔ⁵ məʔ² ə³⁵ də⁵³ dʑʏɶ³⁵ zɿ³³ kəu⁵⁵ lieʔ² uo³⁵ , lieʔ² uo³⁵ kəu⁵⁵ ləʔ² məʔ² ku⁵⁵ tə⁵⁵ ŋ³¹ , lieʔ² uo³⁵ məʔ² a¹³ dʑʏɶ³⁵ zɿ³³ lieʔ² uo³⁵ piŋ⁵⁵ kəʔ⁵ tsoŋ⁵³ toŋ³³ ɕi³¹ , kəʔ⁵ mɔ³³ lieʔ² uo³⁵ piŋ⁵⁵ zɿ³³ ka⁵⁵ tsuo³³ a¹³ fəʔ² do³⁵ uɛ³⁵ tsuo³³ , tu⁵⁵ zɿ³⁵ tsoŋ⁵³ tie³⁵ li⁵⁵ ma⁵³ ma³⁵ kəʔ⁵ 。 tsɛ⁵⁵ məʔ² lieʔ² uo³⁵ kəu⁵⁵ ləʔ² dʑʏɶ³⁵ zɿ³³ , kəʔ⁵ tsoŋ⁵³ dʑiŋ¹³ zeŋ¹³ tɕieʔ⁵ fəʔ² o³⁵ lɔ³³ , tɕʰiəʔ⁵ yɐʔ² tsʰu³³ tɕʰiəʔ⁵ kəʔ⁵ tsoŋ⁵³ dʑʏɶ³³ fəʔ⁵ o³⁵ ləʔ² ɔ³⁵ 。

清明后面是立夏,立夏过后是端午,立夏要吃立夏饼,现在立夏饼自家不太会做,都是从店里买。立夏过后就是情人节,七月初七这种就不说了。

话话亨ᵒ个好唻,就是七月半。七月半呢也要回去个,回去还是要亨ᵒ个祭祀个么,用普通话讲就是要祭祀个么,章家屋里个种祖宗都会来。

o⁵³ o³⁵ xaŋ⁵⁵ kəʔ² xɔ⁵³ lɛ³⁵ , dʑʏɶ³⁵ zɿ³³ tɕʰiəʔ⁵ yɐʔ² pə⁵⁵ 。 tɕʰiəʔ⁵ yɐʔ² pə⁵⁵ n̠ie³³ a¹³ iɔ³³ uɐ³⁵ tɕʰi⁵³ kəʔ⁵ , uɛ³⁵ tɕʰi⁵³ uɛ³³ zɿ³⁵ iɔ³³ xaŋ⁵⁵ kəʔ² tɕi⁵⁵ sɿ⁵³ kəʔ⁵ məʔ² , ioŋ¹³ pʰu³³ tʰoŋ³¹ o³⁵ kã⁵³ dʑʏɶ³⁵ zɿ³³ iɔ³³ tɕi⁵⁵ sɿ⁵³ kəʔ⁵ məʔ² , tsaŋ⁵⁵ ka⁵³ uoʔ⁵ li³³ kəʔ⁵ tsoŋ⁵³ tsu³³ tsoŋ⁵⁵ tu⁵⁵ uɛ³⁵ lɛ³⁵ 。

七月半到时候我也是要回去的,回到家里祭祀,章家的祖宗都会回来。

七月半是个比较大个一个节日也是，回来就要吃个饭，自家吃个饭么，请请祖，拜拜弄弄，葛＝么再么就好喽。

tɕʰiəʔ⁵ yɐʔ² pə⁵⁵ zʅ³⁵ kəʔ⁵ pi⁵⁵ tɕie⁵³ do³¹ kəʔ⁵ ie⁵ kəʔ⁵ tɕieʔ⁵ zəʔ² ia¹³ zʅ³³，uɛ³⁵ lɛ³⁵ dʑyœ³⁵ iɔ⁵³ tɕʰyɐʔ⁵ kəʔ⁵ vɛ³³，zʅ³³ ka³⁵ tɕʰyɐʔ⁵ kəʔ⁵ vɛ³³ məʔ²，tɕʰiŋ⁵³ tɕʰiŋ⁵³ tsu³⁵，pa⁵⁵ pa⁵⁵ loŋ¹³ loŋ³³，kəʔ⁵ məʔ² tsɛ⁵⁵ məʔ² dʑyœ³⁵ xɔ⁵³ lɔ¹³。

七月半是一个比较隆重的节日，回来要吃饭，自家吃饭、祭祖，就好了。

再么就是过中秋，中秋节么也是吃月饼，月饼呢也是买买个，个卯月饼像偃家里像个种月饼弗大要吃个，都买个几个几个意思意思个，毕竟要吃月饼个人蛮少个啦好像，都是个种看看好看，吃呢弗大要吃个。

tsɛ⁵⁵ məʔ² dʑyœ³⁵ zʅ³³ kəu³³ tsoŋ⁵⁵ tɕʰyœ²¹，tsoŋ⁵⁵ tɕʰyœ²¹ tɕie⁵ məʔ² ia³³ zʅ⁵⁵ tɕʰyɐʔ⁵ yɐʔ² piŋ³⁵，yɐʔ² piŋ³⁵ ȵie³³ ia³³ zʅ⁵⁵ ma⁵³ ma³⁵ kəʔ⁵，kəʔ⁵ mɔ³³ yɐʔ² piŋ³⁵ ʑiaŋ⁵³ ŋa³¹ ka⁵⁵ li⁵³ ʑiaŋ⁵³ kəʔ⁵ tsoŋ⁵³ yɐʔ² piŋ³⁵ fɐʔ⁵ do³³ iɔ³³ tɕʰyɐʔ⁵ kəʔ⁵，tu⁵⁵ ma³⁵ kəʔ⁵ tɕi⁵⁵ kəʔ⁵ tɕi⁵⁵ kəʔ⁵ i³³ sʅ⁵⁵ i³³ sʅ⁵⁵ kəʔ⁵，pi³³ tɕiŋ⁵⁵ iɔ³³ tɕʰyɐʔ⁵ yɐʔ² piŋ³⁵ kəʔ⁵ ȵiŋ¹³ mɛ⁵⁵ sɔ³³ kəʔ⁵la³³ xɔ⁵⁵ ʑiaŋ³³，tu⁵⁵ zʅ³⁵ kəʔ⁵ tsoŋ⁵³ kʰə⁵⁵ kʰə⁵⁵ xɔ⁵³ kʰə⁵⁵，tɕʰyɐʔ⁵ ȵie¹³ fɐʔ⁵ do³³ iɔ³³ tɕʰyɐʔ⁵ kəʔ⁵。

后面就是中秋节，会买些月饼回来吃，像我家里不太喜欢吃月饼，都是买几个意思一下，毕竟现在吃月饼的人很少，月饼看着好看，不太会吃。

像偃中秋节过好么，中秋节么主要是弗管纳＝个＝套＝，是一个比较团圆个日子嘛，再忙啦纳＝个＝套＝啦，大家都要回来吃餐饭，吃餐饭吃好么，该干吗干吗，活动个活动，大家坐到一头聊聊天啊，聊聊平常个种生活高头、生意高头碰到种事体。

ziaŋ⁵³ ŋa³¹ tsoŋ⁵⁵ tɕʰyœ²¹ tɕieʔ⁵ kəu³³ xɔ⁵³ məʔ² , tsoŋ⁵⁵ tɕʰyœ²¹ tɕieʔ⁵ məʔ² tsu⁵⁵ iɔ³³ z̩³⁵ fɐʔ⁵ kuə⁵⁵ nɐʔ² kəʔ⁵ tʰɔ³³ , z̩³³ ieʔ⁵ kəʔ⁵ pi⁵⁵ tɕiɔ⁵³ tuə³⁵ yœ³⁵ kəʔ⁵ zəʔ² ts̩⁵⁵ ma⁵³ , tsɛ⁵⁵ maŋ¹³ la³³ nɐʔ² kəʔ⁵ tʰɔ³³ la³³ , da³⁵ ka⁵⁵ tu⁵⁵ iɔ¹³ uɛ³³ lɐ³⁵ tɕʰyɐʔ⁵ tsʰɛ⁵⁵ vɛ³³ , tɕʰyɐʔ⁵ tsʰɛ⁵⁵ vɛ³³ tɕʰyɐʔ⁵ xɔ⁵³ məʔ² , kɛ⁵⁵ kuə³³ ma³⁵ kuə³³ ma³⁵ , uɐʔ⁵ doŋ³⁵ kəʔ⁵ uɐʔ⁵ doŋ³⁵ , da³⁵ ka⁵⁵ zuo³³ tɔ⁵⁵ ie⁵⁵ də³³ liɔ⁵⁵ liɔ⁵⁵ tʰie⁵³ a³³ , liɔ⁵⁵ liɔ⁵⁵ biŋ³¹ dzaŋ³³ kəʔ⁵ tsoŋ³³ sɑ̃⁵³ uɐʔ⁵ kɔ⁵⁵ də³³ 、sɑ̃³³ i²¹ kɔ⁵⁵ də³³ pʰeŋ³³ tɔ⁵⁵ tsoŋ⁵³ z̩³³ tʰi⁵⁵ 。

中秋节是一个团圆的日子，再忙大家都要回来吃顿饭，吃完饭后该干吗干吗，大家坐在一起聊聊天，聊聊日常生活里、生意中遇到的事情。

话来话去，中秋节大家都回来个，比过年还要亨＝个稍微好点，过年伊拉还要亨＝个，有种人就是一年嘞生意做累嘞，无没出去嬉过，过年嘞有可能要出去嬉。

o³³ lɛ²¹ o³³ tɕʰi⁵⁵ , tsoŋ⁵⁵ tɕʰyœ²¹ tɕieʔ⁵ da³⁵ ka⁵⁵ tu⁵⁵ uɛ³³ lɛ³⁵ kəʔ²¹ , pi⁵⁵ kəu⁵⁵ ȵie¹³ vɛ³³ iɔ¹³ xaŋ⁵⁵ kəʔ² sɔ³³ uɛ⁵⁵ xɔ⁵⁵ tie⁵⁵ , kəu⁵⁵ ȵie¹³ i¹³ la³³ vɛ³³ iɔ¹³ xaŋ⁵⁵ kəʔ² , yœ³⁵ tsoŋ⁵⁵ ȵiŋ³³ dʑyœ³⁵ z̩³³ ieʔ⁵ ȵie¹³ lɐʔ⁵ s ɑ̃³³ i²¹ tsuo³³ lieʔ⁵ lɐʔ² , m³³ mɐʔ² tsʰɐʔ⁵ tɕʰi⁵⁵ ɕi³³ kəu⁵⁵ , kəu⁵⁵ ȵie¹³ lɐʔ² yœ³⁵ kʰəu⁵⁵ neŋ³³ iɔ³³ tsʰɐʔ⁵ tɕʰi⁵⁵ ɕi⁵³ 。

相比于中秋节，过年更加冷清，有些人做了一年的生意，做累了可能会选择出去旅游。

中秋节个辰光呢，大家都会回来个，大家也蛮开心个，大辈么红包发发，红包抢抢，再么要么就是天聊聊，天聊聊么，再讨论讨论村上发生个事体啊，有啥个好笑个事体啊，夜到头么还要去钓钓鱼啊中秋节个辰光。

tsoŋ⁵⁵ tɕʰyœ²¹ tɕieʔ⁵ kəʔ⁵ zeŋ³³ kuaŋ⁵⁵ ȵie¹³, da³⁵ ka⁵⁵ tu⁵⁵ uᴇ³¹ uᴇ³³ lᴇ³⁵ kəʔ², da³⁵ ka⁵⁵ ia³³ mɛ⁵⁵ kʰᴇ³³ ɕiŋ³³ kəʔ², do³¹ pᴇ³³ məʔ²oŋ³³ pɔ⁵⁵ fɐʔ⁵ fɐʔ⁵, oŋ³³ pɔ⁵⁵ tɕʰiaŋ³³ tɕʰiaŋ³³, tsᴇ⁵⁵ məʔ²iɔ³³ məʔ²dʑyœ³⁵ zɿ³³ tʰie⁵⁵ liɔ³⁵ liɔ⁵³, tʰie⁵⁵ liɔ³⁵ liɔ⁵³ məʔ², tsᴇ⁵⁵ tʰɔ³³ leŋ⁵⁵ tʰɔ³³ leŋ⁵⁵ tsʰeŋ³³ zɑ̃³¹ fɐʔ⁵ sɑ̃⁵⁵ kəʔ²zɿ³³ tʰi⁵⁵ a⁵⁵, yœ³⁵ suo³³ kəʔ²xɔ⁵⁵ ɕiɔ⁵³ kəʔ²zɿ³³ tʰi⁵⁵ a⁵⁵, ia³³ tɔ³⁵ də³³ məʔ²vɐ³³ iɔ¹³ tɕʰi⁵⁵tiɔ³³tiɔ³³ŋ³⁵ a⁵⁵tsoŋ⁵⁵ tɕʰyœ²¹tɕieʔ⁵ kəʔ⁵zeŋ³³kuaŋ⁵⁵。

　　但中秋节，大家都会回来，大家都很开心，长辈们会发红包，我们就会抢红包，要么就是聊聊天，再讨论村上发生的事情，讨论有什么趣事，晚上还会去钓鱼。

　　中秋节过嘞好像就是腊八，腊八个话么，也是自家弄点腊八粥吃吃，之前有两个打电话过来："某某某某某，腊八粥要要吃？要吃倷自家来拿。"葛＝么自家弄点腊八粥吃吃，葛＝么就是介过去唻。

tsoŋ⁵⁵ tɕʰyœ²¹ tɕieʔ⁵ kəu³³ lɐʔ⁵xɔ⁵⁵ ziaŋ³³ dʑyœ³⁵ zɿ³³ lɐʔ³pɐʔ⁵, lɐʔ³pɐʔ⁵kəʔ²o³³məʔ², ia³³ zɿ⁵⁵ zɿ³³ ka³⁵ loŋ⁵⁵ tie⁵⁵ lɐʔ³pɐʔ⁵tsɔʔ⁵tɕʰyɐʔ⁵tɕʰyɐʔ⁵, tsɿ³³dʑie³⁵yœ⁵⁵liɑ̃³³ kəʔ⁵taŋ³³ die³⁵o⁵⁵ku⁵⁵lᴇ³³:mɔ³⁵ mɔ⁵⁵ mɔ³⁵ mɔ⁵⁵ mɔ³⁵, lɐʔ³pɐʔ⁵tsɔʔ⁵iɔ³³iɔ⁵⁵tɕʰyɐʔ⁵? iɔ⁵⁵tɕʰyɐʔ⁵noŋ³⁵ zɿ³³ ka³⁵lᴇ³³nᴇ³¹。kəʔ⁵məʔ² zɿ³³ka³⁵loŋ⁵⁵tie⁵⁵ lɐʔ³pɐʔ⁵tsɔʔ⁵tɕʰyɐʔ⁵tɕʰyɐʔ⁵, kəʔ⁵məʔ²dʑyœ³⁵zɿ³³ka⁵⁵ku⁵⁵tɕʰi⁵⁵lᴇ³³。

　　中秋节过后就是腊八，腊八的话，自家会做腊八粥，腊八前有两个电话打来："某某某，要不要吃腊八粥？要吃的话你自己来拿。"自己在家做点腊八粥吃，腊八节就这样过去了。

(四)方言青女

业余爱好

大家好，今朝我跟大家讲讲我平常有啥个业余爱好。我其实生活也是比较简单，上上班，因为平常上班也是礼拜一到礼拜五，在双休日个辰光呢，有辰光有空会去爬爬山啊，就是个种户外。户外，爬山呐，我加入一个傕个俱乐部，叫杭州市狼行户外俱乐部。

da³⁵ ka⁵⁵ xɔ³³，keŋ⁵⁵ tsɔ³³ ŋo³¹ keŋ³³ da³⁵ ka⁵⁵ kã⁵⁵ kã⁵³ ŋo³¹ piŋ³¹ dzaŋ³³ yœ³⁵ suo³³ kəʔ² ȵieʔ² y³⁵ ɛ³³ xɔ⁵⁵。ŋo³¹ dʑi¹³ zəʔ²s ã³³ o⁵ ia³³ zɿ⁵⁵ pi⁵⁵ tɕie⁵³ tɕie³³ tɛ³³，zã³³ zã³³ pɛ⁵³，ieŋ⁵⁵ uɛ³³ piŋ³¹ dzaŋ³³ zã³³ pɛ⁵³ ia³³ zɿ⁵⁵ li³³ pa⁵⁵ ieʔ⁵ tɔ³³ li³³ pa⁵⁵ ŋ³³，zɛ³³ saŋ³³ ɕiœ⁵³ ȵieʔ⁵ kəʔ⁵ zeŋ³³ kuaŋ⁵⁵ ȵie¹³，yœ³⁵ zeŋ³³ kuaŋ⁵⁵ yœ³⁵ kʰoŋ⁵⁵ uɛ³³ tɕʰi⁵⁵ buo³³ buo³³ sɛ⁵³ a³³，dʑyœ³⁵ zɿ³³ kəʔ⁵ tsoŋ³³ vəu³¹ ŋa³³。vəu³¹ ŋa³³，buo³³ sɛ⁵³ na³³，ŋo³¹ tɕia⁵⁵ zʮ³¹ ieʔ⁵ kəʔ⁵ ŋa³¹ kəʔ⁵ tɕy³³ lɔʔ⁵ bu³¹，tɕia³³ aŋ³³ tsə³⁵ zɿ³¹ laŋ³³ iŋ¹³ vəu³¹ ŋa³³ tɕy³³ lɔʔ⁵ bu³¹。

大家好，今天我跟大家讲讲我平常的业余爱好。其实我的生活比较简单，周一到周五正常上班，双休日的时候，抽空会去爬爬山，做这种户外运动。对于户外爬山，我还加入了一个俱乐部，叫杭州市狼行户外俱乐部。

傕个俱乐部呢就是讲，每个礼拜会推出一种线路，比如讲今朝到何里去，清凉峰线啊，太子湾线啊，然后么穆公山个种线啊，临安最边个界。比如讲远个话，傕都有最远傕到达新疆啊个种地方都去过个。

ŋa³¹ kəʔ⁵ tɕy³³ lɔʔ⁵ bu³¹ ȵie¹³ dʑyœ³⁵ zɿ³³ kã⁵⁵，mɛ³⁵ kəʔ⁵ li³³ pa⁵³ uɛ³³ tʰɛ⁵⁵ tsʰɐʔ⁵ ieʔ⁵ tsoŋ³³ ɕie³⁵ lu⁵⁵，pi⁵⁵ zʮ³³ kã⁵⁵ keŋ⁵⁵ tsɔ³³ tɔ⁵⁵ a³⁵ li⁵⁵ tɕʰi³³，tɕʰiŋ⁵⁵ liaŋ³³ foŋ⁵⁵ ɕie⁵³ a³³，tʰa⁵⁵ tsɿ³³ uɛ³³ ɕie⁵³ a³³，zɛ³⁵ ə³³ məʔ² muoʔ⁵ koŋ⁵⁵ sɛ³³ kəʔ⁵ tsoŋ³³ ɕie⁵³ a³³，liŋ³¹ ə¹³ tsuə³³ pie⁵⁵ kəʔ⁵ ka³³。pi⁵⁵ zʮ³³ kã⁵⁵ yœ³⁵ kəʔ⁵ o³³，ŋa³¹ tu⁵³ yœ¹³ tsuə³³ yœ³³ ŋa³¹ tɔ⁵⁵ dɐʔ² ɕiŋ⁵⁵ tɕiaŋ⁵³ a³³ kəʔ⁵ tsoŋ³³ di³⁵ faŋ⁵⁵ tu⁵⁵ tɕʰi³³ ku⁵⁵ guo³¹。

我们这个俱乐部每周都会推出一种路线，比如今天去哪，清凉峰线、太子湾线，还有穆公山这种路线，在临安的最边界。远的话，我们最远到过新疆这种地方。

就是大家是有一种，就是有相同个兴趣爱好呢，大家一道爬爬山，葛＝么拨葛个平常工作啊，个种生活高头个个种烦恼，基本上就是爬山过程中都忘记嘞，就是人也觉得毛＝开阔个，就是讲爬山个辰光看到个风景啊，东西都是弗一样个。

dʑyœ³⁵ zɿ³³ da³⁵ ka⁵⁵ zɿ³³ yœ¹³ ieʔ⁵tsoŋ³³ , dʑyœ³⁵ zɿ³³ yœ¹³ ɕiaŋ⁵⁵ doŋ³³ kəʔ⁵ɕiŋ⁵⁵ tɕʰy³³ ᴇ³³ xɔ⁵⁵ n̠ie¹³ , da³⁵ ka⁵⁵ ieʔ⁵dɔ⁵⁵ buo³³ bùo³³ sɛ⁵³ , kəʔ⁵ məʔ² pɐʔ⁵kəʔ⁵ kəʔ⁵ piŋ³¹ dzaŋ³³ koŋ⁵⁵ tsuɔʔ²a³³ , kəʔ⁵tsoŋ³³ s ã³³ o⁵kɔ⁵⁵ də³³ kəʔ² kəʔ⁵tsoŋ³³ vᴇ³¹ nɔ³³ , tɕi⁵⁵ peŋ³³ zã̃³³ dʑyœ³⁵ zɿ³³ buo³³ sɛ⁵³ ku⁵⁵ zəŋ¹³ tsoŋ³³ tu⁵⁵ maŋ³³ tɕi⁵³ lɐʔ² , dʑyœ³⁵ zɿ³³ n̠iŋ³³ a¹³ tɕɐyɐʔ⁵tɐʔ⁵mɔ³⁵ kɛ⁵⁵ kʰuɐʔ⁵kəʔ² , dʑyœ³⁵ zɿ³³k ã̃⁵⁵ buo³³ sɛ⁵³ kəʔ⁵zeŋ³³ kuaŋ⁵⁵ kʰə⁵⁵ tɔ³³ kəʔ⁵foŋ⁵³ tɕiŋ³⁵ a⁵⁵ , toŋ³³ ɕi³¹ tu⁵⁵zɿ³⁵ fɐʔ⁵ieʔ⁵iaŋ³³ kəʔ² .

大家都有相同的兴趣爱好，一起爬山，平时工作中的种种烦恼都会在爬山过程中忘却，人也会觉得很开阔，看到的风景都是不一样的。

爬山之后呢，爬山个辰光，就是讲俚一群个种相同兴趣爱好个人呢，俚成嘞一个叫临安狼行公益应急救援队。

buo³³ sɛ⁵³ tsɿ⁵³ ə³³ n̠ie¹³ , buo³³ sɛ⁵³ kəʔ⁵zeŋ³³ kuaŋ⁵⁵ , dʑyœ³⁵ zɿ³³ k ã̃⁵⁵ ŋa³¹ ieʔ⁵dʑyeŋ³⁵ kəʔ⁵tsoŋ³³ ɕiaŋ⁵⁵ doŋ³³ ɕiŋ⁵⁵ tɕʰy³³ ᴇ³³ xɔ⁵⁵ kəʔ⁵n̠iŋ³³ n̠ie¹³ , ŋa³¹ zeŋ³³ lɐʔ² ieʔ⁵ kəʔ⁵tɕiɔ³³ liŋ³¹ ə¹³ laŋ³³ iŋ¹³ koŋ⁵⁵ iəʔ² iŋ⁵⁵ tɕieʔ⁵tɕiɛ⁵⁵ yœ³³ dᴇ³¹ .

除了爬山，我们这群有着共同兴趣爱好的人组成一支队伍，叫临安狼行公益应急救援队。

　　葛个队伍呢就是讲,对于一种户外葛个应急救援,就是讲有种爬山个人发生啥个意外个么,向临安市政府发出信号,葛⁼么偓个种救援队接收到信号之后呢,偓就是义务个去救援就是相当于。

kəʔ² kəʔ⁵ dᴇ³³ vəu⁵⁵ n̠ie¹³ dʑyœ³⁵ z̩³³ k ɑ̃⁵⁵ , tᴇ³³ y⁵⁵ ieʔ⁵ tsoŋ³³ vəu³¹ ŋa³³ kəʔ² kəʔ⁵ iŋ⁵⁵ tɕieʔ⁵ tɕiə⁵⁵ yœ³³ , dʑyœ³⁵ z̩³³ k ɑ̃⁵⁵ yœ³⁵ tsoŋ⁵⁵ buo³³ sɛ⁵³ kəʔ⁵ n̠iŋ³³ fɐʔ⁵ sɑ̃⁵⁵ suo³³ kəʔ² i⁵⁵ ua³³ kəʔ⁵ məʔ² , ʑiaŋ²¹³ liŋ³¹ ə¹³ z̩³⁵ tseŋ⁵⁵ fu³³ fɐʔ⁵ tsʰɐʔ⁵ ɕiŋ⁵⁵ ɔ³³ , kəʔ⁵ məʔ² ŋa³¹ kəʔ⁵ tsoŋ³³ tɕiə⁵⁵ yœ³³ dᴇ³¹ tɕieʔ⁵ sə³³ tɔ³³ ɕiŋ³³ ɔ³³ ts̩⁵³ ə³³ n̠ie¹³ , ŋa³¹ dʑyœ³⁵ z̩³³ i⁵⁵ vəu³³ kəʔ⁵ tɕʰi³³ tɕiə⁵⁵ yœ³³ dʑyœ³⁵ z̩³³ ɕiaŋ⁵⁵ taŋ⁵⁵ y³³ 。

　　对于一个户外应急救援队来说,如果有些人在爬山过程中发生了意外,向临安市政府发出了(求救)信号,这时候我们救援队接收到信号之后,就会去义务救援。

　　偓葛个救援队么已经有五个多个待遇嘞,个卯记来⁼东⁼就是昌化派出所,有偓专门个一个基地。就是讲放些救援个装备,因为个种救援其实就是纯粹就是公益个义务个,就是做好事体呐。

ŋa³¹ kəʔ² kəʔ⁵ tɕiə⁵⁵ yœ³³ dᴇ³¹ məʔ i⁵⁵ tɕiŋ⁵³ yœ³³ ŋ³⁵ kəʔ⁵ tuo³³ kəʔ⁵ dᴇ³³ y³¹ lɐʔ² , kəʔ⁵ mɔ⁵³ tɕi³³ lᴇ³³ toŋ⁵³ dʑyœ³⁵ z̩³³ tsʰaŋ⁵⁵ xuo³³ pʰa³³ tsʰəʔ⁵ suo³³ , yœ³³ ŋa³¹ tsuo³¹ meŋ³³ kəʔ⁵ ieʔ⁵ kəʔ⁵ tɕi⁵⁵ di⁵³ 。 dʑyœ³⁵ z̩³³ k ɑ̃⁵⁵ faŋ⁵⁵ ɕieʔ⁵ tɕiə⁵⁵ yœ³³ kəʔ⁵ tsaŋ⁵⁵ bᴇ³³ , ieŋ⁵⁵ uᴇ³³ kəʔ⁵ tsoŋ³³ tɕiə⁵⁵ yœ³³ dʑi¹³ zəʔ² dʑyœ³⁵ z̩³³ dzeŋ³⁵ tsʰ ᴇ³³ dʑyœ³⁵ z̩³³ koŋ⁵⁵ i³¹ kəʔ⁵ i⁵⁵ vəu³³ kəʔ⁵ , dʑyœ³⁵ z̩³³ tsuo³³ xɔ⁵⁵ z̩³³ tʰi⁵⁵ na⁵³ 。

　　我们这个救援队已经有五个优惠待遇了,在昌化派出所有自己的专门基地。会放一些救援装备,因为这种救援纯粹属于公益的、义务的,就是做好事。

　　因为偓觉得大家有个种相同兴趣爱好个人,就是一道来做一件公益个事体，就是讲真个为让人个信遇比较丰满，因为做好事嗷，个东西会让侬觉得葛个生活，也是比较有滋有味，多付出一点，其实也是真个是比较有收获。

ieŋ⁵⁵ uɛ³³ ŋa³¹ tɕyɐʔ⁵ tɐʔ⁵ da³⁵ ka⁵⁵ yœ³³ kəʔ⁵tsoŋ³³ ɕiaŋ⁵⁵ doŋ³³ ɕiŋ⁵⁵ tɕʰy³³ ɛ³³ xɔ⁵⁵ kəʔ⁵ n̥iŋ³³ , dʑyœ³⁵ zɿ³³ ieʔ⁵dɔ⁵⁵ lɛ³³ tsuo³³ ieʔ⁵ dʑie³³ koŋ⁵⁵ i³¹ kəʔ⁵zɿ³³tʰi⁵⁵ , dʑyœ³⁵ zɿ³³ k ã⁵⁵ tseŋ⁵⁵ kəʔ⁵ uɛ³³ n̥iaŋ²¹ n̥iŋ³³ kəʔ⁵ɕiŋ⁵⁵ y³³ pi⁵⁵ tɕiɔ⁵³ foŋ³³ mə³¹ , ieŋ⁵⁵ uɛ³³ tsuo³³ xɔ⁵⁵ zɿ³³ ɔ⁵ , kəʔ⁵toŋ³³ ɕi³¹ uɛ³³ n̥iaŋ³³ noŋ³⁵ tɕyɐʔ⁵ tɐʔ⁵ kəʔ² kəʔ⁵ s ã³³ o⁵ , a³³ zɿ³⁵ pi⁵⁵ tɕiɔ⁵³ yœ³³ tsɿ³¹ yœ³³ vi³¹ , tuo³³ fu³¹ tsʰ əʔ⁵ ieʔ⁵tie³³ , dʑi¹³ zəʔ² a³³ zɿ³⁵ tseŋ⁵⁵ kəʔ⁵zɿ³³ pi⁵⁵tɕiɔ⁵³ yœ³³ sə³³ xu³¹ .

我们觉得大家有这样一种相同的兴趣爱好，就一起来参加公益活动，这不仅培养了我们讲信誉的理念，而且因为做了好人好事，让我们觉得生活充满正能量，多付出一点，多收获一分。

我觉得就是催去年、前年，催参与个活动也比较多。像催淤潜亨˭辰光发大水，则˭么昌化个边洪涝灾害，催全部参与救援。帮大水冲掉个人家家里人，帮伊拉去冲扫，帮伊拉去搞卫生。再有种老年人，催拨伊去就是讲家里葛个水没过个地方救出来。

ŋo³¹ tɕyɐʔ⁵ tɐʔ⁵ dʑyœ³⁵ zɿ³³ ŋa³¹ tɕʰy³¹ n̥ie¹³ 、 dʑie³¹ n̥ie¹³ , ŋa³¹ tsʰɛ³³ y³¹ kəʔ⁵uɐʔ⁵doŋ³⁵ a³⁵ pi⁵⁵ tɕiɔ⁵³ tuo³³ . ziaŋ³³ ŋa³¹ y³³ dʑie³⁵ xaŋ⁵⁵ zeŋ³³ kuaŋ⁵⁵ fɐʔ⁵do³¹ suɛ³³ , zɐʔ² məʔ²n̥œ²tsʰaŋ⁵⁵ xuo³³ kəʔ⁵pie³³ oŋ³⁵ lɔ⁵⁵ tsɛ⁵⁵ xɛ⁵³ , ŋa³¹ dʑyœ³³ bu¹³ tsʰɛ³³ y³¹ tɕiɔ⁵⁵ yœ³³ . paŋ⁵⁵ do³¹ suɛ³³ tsʰoŋ⁵⁵ tiɔ³³ kəʔ⁵ n̥iŋ³³ ka⁵⁵ ka⁵⁵li³³ n̥iŋ³¹ , paŋ⁵⁵i¹³ la³³ tɕʰi¹³tsʰoŋ⁵⁵ sɔ³³ , paŋ⁵⁵i¹³ la³³ tɕʰi³³ kɔ³¹ uɛ³³ s ã⁵⁵ . tsɛ⁵⁵ yœ³⁵ tsoŋ⁵⁵ lɔ³³ n̥iŋ⁵⁵ n̥iŋ³⁵ , ŋa³¹ pɐʔ⁵ i¹³ tɕʰi³³ dʑyœ³⁵ zɿ³³ k ã⁵⁵ ka⁵⁵ li³³ kəʔ⁵ kəʔ⁵ suɛ³³ muoʔ³ kɐu⁵⁵ kəʔ⁵ di³⁵ faŋ⁵⁵tɕiɔ⁵⁵tsʰɐʔ⁵lɛ³³ .

我们在去年、前年参加了比较多的救援活动。比如淤潜那时候发大水，还有昌化的洪涝灾害，我们全体队员参与了救援。帮助被大水侵袭的家庭，帮助他们冲扫，打扫卫生。还有把困在家里的老年人从积水较深的地方救出来。

我记得去年也有个淤潜，就是讲木町亨⁼里，毛⁼大个大水，一家三口拨雨水冲去唻，都寻弗着。像佢救援队所有个队员，佢就是好两个夜唻，就是去寻葛个人，最终一家三口人全部拨佢寻到。就是讲来⁼东⁼葛个过程尚头，葛个幸遇也是比较有收获感个。

ŋo³¹tɕi⁵⁵tɐʔ⁵tɕʰy³¹n̠ie¹³a³⁵yœ³³kəʔ⁵y³³dʑie³⁵, dʑyœ³⁵zɿ³³kɑ̃⁵⁵muoʔ³diŋ³⁵xaŋ⁵⁵li³³, mɔ³⁵do³¹kəʔ⁵do³¹suE³³, ieʔ⁵ka⁵⁵sɛ⁵⁵kʰə³³pɐʔ⁵y³¹suE³³tsʰoŋ⁵⁵tɕʰi³³lE³³, tu⁵⁵dʑiŋ³⁵fɐʔ⁵zɐʔ². ʑiaŋ³³ŋa³¹tɕiə⁵⁵yœ³³dE³¹suo³³iə⁵⁵kəʔ⁵dE³⁵yœ³³, ŋa³¹dʑyœ³⁵zɿ³³xɔ⁵⁵li ã̠³³kəʔ⁵ia³¹lE³³, dʑyœ³⁵zɿ³³tɕʰi⁵⁵dʑiŋ³³kəʔ⁵kəʔ⁵n̠iŋ⁵⁵, tsE⁵⁵tsoŋ³³ieʔ⁵ka⁵⁵sɛ⁵⁵kʰə³³n̠iŋ⁵⁵dʑyœ³³bu¹³pɐʔ⁵ŋa³¹dʑiŋ³³tɔ⁵⁵。dʑyœ³⁵zɿ³³kɑ̃⁵⁵lE³³toŋ⁵³kəʔ⁵kəʔ⁵ku⁵⁵zəŋ¹³kɔ⁵⁵də³³, kəʔ⁵kəʔ⁵ɕiŋ⁵⁵y³³a³³zɿ³⁵pi⁵⁵tɕiɔ⁵³yœ³³sə³³xu³¹kə³³kəʔ⁵.

我记得去年在淤潜的木町那边，发生了洪涝灾害，一家三口被雨水冲走了，都找不到。我们救援队的所有队员花了两天两夜去找他们，最终一家三口被找到。在这个过程中，比较有收获感。

还有一次呢，我记得是介来东⁼大明山，有一个游客，宁波个游客，伊也是爬山唠，个爬山呢弗是特别专业，就是讲发生啥个情况呢落弗来，就是讲失踪唻。则⁼伊一道个队伍个人，有个人呢就是讲发出信号，就是讲佢一道来爬山，有个人寻弗着唻。

uE³³yœ³⁵ieʔ⁵tsʰɿ⁵⁵n̠ie¹³, ŋo³¹tɕi⁵⁵tɐʔ⁵zɿ³¹ka³³lE³³toŋ⁵³do³⁵meŋ³³sɛ⁵⁵, yœ³⁵ieʔ⁵kəʔ⁵yœ³³kʰəʔ⁵, n̠iŋ³⁵puoʔ³kəʔ⁵yœ³³kʰəʔ⁵, i¹³a³³zɿ³⁵buo³³sɛ⁵³lɔ³³, kəʔ⁵buo³³sɛ⁵³n̠ie¹³fɐʔ⁵zɿ³⁵dəʔ²bieʔ²tsuə³³n̠ieʔ³, dʑyœ³⁵zɿ³³kɑ̃⁵⁵fɐʔ⁵sã̃⁵⁵suo³³kəʔ⁵ʑiŋ³¹kʰuaŋ¹³n̠ie¹³luoʔ²fɐʔ⁵lE³³, dʑyœ³⁵zɿ³³kɑ̃⁵⁵səʔ⁵tsoŋ³³ lE³³。zɐʔ²i¹³ieʔ⁵dɔ⁵⁵kəʔ⁵dE³³vəu⁵⁵kəʔ⁵n̠iŋ⁵⁵，yœ³⁵kəʔ⁵n̠iŋ⁵⁵n̠ie¹³dʑyœ³⁵zʅ³³k ã⁵⁵fɐʔ⁵tsʰɐʔ⁵ɕiŋ⁵⁵ɔ³³，dʑyœ³⁵zʅ³³k ã⁵⁵ŋa³¹ieʔ⁵dɔ⁵⁵lE³³buo³³sɛ⁵³，yœ³⁵kəʔ⁵n̠iŋ⁵⁵dʑiŋ³³fɐʔ⁵zɐʔ²lE³³。

还有一次，我记得是在大明山，有一个宁波游客，也是爬山，爬山不是特别专业，在爬山过程中发生意外，无法下山而失联。于是队伍中的人发出求救信号，说我们一起来爬山的，有个人找不到了。

葛⁼么傕救援队，傕临安狼行公益应急救援队，收到葛个信号之后呢，傕马上队员全部上山唻。像傕个种队员，其实就是从事各行各业个，有个种公务员，医院里个医生啊，事业单位个人，也有个种从事个体工商户个种，都有个。

kəʔ⁵məʔ²ŋa³¹tɕiə⁵⁵yœ³³dE³¹，ŋa³¹liŋ³¹ə¹³laŋ³³iŋ¹³koŋ⁵⁵iəʔ²iŋ⁵⁵tɕieʔ⁵tɕiə⁵⁵yœ³³dE³¹，sə³³tɔ³³kəʔ⁵kəʔ⁵ɕiŋ⁵⁵ɔ³³tsʅ⁵³ə¹³n̠ie¹³，ŋa³¹muo³³z ã³³dE³⁵yœ³³dʑyœ³³bu¹³z ã³³sɛ⁵⁵lE³³，ʑiaŋ³³ŋa³¹kəʔ⁵tsoŋ³³dE³⁵yœ³³，dʑi¹³zəʔ²dʑyœ³⁵zʅ³³dzoŋ³⁵zʅ³³kəʔ⁵aŋ³⁵kəʔ⁵n̠ieʔ³kəʔ⁵，yœ³³kəʔ⁵tsoŋ³³koŋ⁵⁵vəu³³yœ³³，i⁵⁵yœ³³li³³kəʔ⁵i³⁵s ã⁵⁵a³³，zʅ³³n̠ieʔ³tɛ⁵⁵uE³³kəʔ⁵n̠iŋ⁵⁵，a³⁵yœ³³kəʔ⁵tsoŋ³³dzoŋ³⁵zʅ³³kəʔ⁵tʰi⁵⁵koŋ⁵⁵saŋ³³vəu³¹kəʔ⁵tsoŋ³³，tu⁵⁵yœ³³kəʔ²。

我们临安狼行公益应急救援队收到这个信号以后，马上全员上山（搜寻）。我们这种队员都来自各行各业，有的是公务员，有的是医院里的医生，有的是事业单位的工作人员，也有一些是个体工商户。

但是，就是讲抛去个些职业个种东西，傕就是为嘞同一个兴致，就是为嘞大家最初个爱好，就是欢喜爬山，欢喜爬山之后呢，发挥一点自家个余热，比如讲做点更加有意义个事体。

dE³³zʅ³¹，dʑyœ³⁵zʅ³³k ã⁵⁵pʰɔ⁵⁵tɕʰy³³kəʔ⁵ɕie³³tsəʔ⁵n̠ieʔ³kəʔ⁵tsoŋ³³ toŋ³³ ɕi³¹，ŋa³¹ dʑyœ³⁵ zʅ³³ uE³³ lɐʔ² doŋ³¹ ieʔ⁵ kəʔ⁵ ɕiŋ³³ tsʅ³³，dʑyœ³⁵ zʅ³³ uE³³ lɐʔ² da³⁵ ka⁵⁵ tsuE³³ tsʰu³⁵ kəʔ⁵ E³³ xɔ⁵⁵，dʑyœ³⁵ zʅ³³ hə⁵³ ɕi³³ buo³³ sɛ⁵³，hə⁵³ ɕi³³ buo³³ sɛ⁵³ tsʅ⁵³ ə³³ ȵie¹³，fɐʔ⁵ xuE³³ ieʔ⁵ tie³³ zʅ³³ ka³⁵ kəʔ⁵ y³³ ȵiɐʔ²，pi⁵⁵ zʮ³³ kã⁵⁵tsu³³ tie³³ keŋ³³ tɕia⁵⁵ yœ³³ i⁵⁵ i⁵³ kəʔ⁵ zʅ³³ tʰi⁵⁵。

但是，抛开这些职业，我们都是为了同一个兴趣，为了大家最初的爱好，就是喜欢爬山，喜欢爬山之后，为了发挥一点自己的余热，比如做点更加有意义的事情。

像我头记讲到个，大明山亨＝个游客发出求救信号之后，偃一群人全部上山唻，去寻葛个游客，也是寻嘞真个一日一夜。到最后头，偃来＝东＝一个山高头呆＝偏个地方，拨葛个人寻到嘞。葛个人呢毛＝幸运，也有两口气留东＝，身高头呢已有多处骨折，软组织个种全部挫伤。

ʑiaŋ³³ ŋo³¹ də³³ tɕi⁵⁵ kã⁵⁵ tə³⁵ kəʔ⁵，do³⁵ meŋ³³ sɛ⁵⁵ xaŋ⁵⁵ kəʔ⁵ yœ³³ kʰə ʔ⁵ fɐʔ⁵ tsʰɐʔ⁵ dʑyœ³¹ tɕiə³³ ɕiŋ⁵⁵ ɔ³³ tsʅ⁵³ ə³³，ŋa³¹ ieʔ⁵ dʑyeŋ³⁵ ȵiŋ⁵⁵ dʑyœ³³ bu¹³ z ã³³ sɛ⁵⁵ lE³³，tɕʰi⁵⁵ dʑiŋ³³ kəʔ⁵ kəʔ⁵ yœ³³ kʰə ʔ⁵，ia³³ zʅ⁵⁵ dʑiŋ³³ lɐʔ⁵ tseŋ⁵⁵ kəʔ⁵ ieʔ⁵ ȵieʔ³ ieʔ⁵ ia³⁵。tɔ³³ tsE⁵⁵ ə⁵³ də³³，ŋa³¹ lE³³ toŋ⁵³ ieʔ⁵ kəʔ⁵ sɛ³⁵ kɔ⁵⁵ də⁵³ ŋE³⁵ pʰie³³ kəʔ⁵ di³³ faŋ⁵⁵，pɐʔ⁵ kəʔ⁵ kəʔ⁵ ȵiŋ⁵⁵ dʑiŋ³¹ tɔ³³ lɐʔ²。kəʔ⁵ kəʔ⁵ ȵiŋ⁵⁵ ȵie¹³ mɔ³⁵ ɕiŋ⁵⁵ yeŋ⁵³，a³⁵ yœ³³ li ã³³ kʰə³³ tɕʰi⁵³ lə³³ toŋ³³，seŋ³³ kɔ⁵⁵ də⁵³ ȵie¹³ i³⁵ yœ³³ tuo³³ tsʰuoʔ³ kuɐʔ⁵ tsəʔ⁵，ȵiœ³⁵ tsu³³ tsəʔ⁵ kəʔ⁵ tsoŋ³³ dʑyœ³³ bu¹³ tsʰuo³³ saŋ⁵⁵。

我还记得，在这个大明山的游客发出求救信号之后，我们一群人全部上山，去找那个游客，找了一天一夜。最后，我们在山上一个很偏的位置，找到了那个人。这个人也是很幸运，还剩有几口气，身上有多处骨折，软组织全部挫伤。

　　再催呢想尽一切办法，拨葛个人从山高头抬落来。身高头真个是血出乌拉，全部都是血。催拨伊抬落来之后呢，拨伊做嘞个简单个包扎，最后再送到医院里去。再是康复嘞大概有半年时间，总算就是讲基本上康复。

　　tsE⁵⁵ ŋa³¹ ɲie¹³ ɕiaŋ⁵³ tɕiŋ³³ ie⁵ tɕʰie⁵ bɛ³³ fɐ⁵ , pɐ⁵ kə⁵ kə⁵ ɲiŋ⁵⁵ dzoŋ³³ se³⁵ kɔ⁵⁵ də⁵³ dE³³ luo⁵² lE³³ 。 seŋ³³ kɔ⁵⁵ də⁵³ tseŋ⁵⁵ kə⁵ zɿ³³ ɕyɐ⁵ tsʰɐ⁵ u³³ la³¹ , dʑyœ³³ bu¹³ tu⁵⁵ zɿ³⁵ ɕyɐ⁵ 。 ŋa³¹ pɐ⁵ i³³ dE³³ luo⁵² lE³³ tsɿ⁵³ ə³³ ɲie¹³ , pɐ⁵ i³³ tsuo³³ lɐ⁵² kə⁵ tɕie³³ tɛ³³ kə⁵ pɔ³³ tsɐ⁵ , tsE⁵⁵ ə⁵³ tsE⁵⁵ soŋ³³ tɔ³³ i⁵⁵ yœ³³ li⁵⁵ tɕʰi³³ 。 tsE⁵⁵ zɿ³⁵ kʰaŋ³³ fuo⁵ lɐ⁵² do³³ kE⁵⁵ yœ³³ pə³³ ɲie¹³ zɿ³¹ tɕie⁵⁵ , tsoŋ⁵⁵ sə³³ dʑyœ³⁵ zɿ³¹ kã̃⁵⁵ tɕi⁵⁵ peŋ³³ zã̃³³ kʰaŋ³³ fuo⁵ 。

　　后来我们想尽一切办法，把这个人抬下山。这个人身上都是血。把她抬下来之后，我们给她进行了简单的包扎，最后再送去医院。大概过了半年的时间，她基本上康复了。

　　好怕讲一讲，如果讲当葛个人再过几个钟头，心跳么，也有生命体征也是弗相干。因为是来⸗东⸗山高头，首先已经是掼伤嘞，则⸗么又无没东西吃，再催拨伊介救落来，最后呢也是特别感谢催。

　　xɔ⁵⁵ pʰã̃³³ kã̃⁵³ ie⁵ kã̃⁵³ , zɥ³³ ku⁵³ kã̃⁵⁵ taŋ⁵⁵ kə⁵ kə⁵ ɲiŋ⁵⁵ tsE⁵⁵ kəu⁵³ tɕi⁵⁵ kə⁵ tsoŋ⁵³ də¹³ , ɕiŋ⁵⁵ tʰiɔ⁵⁵ mə⁵² , a³⁵ yœ³³ sã̃⁵⁵ miŋ³⁵ tʰi⁵⁵ tseŋ⁵⁵ ia³³ zɿ⁵⁵ fɐ⁵ ɕiaŋ³³ kuə⁵⁵ 。 iŋ⁵⁵ uE³³ zɿ⁵⁵ lE³³ toŋ³³ se³⁵ kɔ⁵⁵ də⁵³ , sə³³ ɕie⁵⁵ i⁵⁵ tɕiŋ⁵³ zɿ³³ guɛ³³ saŋ⁵⁵ lɐ⁵² , zɐ⁵² mə⁵² i⁵⁵ m³³ mɐ⁵² toŋ³³ ɕi³¹ tɕʰyɐ⁵ , tsE⁵⁵ ŋa³¹ pɐ⁵ i³³ ka⁵⁵ tɕiə³³ luo⁵² lE³³ , tsE⁵⁵ ə⁵³ ɲie¹³ a³³ zɿ³⁵ də⁵² bie⁵² kə³³ ʑia³³ ŋa³¹ 。

　　因为在山上，首先是身体受伤，再加上没有东西吃，如果此人当时被搜救时间再晚几个小时，恐怕就没有生命体征了。最后她成功得到获救，特别感谢我们。

催个年 2017 年，催葛个俱乐部开年会个辰光，催拨葛个游客，催拨伊邀请过来，就是上台个辰光，讲特゠催眼泪水都也出来嘞。

ŋa³¹ kəʔ⁵ ȵie¹³ ɚ³³ liŋ⁵⁵ ieʔ⁵tɕʰieʔ⁵ȵie¹³ , ŋa³¹ kəʔ⁵kəʔ⁵tɕy³³ lɔʔ⁵bu³¹ kʰɛ³³ȵie¹³uɛ³³ kəʔ⁵zeŋ³³ kuaŋ⁵⁵ , ŋa³¹ pɐʔ⁵kəʔ⁵kəʔ⁵yœ³³ kʰəʔ⁵ , ŋa³¹ pɐʔ⁵i³³ iɔ⁵⁵tɕiŋ³³ ku⁵⁵lɛ³³ , dʑyœ³⁵zɻ³³ zã̃³³dɛ³⁵ kəʔ⁵zeŋ³³ kuaŋ⁵⁵ , kã̃⁵⁵dəʔ² ŋa³¹ ŋɛ³³ li⁵³sɻ⁵³tu⁵⁵aʔ³³tsʰɐʔ⁵lɛ³³ lɐʔ² 。

在 2017 年，我们俱乐部开年会的时候，我们邀请到了这个游客，她在台上讲的时候，讲得我们眼泪都流出来了。

就是讲，个种大爱，付出嗷，老有辰光觉得，生命就是非常可贵个东西，所以催今年来゠东゠临安"感动临安"个十大人物评选高头，催临安个只催个只救援队被评上"感动临安"葛个人物评选。

dʑyœ³⁵zɻ³³ kã̃⁵⁵ , kəʔ⁵tsoŋ³³ do³¹ɛ³³ , fu³³tsʰɐʔ⁵ɔ³³ , lɔ³⁵yœ³³ zeŋ³³ kuaŋ⁵⁵tɕyɐʔ⁵tɐʔ⁵ , sã̃⁵⁵miŋ³⁵ dʑyœ³⁵zɻ³³ fi⁵⁵zaŋ³³ kʰuo³³kuɛ³³ kəʔ⁵toŋ³³ ɕi³¹ , suo⁵⁵i⁵⁵ ŋa³¹keŋ⁵³ȵie⁵⁵lɛ³³toŋ⁵³liŋ³¹əʔ¹³kə³³don³¹liŋ³¹əʔ¹³kəʔ⁵zɐʔ²do³³ zeŋ³⁵vɐʔ²biŋ³¹ɕuə³³ kɔ⁵⁵də⁵³ , ŋa³¹liŋ³¹əʔ¹³kəʔ²tsɐʔ⁵ŋa³¹kəʔ²tsɐʔ⁵tɕiə⁵³ yœ³³dɛ³¹pɐ³³biŋ³¹zã̃³³kə³³don³¹liŋ³¹əʔ¹³kəʔ⁵kəʔ⁵zeŋ³⁵vɐʔ²biŋ³¹ɕuə³³ 。

就是说，通过传递这种大爱，付出努力帮助他人，总觉得生命是非常可贵的东西，所以今年我们救援队被评上了"感动临安"十大人物之一。

就是讲葛个东西呢，也是所有葛个救援队员个鼓励，相当于希望临安政府，所有个老百姓都认可催，所以讲像催可以拨葛个事体做特゠更好、更全。

dʑyœ³⁵zɻ³³ kã̃⁵⁵ kəʔ⁵kəʔ⁵toŋ³³ ɕi³¹ ȵie¹³ , ia³³zɻ⁵⁵ suo³³iə⁵⁵ kəʔ⁵kəʔ⁵ tɕiə⁵⁵yœ³³ dɛ³¹yœ³³ kəʔ⁵kəu⁵⁵li⁵³ , ɕiaŋ⁵⁵taŋ⁵⁵y³³ ɕi⁵⁵uaŋ⁵³liŋ³¹əʔ¹³tseŋ⁵⁵ fu^{33}, suo^{33} iə^{55} kəʔ^5 lɔ^{13} pɐʔ^5 ɕiŋ^{55} tu^{55} zeŋ^{31} kʰuo^{33} ŋa^{31}, suo^{55} i^{55} k ã^{55} ʑiaŋ^{33} ŋa^{31} kʰuo^{33} i^{55} pɐʔ^5 kəʔ^5 kəʔ^5 zʅ^{33} tʰi^{55} tsuo^{33} dəʔ^2 keŋ^{55} xɔ^{33}、keŋ^{55} dʑyœ^{33}.

就是说这个东西，是对我们所有救援队队员的鼓励，相当于是临安区政府和老百姓对我们的认可，所以我们希望可以把事情做得更好、更全面。

因为就是讲葛个事体是介个，过了十年、五年，大家再去看看个种敬业，再去做个种好事体，后卯偃回忆出来，包括跟偃个种小辈啊个种，讲出来其实都是一种精神高头个财富，精神财富带拨人个东西，其实更加声誉个东西。

iŋ^{55} uɛ^{33} dʑyœ^{35} zʅ^{33} k ã^{55} kəʔ^5 kəʔ^5 zʅ^{33} tʰi^{55} zʅ^{31} ka^{33} kəʔ^2, ku^{33} lə^2 zɐʔ^2 ȵie^{13}、ŋ^{33} ȵie^{13}, da^{33} ka^{55} tsɛ^{55} tɕʰi^{33} kʰə^{55} kʰə^{55} kəʔ^5 tsoŋ^{33} tɕiŋ^{55} ȵie^3, tsɛ^{55} tɕʰi^{33} tsuo^{33} kəʔ^5 tsoŋ^{33} xɔ^{33} zʅ^{33} tʰi^{55}, ə^{33} mɔ^{31} ŋa^{31} uɛ^{33} i^{53} tsʰɐʔ^5 lɛ^{33}, pɔ^{55} kʰu^{53} keŋ^{33} ŋa^{31} kəʔ^5 tsoŋ^{33} ɕiɔ^{55} bɛ^{33} a^{55} kəʔ^5 tsoŋ^{33}, k ã^{55} tsʰɐʔ^5 lɛ^{33} dʑi^{13} zəʔ^2 tu^{55} zʅ^{33} ieʔ^5 tsoŋ^{33} tɕiŋ^{55} zeŋ^{33} kɔ^{55} də^{33} kəʔ^2 dzɛ^{31} fuoʔ^5, tɕiŋ^{55} zeŋ^{33} dzɛ^{31} fuoʔ^5 ta^{55} pɐʔ^5 ȵiŋ^{55} kəʔ^5 toŋ^{33} ɕi^{31}, dʑi^{13} zəʔ^2 keŋ^{33} tɕia^{55} seŋ^{33} y^{31} kəʔ^5 toŋ^{33} ɕi^{31}.

过了十年、五年，大家再一次回想起大家过去做的好事，大家的敬业态度，对我们的小辈来说，讲出这些故事，听到这些故事，都是一种精神上的财富，这种精神财富带给人的是更加声誉的东西。

（2016 年 8 月 28 日，临安，发音人：章立）

二、对　话

当地情况

对话人：

老王——王炳南，方言老男

　　小章——章　杭，方言青男

　　老马——马丽娟，方言老女

小章：像个卯临安介偓么弗晓得啥个事体啊，个路啊都弗大方便啦。
　　　都是单行线，只好上去，弗好落去个。有种地方去吃顿饭也弗
　　　安耽啦，还要走两步路，还要车子么停到另外地方去，造个地
　　　铁好到也好个，过程是痛苦个。再么像偓去接小人介个，学校
　　　亨⁼里去旋来旋去旋，旋到葛里停车停到葛里，旋到亨⁼里停
　　　到亨⁼里。个卯弄来弄去么，还是个种电瓶车好停点啦。

ʑi ɑ̃³³ kəʔ⁵ mɔ¹³ liŋ³² ə¹³ ka⁵⁵ ŋa³¹ məʔ² fəʔ⁵ ɕiɔ⁵⁵ təʔ⁵ sɔʔ⁵ kəʔ⁵ zɿ³³ tʰi⁵⁵
a³³ , kəʔ⁴ lu³³ a³³ tu³⁵ fəʔ⁵ do³³ f ɑ̃⁵³ bie³³ la³³ 。 tu⁵⁵ zɿ³³ tɛ⁵³ iŋ³³ ɕie⁵³ ,
tsəʔ⁵ xɔ⁵³ z ɑ̃³³ tɕʰi⁵³ , fəʔ⁵ xɔ⁵³ lɔʔ² tɕʰi³³ kəʔ⁵ 。 yœ³³ tsoŋ³⁵ di³³ f ɑ̃³⁵
tɕʰi³⁵ tɕʰieʔ⁵ teŋ⁵⁵ vɛ³³ a³³ fəʔ⁵ ə⁵⁵ tɛ³³ la³³ , ɛ³³ iɔ⁵⁵ tsɔ⁵⁵ li ɑ̃³³ bu³³ lu¹³ , ɛ³³
iɔ⁵⁵ tsʰo⁵⁵ tsɿ⁵⁵ məʔ² diŋ³³ tɔ³⁵ liŋ³³ ŋa¹³ di³³ faŋ³⁵ tɕʰi⁵⁵ , zɔ³³ kəʔ⁵ di³³
tʰieʔ² xɔ³⁵ tɔ³⁵ ia⁵³ xɔ⁵⁵ ko⁵⁵ , ku⁵⁵ zəŋ¹³ zɿ³³ tʰoŋ⁵³ kʰu⁵³ ko⁵⁵ 。 tsɛ³⁵
məʔ² ʑi ɑ̃³³ ŋa³³ tɕʰi⁵⁵ tɕieʔ⁵ ɕiɔ⁵⁵ n̠iŋ⁵⁵ ka⁵⁵ kəʔ⁵ , ieʔ² iɔ¹³ h ɑ̃⁵⁵ li³³ tɕʰi⁵⁵
ʑie³³ lɛ³³ ʑie³³ tɕʰi⁵³ ʑie¹³ , ʑie³³ tɔ⁵⁵ kəʔ⁵ li³³ diŋ³³ tsʰo⁵⁵ diŋ³³ tɔ⁵⁵ kəʔ⁵ li³³ ,
ʑie³³ tɔ⁵⁵ h ɑ̃⁵⁵ li³³ diŋ³³ tɔ⁵⁵ h ɑ̃⁵⁵ li³³ 。 kəʔ⁵ mɔ¹³ noŋ³³ lɛ³³ loŋ³³ tɕʰi³⁵ məʔ² ,
a³³ zɿ¹³ kəʔ⁵ tsoŋ⁵⁵ die³³ biŋ³³ tsʰo⁵⁵ xɔ⁵³ diŋ¹³ tie⁵⁵ la³³ 。

　　　现在临安的马路不太好走，都是单行线，只好上去，不好下来
　　　的。有时候吃个饭都麻烦，要走两步路把车子停在其他地方。
　　　造个地铁搞成这样，不过也有好的地方，以后交通方便了。幼
　　　儿园接个孩子转来转去没处停车，还是电瓶车好停车。

老马：电瓶车好停，像偓老太婆是越加唻，坐公交车坐来坐去，晓也
　　　弗晓得个啦，呐，9路车绕来绕去，往葛里绕啰，往亨⁼里绕啰，
　　　我坐到何里块都弗晓得。"耶，我坐错唻。"伊话侬到何里个？
　　　我话我到亨⁼里广播站亨⁼里去哎。伊话到个到个到个，侬坐

东⁼好唻，[弗要]紧哦，伊介话。

die³³ biŋ³³ tsʰo⁵⁵ xɔ⁵³ diŋ¹³，ʑi ɑ̃³³ ŋa³¹ lɔ³¹ tʰa³⁵ bu³¹ zʅ³³ iəʔ² ko⁵⁵ lɛ³³，

zu¹³ koŋ⁵³ tɕiɔ⁵⁵ tsʰo⁵⁵ zu³³ lɛ¹³ zu³³ tɕʰi⁵³，ɕiɔ³⁵ aʔ³ fəʔ⁵ ɕiɔ⁵⁵ təʔ⁵ kəʔ⁵ la³³，

nɐʔ²，tɕyœ⁵⁵ lu³³ tsʰo⁵³ n̠iɔ³³ lɛ³³ n̠iɔ³³ tɕʰi³⁵，m ɑ̃³¹ kəʔ⁵ li³³ n̠iɔ³³ lo³³，

m ɑ̃³¹ h ɑ̃⁵⁵ li⁵⁵ n̠iɔ³³ lo³³，ŋo¹³ zu³³ tɔ⁵⁵ aʔ³³ li³³ kʰuɛ⁵⁵ tu⁵⁵ vəʔ² ɕiɔ⁵⁵ təʔ⁵。

ie³⁵，ŋo⁵³ zu³³ tsɔ⁵⁵ lɛ³³。i⁵⁵ o¹³ noŋ¹³ tɔ⁵³ aʔ³³ li³³ kəʔ⁵？ŋo¹³ o¹³ ŋo³³ tɔ⁵⁵

h ɑ̃⁵⁵ li³³ ku ɑ̃⁵⁵ pu⁵⁵ zɛ³³ h ɑ̃⁵⁵ li³³ tɕʰi⁵⁵ ɛ³³。i³³ o¹³ tɔ³⁵ kəʔ⁵ tɔ³⁵ kəʔ⁵ tɔ³⁵

kəʔ⁵，noŋ¹³ zu³³ toŋ⁵⁵ xɔ⁵⁵ lɛ³³，fiɔ⁵³ tɕiŋ⁵⁵ o¹³，i³³ ka⁵⁵ o³³。

电瓶车好停，像我们这样的老太婆，坐公交车坐过来坐过去坐
到哪里都不知道了，比如9路车绕来绕去，一会儿往这里绕，
一会儿往那里绕，我坐到了哪里都不知道了。"呀，我坐错车
了"，别人问你要到哪里去，我说我要到广播站那边去。别人
说没错没错，你安心坐好，不要急。

老王：个卯造地铁个说话，到下卯好个，下卯老百姓享福个，则⁼到杭
　　　州特⁼去埭，二三十分钟够唻。

kəʔ⁵ mɔ¹³ zɔ³³ di³³ tʰiəʔ² kəʔ⁵ sɔʔ⁵ o³³，tɔ⁵⁵ o³³ mɔ³³ xɔ⁵⁵ ko⁵⁵，o³³ mɔ³³

lɔ¹³ pɐʔ⁵ ɕiŋ⁵⁵ ɕi ɑ̃⁵⁵ foʔ⁵ ko⁵⁵，tsəʔ⁵ tɔ³⁵ ɑ̃³³ tsə⁵⁵ dəʔ² tɕʰi⁵⁵ da³³，n̠i³³ sɛ⁵⁵

səʔ⁵ feŋ⁵⁵ tsoŋ⁵⁵ kə⁵⁵ lɛ³³。

现在临安造地铁是好事，以后就好了，给老百姓造福的，去杭
州（市区）二三十分钟就够了。

小章：靠边停个地方弗大多个么，三四站路就到杭州个么。

kʰɔ⁵⁵ pie⁵³ diŋ³³ kəʔ⁵ di³³ f ɑ̃⁵⁵ fəʔ⁵ do³³ tuo⁵³ kəʔ⁵ məʔ²，sɛ⁵⁵ sʅ⁵⁵ zɛ³³ lu¹³

dʑyœ³³ tɔ⁵⁵ ɑ̃³³ tsə⁵⁵ kəʔ⁵ məʔ²。

地铁中间停的站不太多，三四站路就可到杭州。

老马：介是个卯像下卯肯定方便个，像老早子㑩小队里，独轮车拖
　　　拖，三轮车拖弗过啦，脚踏车弯来弯去，弯来弯去，有两个人技

术弗好点啊,地下睏起辣᐀亨᐀啦。我二十九岁个年只手髈掼断,就是葛个割花草个辰光掼落去个,一年[弗会]做生活。葛个是分田到户个第一年,真个生活[弗会]做呀,我是想想真当罪过啦,哭特᐀是真当木᐀老᐀回数呀。

ka⁵⁵ zɿ¹³ kəʔ⁵ mɔ¹³ ʑi ã³³ o³³ mɔ³¹ keŋ⁵⁵ diŋ³³ f ɑ̃⁵⁵ bie³³ kəʔ⁵ , ʑi ã³³ lɔ³³ tsɔ⁵⁵ tsɿ⁵³ ŋa³¹ ɕiɔ⁵⁵ dE³³ li³³ , dəʔ² leŋ³³ tsʰo⁵⁵ tʰa⁵⁵ tʰa⁵⁵ , sɛ⁵³ leŋ³³ tsʰo⁵⁵ tʰa⁵⁵ fəʔ⁵ ku⁵⁵ la⁵³ , tɕiɐʔ⁵ dɐʔ² tsʰo⁵⁵ uE⁵⁵ lE³³ uE⁵⁵ tɕi⁵⁵ , uE⁵⁵ lE³³ uE⁵⁵ tɕi⁵⁵ , yœ⁵³ li ã³¹ kəʔ⁵ n̠iŋ¹³ dʑi³³ zəʔ² fəʔ⁵ xɔ⁵⁵ tie⁵⁵ a⁵³ , di³¹ o¹³ kʰueŋ⁵⁵ tɕi⁵³ lɐʔ⁵ h ɑ̃⁵⁵ la³³ 。 ŋo³¹ n̠ie³¹ tɕyœ³⁵ sE⁵³ kəʔ⁵ n̠ie³³ tsaʔ⁵ sE⁵⁵ ku ɑ̃⁵⁵ guE³³ dœ¹³ , dʑyœ³⁵ zɿ³³ kəʔ³ kəʔ⁵ kəʔ⁵ xo⁵³ tsʰɔ³⁵ kəʔ⁵ zeŋ³³ ku ɑ̃³⁵ guE¹³ lɔʔ² tɕi⁵⁵ kəʔ⁵ , iɐʔ⁵ n̠ie¹³ fəʔ⁵ uE¹³ tsu³⁵ s ɑ̃⁵³ o¹³ 。 kəʔ⁴ kəʔ⁵ zɿ³³ feŋ⁵³ die¹³ tɔ⁵³ u¹³ kəʔ⁵ di³³ iɐʔ⁵ n̠ie¹³ , tseŋ⁵⁵ kəʔ⁵ s ɑ̃⁵³ o¹³ fuE⁵³ tsu³⁵ ia³⁵ , ŋo¹³ zɿ³³ ɕi ã⁵³ ɕi ã³⁵ tseŋ⁵⁵ t ɑ̃⁵⁵ zE³³ ku³⁵ la⁵⁵ , kʰɔʔ⁵ dɐʔ² zɿ³³ tseŋ⁵⁵ d ɑ̃¹³ mɔʔ⁵ lɔ¹³ lɔ³¹ uE³³ su⁵⁵ ia⁵⁵ 。

现在方便了,以前小队里,独轮车推推,三轮车还过不了呢,自行车弯来弯去,技术不好的人还不摔下来躺地上。我二十九岁那一年手臂摔断了,是割花草的时候摔的,一年干不了活。那是分田到户的第一年,我不能干活,哭都哭死了。

老王:亨᐀个辰光么,俹小队里是算怵个地方,催锦桥头呢,亨᐀个辰光也算怵个地方,个卯多少好啦,吴越文化广场造出来,博物馆造出来,个卯弄得多少漂亮东᐀啦,对催。葛个路唻桥唻,连个只宝塔山,夜到头个路灯啥西彩色灯都装好唻,是哦᐀,弄得多少漂亮,是哦᐀。

h ã⁵³ kəʔ⁵ zeŋ³³ ku ɑ̃³⁵ məʔ² , na³¹ ɕiɔ⁵⁵ dE³³ li³³ zɿ¹³ sə⁵³ ɕiɐʔ⁵ kəʔ⁵ di³³ f ɑ̃⁵³ , ŋa¹³ tɕiŋ⁵³ dʑiɔ³³ də³³ n̠ie¹³ , h ã⁵³ kəʔ⁵ zeŋ³³ ku ɑ̃³⁵ a¹³ sə⁵³ ɕiɐʔ⁵ kəʔ⁵ di³³ f ɑ̃⁵³ , kəʔ⁵ mɔ¹³ tuo⁵⁵ sɔ⁵⁵ xɔ⁵⁵ la³³ , u³³ yɐʔ² ueŋ³³ xua⁵⁵ ku ɑ̃⁵⁵ z ɑ̃³³ zɔ¹³ tsʰəʔ⁵ lɛ³³ , pəʔ⁵ vəʔ² kuə³⁵ zɿ¹³ tsʰəʔ⁵ lɛ³³ , kəʔ⁵ mɔ¹³ loŋ³³ təʔ⁵ tuo⁵⁵ sɔ⁵⁵ pʰiɔ⁵⁵ li ã³³ toŋ⁵⁵ la³³ , tɛ⁵⁵ vəʔ² 。 kəʔ⁴ kəʔ⁵ lu¹³ lɛ³³ dʑiɔ¹³ lɛ³¹ , lie³³ kəʔ⁵ tsəʔ⁵ pɔ⁵⁵ tʰəʔ⁵ sɛ³⁵ , ia³³ tɔ³⁵ də³³ kəʔ⁵ lu³³ teŋ³⁵ sɔ⁵⁵ ɕi³⁵ tsʰɛ⁵³ səʔ⁵ teŋ³⁵ dʑyœ³⁵ bu³³ tsã̃⁵³ xɔ⁵³ lɛ³¹ , zɿ³³ vəʔ² , loŋ³³ təʔ⁵ tuo⁵⁵ sɔ⁵⁵ pʰiɔ⁵⁵ li ã³³ , zɿ³³ vəʔ² 。

那时,你们小队是算比较差的地方,我们锦桥头那时也好不到哪去,现在多好啊,吴越文化广场造起来了,博物馆也造起来了,变得那么漂亮,对吧。现在路啊桥啊,连宝塔山都装上了彩灯,照得夜如白昼,是不是,多好看。

老王:葛个路个东西,老早子到杭州一块两角五分钞票,拔꞊啦꞊拔꞊啦꞊拔啦꞊,震到杭州,要坐一个半钟头哚。个卯啦高速公路二三十分钟到杭州哚,多少方便啊。则꞊个卯落去,像偓临安变化越来越大哚,那划到葛个杭州,临安区嘞么。

kəʔ⁴ kəʔ⁵ lu¹³ kəʔ⁵ toŋ⁵⁵ ɕi⁵⁵ , lɔ³³ tsɔ⁵⁵ tsɿ⁵³ tɔ⁵⁵ ã³³ tsə⁵⁵ iəʔ⁵ kʰuɛ³⁵ li ã¹³ kəʔ⁵ ŋ³³ feŋ⁵³ tsʰɔ⁵⁵ pʰiɔ³⁵ , bəʔ²ləʔ² bəʔ²ləʔ² bəʔ²ləʔ² , tseŋ³⁵ tɔ³⁵ ã³³ tsə⁵⁵ , iɔ⁵⁵ zo¹³ iəʔ⁴ kəʔ⁵ pə³⁵ tsoŋ⁵³ də¹³ lɛ³³ 。 kəʔ⁵ mɔ¹³ la³³ kɔ⁵³ sɔʔ⁵ koŋ⁵⁵ lu³³ ɳi¹³ sɛ⁵⁵ zəʔ² feŋ⁵³ tsoŋ³⁵ tɔ⁵⁵ ã³³ tsə⁵⁵ lɛ³³ , tuo⁵³ sɔ³⁵ f ã⁵³ bie¹³ a³³ 。 tsəʔ⁵ kəʔ⁵ mɔ¹³ lɔʔ² tɕʰi⁵³ , ʑi ã³³ ŋa³¹ liŋ³² ə¹³ pie⁵⁵ xo³⁵ yəʔ² lɛ³³ yəʔ² do³³ lɛ³³ , nɛ³³ uəʔ² tɔ⁵⁵ kəʔ⁴ kəʔ⁵ ã³³ tsə⁵⁵ , liŋ³¹ ə¹³ tɕʰy⁵⁵ ləʔ² məʔ² 。

过去从临安到杭州一块两角五分钱,一路颠簸到杭州,要坐一个半小时。现在高速公路二三十分钟就到杭州,多方便啊。现在临安变化越来越大,还划到了杭州,变成临安区了。

小章:像偓本来子到杭州吃个饭哦,已经是想想蛮惹厌个事体,个卯到临安吃个饭,有可能要个把钟头,临安直接介到滨江,吃个饭是半个钟头到啦好吃饭来已经,比临安吃饭都有可能还要快点啦。排排队也要排半日么,临安有两个地方。

ziɑ̃³³ ŋa³³ peŋ⁵⁵ lɛ³³ tsɿ⁵⁵ tɔ⁵⁵ ɑ̃³³ tsə⁵⁵ tɕʰieʔ⁵ kəʔ⁵ vɛ¹³ ɔ³³ , i⁵⁵ tɕiŋ⁵⁵ zɿ³³ ɕiaŋ⁵⁵ ɕiaŋ⁵⁵ mɛ⁵⁵ dza³³ ie³⁵ kəʔ⁵ zɿ³³ tʰi⁵⁵ , kəʔ⁵ mɔ¹³ tɔ⁵⁵ liŋ³¹ ə¹³ tɕʰiəʔ⁵ kəʔ⁵ vɛ¹³ , yœ³³ kʰo⁵⁵ neŋ³³ iɔ⁵⁵ kə⁵³ po³⁵ tsoŋ⁵³ də¹³ , liŋ³¹ ə³⁵ dzəʔ² tɕieʔ⁵ ka⁵⁵ tɔ⁵⁵ piŋ⁵⁵ tɕi ɑ̃⁵⁵ , tɕʰiəʔ⁵ kəʔ⁵ vɛ¹³ zɿ³³ pə⁵⁵ kəʔ⁵ tsoŋ⁵³ də¹³ tɔ⁵³ la¹³ xɔ⁵⁵ tɕʰiəʔ² vɛ³³ lɛ³³ i⁵⁵ tɕiŋ⁵³ , pi⁵⁵ liŋ³¹ ə³⁵ tɕʰiəʔ⁵ vɛ³³ tu⁵⁵ yœ⁵⁵ kʰo⁵⁵ neŋ³³ a³³ iɔ⁵⁵ kʰua⁵⁵ tie⁵³ la³³ 。 ba³³ ba¹³ dɛ¹³ a³³ iɔ⁵⁵ pə⁵⁵ ȵieʔ² məʔ² , liŋ³¹ ə³⁵ yœ⁵³ liɑ̃³³ kəʔ⁵ di³³ fɑ̃⁵⁵ 。

像我们本来到杭州吃个饭,想想是很麻烦的事,现在到临安吃个饭,有可能要个把小时,临安直接到滨江吃饭半个小时就到啦,比临安吃饭都有可能还要快点。临安有两个地方,排队就要排半天。

老马:个一五酒家排队奖励菜个,伊话等二十分钟奖励二十块一道菜,等四十分钟奖励四十块一道菜。人登满个,亨ᵉ里饭店实在介话。

kəʔ⁵ iɤʔ⁵ ŋ³³ tɕyœ⁵³ tɕia³⁵ ba³³ dɛ¹³ tɕi ɑ̃⁵⁵ li³³ tsʰɛ⁵⁵ go³³ , i³³ o¹³ teŋ⁵³ ɚ³⁵ zəʔ² feŋ⁵³ tsoŋ³⁵ tɕi ɑ̃⁵⁵ li³³ ɚ⁵⁵ zəʔ² kʰuɛ⁵⁵ iɤʔ⁵ dɔ³³ tsʰɛ³⁵ , teŋ⁵³ sɿ⁵⁵ zəʔ² feŋ⁵³ tsoŋ³⁵ tɕi ɑ̃⁵⁵ li³³ sɿ⁵⁵ zəʔ² kʰuɛ⁵⁵ iɤʔ⁵ dɔ³³ tsʰɛ³⁵ 。 ȵiŋ³³ teŋ⁵⁵ mə¹³ go⁵⁵ , hɑ̃⁵⁵ li³³ vɛ³³ tie⁵⁵ zəʔ² zɛ³³ ka⁵⁵ o³³ 。

那个一五酒家排队有奖励菜的,等二十分钟奖励二十块钱的一道菜,等四十分钟奖励四十块钱的一道菜。

老王:个卯亨ᵉ里开得一爿,新车站个,葛个锦桥头出来个路口,天目路葛里个,叫……

kəʔ⁵ mɔ¹³ h ɑ̃⁵⁵ li³³ kɛ⁵⁵ təʔ⁵ iɤʔ⁵ bɛ³³ , ɕiŋ⁵³ tsʰo⁵⁵ zɛ³³ kəʔ⁵ , kəʔ⁴ kəʔ⁵ tɕin⁵⁵ dʑiɔ³³ də⁵³ tsʰəʔ⁵ lɛ³³ kəʔ⁵ lu³³ kʰə⁵⁵ , tʰie⁵⁵ məʔ² lu³³ kəʔ⁵ li³³ kəʔ⁵ , tɕiɔ⁵⁵ ……

现在那边又开了一家饭店,新车站那边,锦桥头出来的那个路口，天目路那边，叫……

小章：叫吴越家宴，好像。

tɕiɔ⁵⁵ u³³ yɐʔ² tɕia⁵⁵ iɛ⁵³，xɔ⁵⁵ ziã̃³³。

叫吴越家宴，好像。

老王：亨˭搭˭地方哦，毛˭实惠个，都到亨˭里去吃个呀，个卯哦人家
屋里来个客人，屋里懒得烧来，还是亨˭里弄点吃吃好。

hã̃⁵⁵ tɐʔ⁵ di³³ fã̃⁵⁵ o³³，mɔ³³ zɐʔ² uɛ³³ kəʔ⁵，tu⁵⁵ tɔ⁵³ hã̃⁵⁵ li³³ tɕʰi⁵⁵ tɕʰiəʔ⁵
kəʔ⁵ ia⁵⁵，kəʔ⁵ mɔ¹³ o³³ ȵiŋ³¹ ka³⁵ uɔʔ⁵ li³¹ lɛ³³ kəʔ⁵ kʰɐʔ⁵ ȵiŋ³¹，uɔʔ⁵ li³¹
lɛ³³ təʔ⁵ sɔ¹³ lɛ³³，a³³ zɿ¹³ hã̃⁵⁵ li³³ loŋ³³ tie¹³ tɕʰiəʔ⁴ tɕʰiəʔ⁵ xɔ⁵³。

那个地方很实惠的，人很多，都到那里去吃。现在家里来个客
人，都懒得做饭了，都到饭店里去吃了。

小章：哎，夏天热么热煞，还是饭店里吃吃方便点。

ɛ⁵³，ɕia⁵⁵ tʰie³⁵ ȵiɐʔ² mɔʔ² ȵiɐʔ² sɔʔ⁵，ɛ³³ zɿ¹³ vɛ³³ tie³⁵ li³³ tɕʰiəʔ⁴ tɕʰiəʔ⁵ fã̃⁵⁵
bie³³ tie⁵⁵。

哎，夏天太热了，还是去饭店里吃方便些。

老王：个卯老百姓都想得通，袋里呢都有两张钞票。葛˭么自家么屋
里么懒得高兴烧，弄得油啦油露洗手来˭、洗碗洗锅来˭，惹厌
么，葛˭么想想哦方便点，还是饭店里吃吃好咪。都是介个么，
正月里个辰光么，客人来两三桌，家里弗高兴烧惹厌，还是饭
店里，饭店里吃过么，拔˭啦˭踏˭，清清爽爽，人好回去特˭，是
哦˭。个卯主要是生活条件好嘞么，老百姓么，袋袋都有两张
钞票来，都富裕咪。弗像老早子介个，是哦˭。老早子一碗红
烧肉要放一个正月里咪，是哦˭。

kəʔ⁵ mɔ¹³ lɔ¹³ pɐʔ⁵ ɕiŋ⁵⁵ tu⁵⁵ ɕiã̃⁵⁵ təʔ⁵ tʰoŋ⁵³，dɛ³³ li³³ ȵie³³ tu⁵⁵ yœ¹³ li ã̃³¹
tsã̃⁵³ tsʰɔ⁵⁵ pʰiɔ³⁵。 kəʔ⁵ məʔ² zɿ³³ ka³⁵ məʔ² uɔʔ⁵ li³¹ məʔ² lɛ¹³ təʔ⁵ kɔ⁵³
ɕiŋ³⁵ sɔ⁵³，loŋ¹³ təʔ⁵ yœ³³ la³³ yœ³³ lu³³ ɕi⁵³ sɛ³⁵ lɛ³³、ɕi⁵³ uɐ³⁵ ɕi⁵³ ku³⁵

lɛ³³ , dza³³ ie³⁵ məʔ² , kəʔ⁵ məʔ² ɕi ã⁵⁵ ɕi ã⁵³ o³³ f ã⁵³ bie³⁵ die¹³ , ɛ³³ zɿ¹³ vɛ³³ tie⁵⁵ li³³ tɕʰiəʔ⁴ tɕʰiəʔ⁵ xɔ⁵³ lɛ³³ 。 tu⁵⁵ zɿ¹³ ka³⁵ gəʔ² məʔ² , tseŋ⁵⁵ yəʔ² li³³ kəʔ⁵ zeŋ³³ ku ã³⁵ məʔ² , kʰəʔ⁵ n̠iŋ³³ lɛ¹³ li ã³³ sɛ⁵³ tsuɔʔ⁵ , ka⁵³ li¹³ fəʔ⁵ kɔ⁵⁵ ɕiŋ⁵⁵ sɔ⁵⁵ za³³ ie³⁵ , vɛ³³ zɿ¹³ vɛ³³ tie⁵⁵ li³³ , vɛ³³ tie⁵⁵ li³³ tɕʰiəʔ⁵ ku³⁵ məʔ² , bəʔ² ləʔ² dəʔ² , tɕʰiŋ⁵³ tɕʰiŋ³⁵ s ã⁵⁵ s ã³⁵ , n̠iŋ¹³ xɔ⁵³ uɛ³³ tɕʰi³⁵ təʔ⁵ , zɿ³³ vəʔ² 。 kəʔ⁵ mɔ¹³ tɕy⁵⁵ iɔ³⁵ zɿ³³ s ã⁵³ o² diɔ³³ dzie¹³ xɔ⁵³ ləʔ² məʔ² , lɔ¹³ pəʔ⁵ ɕiŋ⁵⁵ məʔ² , dɛ³³ dɛ¹³ tu⁵³ yœ¹³ li ã³¹ ts ã⁵³ tsʰ ã⁵⁵ pʰiɔ³⁵ lɛ³¹ , tu⁵³ fu⁵⁵ y⁵⁵ lɛ³³ 。 fəʔ⁵ ʑia¹³ lɔ³³ tsɔ⁵⁵ tsɿ⁵³ ka⁵⁵ kɔ⁵⁵ , zɿ³³ vəʔ² 。 lɔ³³ tsɔ⁵⁵ tsɿ⁵³ iəʔ⁵ uə⁵³ oŋ⁵³ sɔ³⁵ n̠yəʔ² iɔ⁵⁵ f ã⁵⁵ iəʔ⁴ kəʔ⁵ tseŋ⁵⁵ yəʔ² li³³ lɛ³³ , zɿ³³ vəʔ² 。

现在老百姓都想得通了，口袋里也有钱。自己懒得做饭，弄得油油的，又要洗手、洗碗洗锅，太麻烦，想想还是饭店里吃方便。都这样，正月里，来两三桌客人，家里就不做饭了，去饭店里吃，饭店里吃完，人就回去。现在主要是生活条件好了，老百姓口袋里都有钱了。不像以前，是吧。以前一碗红烧肉要放一个正月，是吧。

小章：哎，是个。

ɛ³³ , zɿ³³ kəʔ⁵ 。

嗯，是的。

老马：红烧肉放一个正月里，话出来红烧肉放一个正月里，笑也笑煞快啦。老早是介个，豆腐做里头，肉里炸进去，个圆子做好弗是看弗出个啊。再有种小人弗是，要吃肉个人弗是"直⁼啦⁼"一块搛掉，看好东⁼个么，一碗肉介看好东⁼个么。看好东⁼伊话是话，"直⁼"一块搛来吃嘞么，弗是少只角出来，无没哴。客人么木⁼老⁼老⁼坐动⁼个，是话自家小人搛来吃个，侬骂骂么骂弗来个，侬今朝吃掉明朝还要请客人来呀，纳⁼介弄弄呢。

oŋ⁵³ sɔ³⁵ ȵyɐʔ² fã⁵⁵ iɐʔ⁴ kəʔ⁵ tseŋ⁵⁵ yɐʔ² li³³ , o³³ tɕʰəʔ⁵ lɛ³³ oŋ⁵³ sɔ³⁵ ȵyɐʔ² fã⁵⁵

iɐʔ⁴ kəʔ⁵ tseŋ⁵⁵ yɐʔ² li³³ , ɕiɔ³⁵ a³³ ɕiɔ³³ sɐʔ⁵ kʰua³⁵ la³³ 。 lɔ³³ tsɔ³⁵ zʅ¹³ ka³⁵

ko⁵³ , də³³ vu¹³ tsu⁵⁵ li³³ də³³ , ȵyɐʔ² li³³ tsa⁵³ tɕiŋ⁵⁵ tɕʰi⁵³ , kəʔ⁵ yœ¹³

tsʅ⁵³ tsu⁵⁵ xɔ⁵³ fəʔ⁵ zʅ³³ kʰə⁵⁵ fəʔ⁵ tsʰəʔ⁵ kəʔ⁵ a³³ 。 tsɛ³⁵ yœ³³ tsoŋ⁵³ ɕiɔ⁵⁵

ȵiŋ⁵⁵ fəʔ⁵ zʅ³³ , iɔ⁵⁵ tɕʰiəʔ⁵ ȵyɐʔ² kəʔ⁵ ȵiŋ³³ fəʔ⁵ zʅ³³ tsa⁵³ la⁵³ iɐʔ⁵ kuɛ⁵⁵

tɕie⁵⁵ diɔ³³ , kʰə³⁵ xɔ⁵⁵ toŋ⁵⁵ kəʔ⁵ məʔ² , iɐʔ⁵ uə¹³ ȵyɐʔ² ka⁵⁵ kʰə³⁵ xɔ⁵⁵ toŋ⁵⁵

kəʔ⁵ məʔ² 。 kʰə³⁵ xɔ⁵⁵ toŋ⁵⁵ i³³ o¹³ zʅ³³ o¹³ , tsɐʔ⁵ iɐʔ⁵ kʰuɛ³⁵ tɕie⁵³ lɛ³³

tɕʰyɐʔ⁵ lɐʔ² məʔ² , fəʔ⁵ zʅ³³ sɔ⁵⁵ tsɐʔ⁵ kɔʔ⁵ tsʰəʔ⁵ lɛ³³ , m̥⁵⁵ mɐʔ² lɛ³³ 。 kəʔ⁵

ȵiŋ³³ məʔ² mɔʔ² lɔ³³ lɔ³¹ zo³³ toŋ⁵³ go³³ , zʅ³³ o¹³ zʅ³³ ka⁵³ ɕiɔ⁵³ ȵiŋ³¹ tɕie⁵³

lɛ³¹ tɕʰyɐʔ⁵ go³³ , noŋ³³ mo³³ mo¹³ məʔ² mo¹³ fəʔ⁵ lɛ³³ kəʔ³³ , noŋ¹³ keŋ⁵⁵

tsɔ⁵⁵ tɕʰyɐʔ⁵ diɔ¹³ miŋ³³ tsɔ³⁵ vɛ³³ iɔ³⁵ tɕʰiŋ⁵³ kɐʔ⁵ ȵiŋ³³ lɛ³³ ia⁵⁵ , nɐʔ²

ka³⁵ loŋ¹³ loŋ¹³ ȵie⁵⁵ 。

一碗红烧肉放一个正月,现在说出来笑死人的。过去是这样的,把豆腐拌进肉去,肉圆子炸过后是看不出的。小孩啊,多想吃肉啊,老早盯上了,"直啦"一块夹来吃了,一碗肉不是少了一只角了。当着很多客人的面,是自己小孩吃的,骂又不能骂,可是今天吃掉明天还要请客人呀,怎么办呢。

老王：个条鱼呢,个条鱼烧好,尔何里好去挟个啊,挟一记,偓老头子筷子驮过来,□敲过来,呐,葛个东西纳⁼好吃个啊,摆摆看看个啦,是哦⁼。

kəʔ⁵ diɔ³³ ŋ³³ ȵie¹³ , kəʔ⁵ diɔ³³ ŋ³³ sɔ⁵⁵ xɔ⁵⁵ , n³³ a³³ li³³ xɔ⁵⁵ tɕʰi⁵⁵ kɐʔ⁵

gəʔ² a¹³ , kɐʔ⁵ iɐʔ⁵ tɕi³⁵ , ŋa³³ lɔ¹³ də³³ tsʅ⁵³ kʰua⁵³ tsʅ³⁵ do³³ ku⁵⁵ lɛ³³ , bia⁵³

kʰɔ⁵³ ku³⁵ lɛ³³ , nɐʔ² , kəʔ⁵ kəʔ⁵ toŋ⁵³ ɕi³⁵ na³¹ xɔ⁵³ tɕʰyɐʔ⁵ gəʔ⁵ a³³ , pa⁵³

pa³⁵ kʰɔ⁵³ kʰə³⁵ gəʔ⁵ la³³ , zʅ³³ vɐʔ² 。

这条鱼烧好,哪里能吃啊,只要你去夹一下,我爸爸就会举起筷子敲过来,并教训我们,这个东西怎么能吃,是摆那儿看的呀。

小章：是个，听偓娘娘拉话起过个。

　　　　zɿ³³ go¹³，tʰiŋ⁵³ ŋa¹³ ȵiaŋ³⁵ ȵiaŋ⁵³ la³⁵ o³³ tɕi³⁵ ku⁵⁵ kəʔ⁵。

　　　　是的，听我奶奶他们说起过。

老王：老早子亨⁼个辰光，偓多少罪过都弗晓得呀。豆腐渣，弄两梗
　　　　葱去炒，就是介当菜吃唻，是哦⁼。番薯，个种老南瓜当饭，亨⁼
　　　　个辰光，粮食么紧张，要交余量个么。个卯微信里都来⁼东⁼
　　　　话，偓么交余量交拨拉⁼工人阶级，工人阶级么工资趁趁，养老
　　　　保险个卯四五千、六七千，伊话个卯老百姓受到啥个利益伊
　　　　话，曼七十岁以上，有得到六七十块一个月个葛个养老，就是
　　　　个卯大家都来谈葛个事情，是哦⁼。培养出多少国家干部啊，
　　　　交公粮个么。宁可一定要交公粮交掉之外，自家好吃，自家无
　　　　没办法么，无没东西吃么，则⁼么老南瓜、番薯当饭，是哦⁼。

　　　　lɔ³³tsɔ⁵⁵ tsɿ⁵⁵ h ã⁵³ kəʔ⁵ zeŋ³³ ku ã³⁵，ŋa³¹ tuo⁵⁵ sɔ⁵⁵ zɛ³³ ku³⁵ tu⁵⁵ fəʔ⁵ ɕiɔ⁵³
　　　　təʔ⁵ia³⁵。də³³ vu¹³ tsɔ⁵³，noŋ¹³ li ã³³ ku ã⁵³ tsʰoŋ³⁵ tɕi⁵³ tsʰɔ³⁵，dʑyœ³⁵
　　　　zɿ³³ ka⁵⁵ t ã³⁵ tsʰɛ³⁵ tɕyʔ⁵lɛ³³，zɿ³³ vɐʔ²。fɛ⁵³ zɿ¹³，kəʔ⁵tsoŋ⁵³ lɔ³³
　　　　nə³³ko⁵³t ã⁵³ vɛ¹³，h ã⁵³ kəʔ⁵ zeŋ³³ ku ã³⁵，li ã³³ zɐʔ²məʔ²tɕiŋ⁵⁵ ts ã⁵³，
　　　　iɔ⁵⁵tɕiɔ⁵³ y³³ li ã¹³ gəʔ²məʔ²。kəʔ⁵mɔ¹³ vi⁵⁵ɕiŋ⁵⁵ li³³ tu⁵³ lɛ³³ toŋ⁵³ o¹³，
　　　　ŋa¹³ məʔ²tɕiɔ⁵³ y³³ li ã¹³ tɕiɔ⁵³ pəʔ⁵la¹³ koŋ⁵³ zeŋ³¹ tɕia⁵⁵ tɕiɔʔ⁵，koŋ⁵³
　　　　zeŋ³¹ tɕia⁵⁵ tɕiɔʔ⁵məʔ²koŋ⁵³ tsɿ³⁵ tsʰeŋ⁵³ tseŋ³⁵，i ã⁵⁵ lɔ⁵⁵ pɔ⁵³ ɕie³⁵
　　　　kəʔ⁵mɔ¹³sɿ⁵⁵ ŋ⁵³ tɕʰie⁵³、lɔʔ²tɕʰiɐʔ⁵tɕʰie⁵³，i³³ o¹³ kəʔ⁵mɔ¹³ lɔ¹³ pɐʔ⁵
　　　　ɕiŋ⁵⁵ zə³³tɔ³⁵ sa⁵⁵ kəʔ⁵li³³iɐʔ²i³³ o¹³，tɕiɔ⁵³ tɕʰiɐʔ⁵səʔ⁵sɛ³⁵ i³³ z ã¹³，yœ¹³
　　　　təʔ⁵tɔ³⁵　lɔʔ²tɕʰiɐʔ⁵səʔ⁵kʰuɛ³⁵　iɐʔ⁵kəʔ⁵yœʔ²kəʔ⁵kəʔ⁴kəʔ⁵i ã⁵⁵lɔ⁵⁵，
　　　　dʑyœ³⁵ zɿ³³ kəʔ⁵mɔ¹³ da³³ ka³⁵ tu⁵⁵ lɛ³³ dɛ¹³ kəʔ⁴kəʔ⁵zɿ³³ ʑiŋ³¹，zɿ³³
　　　　vɐʔ²。bɛ³³i ã³⁵ tsʰəʔ⁵tu⁵⁵ sɔ⁵³ kuɔʔ⁵tɕia⁵³ kə⁵⁵ bu¹³ a³³，tɕiɔ⁵³ koŋ⁵³ li ã³¹
　　　　kəʔ⁵məʔ²。ȵieŋ³³ kʰo³⁵iɐʔ⁵diŋ¹³ iɔ³⁵ tɕiɔ⁵³ koŋ⁵³ li ã¹³ tɕiɔ³⁵ diɔ¹³ tsɿ³⁵
　　　　ŋa¹³，zɿ³³ ka⁵⁵ xɔ⁵⁵ tɕʰyɐʔ⁵，zɿ³³ ka⁵⁵ m³³ mɐʔ²bɛ³³ fɐʔ⁵məʔ²，m³³

məʔ² toŋ⁵³ ɕi³⁵ tɕʰyɐʔ⁵ məʔ² , tsəʔ⁵ məʔ² lɔ¹³ nə³³ ko³⁵ 、fɛ⁵³ zɿ¹³ t ã⁵³ vɛ¹³ , zɿ³³ vɐʔ² 。

老早我们多可怜呀。豆腐渣用两根葱炒,就当菜吃。番薯、老南瓜当饭,那时,粮食紧张,要交余量。现在微信里都在说这个话题,我们交余量交给工人阶级,工人阶级工资拿拿,养老保险有四五千、六七千,现在老百姓得到什么利益,只要七十岁以上就有六七十块一个月的养老金。补交公粮培养出多少国家干部啊。那时我们是一定要先把公粮交掉,剩下的才自己吃,自家不够吃呀,就只好把老南瓜、番薯当饭了。

老马:算出来个辰光呢,看看呢仓库里木⁼老⁼满个,再呢等特⁼余量交过特⁼呢,"拔⁼"拖去买掉特⁼么,就弗大有嘞啦。老早子,偓屋里头哦,是偓阿爹哦,饭毛⁼会吃个,三大碗好吃来真介哦。

sə³⁵ tsʰəʔ⁵ lɛ³³ kəʔ² zeŋ³¹ kuã⁵³ ȵie¹³ , kʰə⁵³ kʰə⁵³ ȵie¹³ tsʰ ã⁵³ kʰu³⁵ li³¹ məʔ² lɔ³¹ mə¹³ go³⁵ , tsɛ⁵³ ȵie¹³ teŋ⁵³ dəʔ²y³³ li ã¹³ tɕiɔ⁵³ ku³⁵ dəʔ² ȵie¹³ , bɐʔ²tʰa⁵³ tɕʰi³⁵ ma³³ diɔ¹³ dəʔ² məʔ² , dzyœ³¹ fəʔ⁵ do¹³ yœ³³ lɐʔ²la³³ 。 lɔ³³ tsɔ³⁵ tsɿ⁵³ , ŋa³¹ uɔʔ⁵li³³ də³³ o³³ , zɐʔ² ŋa¹³ aʔ⁵ tia⁵³ o³³ , vɛ³³ mɔ¹³ uɛ¹³ tɕʰyɐʔ⁵ go¹³ , sɛ⁵³ do³¹ uə³⁵ xɔ⁵⁵ tɕʰyɐʔ⁵ lɛ³³ tseŋ⁵⁵ ka⁵³ o³¹ 。

算出来时,看看仓库里米很多,余量交过后,又拿去卖掉一些后,就所剩无几了。那时,我爷爷饭量很大,要吃三大碗。

小章:个种东西呢只有佊晓得个,偓种青年呢懂都弗懂个啦,只有听佊话话个啦。

kəʔ⁵ tsoŋ³⁵ toŋ⁵³ ɕi³⁵ ȵie³¹ tsəʔ⁵ yœ⁵³ na¹³ ɕiɔ⁵⁵ təʔ⁵kəʔ⁵ , ŋa¹³ tsoŋ⁵³ tɕʰiŋ⁵³ ȵie³¹ ȵie³¹ toŋ³⁵ tu⁵³ fəʔ⁵ toŋ⁵³ kəʔ⁵la³³ , tsəʔ⁵ yœ⁵³ tʰiŋ⁵³ na¹³ o¹³ o³¹ gəʔ²la¹³ 。

这些只有你们知道,我们年轻人懂都不懂,只能听你们讲讲。

老马:是佊是懂也弗懂,是偓是亲身经历呀。

zɐʔ² na¹³ zɿ³³ toŋ³⁵ a³³ fɵʔ⁵ toŋ⁵³ , zɐʔ² ŋa¹³ zɿ¹³ tɕʰiŋ⁵³ sɛŋ³⁵ tɕiŋ⁵⁵ liəʔ² ia³³ 。

你们是不懂,我是亲身经历呀。

小章:个种罪过事情么都过去唻。

kəʔ⁵ tsoŋ³⁵ ka⁵⁵ zᴇ³³ ku³⁵ zɿ³³ tʰi³⁵ məʔ² tu⁵³ ku³⁵ tɕi⁵³ lᴇ³³ 。

这种遭罪的日子都过去了。

老王:嗯,嗯。总之,就是说完全俉是为俉老百姓造福。

eŋ³³ , eŋ³³ 。 tsoŋ⁵³ tsɿ³⁵ , dʑyə³⁵ zɿ³³ suɔʔ⁵ uə³³ dzie¹³ zɿ¹³ uᴇ⁵⁵ ŋa⁵³ lɔ⁵³ pɐʔ⁵ ɕiŋ³⁵ dzɔ³¹ foʔ⁵ 。

是的。总之,是完全为我们老百姓造福。

小章:哎,是哦。

ɛ³³ , zɿ¹³ o³³ 。

嗯,是的。

老王:大家交通么方便唻,经济么好唻,老百姓口袋么也鼓起来唻,
就是老百姓生活水平么提高唻,个是蛮好个事体啦。

da³³ ka³⁵ tɕiɔ⁵³ tʰoŋ³⁵ məʔ² fã̃⁵³ bie³³ lᴇ³³ , tɕiŋ⁵³ tɕi³⁵ məʔ² xɔ⁵³ lᴇ³³ , lɔ⁵³
pɐʔ⁵ ɕiŋ³⁵ kʰə⁵³ dᴇ¹³ məʔ² ia³¹ ku⁵³ tɕʰi⁵³ lᴇ³³ lᴇ³³ , dʑyœ³⁵ zɿ³³ lɔ⁵³
pɐʔ⁵ ɕiŋ³⁵ sã̃⁵⁵ oʔ⁵ sᴇ⁵³ biŋ³¹ məʔ² di³³ kɔ⁵⁵ lᴇ³³ , kəʔ⁵ zɿ¹³ mɛ³³ xɔ⁵³ kəʔ⁵
zɿ³³ tʰi³⁵ la³³ 。

交通方便了,经济也好了,老百姓口袋也鼓起来了,生活水平
提高了,这是件好事。

　　(2016 年 8 月 28 日,临安,发音人:王炳南、马丽娟、章杭)

第六章　口头文化

一、歌　谣

姆妈我要豆吃

姆妈我要豆吃。　　　　　m³⁵ma⁵⁵ŋo¹³iɔ³⁵də¹³tɕʰiɐʔ⁵。

啥个豆？罗汉豆。　　　　sa⁵⁵ɡɐʔ²də¹³？ luo³³hã³⁵də³¹。

啥个罗？三斗箩。　　　　sa⁵⁵ɡɐʔ²luo¹³？ sɛ³⁵tə³⁵luo³¹。

啥个三？破雨伞。　　　　sa⁵⁵ɡɐʔ²sɛ³⁵？ pʰa³⁵y⁵⁵sɛ⁵³。

啥个破？斧头破。　　　　sa⁵⁵ɡɐʔ²pʰa³⁵？ fu³⁵də³³pʰa⁵³。

啥个斧？状元斧。　　　　sa⁵⁵ɡɐʔ²fu³⁵？ dzɑ̃³³ȵyœ⁵⁵fu⁵³。

啥个状？油车撞。　　　　sa³⁵ɡɐʔ²dzɑ̃¹³？ yœ¹³tsʰuo³⁵dzɑ̃³¹。

啥个油？芝麻油。　　　　sa³⁵ɡɐʔ²yœ³⁵？ tsʅ³⁵muo³⁵yœ⁵³。

啥个芝？白花籽。　　　　sa³⁵ɡɐʔ²tsʅ³⁵？ bɐʔ²huo³⁵tsʅ⁵³。

啥个白？柏籽白。柏:乌　sa³⁵ɡɐʔ²bɐʔ²？ dziœ³³tsʅ⁵³bɐʔ²。
　　　柏树

啥个柏？老婆舅。 sa³⁵ gɐʔ² dʑiœ¹³？lɔ³³ buo¹³ dʑiœ³¹。

啥个老？萧山佬。 sa³⁵ gɐʔ² lɔ¹³？ɕiɔ³⁵ sɛ³⁵ lɔ⁵³。

啥个萧？门担销。 门担 sa³⁵ gɐʔ² ɕiɔ³⁵？meŋ¹³ tɛ³⁵ ɕiɔ⁵³。

　销：门上的插销

啥个门？嵊县两头门。 sa³⁵ gɐʔ² meŋ¹³？zəŋ¹³ yœ⁵³ lia̰³³ də³³ meŋ³¹。

双轮双铧犁

双轮双铧犁， sã⁵⁵ leŋ⁵⁵ sã³⁵ ua³⁵ li⁵³，

摆亨＝弄堂里，亨＝：那里 pa⁵⁵ hã⁵³ loŋ³³ dã³³ li³¹，

大人看看弗欢喜， do³³ n̠iŋ⁵⁵ kʰə³⁵ kʰə⁵³ fɐʔ⁵ hə³⁵ ɕi⁵³，

小人拖来当马骑。 ɕiɔ⁵⁵ n̠iŋ⁵⁵ tʰa⁵⁵ lɐ⁵⁵ tã³⁵ muo³⁵ dʑi³¹。

阿啰啰

阿啰啰， a⁵⁵ luo⁵⁵ luo⁵³，

阿啰啰， a⁵⁵ luo⁵⁵ luo⁵³，

天亮啰， tʰie⁵³ lia̰¹³ luo⁵³，

无得事体爬起烧饭啰。爬 m³³ tɐʔ⁵ zʅ³³ tʰi⁵³ buo³³ tɕʰi³⁵ sɔ⁵⁵ vɛ¹³ luo⁵³。

　起：起床

烧得□事饭？□事：什么 sɔ⁵⁵ tɐʔ⁵ guo³³ zʅ³¹ vɛ¹³？

烧得糯米饭。 sɔ⁵⁵ tɐʔ⁵ nuo³³ mi³³ vɛ³¹。

烧得□事菜？ sɔ⁵⁵ tɐʔ⁵ guo³³ zʅ³¹ tsʰɛ³⁵？

黄芽菜心蒸鸭蛋。 uã³³ ŋuo¹³ tsʰɛ⁵⁵ ɕiŋ⁵³ tseŋ⁵⁵ ɐʔ⁵ dɛ¹³。

一颗星

一颗星，拨＝铃＝叮，拨＝　　　ieʔ⁵kʰuo⁵⁵ɕiŋ³⁵,pɐʔ²liŋ¹³tiŋ⁵³,

　　铃＝叮：一闪一闪的样子

两颗星，挂油瓶，　　　　　liɑ̃³³kʰuo⁵⁵ɕiŋ³⁵,kuo⁵⁵yœ³³biŋ³¹,

油瓶油，好炒豆，　　　　　yœ³³biŋ³¹yœ¹³,hɔ⁵⁵tsʰɔ³⁵də¹³,

豆花香，过辣酱，过：配　　də¹³huo⁵⁵ɕiɑ̃⁵⁵,kuo⁵⁵lɐʔ²tɕiɑ̃³⁵,

辣酱辣，赶蜉蚁，蜉蚁：蚂蚁　lɐʔ²tɕiɑ̃³⁵lɐʔ²,kuo³⁵fu³⁵n̠i⁵³,

蜉蚁会爬墙。　　　　　　fu³⁵n̠i⁵³uᴇ⁵⁵buo³¹dʑiɑ̃¹³。

（以上 2017 年 8 月 29 日，临安，发音人：黄金森）

蚂蚁来来

蚂蚁来来，　　　　　　　mo⁵⁵n̠i⁵³lɛ³³lɛ¹³,

砧板薄刀带得来，　　　　tseŋ⁵⁵pɛ⁵⁵boʔ²tɔ⁵⁵tɑ⁵⁵təʔ⁵lɛ³¹,

蓑衣凉帽穿得来，　　　　su⁵⁵i³⁵liɑ̃³³mɔ¹³tsʰo⁵⁵təʔ⁵lɛ³¹,

阿爹姆妈喊得来，　　　　aʔ⁵tia⁵⁵m⁵⁵ma⁵⁵xɛ³⁵təʔ⁵lɛ³¹,

侬蚂蚁快快爬出来，　　　noŋ³³mo⁵⁵n̠i⁵³kua⁵⁵kʰua⁵³bo³³tsʰəʔ⁵lɛ³¹,

来来，蚂蚁都来啰。　　　lɛ¹³lɛ¹³,mo⁵⁵n̠i⁵³tu³⁵lɛ³⁵lo³¹。

（2017 年 8 月 29 日，临安，发音人：马丽娟）

逗逗虫

逗逗虫，虫会爬，　　　　tə⁵⁵tə⁵⁵zoŋ¹³,zoŋ¹³uᴇ³³bo¹³,

逗逗鸟，鸟会叫，　　　　tə⁵⁵tə⁵⁵nio⁵⁵,n̠io⁵⁵uᴇ³³tɕio³⁵,

逗逗你，你会笑。　tə^{55}tə^{55}ȵi^{55}，ȵi^{55}uᴇ^{33}ɕiɔ^{35}。

（2017 年 8 月 29 日，临安，发音人：章立）

二、谚　语

1. 懒牛拨捣臼。捣臼：舂米的器具　lɛ^{13}ȵyœ^{31}pəʔ^{5}tɔ^{35}dʑyœ^{31}。

2. 毛脱孵鸡蛋。竭尽全力　mɔ^{33}t^{h}əʔ^{5}bu^{33}tɕi^{55}dɛ^{33}。

3. 阵雨隔田塍。　dzeŋ^{33}y^{13}kəʔ^{5}die^{33}zeŋ^{13}。

4. 口燥吃盐卤。同“饮鸩止渴”　k^{h}ə^{53}sɔ^{35}tɕiəʔ^{5}ie^{33}lu^{13}。

5. 好日多雨水。雨水多，有利于作物生长　xɔ^{55}ȵiəʔ^{2}to^{55}y^{33}sɛ^{33}。

6. 要紧关头烤潮烟。要紧关头：关键时刻　iɔ^{55}tɕiŋ^{55}kuᴇ^{55}də^{33}k^{h}ɔ^{35}zɔ^{33}ie^{33}。

7. 锅子弗滚汤罐滚。同“皇帝不急太监急”　ku^{55}ts^{35}fəʔ^{5}kueŋ^{53}t^{h}ɑ̃^{55}kuᴇ^{55}kueŋ^{31}。

8. 云来眼前，　ieŋ^{13}lɛ^{33}ŋɛ^{33}dzie^{33}，
雨在天边。　y^{13}zɛ^{33}t^{h}ie^{53}pie^{31}。

9. 鸡胗难剥，　tɕi^{55}tseŋ^{35}nɛ^{33}poʔ^{5}，
人心难料。　ȵiŋ^{31}ɕiŋ^{35}nɛ^{33}liɔ^{13}。

10. 清明断雪，　tɕ^{h}iŋ^{55}miŋ^{35}də^{13}ɕiɐʔ^{5}，
谷雨断霜。　kɔʔ^{5}y^{53}də^{13}sɑ̃^{35}。

11. 兑$^{=}$七兑$^{=}$八，瞎七搭八　tɛ^{55}tɕ^{h}iəʔ^{5}tɛ^{55}pɐʔ^{5}，
老妈乱拖。老妈：老婆　lɔ^{33}mo^{33}lə^{13}t^{h}a^{55}。

12. 鸭笼鸭笼，两头脱空。靠不牢　ɐʔ^{5}loŋ^{13}ɐʔ^{5}loŋ^{13}，liɑ̃^{33}də^{33}t^{h}əʔ^{5}k^{h}oŋ^{35}。

13.和尚打伞，　　　　　　　　o³³ za³¹ tã³³ sɛ³³，

　　无法无天。　　　　　　　　m̩³³ fɐʔ⁵ m̩³³ tʰie³³。

14.晴天落白雨，晴天突然下暴雨　　ziŋ³³ tʰie⁵⁵ lɔʔ² bɐʔ² y³⁵，

　　上山扪甲鱼。　　　　　　　za³³ sɛ⁵⁵ kʰo⁵⁵ tɕiəʔ⁵ y¹³。

15.地上起个泡，形容雨滴比较大　di³³ za̴¹³ tɕʰi³⁵ kəʔ⁵ pʰɔ³⁵，

　　大雨就来到。　　　　　　　do³³ y⁵⁵ dziœ¹³ lɛ³³ tɔ³⁵。

16.浇菜要浇根，　　　　　　　tɕiɔ⁵⁵ tsʰɛ³⁵ iɔ⁵⁵ tɕiɔ⁵⁵ keŋ⁵³，

　　帮人要帮心。　　　　　　　pã⁵⁵ ȵiŋ¹³ iɔ⁵⁵ pã⁵⁵ ɕiŋ⁵³。

17.小人忙过年，小人：小孩儿　　ɕiɔ⁵⁵ ȵiŋ¹³ mã³³ ku⁵⁵ ȵie¹³，

　　大人忙种田。　　　　　　　do³³ ȵiŋ¹³ mã³³ tsoŋ⁵⁵ die¹³。

18.眼睛大只小，眼睛一只大一只小　ŋɛ³³ tɕiŋ³⁵ do³³ tsɐʔ⁵ ɕiɔ³⁵，

　　看见东西样样要。　　　　　kʰə⁵⁵ tɕie³⁵ toŋ⁵⁵ ɕi⁵⁵ iã³³ iã¹³ iɔ³⁵。

19.老虎转特屁股里，老虎追到　lɔ³³ fu⁵⁵ tsə⁵⁵ dəʔ² pʰi⁵⁵ ku⁵⁵ li⁵⁵，
　　　　　　　　身后

　　还要看雌雄。　　　　　　　uɛ³³ iɔ³⁵ kʰə⁵⁵ tsʰɿ⁵³ ioŋ³⁵。

　　　　　　　（以上 2017 年 8 月 29 日，临安，发音人：王炳南）

20.孝敬田稻是侬个谷，田稻：泛　ɕiɔ³⁵ tɕiŋ⁵³ die³³ dɔ¹³ zɿ³³ noŋ¹³ gɐʔ² kuɔʔ⁵，
　　　　　　　指农作物

　　孝敬公婆是侬自家个福。　　ɕiɔ³⁵ tɕiŋ⁵³ koŋ⁵⁵ buo¹³ zɿ³³ noŋ¹³ zɿ³³
　　自家：自己　　　　　　　　ka³⁵ gɐʔ² fuɔʔ⁵。

　　　　　　　（以上 2017 年 8 月 29 日，临安，发音人：黄金森）

21.吃过端午粽，　　　　　　　tɕʰiɐʔ⁵ ku³⁵ tə¹³ ŋ¹³ tsoŋ³⁵，

　　还要冻三冻。　　　　　　　a³³ iɔ³⁵ toŋ³⁵ sɛ⁵³ toŋ³⁵。

22.冬冷弗算冷，　　　　　　　toŋ⁵³ lã¹³ fəʔ⁵ sə³⁵ lã¹³，

　　春冷冻煞犆。犆：小牛犊　　tsʰeŋ⁵³ lã¹³ toŋ⁵⁵ sɐʔ⁵ ã̴⁵³。

23. 六月弗晒被，　　　　　lɔʔ² yɐʔ² fəʔ⁵ sa³⁵ bi¹³ ，

　　十二月要懊悔。　　　　zəʔ² ə̩·¹³ yɐʔ² iɔ³³ ɔ³³ xuɛ³⁵ 。

24. 六月盖被，　　　　　　lɔʔ² yœʔ² kɛ⁵⁵ bi¹³ ，

　　有谷无米。　　　　　　yœ³³ koʔ⁵ m¹³ mi¹³ 。

25. 邋遢冬至干净年。邋遢冬至：　ləʔ² tʰɐʔ⁵ toŋ⁵³ tsʅ³⁵ kə⁵³ ziŋ³⁵ n̠ie³³ 。

　　　　冬至日下雨

26. 三年弗吃酒，　　　　　sɛ⁵³ n̠ie³¹ fəʔ⁵ tɕʰiəʔ⁵ tɕyœ³⁵ ，

　　买条大黄牛。　　　　　ma³³ diɔ³¹ do³³ uaŋ³³ n̠yœ⁵⁵ 。

27. 三月小人脸，　　　　　sɛ⁵³ n̠yɐʔ² ɕiɔ⁵⁵ n̠iŋ³¹ lie¹³ ，

　　一日变三变。　　　　　iɔʔ⁵ n̠iɔʔ² pie³⁵ sɛ⁵³ pie³⁵ 。

28. 瞎子帮忙，　　　　　　xɐʔ⁵ tsʅ³⁵ paŋ⁵⁵ maŋ¹³ ，

　　越帮越忙。　　　　　　yɐʔ² paŋ⁵⁵ yɐʔ² maŋ¹³ 。

（以上 2017 年 8 月 29 日，临安，发音人：章立）

三、歇后语

1. 竹篮打水　　　　　　　tsuɔʔ⁵ lɛ³³ tɑ̃⁵³ sʅ⁵⁵

　　　　——一场空　　　——iəʔ⁵ zɑ̃³¹ kʰoŋ⁵³

2. 檀树火筒　　　　　　　dɛ³³ zʅ³³ fu⁵⁵ doŋ³¹

　　　　——一窍弗通　　　——iəʔ⁵ tɕʰiɔ⁵⁵ fəʔ⁵ tʰoŋ⁵³

3. 嘈天老鸦　　　　　　　dzɔ³³ tʰie⁵⁵ la³³ ɔ¹³

　　　　——多嘴没舌　　　——tu⁵⁵ tsʅ³⁵ məʔ² zəʔ²

4. 呆徒掘荸荠徒：声母弱化，音近"路"　　ŋɛ³³ lu¹³ dzyɔʔ² bəʔ² zi³³

　　　　——去过还想去　　　——tɕʰi³⁵ ku³⁵ ɛ³³ ɕiɑ̃⁵³ tɕʰi⁵³

5. 百泰六十四　　　　　pɐʔ⁵tʰa³⁵lɔʔ²zəʔ²sɿ³⁵

　　　——慢慢来　　　　——mɛ³³mɛ¹³lɛ³¹

6. 烂田拔捣臼　　　　　lɛ³³die¹³bɐʔ²tɔ³⁵dzγœ¹³

　　　——越拔越深　　　——yɐʔ²bɐʔ²yɐʔ²seŋ⁵³

7. 一等拿马瘟_{拿马瘟:number one 的音}　iɐʔ⁵teŋ³⁵na⁵⁵mo⁵⁵ueŋ⁵⁵

　　 译,第一　　　　　　——tiŋ⁵⁵tiŋ⁵³hɔ⁵³

　　　——顶顶好

8. 勒脱丝瓜筋　　　　　lɐʔ²tʰəʔ⁵sɿ⁵⁵ko⁵⁵tɕiŋ⁵⁵

　　　——一点也无得　　——iɐʔ⁴tiəʔ⁵a³³m³³təʔ⁵

9. 夜壶当尿盆　　　　　ia³³u³¹tã⁵³ɕi⁵³beŋ¹³

　　　——应对糊对_{瞎弄}　——iŋ⁵³tɛ³⁵u³³tɛ³⁵

10. 毛笋壳包脸孔　　　　mɔ³³seŋ³⁵kʰɔʔ⁵pɔ⁵³lie¹³kʰoŋ³⁵

　　　——弗要脸　　　　——fəʔ⁵iɔ³⁵lie³¹

11. 毛杉树刨刨伊　　　　mɔ³³sɛ³⁵zɿ³¹bɔ³³bɔ¹³i³³

　　　——吸取教训　　　——ɕiəʔ⁵tɕʰy³⁵tɕiɔ⁵⁵ɕioŋ³⁵

12. 顺手弗相信借手　　　zeŋ³³sə³⁵fəʔ⁵ɕia⁵⁵ɕiŋ³⁵tɕia⁵⁵sə³⁵

　　　——弗放心　　　　——fəʔ⁵fã⁵⁵ɕiŋ⁵⁵

13. 红萝卜上蜡烛账　　　oŋ³³lo³³bo¹³zã³³lɔʔ²tsuɔʔ⁵tsã³⁵

　　　——弗关侬　　　　——fəʔ⁵kuə⁵⁵noŋ³¹

14. 落雨天公挑稻草　　　luɔʔ²y¹³tʰie⁵⁵koŋ⁵⁵tʰiɔ⁴⁴dɔ³³tsʰɔ⁵³

　　　——越挑越重　　　——yɐʔ²tʰiɔ⁵⁵yɐʔ²dzoŋ³¹

15. 一块麻糍一块糕　　　iɐʔ⁵kʰuɛ⁵³mo³³zɿ³¹iɐʔ⁵kʰuɛ⁵³kɔ³⁵

　　——搭好东゠个_{冥冥中已搭配好}　——tɐʔ⁵hɔ³⁵toŋ⁵³go³¹

16. 黄鼠狼跟牢葫芦趒_{趒:游玩}　uã³¹tsʰɿ⁵³lã¹³keŋ⁵⁵lɔ⁵⁵u³³lu³¹dã¹³

　　　——一道受罪　　　——iɐʔ⁵dɔ³¹zə¹³zuɛ¹³

（以上 2017 年 8 月 29 日,临安,发音人:王炳南）

17. 鸭听天雷　　　　　　　　　ɐʔ⁵tʰiŋ⁵⁵tʰie⁵³lɛ¹³

　　　——弗懂　　——fəʔ⁴toŋ³⁵

18. 三角石头　　　　　　　　　sɛ⁵³kɔʔ⁵zɐʔ²də¹³

　　　——弗好对付　——fəʔ⁵hɔ⁵³tɛ⁵³fu³⁵

（以上 2017 年 8 月 29 日，临安，发音人：章立）

四、谜　语

1. 为官四十一年，　　　　　　uɛ³³kuə⁵³sʅ⁵⁵zɐʔ²ieʔ⁵ȵie¹³，

　　三十年在京城，　　　　　sɛ⁵⁵zɐʔ²ȵie¹³dzɛ³³tɕiŋ⁵³dzeŋ¹³，

　　十一年在城外。　　　　　zɐʔ²ieʔ⁵ȵie³³dzɛ³³dzeŋ³³ua¹³。

　　　　——罍　　　　　　　　　　　　——lɛ³³

2. 父在云南做官，　　　　　　vu³³dzɛ³³ioŋ³³nɛ¹³tsu⁵⁵kuə³⁵，

　　母在四川修阴，　　　　　mu³³dzɛ³³sʅ⁵⁵tsʰuœ³⁵ɕiə⁵⁵iŋ³⁵，

　　月旁生下一女，　　　　　yœʔ²bã̃³¹sã̃³⁵ɕia³⁵ieʔ⁵ȵy¹³，

　　许配凡人为妻。　　　　　ɕy⁵³pʰɛ⁵³vɛ¹³zeŋ¹³uɛ³³tɕʰi⁵⁵。

　　　　——赢　　　　　　　　　　　　——iŋ³³

3. 四角方方肚里花，　　　　　sʅ⁵⁵kuɔʔ⁵fã̃⁵⁵fã̃⁵³du³³li³¹huo⁵⁵，

　　阿婆出门我当家，　　　　aʔ⁵buo¹³tsʰɐʔ⁵miŋ¹³ŋo³³tã̃⁵³kuo³⁵，

　　油头光棍嫖戏我，　　　　yœ³³də³³kuã̃⁵⁵kueŋ⁵³biɔ³³ɕi³⁵ŋo⁵³，

　　我有亲夫不要人。　　　　ŋo⁵³iə⁵³tɕʰiŋ⁵³fu³⁵pɐʔ⁵iɔ³⁵zeŋ¹³。

　　　　——锁　　　　　　　　　　　　——suo⁵⁵

4. 两姐妹，一样长，　　　　　lia³³tɕi³⁵mɛ³¹，iəʔ⁵iã̃³³dzã̃¹³，

　　跳过炕，偷菜秧。　　　　tʰiɔ⁵⁵ku³⁵kʰã̃³⁵，tʰəʔ⁵⁵tsʰɛ³⁵iã̃⁵³。

　　　　——筷子　　　　　　　　　　——kʰua³³tsʅ⁵³

5. 高高山,低低山,　　　　　　kɔ⁵⁵kɔ⁵³sɛ⁵³,ti⁵⁵ti⁵³sɛ⁵³,

　　高高山浪⁼一个小妹妹。　　kɔ⁵⁵kɔ⁵³sɛ⁵³lɑ̃³³ieʔ⁵kɐʔ⁵ɕiɔ³⁵mɛ⁵⁵mɛ⁰。

　　松毛丝盖盖,松毛丝:松毛针　　soŋ⁵⁵mɔ³³sɿ⁵⁵kɛ³⁵kɛ⁵³,

　　骨碌骨碌擂擂。骨碌骨碌:形　　kuɔʔ⁵luɔʔ²kuɔʔ⁵luɔʔ²lɛ¹³lɛ³¹。

　　容转来转去的样子。擂:转动

　　　　　　　　——眼睛　　　　　　　　　　——ŋɛ³³tɕieŋ⁵³

　　（以上 2017 年 8 月 29 日,临安,发音人:黄金森）

6. 两边高耸耸,　　　　　　liɑ̃³³pie⁵⁵kɔ⁵³soŋ⁵⁵soŋ³⁵,

　　中间红彤彤,　　　　　　tsoŋ⁵⁵kɛ⁵⁵oŋ³³doŋ³³doŋ¹³,

　　摆进去石石硬,　　　　　pa⁵⁵tɕiŋ³⁵tɕʰi⁵³zɐʔ²zɐʔ²ŋɑ̃¹³,

　　驮出来花⁼花⁼软。　　　do³³tsʰəʔ⁵lɛ³¹xua⁵⁵xua³⁵ȵyœ¹³。

　　　　　　　　——打铁　　　　　　　　　——tɑ̃⁵⁵tʰieʔ⁵

7. 日里满棺材,　　　　　　ȵieʔ²li³³mə³³kuə⁵⁵zɛ¹³,

　　夜里空棺材。　　　　　ia³³li³³kʰoŋ⁵³kuə⁵⁵zɛ¹³。

　　　　　　——鞋子　　　　　　　　　——a³³tsɿ³⁵

8. 高高山,低低山,　　　　　kɔ⁵⁵kɔ⁵⁵sɛ³⁵,ti⁵³ti³⁵sɛ³⁵,

　　高高山上一只碗,　　　　kɔ⁵⁵kɔ⁵⁵sɛ³⁵zɑ̃¹³iəʔ⁵tsɐʔ⁵uə¹³,

　　千年万年落弗满。　　　tɕʰie⁵⁵ȵie¹³vɐ³³ȵie¹³lɔʔ²fəʔ⁵mə¹³。

　　　　　　——鸟窠　　　　　　　——tiɔ⁵⁵kʰo⁵³

　　（以上 2017 年 8 月 29 日,临安,发音人:王炳南）

五、吆　喝

1. 补缸牢⁼补甏。　　　　　pu⁵⁵kɑ̃⁵⁵lɔ⁵⁵pu⁵⁵bɑ̃³³。

2. 鸭毛鸡毛甲鱼壳。　　　　　　ɐʔ⁵ mɔ⁵⁵ tɕi⁵⁵ mɔ⁵⁵ tɕiɐʔ⁵ y³³ kʰɔʔ⁵。

3. 磨剪刀唻戗薄刀。　　　　　　mo³³ tɕie⁵³ tɔ⁵⁵ lᴇ³³ tɕʰiã⁵⁵ buɔʔ²tɔ⁵⁵。

4. 棒冰吃哦⁼，　　　　　　　　bã³³ piŋ⁵³ tɕʰiɐʔ⁵ vɐʔ²，

白糖棒冰三分，　　　　　　bɐʔ² dã¹³ bã³³ piŋ⁵³ sɛ⁵⁵ feŋ⁵⁵，

赤豆棒冰四分。　　　　　　tsʰɐʔ⁵ də³³ bã³³ piŋ⁵³ sɹ̩⁵⁵ feŋ⁵⁵。

（2017 年 8 月 29 日，临安，发音人：土炳南）

六、故　事

牛郎和织女

古时候，有个小伙子，幼小就无没了父母，孤苦伶仃，家里只有一头老牛，他就看着同①牛为伴，人家呢都叫伊牛郎。

ku⁵³ zɿ³³ ə³³，iə³³ kɐʔ⁵ ɕiɔ⁵⁵ fu⁵³ tsɹ̩⁰，iə⁵⁵ ɕiɔ⁵⁵ dziœ³³ m³³ mɐʔ² lɐʔ² vu³³ mu³¹，ku³⁵ kʰu³⁵ liŋ¹³ tiŋ³⁵，tɕia⁵⁵ li³⁵ tsɐʔ⁵ yœ⁵⁵ ieʔ⁵ də³³ lɔ¹³ n̠iœ³¹，tʰa⁵³ dziœ¹³ kʰə³ zɐʔ² doŋ³³ n̠iœ³¹ uᴇ¹³ bə³¹，n̠iŋ³³ ka³⁵ n̠i³³ duo³³ tɕiɔ⁵⁵ i⁵⁵ n̠iœ¹³ la¹³。

古时候，有一个小伙子，父母都去世了，孤苦伶仃，家里只有一头老牛，他就和那头牛作伴，大家都叫他牛郎。

而且呢，伊也是以葛②只牛耕田为生，葛样子呢，勉强郭⁼③个

---

① 同：介词，跟。

② 葛：指示代词，这。

③ 郭⁼：结构助词"地"。

能够过过生活①。葛个老牛呢其实呢，就是天高头下凡郭⁼②一颗金牛星。伊看到葛个小伙子呢，勤劳、朴实，总想拨伊③成份人家。

ə.³³ tɕʰie³⁵ n̠i³¹ , i⁵³ ieʔ² zʅ¹³ i³³ keʔ⁵ tseʔ⁵ n̠iœ¹³ k ã⁵³ die¹³ uɛ³³ s ã⁵³ , keʔ⁵ iã³³ tsʅ⁵³ n̠i⁰ , mie³³ tɕʰiã⁵⁵ kuo⁰ neŋ³³ kɛ⁵³ gu⁵⁵ gu⁵³ sã⁵⁵ o² 。keʔ⁵ kəʔ⁵ lɔ¹³ n̠iœ³¹ n̠i⁰ dʑi³³ zeʔ² n̠i⁰ , dʑiœ³³ zʅ¹³ tʰie⁵⁵ kɔ⁵⁵ də⁵⁵ zia³⁵ vɛ³³ guɔʔ² ieʔ⁵ kʰuo⁵⁵ tɕiŋ⁵³ n̠iœ⁵⁵ ɕiŋ³⁵ 。i¹³ kʰə⁵⁵ tɔ³⁵ keʔ⁵ keʔ⁵ ɕiɔ⁵⁵ fu⁵⁵ tsʅ⁵⁵ n̠i⁰ , dʑiŋ³³ lɔ¹³ 、pʰuɔʔ⁵ zeʔ² , tsoŋ⁵⁵ ɕiã⁵⁵ peʔ⁵ i³⁵ dzeŋ³³ veŋ¹³ n̠iŋ¹³ ka³⁵ 。

而且，他也是依靠这头牛耕田为生，这样，只能勉强够生活。这头老牛其实是天上下凡的金牛星。他看到这个小伙子勤劳、朴实，总想帮他成个家。

有一日夜到④呢，就托梦拨伊⑤："牛郎啊，侬明朝⑥起个早，到俉⑦村口那个湖里去旁边去，有一批美女来⁼东⁼⑧亨⁼里⑨洗澡，她们个衣服呢都挂东⁼⑩树高头，侬看到中意个就偷一件来，头也弗要回猣⁼⑪就朝着屋里走，被你拿唻⑫衣服葛个人呢，就会拨侬做老婆个。"

---

① 过过生活：过日子。
② 郭⁼：结构助词"的"。
③ 拨伊：帮他。
④ 一日夜到：一天晚上。
⑤ 拨伊：给他。
⑥ 明朝：明天。
⑦ 俉：你们。
⑧ 来⁼东⁼：在。
⑨ 亨⁼里：那里。
⑩ 挂东⁼：挂在。
⑪ 猣⁼：结构助词"地"，有"郭⁼"的变体。
⑫ 唻：结构助词"了"。

iə¹³ iəʔ⁵ ȵiəʔ⁵ ia³³ tɔ⁵⁵ ȵi⁰ , dzioɛ¹³ tʰuɔʔ⁵ moŋ¹³ pɐʔ⁵ i³¹ : ȵioɛ¹³ l ã¹³ a⁰ , noŋ¹³ miȵ³³ tsɔ³⁵ tɕi⁵³ kɐʔ⁵ tsɔ³⁵ , tɔ⁵⁵ na⁵³ tsʰeŋ⁵³ kʰ ə³⁵ na³³ kɐʔ⁵ vu¹³ li¹³ tɕi⁵³ bã³³ pie³⁵ tɕi⁵³ , ioɛ³³ iəʔ⁵ pʰi⁵⁵ mɛ³³ ȵy³³ lɛ³³ toŋ⁵³ h ã¹³¹ ɕi⁵³ tsɔ⁵³ , tʰa⁵⁵ meŋ¹³ gɐʔ⁵ i⁵³ vuɔʔ² ȵi⁰ do³³ kua⁵⁵ toŋ⁵³ zʮ³³ kɔ⁵⁵ də⁰ , noŋ¹³ kʰ ə⁵³ tɔ³⁵ tsoŋ⁵³ i³⁵ kɐʔ⁵ dzioɛ³³ tʰ ə⁵³ iəʔ⁵ dzie³¹ lɛ⁰ , də³³ ie⁵⁵ fɐʔ⁵ iɔ⁵⁵ uɛ³³ guɔʔ² dzioɛ³³ zɔ³³ zɐʔ² uɔʔ⁵ li⁵⁵ tsɔ⁵³ , bɛ³³ ȵi¹³ na⁵⁵ lɛ³³ i⁵⁵ vuɔʔ² kɐʔ⁵ kɐʔ⁵ ȵiŋ¹³ ȵi⁰ dzioɛ³³ uɛ¹³ pɐʔ⁵ noŋ¹³ tsɔ³⁵ lɔ¹³ pʰo³³ go⁰ 。

有一天夜里,金牛星就托梦给他:"牛郎啊,你明天起个早,到你们村口那个湖边去,有一批仙女在那里洗澡,她们的衣服都挂在树上,你看到中意的就偷一件,头也不要回地往家里跑,被你拿走衣服的仙女就会给你做老婆。"

牛郎呢也感到半信半疑。第二天呢,照着梦里个托付就去了,果然到了湖边一看呢,有七个美女来ᵈ东ᵈ亨ᵈ里洗澡,而且湖里向呢来ᵈ东ᵈ取闹,他趁她们不备个辰光①呢,就看了一件粉红色的衣服,偷了回过头就往家里跑了。

ȵioɛ¹³ l ã¹³ ȵi⁰ a³³ kə⁵⁵ tɔ⁵⁵ pə⁵⁵ ɕiŋ⁵⁵ pə³⁵ ȵi¹³ 。 di³³ ɚ¹³ tʰie⁵⁵ ȵi⁰ , tsɔ⁵⁵ zɐʔ² moŋ³³ li³³ gɐʔ⁵ tʰuɔʔ⁵ fu³⁵ dzioɛ³³ tɕi⁵⁵ lɐʔ² , ku⁵⁵ zɛ⁵⁵ tɔ⁵⁵ lɐʔ² vu³³ pie⁵⁵ ieʔ⁵ kʰ ə⁵⁵ ȵi⁰ , ioɛ³³ tɕieʔ⁵ kɐʔ⁵ mɛ³³ ȵy³³ lɛ³³ toŋ⁵³ h ã⁵⁵ li⁵⁵ ɕi⁵³ tsɔ⁵⁵ , ɚ³³ tɕʰiɐʔ⁵ vu³³ li³³ ɕi ã⁵⁵ ȵi⁰ lɛ³³ toŋ⁵³ tɕʰy⁵⁵ nɔ³⁵ , tʰa⁵⁵ tsʰeŋ⁵⁵ tʰa⁵⁵ meŋ⁰ pɐʔ⁵ bɛ¹³ gɐʔ⁵ zeŋ³³ kuã⁵⁵ ȵi⁰ , dzioɛ³³ kʰ ə⁵³ lɐʔ² ieʔ⁵ dzie³³ feŋ⁵⁵ oŋ³³ sɐʔ⁵ tieʔ⁵ i⁵⁵ vuɔʔ² , tʰ ə⁵³ lɐʔ² uɛ³³ ku⁵⁵ də³³ dzioɛ³³ u ã⁵⁵ tɕia⁵⁵ li⁵⁵ bɔ³³ lɐʔ² 。

牛郎也感到半信半疑。第二天照着梦里的托付就去了,果然到了湖边一看,有七个美女在那里洗澡,还在湖里戏水,他趁她们不备

①　辰光:时候。

的时候就偷了一件粉红色的衣服往家里跑。

　　葛一日半夜里,葛个被偷衣服个人呢,就是织女,她呢,就轻轻敲开了牛郎家个门,就成了他个妻子。他们两个人呢也蛮恩爱,葛样子呢,敬老恩爱个过了三年,屋里头呢生下了一男一女。

keʔ⁵ieʔ⁵ȵieʔ⁵pɵ³⁵ ia⁵⁵ li⁰ , keʔ⁵keʔ⁵bi¹³ tʰə⁵³ i⁵³ vuɔʔ² geʔ² ȵiŋ¹³ ȵi⁰ , dzioe³³ zʅ³³tsɐʔ⁵ ȵy¹³ , tʰa⁵⁵ ȵi⁰ , dzioe³³tɕʰiŋ⁵⁵ tɕiŋ³⁵ kʰɔ⁵⁵ kʰ ɛ³⁵ lɐʔ² ȵioe¹³ lã¹³ tɕia⁵⁵ geʔ²meŋ¹³ , dzioe¹³ dzeŋ³³ lɐʔ²tʰa⁵⁵ geʔ²tɕʰi⁵³ tsʅ⁰ 。 tʰa⁵⁵ meŋ¹³ li ã⁵⁵ kuɔʔ² zeŋ³³ ȵi⁰ia⁵⁵ mɛ⁵⁵ eŋ⁵³ ɛ³⁵ , keʔ⁵i ã⁵⁵ tsʅ⁵⁵ ȵi⁰ , tɕiŋ⁵⁵ lɔ³¹ eŋ⁵³ ɛ³⁵ geʔ²kuo⁵⁵ lɐʔ²sɛ⁵³ ȵie³¹ , uɔʔ⁵li⁵⁵ də³³ ȵi⁰sã⁵³ zia³⁵ lɐʔ²ieʔ⁵ nə⁵⁵ ieʔ⁵ȵy⁰ 。

　　一天夜里,这个被偷了衣服的人就是织女,她轻轻敲开了牛郎家的门,就成了他的妻子。他们两个人很恩爱,就这样恩恩爱爱过了三年,生下了一男一女。

　　可是好景弗长,葛件事情呢,被玉皇大帝晓得唻。所以马上就发难,电闪雷鸣,狂风大作,大雨倾盆,一阵黑风过后呢,等牛郎再看个辰光呢,织女已经无没①了了。

kʰuo⁵⁵zʅ³³ hɔ⁵³tɕiŋ⁵⁵ fɐʔ⁵dzã³¹ , keʔ⁵dzie³³ zʅ³³ dziŋ³¹ ȵi⁰ , bi¹³ yoʔ⁵u ã³³ do³³ti⁵⁵ ɕiɔ⁵⁵ tɐʔ⁵lɛ⁰ 。 suo⁵⁵ i⁵⁵ muo³³ z ã¹³ dzioe³³ fɐʔ⁵nɛ³¹ , die³³ syoe³⁵ lɛ³³ miŋ³¹ , guã³³foŋ³⁵do¹³tsuɔʔ⁵ , do¹³ y⁵³tɕʰiŋ⁵⁵ biŋ³³ , ieʔ⁵dzeŋ¹³ hɐʔ⁵foŋ³⁵ ku³⁵ ə¹³ȵi⁰ , teŋ⁵⁵ ȵioe¹³ lã¹³ tsɛ⁵⁵ kʰə³⁵ geʔ²dzeŋ³³ ku ã³⁵ ȵi⁰ , tsɐʔ⁵ȵy¹³ i⁵⁵tɕiŋ⁵⁵ m³³mɐʔ²liɔ³³lɐʔ² 。

　　可是好景不长,这件事被玉皇大帝知道了。有一天,天上电闪雷鸣,狂风大作,大雨倾盆,一阵黑风过后,牛郎一看,织女突然不

_____

　　①　无没:没有。

见了。

　　葛辰光，正在焦急个辰光呢，两个小人就哭着要妈妈，牛郎真是叫六神无主唻。正在葛个辰光呢老牛开口唻，说："牛郎啊，你把我的两只牛角驮①落来，化成两只箩筐，挑着侬个对儿女，上天去追织女吧。"

kɐʔ⁵zeŋ³³kuɑ̃⁵³, tseŋ⁵³zE¹³tɕiɔ⁵³tɕiɐʔ⁵gɐʔ²zeŋ³³kuɑ̃⁵³ȵi⁰, liɑ̃¹³kɐʔ⁵ɕiɔ⁵³ȵiŋ⁵⁵dzyœ¹³kʰuɔʔ⁵zɐʔ²iɔ⁵⁵ma³³ma³¹, ȵiœ¹³lɑ̃¹³tseŋ⁵⁵zɿ³³tɕiɔ⁵³luɔʔ²zeŋ³¹m³³tsy⁵³lE⁰. tseŋ⁵⁵zE³¹kɐʔ⁵kɐʔ⁵zeŋ¹³kuɑ̃³⁵ȵi⁰lɔ³³ȵiœ³¹kʰE⁵⁵kʰə⁵⁵lE⁰, syɐʔ⁵: ȵiœ¹³lɑ̃¹³a⁰, ȵi¹³pa⁵⁵ŋɔ¹³tieʔ⁵liɑ̃¹³tsɐʔ⁵ȵiœ¹³kuɔʔ⁵duo³³luɔʔ²lE⁰, hua⁵⁵dzeŋ³³liɑ̃³⁵kɐʔ⁵luo¹³kuɑ̃³⁵, tʰiɔ⁵⁵dzɐʔ²noŋ¹³kɐʔ⁵tE³⁵ə̩³³ȵy¹³, zɑ̃³³tʰie⁵⁵tɕʰy⁵⁵tsE⁵⁵tsɐʔ⁵ȵy¹³ba³¹。

　　正在焦急的时候，两个孩子哭着要妈妈，牛郎也六神无主。正这时候那头老牛开口说话了，老牛说："你把我的两只角拿下来，它们变成两只箩筐，挑着你这对儿女，上天去追织女吧。"

　　正在说个辰光，两只牛角，就无缘无故个脱落②地里③了，化成两个箩筐，然后呢，葛牛郎就拨小人呢，放在两只箩筐里。

tseŋ⁵⁵tsE⁵⁵suɔʔ⁵kɐʔ⁵dzeŋ³³kuɑ̃³⁵, liɑ̃³³tsɐʔ⁵ȵiœ¹³kuɔʔ⁵, dziœ³³m³³yœ³⁵m³³ku⁵³gɐʔ²tʰuɔʔ⁵luɔʔ²di³³li³³lɐʔ², hua⁵⁵dzeŋ³¹liɑ̃¹³kɐʔ⁵lo³³kʰuɑ̃³⁵, dzœ³⁵ə̩⁵³ȵi⁰, kɐʔ⁵ȵiœ¹³lɑ̃¹³dziœ³³pɐʔ⁵ɕiɔ⁵⁵ȵiŋ⁵⁵ȵi⁰, fɑ̃⁵⁵zE³³liɑ̃³³tsɐʔ⁵lo³³kʰuɑ̃⁵⁵li⁰。

　　正在这个时候，两只牛角就自己掉在了地上，变成了两个箩筐，

────────────

① 驮：拿。

② 脱落：掉下。

③ 地里：地上。

牛郎就把两个孩子放在两个箩筐里。

　　挑起葛副担子个辰光呢，哪里来个力气也弗晓得，好像就朝天高头①，慢慢个飞啊飞啊飞上去来。

　　tʰiɔ⁵⁵ tɕi³⁵ kɐʔ⁵ fu⁵⁵ tɛ⁵⁵ tsɿ⁵³ gɐʔ² dzeŋ³³ ku ã⁵⁵ ȵi⁰ , na³³ li⁵⁵ lɛ³³ kɐʔ² lieʔ² tɕʰi⁵³ ia³³ fɐʔ⁵ ɕiɔ⁵⁵ tɐʔ⁵ , hɔ⁵⁵ dzi ã¹³ dziœ³³ dzɔ³¹ tʰie⁵³ kɔ⁵⁵ də³¹ , mɛ³³ mɛ³³ gɐʔ² fi⁵³ a³³ fi³³ a³³ fi³³ zã³³ tɕʰy⁵⁵ lɛ⁰ .

　　牛郎挑起担子时，也不知道哪来的力气，就朝天宫慢慢飞去，飞啊飞啊飞上去了。

　　刚刚飞上［去要］，见到织女个辰光呢，被王母娘娘发现了，王母娘娘个辰光，就拔落来一桄金针，在俚②两个人个面前划了一道，一划呢，就是偎现在话个一条银河。

　　kã³⁵ kã³⁵ fi³⁵ zã¹³ tɕʰiɔ⁵⁵ , tɕie⁵⁵ tɔ⁵⁵ tsɐʔ⁵ ȵy¹³ gɐʔ² dzeŋ³³ ku ã⁵⁵ ȵi⁰ , bi¹³ uã³³ mu¹³ ȵiã⁵⁵ ȵiã⁵³ fɐʔ⁵ ie³⁵ lɐʔ² , uã³³ mu¹³ ȵiã⁵⁵ ȵiã⁵³ gɐʔ² dzeŋ³³ ku ã⁵⁵ , dziœ¹³ bɐʔ² luɔʔ² lɛ³³ ieʔ⁵ ku ã⁵⁵ tɕiŋ³⁵ tseŋ³⁵ , dzɛ³³ ia³⁵ li ã⁵³ kɐʔ⁵ ȵiŋ³⁵ gɐʔ² mie¹³ dzie³¹ uɐʔ² lɐʔ² ieʔ⁵ dɔ³¹ , ieʔ⁵ uɐʔ² ȵi⁰ , dziœ¹³ zɿ¹³ ŋa¹³ ie³³ dzɛ³³ o¹³ gɐʔ² ieʔ⁵ diɔ³³ ȵiŋ¹³ u¹³ .

　　刚刚飞上去，快要见到织女时，被王母娘娘发现了，王母娘娘拔下一只金钗，在他俩之间划了一道，这就是银河。

　　宽阔无比，两个人只能看得到，但是见弗了面，下面银河水凶猛个滚动。

────────────

　　①　天高头：天上。
　　②　俚：他们。

kʰuã⁵⁵ kʰuɔʔ⁵ m³³ pi⁵³, liã¹³ kɐʔ⁵ zeŋ³³ tsɐʔ⁵ leŋ¹³ kʰə⁵⁵ tɐʔ⁵ tɔ⁵⁵,dɐ³³ zɿ³¹ tɕie⁵⁵ fɐʔ⁵ liɔ¹³ mie¹³,ia³³ mie³¹ n̥iŋ³³ uo³³ suɛ⁵³ ɕiɔŋ⁵⁵ mɔŋ⁵³ gɐʔ² kuen⁵⁵ dɔŋ³¹。

银河宽阔无比,两个人只能看到对方,但是见不了面,银河水波涛汹涌。

那么葛辰光呢,喜鹊们非常同情牛郎和织女。它们用嘴含着前头一只个尾巴,搭起了一座鹊桥,架在了银河上面,让牛郎和织女,在七月初七个一日在桥上相会,葛个就是牛郎织女鹊桥会。

na³³ mɐʔ² kɐʔ⁵ dzeŋ³³ kuã⁵⁵ n̥i⁰,ɕi⁵⁵ tɕʰiɐʔ⁵ men⁰ fi⁵⁵ dzã³³ dɔŋ¹³ dziŋ¹³ n̥iœ¹³lã¹³ u³³ tsɐʔ⁵ n̥y¹³,tʰa³³ meŋ¹³ iɔŋ¹³ tsuɛ³³ œ³³ zɐʔ² dzie³³ də¹³ ieʔ⁵ tsɐʔ⁵ gɐʔ² vi⁵⁵ pa⁵⁵,tɐʔ⁵ tɕʰi³⁵ liɔ⁵⁵ ieʔ⁵ dzuo³³ tɕʰiɐʔ⁵ dziɔ¹³,tɕia³⁵ tsɛ⁵³ lɐʔ² n̥iŋ³³ u¹³zã³³ mie³¹,zã¹³ n̥iœ¹³ lã¹³ u³³ tsɐʔ⁵ n̥y¹³,tsɛ⁵⁵ tɕʰieʔ⁵ yɐʔ⁵ tsʰu⁵⁵ tɕʰieʔ⁵ gɐʔ⁵ ieʔ⁵ n̥ieʔ⁵ dzɛ³⁵ dziɔ³³ zã¹³ ɕi ã⁵⁵ uɛ¹³,kɐʔ⁵ kɐʔ⁵ dziɔ³³ zɿ³¹ n̥iœ¹³ lã¹³ tsɐʔ⁵ n̥y¹³ tɕʰiɐʔ⁵ dziɔ³³ uɛ³¹。

喜鹊们非常同情牛郎和织女。它们用嘴巴一只衔着另一只的尾巴,搭起了一座鹊桥,架在银河上,让牛郎和织女在七月初七这天在桥上相会,这就是牛郎织女鹊桥会。

（2017 年 8 月 29 日,临安,发音人:黄金森）

三斤血

从前有一个财主,又小气又刻薄,所以长年短工拨伊做生活呢,出个牛马力,吃个是猪狗个食,但是其还要找理由,克扣工钱。

dzoŋ³³ dzie¹³ yœ¹³ iɐʔ⁴ kəʔ⁵ dzɐ³³ tsɿ³⁵,i⁵⁵ ɕiɔ³⁵ tɕʰi⁵³ i⁵⁵ kʰəʔ⁵ buɔʔ²,so⁵⁵ i³³ dzã³³ n̥ie¹³ tə⁵⁵ koŋ⁵³ pɐʔ⁵ i¹³ tso⁵⁵ sã⁵⁵ o²n̥ie³³,tsʰɐʔ⁵ gɐʔ² n̥yœ³³ ma¹³ liɐʔ²,tɕʰiɐʔ⁵ gɐʔ² zɿ¹³ tsɿ⁵³ kɐ³⁵ gɐʔ² zɐʔ²,dɐ³³ zɿ¹³ dziʔ¹³ uɛ³³ iɔ³⁵ tsɔ⁵³ li³³ yœ³³,kʰəʔ⁵

kʰə³⁵ koŋ⁵³ dʑie¹³。

　　从前有一个财主，又小气又刻薄，长工短工给他干活，出的是牛马力，吃的是猪狗食。不仅如此，财主还要找理由，克扣工钱。

　　周边个人呢，都弗欢喜到伊拉屋里去做生活来，所以三年前呢，有个外地来个壮汉，就拨伊拉⸗写嘞三年个合同，帮伊来做长年。

　　tsə⁵³ pie³⁵ gəʔ² n̠iŋ¹³ n̠ie¹³，tu⁵³ fəʔ⁵ hə⁵⁵ ɕi³⁵ tɔ⁵³ i³³ la³¹ uɔʔ⁵ li³¹ tɕʰi³⁵ tso⁵⁵ sɑ̃⁵⁵ o² lE³¹，so⁵⁵ i³³ sɛ³⁵ n̠ie¹³ ʑie¹³ n̠ie¹³，yœ⁵³ kəʔ⁵ ua³³ di³⁵ lE³³ kəʔ⁵ tsuɑ̃⁵⁵ xan⁵³，dʑyœ¹³ pəʔ⁵ i³³ la¹³ ɕia⁵³ lɐʔ² sɛ⁵³ n̠ie³¹ gəʔ² əʔ² doŋ¹³，pɑ̃⁵⁵ i³³ lE³³ tso³⁵ dzɑ̃³³ n̠ie¹³。

　　周边的人都不喜欢到他家干活，所以三年前，有个外地来的壮汉，被签了个三年的合同，给他做长工。

　　三年呢说好，是一百个铜板一年，三年三百个铜板。三年满嘞，葛个壮汉呢也想回去祭祭祖，于是呢就和老板呢结账来。

　　sɛ⁵³ n̠ie³¹ n̠ie³³ suɔʔ⁵ xɔ³⁵，zɿ¹³ iɐʔ⁴ pɐʔ⁵ kəʔ⁵ doŋ³¹ pɛ³⁵ iɐʔ⁵ n̠ie¹³，sɛ³⁵ n̠ie¹³ sɛ⁵³ pɐʔ⁵ kəʔ⁵ doŋ³¹ pɛ³⁵。sɛ³⁵ n̠ie¹³ mə¹³ lɐʔ²，kəʔ⁴ kəʔ⁵ tsu ɑ̃⁵⁵ xan⁵³ n̠ie³³ ia³³ ɕiɑ̃⁵³ uE³³ tɕʰi³⁵ tɕi⁵⁵ tɕi³⁵ tsu⁵³，y³³ zɿ¹³ n̠ie³³ dʑyœ³³ u¹³ lɔ³³ pɛ³⁵ n̠ie³³ tɕiəʔ⁵ tsɑ̃³⁵ lE³¹。

　　说好是一百个铜板一年，三年三百个铜板。三年满了，这个壮汉想回家去祭祖，于是就去跟老板结账。

　　这个财主呢，扣他个饭钱，还要扣他个房钱，七算八算呢只剩嘞三十个铜板。个壮汉呢就朝财主看看，也无没多讲闲话，驮特⸗三十个铜板呢走出嘞财主个家门，财主在背后喊"明年还来弗？"他说"再话吧"，就走嘞。

　　tsəʔ⁴ kəʔ⁵ dze³³ tsɿ³⁵ n̠ie³³，kʰə⁵⁵ ta⁵⁵ kəʔ⁵ vɛ¹³ dʑie³¹，uE³³ iɔ³⁵ kʰə⁵⁵ ta⁵⁵

kəʔ⁵ vã³³ dzie¹³ , tɕʰiəʔ⁵ sə³⁵ pɐʔ⁵ sə³⁵ n̠ie³³ tsəʔ⁵ dzia¹³ lɐʔ² sɛ⁵³ səʔ⁵ kəʔ⁵ doŋ³¹
pɛ³⁵ 。 kəʔ⁵ tsuã⁵⁵ xan⁵³ n̠ie³³ dʑyœ³³ dzɔ¹³ dzɛ³³ tɕy³⁵ kʰə³⁵ kʰə⁵³ , ia³¹ m³³
mɐʔ² to⁵⁵ kã⁵³ ɛ³³ o¹³ , do³³ dəʔ² sɛ⁵³ səʔ⁵ kəʔ⁵ doŋ³¹ pɛ³⁵ n̠ie³³ tsə⁵³ tsʰəʔ⁵ lɐʔ² dzɛ³³
tsʅ³⁵ kəʔ⁵ tɕia⁵³ meŋ¹³ , dzɛ³³ tsʅ³⁵ dzɛ¹³ pɛ⁵³ ə³¹ xɛ³⁵ , miŋ³³ n̠ie¹³ uɛ³¹ lɛ³¹ fo³⁵ ? ta⁵³
syɐʔ⁵ tsɛ⁵³ o¹³ ba³¹ , dʑyœ¹³ tsə⁵⁵ lɐʔ² 。

这个财主呢,不仅扣他的饭钱,还要扣他的房钱,七算八算只剩下三十个铜板。壮汉朝财主看看,也没多讲话,拿了三十个铜板转身走出了财主的家门,财主在背后问"明年还来吗?"他说"再说吧",就走了。

他走在大街上呢,想想呢,这三十个铜板到底派啥用场呢,于是伊就想到嘞去买一个三斤个瓦罐,再到香油店里去打嘞三斤香油,就朝着尖山个一座寺庙走去。

ta⁵³ tsə⁵³ zɛ³³ do³³ ka⁵⁵ zã³³ n̠ie³³ , ɕiã⁵³ ɕiã⁵³ n̠ie³³ , tsəʔ⁵ sɛ⁵³ səʔ⁵ kəʔ⁵
doŋ³¹ pɛ³⁵ tɔ⁵⁵ ti⁵³ pa³⁵ sa⁵³ iɔŋ³³ zã³¹ n̠ie³³ , y³³ zʅ¹³ i³³ dziœ³¹ ɕiã⁵³ tɔ⁵³ lɐʔ²
tɕʰi⁵³ ma³³ iɐʔ⁵ kəʔ⁵ sɛ⁵³ tɕiŋ⁵³ gəʔ² ŋo³³ kə⁵³ , tsɛ⁵³ tɔ⁵³ ɕiã⁵³ yœ³¹ tie⁵³ li³¹ tɕʰi⁵³
tã⁵³ lɐʔ² sɛ⁵³ tɕiŋ⁵³ ɕiã⁵³ yœ¹³ , dʑyœ¹³ zɔ¹³ zɐʔ² tɕie⁵³ sɛ³⁵ kəʔ⁵ iɐʔ⁵ zu³¹ zʅ³³
miɔ¹³ tsə⁵³ tɕʰi³⁵ 。

他走在大街上想,这三十个铜板能派什么用场呢,于是他就去买一个三斤装的瓦罐,到香油店里去打了三斤香油,朝尖山上一座寺庙里走去。

则゠葛里要话呢寺庙里有个得道高僧,也就是葛个庙里个方丈,算到葛个庙里有一个大香客要来,所以把山门大殿都打扫得清清爽爽,大小僧众全部在大殿门口迎候。

tsəʔ⁵ kəʔ⁵ li³³ iɔ⁵⁵ o¹³ n̠ie³³¹ zʅ³³ miɔ¹³ li³³ yœ³³ kəʔ⁵ təʔ⁵ dɔ¹³ kɔ⁵³ seŋ³⁵ , ia¹³ dʑyœ³³ zɿ¹³ kəʔ⁴ kəʔ⁵ miɔ¹³ li³¹ gəʔ² fɑ̃⁵³ za¹³ , sə⁵³ tɔ³⁵ kəʔ⁴ kəʔ⁵ miɔ¹³ li³¹ yœ³³ iɐʔ⁵ kəʔ⁵ do¹³ ɕiɑ̃⁵³ kʰɐʔ⁵ iɔ³⁵ lɛ¹³ , so⁵⁵ i¹³ pa⁵³ sɛ⁵³ meŋ¹³ do³³ die³¹ tu⁵⁵ tɑ̃⁵³ sɔ⁵³ təʔ⁵ tɕʰiŋ⁵⁵ tɕʰiŋ⁵³ sɑ̃⁵⁵ sɑ̃³⁵ , do¹³ ɕiɔ⁵³ seŋ⁵³ tsoŋ⁵³ dʑie³³ bu¹³ zɛ¹³ do¹³ die³¹ meŋ³³ kʰə³⁵ n̠ iŋ³¹ ə¹³ 。

　　这里要先说说这个寺庙,那里有个得道高僧,也就是这个庙里的方丈,他算到这座庙里将有一个大香客要来,所以就把山门大殿都打扫得干干净净,大小僧众全部在大殿门口迎候。

　　葛个辰光壮汉就拎着三斤油来到大殿门口,方丈就亲自接嘞伊个三斤油,还话侬是大香客,小和尚们呢都弗解。

　　kəʔ⁴ kəʔ⁵ zeŋ³³ kuɑ̃³⁵ tsuɑ̃⁵⁵ xan⁵³ dʑyœ³¹ liŋ³³ tsəʔ⁵ sɛ⁵³ tɕiŋ⁵³ yœ¹³ lɛ³³ tɔ³⁵ do¹³ die³¹ meŋ³³ kʰə³⁵ , fɑ̃⁵³ za¹³ dʑyœ³¹ tɕʰiŋ⁵³ zɿ¹³ tɕiəʔ⁵ lɐʔ² i¹³ gəʔ² sɛ⁵³ tɕiŋ⁵³ yœ¹³ , uɛ³³ o¹³ noŋ¹³ zɿ¹³ do³³ ɕiɑ̃⁵³ kʰɐʔ⁵ , ɕiɔ⁵⁵ u³³ zɑ̃³³ meŋ³³ n̠ ie³³ tu⁵³ fəʔ⁵ tɕia³⁵ 。

　　这时壮汉拎着三斤油来到大殿门口,方丈亲自接了他的油,还说他是大香客,小和尚们都很不理解。

　　介区区三斤油纳⁼介叫大香客呢,方丈无没多话,就把葛个壮汉呢请进嘞自家个禅房,泡茶款待,留伊吃嘞斋饭,送到山门外个辰光就话,"侬是会有很大个福报个"。葛个壮汉呢就谢过方丈,下山去嘞。

　　ka³⁵ tɕʰy⁵³ tɕʰy⁵³ sɛ⁵³ tɕiŋ⁵³ yœ¹³ nɐʔ² ka³⁵ tɕiɔ³⁵ do³³ ɕiɑ̃⁵³ kʰɐʔ⁵ n̠ ie³³ , fɑ̃⁵³ za¹³ m³³ mɐʔ² tu⁵³ o¹³ , dʑyœ³¹ pa⁵³ kəʔ⁴ kəʔ⁵ tsuɑ̃⁵⁵ xan⁵³ n̠ ie³³ tɕʰiŋ⁵³ tɕiŋ⁵³ lɐʔ² zi³³ ka³⁵ gəʔ² dʑyœ¹³ vɛ¹³ , pɔ³⁵ dza¹³ kʰuə⁵³ dɛ³¹ , lə³³ i¹³ tɕʰiɐʔ⁵ lɐʔ² tsa⁵³ vɛ³¹ , soŋ⁵³ tɔ³⁵ sɛ⁵³ meŋ¹³ ŋa¹³ gəʔ² zeŋ³¹ kua³⁵ dʑyœ³¹ o¹³ , noŋ¹³ zɿ¹³ uɛ³³ yœ¹³ xeŋ⁵³ do¹³ kəʔ⁵ fuɔʔ⁵ pɔ³⁵ ge³¹ 。 kəʔ⁴ kəʔ⁵ tsuɑ̃⁵⁵ xan⁵³ n̠ ie³³ dʑyœ³¹ zia¹³ ku³⁵ fɑ̃⁵³ za¹³ , ia¹³ sɛ³⁵ tɕʰi⁵³ lɐʔ² 。

这区区三斤油怎么是大香客呢，方丈也没多说，就把这个壮汉请进了自己的禅房，泡茶款待，还留他吃了斋饭，送到山门外时说，"你会有很大的福报的"。壮汉谢过方丈，就下山去了。

个一件事情呢就一传十，十传百，传到嘞财主个耳朵里，财主其想来东⁼我屋里做做长年个三斤油，受到嘞介大个礼遇，还要方丈接见，伊想我也要去。于是呢一天伊就是叫人挑着三百斤个香油，自家坐着八门头个大轿呢朝着尖山去嘞。

kəʔ⁵ iɐʔ⁵ dzie¹³ sʅ⁵⁵ dziŋ¹³ ȵie³³ dzʮœ³¹ iɐʔ⁵ dzə¹³ zəʔ² , zəʔ² dzə¹³ pɐʔ⁵ , dzə¹³ tɔ³⁵ lɐʔ² dzɛʔ¹³ tsʅ³⁵ kəʔ⁵ ȵɪ³¹ to⁵⁵ li³¹ , dze³³ tsʅ³⁵ dzi¹³ ɕi ã⁵³ lɛ³³ toŋ³⁵ ŋo³¹ uoʔ⁵ li¹³ tso³³ tso⁵⁵ dz ã³³ ȵie¹³ kəʔ⁵ sɛ⁵³ tɕiŋ⁵³ yœ¹³ , zœ¹³ tɔ⁵³ lɐʔ² ka³⁵ do¹³ gəʔ⁵ li¹³ ȵy¹³ , uɛ³³ iɔ³⁵ fã⁵³ za¹³ tɕiəʔ⁵ tɕie³⁵ , i¹³ ɕi ã⁵³ ŋo¹³ ia¹³ io¹³ tɕʰi³⁵ 。 y³³ zʅ¹³ ȵie¹³ iɐʔ⁵ tʰie³⁵ i¹³ dzʮœ³¹ zʅ¹³ tɕio⁵³ ȵiŋ¹³ tʰio⁵³ tsɐʔ⁵ sɛ⁵³ pɐʔ⁵ tɕiŋ³⁵ gəʔ² ɕi ã⁵³ yœ¹³ , zi³³ ka³⁵ zo³¹ zɐʔ² pɐʔ⁵ meŋ³³ də³³ gəʔ² do³³ dzio³¹ ȵie³¹ dzo³¹ tsɐʔ⁵ tɕie⁵³ sɛ⁵⁵ tɕʰi⁵³ lɐʔ² 。

这事一传十，十传百，传到了财主的耳朵里，财主想长工的三斤油，受到了这么大的礼遇，还有方丈接见，他也想去。于是这天他就叫人挑着三百斤香油，坐着八门头的大轿去了尖山。

到特⁼山门个辰光呢，只看见一个小和尚来东⁼打扫山门，其就问："佴个当家师呢？"伊话："来东⁼佛堂念佛"。

tɔ³⁵ dəʔ² sɛ⁵⁵ meŋ¹³ gəʔ² zeŋ³³ ku ã³⁵ ȵie³³ , tsɐʔ⁵ kʰə⁵³ tɕie³⁵ iɐʔ⁵ kəʔ⁵ ɕi⁵⁵ u³³ zã³³ lɛ³³ toŋ⁵³ tã⁵³ sɔ³⁵ sɛ⁵⁵ meŋ¹³ , dzi¹³ dzʮœ¹³ meŋ¹³ : na¹³ kəʔ⁵ tã⁵⁵ ka³⁵ sʅ⁵⁵ ȵie¹³ ？ i¹³ o¹³ : lɛ³³ toŋ⁵³ vuoʔ⁵ dã¹³ ȵie¹³ vuoʔ² 。

到了山门，只看见一个小和尚在打扫，就问："你们的当家师父呢？"他说："在佛堂念佛。"

　　葛＝么其就再往里走,到嘞大殿门口,又看见两个人来东＝扫扫地,也无没人来迎接个迹象,葛＝么其就问葛个两个和尚,"俉个方丈呢?""方丈在里面诵经,侬是来送油个,方丈告诉往边门进去就可以来,伊来东＝里头。"

　　kəʔ⁵ məʔ² dʑi¹³ dʑyœ¹³ tsɛ⁵⁵ u ɑ̃⁵⁵ li¹³ tsə⁵³ , tɔ³⁵ ləʔ² do¹³ die³¹ men³³ kʰə³⁵ , i³⁵ kʰə⁵³ tɕie³⁵ li ɑ̃¹³ kəʔ⁵ n̠in¹³ lɛ³³ ton⁵³ sɔ⁵⁵ sɔ³⁵ di¹³ , ia¹³ m³³ məʔ⁵ n̠in¹³ lɛ¹³ n̠in¹³ tɕiəʔ⁵ gəʔ² tɕiəʔ⁵ dʑi ɑ̃¹³ , kəʔ⁵ məʔ² dʑi¹³ dʑyœ³¹ men¹³ kəʔ⁴ kəʔ⁵ li ɑ̃¹³ kəʔ⁵ u³³ zɑ̃³³ , na¹³ kəʔ⁵ fɑ̃⁵³ za¹³ n̠ie¹³ ? fɑ̃⁵³ za¹³ zɛ¹³ li³³ miɛ¹³ zon¹³ tɕin⁵³ , non¹³ zɿ¹³ lɛ³³ son³⁵ yœ³³ gəʔ² , fɑ̃⁵³ za¹³ kɔ³⁵ su⁵³ ŋa³¹ pie³⁵ men¹³ tɕin³⁵ tɕʰi⁵³ dʑyœ³¹ kʰo³⁵ i⁵³ lɛ³¹ , i¹³ lɛ³³ ton⁵³ li³³ də³¹ 。

　　他就再往里走,到了大殿门口,又看见两个小和尚在扫地,也没有任何有人要来迎接的迹象,他就问这两个小和尚,"你们方丈呢?""方丈在里面诵经,你是来送油的吧,方丈已经告诉我们了,你往边门进去就可以,他在里面。"

　　葛个辰光其实在忍耐弗牢,个财主呢就话来,"昨日一个驮三斤香油来个人,俉要大小和尚都来接伊,我驮嘞三百斤来,俉纳＝介弗亨＝个呢?纳＝介弗无没特＝人来嘈嚷我呢?"

　　kəʔ⁴ kəʔ⁵ zen³³ ku ɑ̃³⁵ dʑi¹³ zəʔ² dzɛ¹³ zen¹³ nɛ¹³ fəʔ⁵ lɔ³¹ , kəʔ⁵ dze³³ tsɿ³⁵ n̠ie³³ dʑyœ¹³ o¹³ lɛ³¹ , zuɔʔ² n̠iəʔ² iʔ⁴ kəʔ⁵ do¹³ se⁵³ tɕin⁵³ ɕi ɑ̃⁵³ yœ¹³ lɛ¹³ kəʔ⁵ n̠in¹³ , na³³ iɔ³⁵ do³³ ɕiɔ³⁵ u³³ zɑ̃¹³ to⁵⁵ lɛ³³ tɕiəʔ⁵ i¹³ , ŋo¹³ do³³ ləʔ² se³⁵ pɐʔ⁵ tɕin⁵⁵ lɛ³¹ , na³¹ nɐʔ² ka³⁵ fəʔ⁵ x ɑ̃³⁵ kəʔ⁵ n̠ie³³ ? nɐʔ² ka³⁵ fəʔ⁵ m³³ məʔ² də³¹ n̠in¹³ lɛ³³ dzɔ³¹ n̠iɑ̃³³ ŋo¹³ n̠ie³³ ?

　　这时他实在忍耐不住了,财主就说,"昨日一个拿三斤香油的那个人,你们大小和尚都出来迎接,我拿了三百斤来,你们怎么不动呢?怎么没人来理睬我呢?"

　　于是呢其中一个和尚就话嘞，伊话："施主啊，侬不能同昨日来个香客相比，方丈话来，葛个香客呢，其用三年劳作的代价所换取个三斤油，日晒雨淋，流汗流血，其个油弗是油，其是三斤血。

　　y³³zʅ¹³ n̠ie³³ dʑi¹³ tsoŋ³⁵ iɐʔ⁴ kəʔ⁵ u³³ z α̃¹³ dʑyœ¹³ o¹³ lɐʔ² , i¹³ o¹³ : zʅ⁵⁵ tɕy⁵⁵ a³¹ , noŋ¹³ pɐʔ⁵ neŋ¹³ doŋ¹³ zuɔʔ² n̠iɐʔ³ lɛ³³ kəʔ⁵ ɕi ã̃⁵³ kʰɐʔ⁵ ɕi ã⁵³ pi⁵³ , f α̃⁵³ za¹³ o¹³ lɛ³¹ , kəʔ⁴ kəʔ⁵ ɕi ã̃⁵³ kʰɐʔ⁵ n̠ie³³ , dʑi³³ ioŋ¹³ sɛ⁵³ n̠ie¹³ lɔ¹³ tsuɔʔ⁵ gəʔ² dɛ³³ tɕia⁵³ su⁵³ uə¹³ tɕʰy³⁵ gəʔ² sɛ⁵³ tɕiŋ⁵³ yœ³¹ , zɐʔ² sa³⁵ y³¹ liŋ¹³ , lə¹³ ə³¹ lə³¹ ɕyoʔ⁵ , dʑi³³ gəʔ² yœ¹³ fɐʔ⁵ zʅ¹³ yœ³¹ , dʑi³³ zʅ¹³ sɛ⁵³ tɕiŋ³⁵ ɕyoʔ⁵ 。

　　于是其中的一个和尚说："施主啊，你不能同昨天来的那个香客相比，方丈说过，昨天来的那个香客呢，是用三年劳动的代价换取的三斤油，他要日晒雨淋，流汗流血，所以他的油不是油，是三斤血。

　　"用伊个油来点长明灯个话，比任何个油都点出来要光明，要亮堂。侬个油就是三百斤哪怕三千斤也是弗值蛮值铜钿。

　　ioŋ¹³ i³³ gəʔ² yœ¹³ lɛ³³ tie⁵³ dz α̃³³ miŋ¹³ teŋ⁵⁵ gəʔ² o¹³ , pi⁵⁵ zeŋ¹³ u¹³ gəʔ² yœ¹³ tu⁵³ tie⁵³ tsʰəʔ⁵ lɛ¹³ iɔ³⁵ ku α̃⁵³ miŋ¹³ , iɔ¹³ li ã¹³ d α̃³¹ 。 noŋ¹³ gəʔ² yœ¹³ dʑyœ¹³ zʅ¹³ sɛ⁵³ pɐʔ⁵ tɕiŋ⁵³ na³³ pa⁵³ sɛ⁵³ tɕʰie³⁵ tɕiŋ⁵³ ia³³ zʅ¹³ fɐʔ⁵ dzəʔ² mɛ³¹ dzəʔ² doŋ³³ die¹³ 。

　　"用他的香油来点长明灯，比任何油点的灯都要更光明、更亮堂。你的油就是三百斤哪怕三千斤也是不值什么钱。

　　"为啥？有人拨侬挑上来，而且侬自家也弗是走上来，还有人拨侬抬上来，所以侬个油是水，伊个油才是真个油，葛个呢就是侬［弗要］计较。"

　　uɛ³³ sa⁵³ ? yœ³³ n̠iŋ³¹ puɔʔ⁵ noŋ¹³ tʰiɔ⁵³ z α̃³¹ lɛ³¹ , ɚ¹³ tɕʰiəʔ⁵ noŋ¹³ zi³³ ka³⁵ a³³ fɐʔ⁵ zʅ¹³ tsə⁵⁵ z α̃³³ lɛ³¹ , uɛ³¹ yœ⁵³ n̠iŋ¹³ pɐʔ⁵ noŋ¹³ dɛ³³ z α̃¹³ lɛ³¹ , so⁵⁵ i³³ noŋ¹³ gə?² yœ¹³ zɿ³³ suE⁵³, i¹³ gə?² yœ¹³ dzE³³ zɿ¹³ tseŋ⁵³ gə?² yœ³¹, kə?⁴ kə?⁵ ȵie³¹ dʑyœ¹³ zɿ³³ noŋ¹³ fiɔ⁵³ tɕi⁵³ tɕiɔ⁵³。

"为什么？有人帮你挑上来，而且你也不是自己走上来，是有人把你抬上来的，所以你的油是水，他的油才是真的油，这个道理呢你就不要计较了。"

听到葛里呢，个财主呆得一呆，想想呢也有道理，但是想想呢也蛮羞愧。

tʰiŋ⁵⁵ tɔ³⁵ kə?⁵ li³³ ȵie³³, kə?⁵ dzɛ³³ tɕy³⁵ ŋE¹³ tə?⁵ iɐ?⁵ ŋE¹³, ɕi ã⁵⁵ ɕi ã⁵³ ȵie³³ a³³ yœ⁵³ dɔ³³ li³¹, de³³ zɿ¹³ ɕiã⁵⁵ ɕiã⁵³ ȵie³³ ia³³ mɛ⁵³ ɕyœ⁵⁵ kʰuE⁵³。

听到这里，财主愣了愣，想想呢感觉也有点道理，再想想呢又感到挺羞愧的。

（2017 年 8 月 29 日，临安，发音人：黄金森）

七岁的看相先生

古时候呢在我们临安，县城个城隍庙旁边呢有一间测字摊，前头呢是店堂，后头是客堂。坐堂个呢姓张，号称呢张半仙。

ku⁵⁵ zɿ³³ ə³¹ ȵie³³ zE¹³ ŋɔ⁵³ meŋ³¹ liŋ³¹ ə³⁵, yœ¹³ dzeŋ³³ gə?² dzeŋ³³ u ã³³ miɔ¹³ bã³³ pie³⁵ ȵie³³ yœ¹³ iɐ?⁵ kE⁵³ tsʰə?⁵ zɿ¹³ tʰɛ⁵³, ʑie³³ də¹³ ȵie³³ zɿ¹³ tie³⁵ d ã³¹, ə³³ də¹³ zɿ¹³ kʰɐ?⁵ d ã¹³。zo³³ d ã̃¹³ gə?² ȵie³¹ ɕiŋ³⁵ ts ã̃⁵³, ɔ¹³ tsʰeŋ⁵³ ȵie³³ ts ã⁵⁵ pə³⁵ ɕie⁵³。

古时候在我们临安县城，城隍庙旁边有一家测字店，前面是店堂，后面是客厅。坐堂的姓张，号称张半仙。

个一年个腊月二十四，夜快边呢突然之间温度降落来，哦，乌云

盖得很实,好像就要落雪唻,看看也无没啥个生意呢,张先生就关嘞
店堂门,打开嘞客堂个门,走嘞进去,结果呢客堂里自家人都坐亨
烤火。

kəʔ⁵ iɐʔ⁵ ȵie¹³ gəʔ² lɐʔ² yɐʔ² ȵie¹³ sʅ⁵³ , ia³³ kʰua³⁵ pie⁵³ ȵie³¹ dəʔ² zan¹³
tsʅ⁵³ tɕie⁵³ ueŋ⁵³ du¹³ tɕi ã⁵³ lɔʔ² lɛ³¹ , ɔ³¹ , u⁵³ ioŋ³¹ kɛ⁵³ dəʔ² heŋ⁵³ zɔʔ² , hɔ⁵⁵ dʑi a¹³
dʑyœ³³ iɔ¹³ lɔʔ² ɕiɐʔ⁵ lɛ³¹ , kʰɔ⁵³ kʰə³⁵ ia⁵³ m³³ mɐʔ² sa⁵³ gəʔ² sã⁵³ i³⁵ ȵi¹³ , tsã⁵⁵ ɕie⁵⁵
sã⁵³ dʑyœ¹³ kuɛ⁵³ lɐʔ² tie⁵⁵ dã¹³ meŋ³¹ , t ã⁵³ kʰɛ⁵³ lɐʔ² kʰɐʔ⁵ dã¹³ gəʔ² meŋ¹³ ,
tsə⁵⁵ lɐʔ² tɕiŋ³⁵ tɕʰi⁵³ , tɕiɐʔ⁵ ku³⁵ ȵie³³ kʰɐʔ⁵ dã¹³ li³¹ ʑi³³ ka⁵³ ȵiŋ³¹ tu³⁵ zo¹³ h ã⁵³
kʰɔ³⁵ fu⁵³ 。

这一年腊月廿四,黄昏时分突然降温,乌云密布,好像就要下雪
了,看看店里也没啥生意了,张先生就关了店门,打开了客厅的门,
走进了客厅,结果客厅里全家人都坐着烤火。

他有个七岁个儿子呢,霸着两方,就是一个火炉四个方,他霸着
两方,也无没倚起来想拨伊个父亲让一个座位。

tʰa³⁵ yœ³³ gəʔ² tɕʰiɐʔ⁵ suɛ³⁵ kəʔ⁵ ɚ¹³ tsʅ³⁵ ȵie³¹ , po⁵⁵ zɐʔ² li ã¹³ f ã⁵³ , dʑyœ³³
zʅ¹³ iɐʔ⁵ kəʔ⁵ fu⁵⁵ lu³¹ sʅ³⁵ kəʔ⁵ f ã³⁵ , ta⁵³ po⁵⁵ zɐʔ² li ã¹³ f ã⁵³ , ia⁵³ m³³ mɐʔ² gɛ³³
tɕʰi⁵³ lɛ³¹ ɕia⁵⁵ pɐʔ⁵ i¹³ gəʔ² vu³³ tɕʰiŋ⁵³ ȵia¹³ iɐʔ⁴ kəʔ⁵ zo¹³ uɛ³¹ 。

他有个七岁的儿子,霸着两方,就是一个火炉有四个方,他独霸
两方,也没有站起来给父亲让座的意思。

个辰光呢张先生心里想,个小人太无没教养嘞,就话来:"我呢
在外头冻死冻骨头,趁两个铜钿,拨俫吃、拨俫用、拨俫穿,侬呢个点
礼貌都无有,弗让个座位让父亲坐坐。"

kəʔ⁵ zeŋ³³ ku ã⁵⁵ ȵie³³ tsã⁵⁵ ɕie⁵⁵ sã⁵³ ɕiŋ⁵⁵ li³⁵ ɕia⁵³ , kəʔ⁵ ɕiɔ⁵⁵ ȵiŋ⁵⁵ tʰɛ⁵³
m³³ mɐʔ² tɕiɔ³⁵ i ã⁵³ lɐʔ³¹ , dʑyœ¹³ o³³ lɛ³¹ : ŋo³³ ȵie³¹ zɛ¹³ ŋa³³ də³¹ toŋ³⁵ sʅ⁵³

toŋ³⁵ kuɐʔ⁵ də¹³ , tsʰeŋ³⁵ li ã⁵³ kəʔ⁵ doŋ³³ die¹³ , pɐʔ⁵na¹³ tɕʰiɐʔ⁵ 、pɐʔ⁵na¹³ ioŋ¹³ 、pɐʔ⁵na¹³ tsʰə⁵³ , noŋ¹³ ȵie¹³ kəʔ⁵tiɐʔ⁵li³³ mɔ³³ tu⁵⁵ m³³ ȵyœ³³ , fəʔ⁵ ȵiã¹³ kəʔ⁵zo¹³ uE³¹ ȵiã¹³ vu³³ tɕʰiŋ⁵³ zo¹³zo³¹ 。

这时候张先生心想，这个小孩太没教养，就说："我在外面冻死，赚几个钱，给你吃、给你用、给你穿，你怎么一点礼貌都没有，也不给父亲让个座。"

个辰光小孩呢就抬起头来看着伊个爹，话特゠一声："个种造话讲讲么我也会特゠讲个，个种也是算正式趁钞票个啊。"

kəʔ⁵zeŋ³³ ku ã⁵⁵ ɕiɔ⁵⁵ E⁵⁵ ȵie³³ dʑyœ¹³ dE³³ tɕʰi³⁵ də¹³ lE¹³ kʰə³⁵ zəʔ²i¹³ gəʔ²tia⁵¹ , o¹³dəʔ²iɐʔ⁵seŋ⁵³ : kəʔ⁵tsoŋ⁵³ zo¹³o³¹ k ã⁵⁵ k ã⁵³ məʔ⁵ŋo¹³ a³³ uE³³ dəʔ⁵ k ã⁵³ gəʔ² , kəʔ⁵tsoŋ⁵³ a³³ zɿ³³ sə⁵³tseŋ⁵³ səʔ⁵tsʰeŋ⁵³ tsʰə⁵³piɔ⁵³ gəʔ²a³³ 。

这时候这个小孩抬起头来看着他爹，说："这种假话我也会讲的，这也算是正儿八经地赚钱啊。"

啊呀，个张先生想，介许多年数来团团圈圈，周围一方百姓全部叫我木゠老゠老゠灵木゠老゠老゠灵个张先生，碰着侬个儿子还话我讲造话。

a⁵⁵ia⁵⁵ , kəʔ⁵ts ã⁵⁵ ɕie⁵⁵ s ã⁵³ ɕia⁵³ , ka⁵⁵ ɕy⁵⁵ to⁵³ ȵie³³ su³⁵ lE¹³ də³³ də¹³ tɕʰyœ⁵⁵tɕʰyœ⁵³ , tsə⁵⁵ uE¹³iɐʔ⁵ f ã³⁵ pɐʔ⁵ɕiŋ³⁵ dʑyœ³³ bu¹³tɕiɔ⁵³ ŋo³¹ mɔʔ²lɔ³³ lɔ³¹ liŋ¹³mɔʔ²lɔ³³lɔ³¹ liŋ¹³ gəʔ²ts ã⁵⁵ ɕie⁵⁵ s ã⁵³ , b ã³³ zɐʔ⁵noŋ¹³ gəʔ⁵ŋ³³tsɿ³⁵ uɐʔ⁵o¹³ ŋo¹³k ã⁵³zɔ¹³o³¹ 。

啊呀，张先生想，这么多年来方圆百里，周围的百姓都称我是很灵很灵的张先生，碰到你这个儿子竟然说我讲假话。

所以伊刚刚要发火呢，个儿子就话来："侬也［弗要］发火，明朝早上头,我来测摊,侬来烤火,我趁点拨侬看看。"嘿呀,个张先生想,介小小年纪,用介个种说话来顶撞我。

so³⁵ i⁵³ i¹³ kɑ⁵³ kɑ⁵³ iɔ⁵³ fɐʔ⁵ fu⁵⁵ ɲie³³ , kəʔ⁵ ŋ³³ ts³⁵ dʑyœ¹³ o³³ lɛ¹³ : noŋ¹³ ia³¹ fiɔ³⁵ fɐʔ⁵ fu⁵⁵ , meŋ³³ tsɔ³⁵ tsɔ⁵⁵ z ɑ̃³³ də³¹ , ŋo¹³ lɛ³³ tsʰəʔ⁵ tʰɛ³⁵ , noŋ¹³ lɛ³³ kʰɔ⁵³ fu⁵³ , ŋo¹³ tsʰeŋ³⁵ tie⁵³ pɐʔ⁵ noŋ³¹ kʰə³⁵ kʰɔ⁵³ 。 ha⁵⁵ ia⁵⁵ , kəʔ⁵ ts ɑ̃⁵⁵ ɕie⁵⁵ s ɑ̃⁵³ ɕiã̠⁵³ , ka³⁵ ɕiɔ⁵⁵ ɕiɔ³⁵ ɲie³³ tɕi⁵³ , ioŋ¹³ ka³⁵ kəʔ⁵ tsoŋ⁵³ sɔʔ⁵ o¹³ lɛ³³ diŋ³⁵ dzɑ̃¹³ ŋo³¹ 。

他刚要发火,他儿子就说:"你也用不着发火,明天上午,我来坐堂,你去烤火,我来赚点钱给你看看。"啊呀,这张先生心想,这么小小年纪,就用这种话来顶撞我。

第二天早晨,天下着鹅毛大雪,北风吹特⁼很紧。只见个七岁个小人呢,就是个娃娃呢,打扮特⁼整整齐齐,门一开呢,就像模像样个坐在账桌高头呢,开始做生意唻。

di³³ ɚ¹³ tʰie⁵³ tsɔ⁵⁵ zeŋ³¹ , tʰie⁵³ ɕia³⁵ zəʔ² ŋo³³ mɔ¹³ do³³ ɕyɐʔ⁵ , pɔʔ⁵ foŋ³⁵ tsʰɛ⁵⁵ təʔ⁵ heŋ³⁵ tɕiŋ⁵³ , tsəʔ⁵ tɕie³⁵ kəʔ⁵ tɕʰiɔʔ⁵ sɛ³⁵ gəʔ⁵ ɕiɔ⁵⁵ ɲiŋ⁵⁵ ɲie³¹ , dzyœ³⁵ zɿ¹³ kəʔ⁵ ua³⁵ ua³⁵ ɲie³³ , t ɑ̃⁵³ pɛ³⁵ təʔ⁵ tseŋ³⁵ tseŋ³⁵ zi³³ zi³¹ , meŋ¹³ iɐʔ⁵ kʰɛ³⁵ ɲie¹³ , dzyœ¹³ zi ɑ̃³³ mɔʔ² zi ɑ̃³³ i ɑ̃¹³ gəʔ² zo³³ zɛ¹³ ts ɑ̃³⁵ tsɔʔ⁵ kɔ⁵⁵ də¹³ ɲie³³ , kʰɛ⁵⁵ sɿ⁵³ tsɔ³⁵ s ɑ̃⁵⁵ i¹³ lɛ³¹ 。

第二天早晨,天下着鹅毛大雪,北风吹得很紧。只见这个七岁的小孩,就是这个娃娃打扮得整整齐齐,门一开,就像模像样地坐在账桌前开始做生意了。

等到辰末巳初个辰光呢,只见一个人匆匆忙忙骑着马来嘞,冲进店堂就话:"张先生来⁼弗来东⁼,张先生来弗来东⁼。"个小人就话:"我父亲呢出门去来,啊有事体呢侬拨⁼我话。"

teŋ⁵⁵ tɔ³⁵ zeŋ¹³ məʔ² zɿ¹³ tsʰu³⁵ gəʔ² zeŋ³³ ku ɑ̃³⁵ ɲie³³ , tsəʔ⁵ tɕie³⁵ iɐʔ⁵ kəʔ⁵

n̠iŋ¹³ tsʰoŋ⁵⁵ tsʰoŋ⁵³ m ɑ̃³³ m ɑ̃³¹ dʑi³³ zəʔ² ma¹³ lɛ³³ lɐʔ² , tsʰoŋ⁵⁵ tɕiŋ⁵³ tie⁵⁵ dɑ̃³¹ dʑyœ³³ o¹³ : ts ɑ̃⁵⁵ ɕie⁵⁵ s ɑ̃⁵³ lɛ³³ fəʔ² lɛ³³ toŋ⁵³ , ts ɑ̃⁵⁵ ɕie⁵⁵ s ɑ̃⁵³ lɛ³³ fəʔ² lɛ³³ toŋ⁵³ 。 kəʔ⁵ ɕiɔ⁵⁵ n̠iŋ⁵⁵ dʑyœ¹³ o¹³ : ŋo¹³ vu³³ tɕʰiŋ⁵³ n̠ie³³ tsʰəʔ⁵ meŋ¹³ tɕʰi³⁵ lɛ³¹ , a³³ yœ¹³ zɿ³³ tʰi⁵³ n̠ie³³ noŋ¹³ pəʔ⁵ ŋo¹³ o³¹ 。

等到辰末巳初时,只见一个人匆匆忙忙地骑着马来到店前,冲进店堂就说:"张先生在不在,张先生在不在。"这个小孩就说:"我父亲出门去了,有啥事情你跟我说。"

伊看看介一点点个小人,侬会啥个会特˭测字看相还弄特˭好个啊,则˭伊弗大相信,"请问老先生啥个辰光回来?"小人就话,"快则今朝夜快,慢则要到明朝早上。"

i¹³ kʰə⁵³ kʰə³⁵ ka³⁵ iɐʔ⁵ tiəʔ⁴ tiəʔ⁵ ɡəʔ² ɕiɔ⁵⁵ zeŋ⁵³ , noŋ¹³ uɛ¹³ sɔʔ⁵ ɡəʔ² uɛ³³ təʔ⁵ tsʰəʔ⁵ zɿ¹³ kʰə⁵⁵ ɕi ɑ̃⁵³ uɛ¹³ loŋ³³ təʔ⁵ hɔ⁵⁵ ɡəʔ² a³³ , tsəʔ⁵ i¹³ fəʔ⁵ do¹³ ɕi a⁵⁵ ɕiŋ⁵³ , tɕʰiŋ⁵⁵ veŋ¹³ lɔ³³ ɕie⁵⁵ s ɑ̃⁵³ sɔʔ⁵ kəʔ⁴ zeŋ³¹ ku ɑ̃³⁵ uɛ³³ lɛ¹³ ? ɕiɔ⁵⁵ n̠iŋ⁵⁵ dʑyœ³³ o¹³ , kʰua³⁵ tsəʔ⁵ tɕiŋ⁵⁵ tsɔ⁵³ ia³³ kʰua³⁵ , mɛ¹³ tsəʔ⁵ iɔ⁵⁵ tɔ³⁵ miŋ³³ tsɔ³⁵ tsɔ⁵³ zɑ̃³¹ 。

他看到这么小一个小孩,于是不太相信他会测字看相,于是问:"请问老先生什么时候回来?"小孩就回答:"快的话今晚,慢的话要到明天早上。"

啊呀,葛个来个人是心里急啊,就在伊个账桌前头呢跑来跑去,葛˭么个小人就开口来:"客官,侬是南乡人?"

a⁵⁵ ia⁵⁵ , kəʔ⁴ kəʔ⁵ lɛ³³ kəʔ⁵ n̠iŋ¹³ zɿ³³ ɕiŋ⁵⁵ li³³ tɕiəʔ⁵ a³³ , dʑyœ³³ zɛ¹³ i¹³ kəʔ⁵ tsɔ³⁵ tsuəʔ⁵ dʑie³³ də¹³ n̠ie³³ bɔ³³ lɛ¹³ bɔ³³ tɕʰi⁵³ , kəʔ⁵ məʔ² kəʔ⁵ ɕiɔ⁵⁵ n̠iŋ⁵⁵ dʑyœ³³ kʰɛ⁵⁵ kʰə³⁵ lɛ³¹ : kʰɐʔ⁵ kuɐ³⁵ , noŋ³³ zɿ¹³ nə³³ ɕiɑ̃³⁵ zeŋ¹³ ?

来的这个人心里急,就在他的账桌前走来走去,那个小孩就开口说话了："客官,你是南乡人吗?"

哎,个客官一想我倒是南乡人哎,"哎,是是是。""侬骑来个匹马好像是借来个?""哎,接ᵓ个我是借来个。""侬家里是侬个夫人生病嘞哦?""唉,对对对,侬纳ᵓ介晓得个?"伊话。

ɛ³⁵ , kəʔ⁵ kʰɐʔ⁵ kuə³⁵ iɐʔ⁵ ɕi ã³⁵ ŋo¹³ to³⁵ zɿ¹³ nə³³ ɕi ã³⁵ zeŋ¹³ ɛ³³ , ɛ³³ , zɿ¹³ zɿ¹³ zɿ¹³ 。 noŋ¹³ dʑi³³ lɛ³³ kəʔ⁵ pʰiəʔ⁵ mo¹³ hɔ⁵⁵ zi ã³³ zɿ³³ tɕia³⁵ lɛ³⁵ kəʔ¹³? ɛ¹³ , tɕiəʔ⁴ kəʔ⁵⁵ ŋo³³ zɿ¹³ tɕia⁵⁵ lɛ³³ kəʔ³³ 。 noŋ¹³ ka⁵⁵ li¹³ zɿ³¹ noŋ¹³ gəʔ² fu⁵⁵ zeŋ³¹ s ã⁵³ biŋ¹³ lɐʔ² o³³? ɛ³³ , tɛ³⁵ tɛ³⁵ dɛ³⁵ , noŋ¹³ nɐʔ² kəʔ⁵ ɕiɔ⁵⁵ təʔ⁵ gəʔ² , i³³ o¹³ 。

那个客官想我就是南乡人,就回答道:"哎,是是。""你骑的马是借来的吧?""对,是借来的。""你夫人在家里生病了吧?""哎,对对对,你怎么知道的?"他说。

"呐,我弗是跟侬话么,父亲不在,侬同我话,我拨侬来看,来来来。"

nɐʔ² , ŋo¹³ fəʔ⁵ zɿ¹³ geŋ³³ noŋ¹³ o¹³ məʔ² , vu³³ tɕʰiŋ⁵³ pəʔ⁵ dzɛ¹³ , noŋ¹³ doŋ³¹ ŋo¹³ o³¹ , ŋo¹³ bɛ³³ noŋ¹³ lɛ³³ kʰ ə⁵⁵ , lɛ³³ lɛ³³ lɛ³³ 。

"呐,我不是和你说吗,父亲不在,你跟我说,我帮你看,来来来。"

葛ᵓ么个辰光个客官是木ᵓ老ᵓ老ᵓ相信伊唻,就走过来呢,伊话,"侬在个地方测个字。"测出来呢是一个"鸡",一只鸡个鸡。

kəʔ⁵ məʔ² kəʔ⁵ zeŋ³³ ku ã⁵⁵ kəʔ⁵ kʰɐʔ⁵ kuə³⁵ zɿ¹³ məʔ² lɔ³³ lɔ³¹ ɕi ã⁵⁵ ɕiŋ⁵³ i¹³ lɛ³³ , dʑyœ¹³ tsə⁵³ ku⁵⁵ lɛ³³ ɳie³³ , i¹³ o¹³ , noŋ¹³ zɛ³³ kəʔ⁴ di³³ f ã⁵⁵ tsʰ əʔ⁵ kəʔ⁵ zɿ¹³ 。 tsʰ əʔ⁵ tsʰ əʔ⁵ lɛ³³ ɳie³³ zɿ¹³ iɐʔ⁴ kəʔ⁵ tɕi⁵⁵ , iɐʔ⁵ tsəʔ⁵ tɕi⁵⁵ gəʔ² tɕi⁵⁵ 。

这个时候这个客官就非常相信小孩了,就走过来,他说,"你在这个地方测个字。"测出来是一个"鸡"字，一只鸡的鸡。

　　个小人呢就摇头晃脑，装模作样个一套以后呢就话来："倷个夫人呢是昨日夜快边酉时得个病，是个风寒缠身，还有点邪气。"

　　kəʔ⁵ ɕiɔ⁵⁵ n̠iŋ⁵⁵ n̠ie³³ dʑyœ¹³ iɔ³³ də¹³ hu ã̃⁵⁵ nɔ³³ , ts ã̃⁵⁵ muɔʔ²tsuɔʔ⁵ i ã̃³⁵ gəʔ²ieʔ⁵tʰɔ⁵ i¹³ ə¹³ n̠ie³³ dʑyœ³³ o¹³ lɛ³³ : na¹³ kəʔ⁵fu⁵⁵ zeŋ¹³ n̠ie³³ zɿ³³ zuɔʔ² n̠iəʔ² ia³³ kʰua⁵⁵ pie⁵³ yœ¹³ zɿ³¹ təʔ⁵ kəʔ⁵ biŋ¹³ , zɿ¹³ kəʔ⁵ foŋ⁵³ ə³¹ zan¹³ seŋ⁵³ , uɛ³³ yœ⁵³ tie⁵³ ʑia¹³ tɕʰi³⁵ 。

　　小孩便摇头晃脑、装模作样地说："夫人的病，是昨天晚上酉时得的，是风寒缠身，还有邪气。"

　　葛＝么其话"要弗要紧呢？""弗要紧，弗要紧，我告诉倷两个事情，明朝就会特＝好个。"葛＝么伊话："小先生，倷快点拨我话来。"

　　kəʔ⁵ məʔ² dʑi³³ o¹³ iɔ³⁵ vəʔ² iɔ⁵⁵ tɕiŋ⁵⁵ n̠ie³³ ? fəʔ²iɔ⁵⁵ tɕiŋ⁵³ , fəʔ⁵iɔ⁵⁵ tɕiŋ⁵³ , ŋo¹³ kɔ⁵³ su³⁵ noŋ¹³ lia¹³ kəʔ⁵ zɿ³³ dʑiŋ³¹ , miŋ³³ tsɔ³⁵ dʑyœ³³ uɛ¹³təʔ⁵ hɔ³⁵ go³¹ 。 ka³⁵ məʔ²i¹³ o¹³ : ɕiɔ⁵⁵ ɕie⁵⁵ sã̃⁵³ , noŋ¹³ kʰua⁵⁵ tie⁵³ pəʔ⁵ ŋo¹³ o³³ lɛ³¹ 。

　　那么，他说"要不要紧呢？""不要紧，不要紧，我告诉你两件事情，明天就会好。"那个人就说："小先生，你快点告诉我。"

　　个小鬼就话，"倷么"，伊话，"回去呢，准备三荤三素，自门槛个屋清一清，拨个邪气送掉，不过呢，个三碗荤菜里头要搭一碗黑羊个肉。"

　　kəʔ⁵ ɕiɔ⁵⁵ kuɛ⁵³ dʑyœ³³ o¹³ , noŋ¹³ məʔ² , i¹³ o¹³ , uɛ³³ tɕʰi³⁵ n̠ie⁵³ , tseŋ³⁵ bɛ³¹ sɛ⁵⁵ hueŋ³⁶ sɛ⁵⁵ su⁵³ , zi³³ meŋ¹³ kʰɛ³⁵ kəʔ⁵uɔʔ⁵tɕʰiŋ³⁵ ieʔ⁵tɕʰiŋ⁵³ , pəʔ⁵ kəʔ⁵ʑia³³tɕʰi³⁵ soŋ⁵³ dio³¹ , pəʔ⁵ ku³⁵ n̠ie³³ , kəʔ⁵ sɛ⁵⁵ uə³⁵ hueŋ⁵⁵ tsʰɛ³⁵ li³³ də¹³ iɔ⁵⁵təʔ⁵ieʔ⁵ uə¹³ həʔ⁵ iã̃¹³ kəʔ⁵ n̠yoʔ² 。

　　那个小孩就说："回去呢，准备三荤三素，在自家门请一请，把邪气送走，不过，三碗荤菜里要配一碗乌羊肉。"

　　葛个来葛个人话："纳᷉介个记叫我去称黑羊肉，到哪里去称？""哦，我拨侬算算。"

kəʔⁱ kəʔⁱ lɛ³³ kəʔⁱ kəʔⁱ n̩iŋ³³ o¹³ ː nzəʔ² kəʔⁱ kəʔⁱ tɕi³⁵ tɕi⁵⁵ ŋo¹³ tɕʰi³⁵ tsʰeŋ³⁵ həʔⁱ ia̯¹³ n̩yoʔ² ,to⁵⁵ la³³ li¹³ tɕʰi⁵⁵ tsʰeŋ⁵³ ？ ɔ³³ ,ŋo¹³ pəʔⁱ noŋ¹³ sə³⁵ sə⁵³ 。

　　那个人便回答："你让我去买乌羊肉，到哪里去买？""哦，我给你算算。"

　　小人就又摇头晃脑一记呢，伊讲："侬回去个路高头有个赵庄，赵庄有个叫赵六，谢᷉屋里有只乌羊，侬问伊去买得去，个碗乌羊肉必须要个。"

ɕi⁵⁵ n̩iŋ⁵⁵ dʑyœ¹³ yœ³⁵ io³³ də¹³ hu ã̯⁵⁵ no³³ iəʔⁱ tɕi³⁵ n̩ie³³ , i¹³ k ã̯⁵³ ː noŋ¹³ uɛ³³ tɕʰi³⁵ kəʔⁱ lu³³ ko⁵³ də³¹ yœ³³ kəʔⁱ dzo³³ ts ã̯⁵³ , dzo³³ ts ã̯⁵³ yœ¹³ kəʔⁱ tɕi³⁵ dzo¹³ luəʔ² , dʑia¹³ uəʔⁱ li¹³ yœ³³ tsəʔⁱ u⁵³ i ã̯¹³ , noŋ¹³ meŋ³³ i³¹ tɕʰi⁵³ ma¹³ təʔⁱ tɕʰi⁵³ , kəʔⁱ uə³⁵ u⁵⁵ i ã̯¹³ n̩yoʔⁱ piəʔⁱ ɕy⁵³ io¹³ gəʔ² 。

　　这小孩就又摇头晃脑一番，讲："你回去的路上要经过赵庄，赵庄有个人叫赵六，他家里有只乌羊，你去买来，这碗乌羊肉是必需的。"

　　"葛᷉么好好好，个另外呢？""另外么，"伊话，"侬到药房里去撮五钱干姜，五钱紫苏，加点红糖，炖一碗汤，就是药汤，拨佲夫人喝落去。

kəʔⁱ məʔ² ho⁵⁵ ho⁵⁵ ho³⁵ , kəʔⁱ liŋ³³ ŋa¹³ n̩ie³³ ？ liŋ³³ ŋa¹³ məʔ² , i³³ o¹³ , noŋ¹³ to⁵⁵ iəʔ² v ã̯¹³ li³³ tɕʰi³⁵ tsʰəʔⁱ ŋ¹³ dʑie³¹ kə⁵⁵ tɕia³⁵ , ŋ¹³ dʑie³¹ tsɿ⁵⁵ su⁵³ , tɕia⁵⁵ tie³⁵ oŋ³³ dɑ̃¹³ , teŋ³⁵ iɐʔ⁵ uə³³ tʰɑ̃³⁵ , dʑyœ³³ zɿ¹³ iɐʔ² tʰɑ̃³⁵ , pəʔ⁵ nɐʔ² fu⁵⁵ zeŋ¹³ tɕʰiɐʔ⁵ loʔ² tɕʰi⁵³ 。

"那好那好，那另外呢？""另外啊，"小孩说，"你到药房里去撮五钱干姜，五钱紫苏，加点红糖，炖一碗汤，就是药汤，给你夫人喝下去。

"拨棉被一盖，汗一出，明朝天亮，邪气也无得么，病魔也无得，全部好来，哦侬去好唻。"

pəʔ⁵ mie³³ bi¹³ iɐʔ⁵ kɛ³⁵ , ə¹³ iɐʔ⁵ tsʰəʔ⁵ , meŋ³³ tsɔ³⁵ tʰie⁵⁵ lia³¹ , ʑia³³ tɕʰi³⁵ a³³ m³³ təʔ⁵ məʔ² , biŋ³³ mo¹³ a³³ m³³ təʔ⁵ , dʑie³³ bu¹³ hɔ⁵⁵ lɛ³¹ , ɔ¹³ noŋ³³ tɕʰi³⁵ hɔ⁵⁵ lɛ³³ 。

"棉被一盖，汗一出，明天天亮，邪气也没了，病魔也散了，全部好了，你可以去了。"

葛么葛个人就付嘞谢银就走嘞。个辰光个爹辣哈后头听特葛么个事体出来待，就话来："侬凭啥个说是伊是个南乡人？"

kəʔ⁵ məʔ² kəʔ⁴ kəʔ⁵ ȵiŋ¹³ dʑyœ¹³ fu⁵⁵ lɐʔ¹³ ʑia³³ ȵiŋ¹³ dʑyœ³³ tsɔ⁵⁵ lɐʔ² 。 kəʔ⁵ zeŋ³³ ku ɑ̃⁵⁵ kəʔ⁵ tia¹³ lɐʔ² haʔ⁵ ə³³ də³¹ tʰiŋ⁵³ dəʔ³³ ga¹³ məʔ² kəʔ⁵ zɿ³³ tʰi⁵³ tsʰəʔ⁵ lɛ³³ dəʔ² , dʑyœ¹³ o¹³ lɛ¹³ : noŋ¹³ biŋ¹³ sɔʔ⁵ kəʔ⁵ suəʔ⁵ zəʔ² i¹³ zɿ³³ kəʔ⁵ nə³³ ɕiã³⁵ ȵiŋ¹³ ?

这人付了钱就满意地走了。这时候他爹在后面听到这个事情出来了，就说："你凭什么说这个人是南乡人？"

"啊，"其话，"父亲，今朝是落雪天么，是刮北风个么，"伊话，"葛个人来个辰光，前胸同道马头都是个雪么，伊弗从南向北走，其弗是南乡人还是啥个人呢？"

a⁵³, dʑi³³ o¹³, vu³³ tɕʰiŋ⁵³, tɕiŋ⁵³ tsɔ³⁵ zʅ³³ lɔʔ² ɕyʔ⁵ tʰie⁵³ mɐʔ², zʅ³³ kuɐʔ⁵ pɔʔ⁵ foŋ³⁵ gəʔ² mɐʔ², i³³ o¹³, kəʔ⁴ kəʔ⁵ n̠iŋ¹³ lE⁴⁴ kəʔ⁵ zeŋ³³ ku ã⁵⁵, ʑie³³ ɕioŋ³⁵ doŋ³³ dɔ¹³ ma³³ də¹³ tu³³ zʅ¹³ kəʔ⁵ ɕyʔ⁵ mɐʔ², i³³ fəʔ⁵ zoŋ¹³ nə³³ ɕia³⁵ pɔʔ⁵ tsɔ³⁵, dz³³ fəʔ⁵ zʅ³³ nə³³ ɕiã³⁵ n̠iŋ¹³ ɛ³³ zʅ³³ suɔʔ⁵ kəʔ⁵ n̠iŋ¹³ n̠ie¹³?

他回答说:"父亲,今天是下雪天,不是刮北风吗?这个人来的时候,前胸和马头都是雪,他不是从南向北走的吗?他不是南乡人还是哪里人呢?"

"哎,个倒是对个。侬纳゠介晓得伊个马是借来个呢?"其话,"父亲啊,是自家个马,就弗可能雪窠里一掼,就走进来,肯定要到避风个地方去吊吊好,再进来,再来谈葛个事情。别人家个马,"其话,"借特゠一次算一次么,所以再冷也雪地里掼东゠唻。"

E³³, kəʔ⁵ tɔ⁵ zʅ³³ tE⁵³ go³¹。noŋ¹³ nɐʔ² kəʔ⁵ ɕiɔ⁵⁵ təʔ⁵ i³³ gəʔ² mo¹³ zʅ³³ tɕia⁵⁵ lE³³ kəʔ⁵ n̠ie³³? dʑi³³ o¹³, vu³³ tɕʰiŋ⁵³ a³¹, zʅ¹³ ʑi³³ ka³⁵ gəʔ² mo¹³, dzʑœ¹³ fəʔ⁵ kʰo⁵³ neŋ³¹ ɕiɐʔ⁵ kʰo⁵⁵ li³³ iɐʔ⁵ guE¹³, dzʑœ¹³ tsə⁵³ tɕiŋ⁵³ lE³³, kʰeŋ⁵³ diŋ¹³ iɔ⁵⁵ tɔ⁵³ bi³³ foŋ⁵³ gəʔ² di³³ f ã³⁵ tɕʰi³⁵ tiɔ⁵⁵ tiɔ³⁵ hɔ³⁵, tsE⁵⁵ tɕiŋ⁵³ lE³³, tsE⁵⁵ lE³³ dɛ³¹ kəʔ⁴ kəʔ⁵ zʅ³³ dziŋ⁵³。bəʔ² n̠iŋ¹³ ka⁵³ gəʔ² mo¹³, dʑi³³ o¹³, tɕia⁵⁵ dəʔ⁵ iɐʔ⁵ tsʰʅ³⁵ sə³⁵ iɐʔ⁵ tsʰʅ³⁵ mɐʔ², so⁵⁵ i⁵³ tsE⁵³ lã¹³ a¹³ ɕiɐʔ⁵ di³³ li³³ guE¹³ toŋ⁵³ lE³¹。

"嗯,这倒是的。那你是怎么知道他的马是借来的呢?"他回答说,"父亲啊,如是自家的马,就不可能往雪地上一扔就走进来,肯定要找个避风的角落把马拴好,再进来,再谈他的事情。别人家的马他借一回算一回,所以再冷也往雪地里一扔就拉倒了。"

"就是算侬葛个是对个,侬纳゠介晓得倻老妈生病呢?""啊,"其话:"父亲侬真是,自家侬也是介做个么。

dʑyœ³³ zɿ¹³ sə⁵³ noŋ³¹ kəʔ⁴ kɐʔ⁵ zɿ³³ tE⁵⁵ gəʔ² , noŋ¹³ nɐʔ² kɐʔ⁵ ɕiɔ⁵⁵ təʔ⁵ ia¹³ lɔ³³ mo³³ sã⁵⁵ biŋ¹³ ȵie³⁵？ a⁵³ , dʑi³³ o¹³ : vu³³ tɕʰiŋ⁵³ noŋ¹³ tseŋ⁵³ zɿ¹³ , ʑi³³ ka³⁵ noŋ¹³ a³³ zɿ¹³ ka³⁵ tso⁵⁵ gəʔ² mɐʔ²。

"就算你这个猜测是对的，那么你是怎么知道是他夫人生病的呢？"他回话道："父亲你也真是的，你自己就是这样做的呀。

"我记得我姆妈生病个辰光，侬是急得来个团团转，到处求药问医。可是爷爷同道奶奶生病个辰光，侬就无没介急么。所以我断定其是夫人生病。"个爹呢也有点哑口无言，但是按照伊个亨˭个来说呢，是弗对个。

ŋo¹³ tɕi⁵⁵ təʔ⁵ ŋo¹³ m³³ ma¹³ s ã⁵⁵ biŋ¹³ gəʔ² zeŋ³³ ku ã⁵⁵ , noŋ³³ zɿ¹³ tɕiəʔ⁵ təʔ⁵ lE³³ kɐʔ⁵ duan³³ duan³¹ tsə⁵³ , tɔ⁵⁵ tsʰ⁵³ dʑyœ³¹ iɐʔ² veŋ³³ i³¹。kʰo⁵⁵ zɿ³¹ ia³³ ia³¹ doŋ³³ dɔ¹³ nꜰ⁵⁵ nꜱ⁵³ s ã⁵³ biŋ¹³ gəʔ² zɐŋ³³ ku ã⁵⁵ , noŋ³³ dʑyœ¹³ m³³ mɐʔ⁵ ka⁵³ tɕiəʔ⁵ məʔ²。so⁵⁵ i⁵³ ŋo³¹ duan¹³ diŋ³¹ dʑi³³ zɿ¹³ fu⁵⁵ zeŋ¹³ s ã⁵⁵ biŋ¹³。kɐʔ⁵ tia³⁵ ȵie¹³ ia³³ yœ⁵³ tie⁵³ ia⁵⁵ kʰə³⁵ m³³ ie¹³ , dɛ³³ zɿ¹³ ə⁵⁵ tsɔ³⁵ i¹³ gəʔ² h ã⁵⁵ gəʔ² lE³³ sɔʔ⁵ ȵie³⁵ , zɿ³³ fəʔ⁵ tE³⁵ gəʔ²。

"我记得我妈妈生病的时候，你也是这样急得团团转，到处求医问药。可是爷爷和奶奶生病的时候，你就没那么急了。所以我断定是他夫人生病了。"爹被他说得有点哑口无言，但是按照他的这个来说，是不对的。

"个侬纳˭介晓得亨˭个呢？"其话，"父亲啊，昨天夜快冷落来，侬进来烘火个辰光，是天公突然冷下来，女人啦，"他说，"葛个辰光刚刚要做夜饭，肯定是衣裳无没及时添，冻了嘞啦，是感冒啦。"

kəʔ⁵ noŋ¹³ nɐʔ² kɐʔ⁵ ɕiɔ⁵⁵ təʔ⁵ h ã⁵⁵ gəʔ² ȵie³³？ dʑi³³ o¹³ , vu³³ tɕʰiŋ⁵³ a⁵³ , tsɔʔ⁵ tʰie⁵⁵ ia³³ kʰua⁵³ l ã⁵³ lɔʔ⁵ lE³³ , noŋ¹³ tɕiŋ⁵³ lE³³ hoŋ⁵⁵ fu⁵⁵ gəʔ² zeŋ³³ kuɑ̃⁵⁵ , zɿ¹³ tʰie⁵³ koŋ³⁵ dəʔ² zuan¹³ lɑ̃³³ ɕia⁵⁵ le³¹ , n̥y³³ zən³¹ la³¹ , tʰa⁵⁵ sɔʔ⁵ , kəʔ⁴ kəʔ⁵ zeŋ³³ kuɑ̃⁵⁵ kɑ̃⁵⁵ kɑ̃³⁵ iɔ⁵⁵ tsu³⁵ ia¹³ vɛ³¹ , kʰeŋ⁵³ diŋ¹³ zɿ¹³ i³³ zɑ̃¹³ m³³ mɐʔ² dzɪəʔ² zɿ¹³ tʰie⁵³ , toŋ³⁵ liɔ³³ lɐʔ² la³¹ , zɿ³³ kə³⁵ mɔ³¹ la³¹ 。

"那么你怎么知道那个的呢?"他回答道,"父亲啊,昨天黄昏变冷,你进来烤火的时候,天突然冷下来,女人啊,"他说,"这个时候呢正好忙着做晚饭,肯定是没有及时添衣服,冻到了,得感冒了。"

"所以侬弗是专门来东゠话个啊,叫伢小个辰光感冒,就弄点干姜、紫苏炖红糖,吃吃就会好个。"

so⁵⁵ i⁵³ noŋ¹³ fəʔ⁵ zɿ¹³ tsə⁵³ meŋ¹³ lɛ³³ toŋ⁵³ o¹³ gəʔ² a³¹ , tɕiɔ⁵³ ŋa³¹ ɕiɔ⁵⁵ gəʔ² zeŋ³³ kuɑ̃⁵³ kə⁵³ mɔ³¹ , dʑyœ³³ loŋ¹³ tie⁵³ kə⁵³ tɕi a³⁵ 、tsɿ⁵⁵ su⁵³ teŋ⁵³ oŋ³³ dɑ̃¹³ , tɕʰiɐʔ⁵ tɕʰiɐʔ⁴ dʑyœ³³ uɛ¹³ hɔ⁵³ go³¹ 。

"所以,在我们小时候感冒时,你不是经常说的,弄点干姜、紫苏炖红糖,喝了就会好的。"

个爹话,"算侬葛个是对个,侬纳゠介会直゠出一碗乌羊肉来个呢?""啊,"伊话,"侬越加错来,介侬肯定错掉来,前日娘舅来,其屋里有只乌羊今年想卖掉,趁过年同道个。跟侬话过,侬根本弗摆东゠心里个,我么拨娘舅只乌羊也卖掉嘞。"

kəʔ⁵ tia³⁵ o¹³ , sə³⁵ noŋ¹³ kəʔ⁴ kəʔ⁵ zɿ³³ tɛ⁵⁵ gəʔ² , noŋ¹³ nɐʔ² kəʔ⁵ uɛ¹³ zəʔ² tsəʔ⁵ iɐʔ⁵ uə¹³ u⁵⁵ i ɑ̃¹³ n̥yoʔ² lɛ³³ kəʔ⁵ n̥ie¹³ ? a⁵³ , i³³ o³ , noŋ¹³ yɐʔ² ko³⁵ tsʰo⁵³ lɛ³¹ , ka⁵⁵ noŋ¹³ kʰeŋ³⁵ diŋ¹³ tsʰo⁵³ diɔ³¹ lɛ³¹ , zie³³ n̥iəʔ² n̥i ɑ̃³³ dʑyœ¹³ lɛ¹³ , dʑi¹³ uɔʔ² li³³ yœ¹³ tsəʔ⁵ u⁵⁵ i ɑ̃¹³ keŋ⁵³ n̥ie¹³ ɕi ɑ̃⁵³ ma¹³ diɔ³¹ , tsʰeŋ⁵⁵ ku⁵⁵ n̥ie¹³ toŋ⁵³ dɔ³¹ gəʔ² 。 keŋ⁵⁵ noŋ¹³ o¹³ ku⁵³ , noŋ¹³ keŋ⁵⁵ peŋ⁵³ fəʔ⁵ pa⁵⁵ toŋ⁵³ ɕiŋ⁵³ li¹³ gəʔ² , ŋo³³ məʔ² pəʔ⁵ n̥i ɑ̃³³ dʑyœ¹³ tsəʔ⁵ u⁵⁵ i ɑ̃¹³ a³¹ ma³³ diɔ³¹ lɐʔ³¹ 。

他爹说,"就算你这是对的,那你怎么会多出一碗乌羊肉来的呢?""啊,"他说,"你更加错了,前天舅舅过来,他说家里有只乌羊今年想卖掉,趁过年的时候卖掉,跟你说过,你根本没放在心上,我帮舅舅把他那只乌羊也卖掉了。"

则꜀个爹眼睛都亮赤特꜁,侬葛个儿子倒聪明个,好好叫培养,能够继承我个衣钵。

tsəʔ⁵ kəʔ⁴ tia³⁵ ŋɛ¹³ tɕiŋ⁵³ tu⁵⁵ li ã¹³ tsʰəʔ⁵ dəʔ² , noŋ¹³ kəʔ⁴ kəʔ⁵ ŋ³³ tsʅ³⁵ tɔ⁵⁵ tsʰoŋ⁵³ miŋ³⁵ gəʔ² , hɔ⁵⁵ hɔ³⁵ tɕio⁵³ bɛ³¹ iã¹³ , neŋ³¹ kə³⁵ tɕi⁵³ zeŋ³⁵ ŋo¹³ gəʔ² i⁵³ pəʔ⁵ 。

他爹听了眼睛发亮,心想这个儿子可真聪明,要好好地培养,能继承我的衣钵。

但是葛个儿子摇摇头,伊讲,"侬[弗要]看我,我弗会学侬个一套去骗人家个,今朝我无非想证明证明侬个点生活我也吃特꜀落个,我要好好读书,我要学医,我要开个医馆,弗是开侬个命馆。"故事就到葛里结束。

dɛ¹³ zʅ³¹ kəʔ⁴ kəʔ⁵ ŋ³³ tsʅ³⁵ io³³ iɔ¹³ də¹³ , i¹³ k ã̃⁵³ , noŋ¹³ fiɔ⁵³ kʰə⁵³ ŋo³¹ , ŋo¹³ fəʔ⁵ uɛ¹³ uɔʔ² noŋ¹³ gəʔ² iəʔ⁵ tʰə³⁵ tɕʰi⁵³ pʰie⁵³ ȵiŋ³³ ka³⁵ go³¹ , tɕiŋ⁵⁵ tsɔ³⁵ ŋo³¹ m³³ fi³⁵ ɕi ã̃⁵³ tseŋ⁵⁵ miŋ³¹ tseŋ⁵⁵ miŋ³¹ noŋ¹³ kəʔ⁵ tie³⁵ s ã̃⁵⁵ oʔ ŋo¹³ a¹³ tɕʰ iəʔ⁵ təʔ⁵ lɔʔ² gəʔ² , ŋo³³ iɔ⁵³ hɔ⁵⁵ hɔ³⁵ duəʔ² ɕy⁵³ , ŋo³³ iɔ⁵³ iəʔ² i⁵³ , ŋo³³ iɔ⁵³ kʰɛ⁵³ kəʔ⁵ i⁵⁵ kyœ³⁵ , fəʔ⁵ zʅ³¹ kʰɛ⁵³ noŋ¹³ gəʔ² miŋ³³ kyœ³⁵ 。 ku⁵⁵ zʅ³⁵ dʑyœ³¹ tɔ⁵³ kəʔ⁵ li³¹ tɕiəʔ⁴ sɔʔ⁵ 。

但是他儿子却摇摇头,说,"你别看着我,我不会学你这一套去骗人的,今天我无非想证明你的这个活我也是能做的,我要好好读书,我要学医,将来开个医馆,不是开你的这种命馆。"故事就讲到这里结束。

(2017 年 8 月 29 日,临安,发音人:黄金森)

七、曲　艺

正月里来是新春

正月里来是新春，　　　　　　tseŋ yɐ li lɛ zʅ ɕiŋ tsheŋ，

家家户户点红灯，　　　　　　tɕia tɕia u u tie oŋ teŋ，

人家夫妻团圆日，　　　　　　zeŋ tɕia fu tɕhi duɔ yœ zə，

孟姜女丈夫筑长城。　　　　　mã tɕiã ny zã fu tsɔ dzã zeŋ。

　　正月里来是新春，家家户户都点上了红灯，人家夫妻团圆的时候，孟姜女的丈夫却在修筑长城。

二月里来暖洋洋①，　　　　　ɚ yɐ li lɛ nə iaŋ iaŋ，

燕子双双对堂头，　　　　　　ie tsʅ saŋ saŋ tɛ dã də，

燕子成双又成对，　　　　　　ie tsʅ tsheŋ saŋ yœ tsheŋ tɛ，

孟姜女单独不成双。　　　　　mã tɕiã ny tɛ do pɐʔ tsheŋ saŋ。

　　二月里来暖洋洋，燕子双双在堂前，燕子成双又成对，只有孟姜女孤单一人。

三月里来是清明，　　　　　　sɛ yɐ li lɛ zʅ tɕhiŋ miŋ，

家家户户上古坟，　　　　　　tɕia tɕia u u zã ku veŋ，

人家坟前白纸飘，　　　　　　zeŋ tɕia veŋ dʑie pɐʔ tsʅ phiɔ，

孟姜女坟前冷清清。　　　　　mã tɕiã ny veŋ dʑie leŋ tɕhiŋ tɕhiŋ。

---

①　"孟""洋""双""堂"等字的韵母，老女同青男的多，同老男的少。

三月里来是清明,家家户户都去上坟,别人家的坟前有纸钱飘,孟姜女的坟前却冷冷清清。

四月里来阳光暖,　　　　　ʂɿ yɐ li lɛ iaŋ kuã nə,

姑嫂二人去采桑,　　　　　ku sɔ ɚ zeŋ tɕhy tshɛ saŋ,

桑篮挂在桑树上,　　　　　saŋ lɛ kua tsɛ saŋ su zã,

擦把眼泪采把桑。　　　　　tsha pa ie lɛ tshɛ pa saŋ。

四月里来阳光暖,妯娌二人一起去采桑叶,桑叶篮子挂在桑枝上,擦着眼泪采桑叶。

(2017 年 8 月 29 日,临安,发音人:马丽娟)

八、其　他

惯用语

1. 拉天豹_{说大话的人}　　　　　la^{53}t^{h}ie^{55}pɔ^{55}

2. 斩田塍_{打岔}　　　　　dzɛ^{13}die^{33}zəŋ^{13}

3. 留ᵕ火棒_{搬弄是非的人}　　　　　lə^{33}fu^{55}bã^{33}

4. 毛ᵕ托ᵕ托ᵕ_{让人认可}　　　　　mɔ^{33}t^{h}ɔʔ^{4}t^{h}ɔʔ^5

5. 显风头_{炫耀}　　　　　ɕie^{35}foŋ^{53}də^{13}

6. 无结煞_{没结果}　　　　　m^{33}tɕiɐʔ^{4}sɐʔ^5

7. 三脚猫_{什么都懂一点,什么都不精通}　　　　　sɛ^{53}tɕiɐʔ^{5}mɔ^{13}

8. 呆滞滞_{拖沓}　　　　　ŋɛ^{31}zʅ^{31}zʅ^{13}

9. 做筋骨_{做忌}　　　　　　　tso³⁵tɕiŋ⁵³kuəʔ⁵

10. 千⁼煞⁼煞⁼_{轻浮貌}　　　　tɕʰie⁵³sɐʔ⁴sɐʔ⁵

11. 木⁼嗨⁼嗨⁼_{很多}　　　　moʔ²xE⁵⁵xE⁵⁵

12. 木⁼兴兴_{很多}　　　　moʔ²ɕiŋ⁵⁵ɕiŋ³⁵

13. 个泡慫_{骂人无能}　　　　kəʔ⁵pʰɔ³⁵zoŋ¹³

14. 半吊子_{什么都不精通}　　pə³⁵tiɔ⁵⁵tsɿ⁵⁵

15. 缩壁猫_{胆小怕事的人}　　sɔʔ⁵piəʔ⁵mɔ¹³

16. 极⁼利⁼利_{小气}　　　　dʑiəʔ²li¹³li³¹

17. 劈硬板_{强词夺理}　　　　pʰiəʔ⁵ŋɑ̃³³pɛ⁵⁵

（2017 年 8 月 29 日，临安，发音人：王炳南）

俗成语

1. 撞煞包头_{莽撞碰壁}　　　tsʰoŋ³⁵sɐʔ⁵pɔ⁵⁵də³³

2. 刮⁼辣⁼势⁼亮_{锃亮锃亮}　　kuɐʔ⁵lɐʔ²sɿ⁵⁵liɑ̃¹³

3. 牵丝绊藤_{纠缠不清}　　　tɕʰie⁵⁵sɿ⁵⁵pɛ⁵⁵teŋ³⁵

4. 杂野乌糟_{乱七八糟}　　　zəʔ²ia³⁵u⁵⁵tsɔ⁵³

5. 血角大红_{血红血红}　　　ɕyɐʔ⁵kɔʔ⁵dɔ³³oŋ¹³

6. 笔直笼统_{笔直笔直}　　　piəʔ⁵tsəʔ⁴loŋ³³tʰoŋ⁵³

7. 黑不溜秋_{黑漆漆}　　　　xəʔ⁴pɔʔ⁵lyœ⁵⁵tɕʰyœ⁵⁵

8. 角落势圆_{滚滚圆}　　　　kɔʔ⁵lɔʔ²sɿ⁵⁵yœ¹³

9. 眼大无光_{眼大无神}　　　ŋe³³dɔ¹³m³³kuɑ̃⁵³

10. 活⁼狲拨乱_{又急又乱}　　uɔʔ²seŋ⁵⁵pɐʔ⁵lə¹³

11. 滴角四方_{方方正正}　　　　　tiəʔ⁴ kɔʔ⁵ sɿ⁵³ fɑ̃³⁵

12. 撩路摸夜_{欲速不达}　　　　　liɔ³³ lu¹³ mɔʔ² ia¹³

13. 毒头稀⁼堆_{疯疯癫癫}　　　dɔʔ² də³³ sɿ⁵⁵ tɛ⁵³

14. 草塘乌鲤_{强横霸道}　　　　　tsʰɔ⁵⁵ dɑ̃³¹ u⁵⁵ li⁵³

15. 踏空踏满_{做事不稳妥}　　　　dɐʔ² kʰoŋ³⁵ dɐʔ² mə³¹

16. 隑细毛竹_{靠不住}　　　　　　gɛ³³ ɕi⁵⁵ mɔ³³ tsɔʔ⁵

17. 藤韧百⁼吊⁼_{死缠蛮搅}　　deŋ³³ ȵiŋ¹³ pɐʔ⁵ tiɔ⁵³

18. 嫩竹扁担_{不吃重}　　　　　　nəŋ¹³ tsɔʔ⁵ pie⁵⁵ tɛ⁵³

19. 活⁼猁鼓捣_{不安分}　　　　uɔʔ² seŋ⁵⁵ ku⁵⁵ tɔ⁵³

20. 两头火把_{两面讨好}　　　　　liɑ̃³³ də¹³ fu⁵⁵ po⁵³

（2017 年 8 月 29 日,临安,发音人:王炳南）

口　彩

1. 传袋,接袋,_{新娘进门时说的口彩,谐}　tsuɑ̃³⁵ dɛ¹³ ,tɕiɐʔ⁵ dɛ¹³ ,
　　_{"传代,接代"}

　　传袋,接袋。　　　　　　　　tsuɑ̃³⁵ dɛ¹³ ,tɕiɐʔ⁵ dɛ¹³ 。

2. 新娘子脸孔圆圆,_{迎新娘时说的}　ɕiŋ⁵⁵ ȵiɑ̃³⁵ tsɿ⁵³ lie³³ kʰoŋ⁵³ yœ¹³ yœ³⁵ ,
　　_{口彩。脸孔:脸}

　　生出儿子中状元。　　　　　sɑ̃⁵³ tsʰɐʔ⁵ ȵi³³ tsɿ⁵⁵ tsoŋ⁵³ dzɑ̃¹³ ȵyœ⁵³ 。

3. 梁头圆圆,_{造房上梁时说的口彩。梁}　liɑ̃³³ də¹³ yœ¹³ yœ¹³ ,
　　_{头:房梁的前段}

　　代代子孙中状元。　　　　　dɛ¹³ dɛ³¹ tsɿ⁵⁵ seŋ⁵³ tsoŋ⁵³ dzɑ̃¹³ ȵyœ¹³ 。

4. 梁中披红,_{造房上梁时说的口彩。梁}　liɑ̃³³ tsoŋ³⁵ pʰi⁵⁵ oŋ¹³ ,
　　_{中:房梁的中段}

代代儿孙在朝中。　　　　　　　　dɛ³³ dɛ³¹ ɚ̩³³ seŋ⁵⁵ dzɛ³³ dzɔ³¹ tsoŋ⁵³ 。

5. **梁尾尖尖**，<small>造房上梁时说的口彩。梁</small>　liã̍¹³ vi³¹ tɕie⁵³ tɕie³⁵ ,

　　　<small>尾:房梁的后段</small>

家中黄金万万千。　　　　　　　　tɕia⁵⁵ tsoŋ³⁵ uã̍³³ tɕiŋ³⁵ vɛ¹³ vɛ³¹ tɕie³⁵ 。

　　　　　　　　　（2017 年 8 月 29 日，临安，发音人：黄金森）

后　记

临安为中国五代十国时期吴越国开国国君钱镠的故里,是赫赫有名的"陌上花开,可缓缓归矣"的衣锦城,历史文化底蕴深厚。

临安曾先后归属临安专区、嘉兴专区、建德专区,1960 年后为杭州市辖县。1958 年余杭县并入临安县,於潜县并入昌化县,1960年昌化县并入临安县,1961 年原余杭县析出,2017 年临安县并入杭州市区,成为杭州市临安区,是新中国成立后浙江省行政建置变动跨度最大的地方。

临安有号称"天然植物园"的天目山、大明山、青山湖、太湖源等著名景区。有久负盛名的"临安三宝"——营养丰富的小核桃、令人回味无穷的竹笋干、历史悠久的天目茶叶。

临安发音人勤劳朴实,重礼尚往来,肚子里存货很多,谚语、谜语、歇后语张口即来。我们的口头文化发音人黄金森先生是当地的故事员,对临安的风土习俗非常熟悉,娓娓道出的谚语既生动又富含哲理,长长的民间故事一个接一个,收放自如。

通过本次对临安方言的调查摄录、整理出版,我们对临安方言及其文化均有了更为深入的认识和了解。

临安方言归属的过渡性

临安方言属于吴语太湖片临绍小片，临绍小片命名实际上是略显尴尬的。临安方言本该与杭州方言颇为接近，就像今天的德清方言、长兴方言之于湖州市区方言，嘉善方言、平湖方言之于嘉兴市区方言那样，差异甚小，为一般的外地人所无法分辨。但由于历史上宋室南迁、建都杭州，杭州市区方言受到北方官话的冲击，带上了一些明显的官话成分，成为吴语中独立的带有官话色彩的杭州小片，杭州各属县的方言因失去向心力而四散，纷纷向临近县市方言靠拢。例如余杭方言，以无撮口呼这一显著特征及总体语感，与相邻的德清方言颇为相近，属湖州小片；临安方言（包括於潜方言、昌化方言）连同富阳方言（包括新登方言）、桐庐方言（包括分水方言），作为嘉湖向宁绍的过渡方言，与相邻的绍兴方言合为临绍小片。临绍小片的归属显然没有相邻的浙北其他方言片那样指向明确，例如杭州小片、嘉兴小片、湖州小片、宁波小片。

临安方言声调的前卫性

临安方言的声调也很引人关注，我们这次的调查显示，老男偏新派，青男偏老派。老男稳定的声调只有 4 个，而青男稳定的声调有 7 个。临安地区因"长矛"（临安方言称"太平军"）过后，人口锐减，宁波、绍兴以及其他地方的移民很多，虽然老男是地道的临安人，但因社会经历丰富，日常接触的人多面广，语言环境比较复杂，导致方言声调快速合并。这与吴语慈溪浒山方言的声调演变有异曲同工之处。[①] 青男由于平时主要说普通话，仅在家里偶尔说说临安话，反而保留了更多的老派方言成分。这种现象非常值得进一步探讨与研究。

---

① 　傅国通.方言丛稿.北京:中华书局,2010:260。

老男的 4 个声调分别是阴舒声[55]、阳舒声[33]、阴入声[54]、阳入声[12]。例如:东=懂=冻、通=统=痛、铜=动=洞。但偶尔也会出现接近[35][53][13]等调值不稳定的现象,例如"方、屁"等字,收尾时有时会略带降势;"剃、大、字"等字有时会出现略带升势的读音,但这些读音差异与古调类之间的对应规律已不明显。

一般吴语方言声调合并最常见的是浊上归阳去,其次是清上归阴去、次浊上归阴上、次浊去归阴去等。而临安方言的这种声调的有序高度合并,很有可能是吴语声调乃至整个汉语方言声调发展演变的一种趋势。

临安方言摄录的艰难性

临安方言的调查得到了临安区教育局、临安区语言文字工作委员会(简称"临安语委办")的高度重视,临安区教育局和临安语委办不仅协助我们物色发音人,还专门联系临安电视台,辟出临安电视台配音室给我们用。

摄录过程中最大的感叹是,中国语言资源保护工程的摄录要求是真的高,电视台配音室的噪音值也只是勉强合格,楼下马路上只要有汽车经过,噪音值就立马超标,我们就不得不按下暂停键,耐心等其渐渐远去,祈祷不要有下一辆经过。暂停的间隙用电风扇对着电脑狂扇,以防其超负荷工作而罢工。实际上,大夏天的,在密闭的空间关着空调摄录,电脑不一会儿就烫得不行,音视频合并更是老牛拖破车般,吃力无比,给我们一种电脑随时会崩溃的感觉。

所以,摄录工作实际上一直处于录录停停、停停录录,人员提心吊胆、忐忑不安的状态,工作效率不高。一天下来,人困马乏,身心俱疲。副产品是我们的耳朵得到了前所未有的训练,变得异常敏感,负责摄录的研究生周汪融同学(现为浙江海洋大学教师)对发音人的咂嘴声、小鸟的鸣叫声、楼下的汽车声,裸耳就能分辨出个七七八八。当然摄录的艰辛远不仅此，还包括灯光的调试，光线偏明偏暗不行，灯光偏黄偏红偏白不行；脸上身上有丁点的阴影不行，身前身后有丁点的阴影也不行；背景布必须是平平整整的，哪怕有隐隐约约的一丝折痕都不行，验收人员会把屏幕放大再放大以检查背景布是否留有折痕。我们正常的操作都是提早一天将背景布挂妥熨平，再放置一夜，以保证其自然下垂平整；还有调整发音人的坐姿和发音启动以及结束时的呷嘴声等，都是高难度操作。

所有这些，涉及很多不同的专业，对于我们每一个语保人来说，跨越了千山万水，发挥出了各自的极限能力。

临安方言出版的曲折性

中国语言资源浙江临安方言是我 2017 年的调查点，属"浙江方言资源典藏"第二辑，按原计划该书应于第一辑"浙江方言资源典藏"（2019 年，浙江大学出版社）出版后的第二年，即 2020 年出版，而且部分方言点也已完成初稿。

硬生生推迟出版的原因主要是分省资源集《中国语言资源集·浙江》的编辑出版。分省资源集的体量极大，包括省内 88 个方言点的语料，共计 4 卷 11 册。每位课题组成员都为此放下手头活计，手忙脚乱地投入各自调查点内容的编辑校对等工作中，"浙江方言资源典藏"第二辑的编辑出版就分身乏术了。

推迟出版的好处是通过分省资源集的编辑、校对，我们发现并纠正了不少低级错误，如送气符号的遗漏、本字的误写和错写等。同时，通过 88 个方言点语料的对照，我们也有不少新发现。例如余杭方言"茶叶"叫"茶娘"，孤立看很是令人费解，平行对照分析发现，"娘"极有可能是"叶儿"的合音，"茶娘"就是"茶［叶儿］"。此外，还增加了"话语"部分的国际音标转写，这比第一辑仅文字转写更具文献价值。所以，这是名副其实的好事多磨。

徐　越

2023 年 10 月

于杭州师范大学仓前校区